AF904770

Kohlhammer

Verordnung über öffentliche Personenverkehrsdienste

Kommentierung der VO (EG) 1370/2007
inkl. VO (EU) 2016/2338 unter Berücksichtigung der
Auslegungsleitlinien 2023 (2023/C 222/01)

von

Dr. Corina Jürschik-Grau
Rechtsanwältin Stuttgart

3., aktualisierte Auflage

Verlag W. Kohlhammer

Die Autorin:
Dr. Corina Jürschik-Grau, LL. M.
Dr. Corina Jürschik-Grau ist Rechtsanwältin und Fachanwältin für Vergaberecht in einer Stuttgarter Wirtschaftskanzlei.

3. Auflage 2024

W. Kohlhammer GmbH, Stuttgart
Gesamtherstellung: W. Kohlhammer GmbH, Stuttgart

Print:
ISBN: 978-3-17-044370-9

E-Book-Formate:
pdf: ISBN 978-3-17-044371-6
epub: ISBN 978-3-17-044372-3

Vorwort

Der Kommentar liefert auch in der dritten Auflage das, was der Leser bei einem Kurzkommentar erwartet: Einen schnellen Überblick über die wesentlichen Fragestellungen im Zusammenhang mit der VO 1370/2007. Die VO 1370/2007 regelt sowohl das Vergaberecht als auch das Beihilferecht für den öffentlichen Personenverkehr auf Schiene und Straße und wirft auch viele Jahre nach deren Inkrafttreten im Jahr 2009 noch zahlreiche Anwendungsfragen auf.

Während die zweite Auflage vor allen Dingen die zahlreichen Entscheidungen im ÖPNV- und SPNV-Bereich abbildet, die in den Jahren vor Ablaufen der Übergangsfrist zur „schrittweisen Anwendung" der VO 1370/2007 am 3.12.2019 von den Europäischen und nationalen Gerichten im Zusammenhang mit erforderlich werdenden (Direkt-)Vergabeverfahren erlassen wurden, steht die dritte Auflage im Fokus der Auslegungsleitlinien der Kommission zur VO 1370/2007 vom 26.6.2023 (2023/C 222/01). Die Auslegungs- und Anwendungshinweise der Kommission führen in größerem Umfang zu einer Änderung der Praxis. In der dritten Auflage werden die Neuerungen aufgezeigt und ein möglicher Umgang damit in der Praxis skizziert.

Neben den aktuellen Entwicklungen sind in diese Kommentierung wieder sowohl die Erfahrungen aus der Beratungspraxis im Vergabe- und Beihilferecht, speziell im Verkehrssektor, als auch meine Kenntnisse als Dozentin für Europarecht eingeflossen. Der Kommentar ist von der Praxis für die Praxis geschrieben. Besonders zu erwähnen ist dabei die gemeinsame Beratungspraxis mit Prof. Dr. Christofer Lenz zu allen Fragen des ÖPNV und SPNV; die Arbeit mit Prof. Dr. Lenz bereitet mir Freude und führt durch den fachlichen Austausch zur ständigen Weiterentwicklung unserer Praxis. Erwähnt sein soll auch der stets weiterführende Gedankenaustausch mit dem Verband Deutscher Verkehrsunternehmen (VDV) und den privaten Busverbänden (u. a. WBO). Besonders bedanken möchte ich mich bei Ministerialrat Andreas Wille, Ministerium für Umwelt, Naturschutz und Verkehr des Landes Nordrhein-Westfalen, für stets wertvollen, vertrauensvollen Austausch und für die Bereitschaft, kurzfristig das Vorwort zu dieser Kommentierung zu schreiben und damit den Blick der Praxis zu schärfen.

Die Kommentierung der VO 1370/2007 wird ebenfalls Teil der 3. Auflage des Kommentars Heuvels/Höß/Kuß/Wagner sein, bei dessen ersten Auflage (2013) ich schon mitwirken durfte. Den Herausgebern Dr. Klaus Heuvels, Dr. Stefan Höß, Dr. Matthias Kuß und Dr. Volkmar Wagner bin ich dankbar, dass sie aufgrund der Aktualität der Kommentierung und der behandelten Fragen auch dem Vorabdruck der Kommentierung in einer dritten Auflage zugestimmt haben. Dem Kohlhammer-Verlag und insbesondere Frau Karin Baither sowie Frau Stefanie Föhl ist für die schnelle Umsetzung zu danken.

Zu danken ist schließlich den Menschen, die mir in meinem Privatleben Freude bereiten. Das ist mein Mann, meine Eltern und meine treuen Weggefährtinnen (Monja Szerafy und Jennifer Hess) sowie meine Großeltern, die sehr stolz waren.

Vorwort

Den Partnern bei OPPENLÄNDER Rechtsanwälte danke ich für ihre verständnisvolle Rücksichtnahme auf das Kommentarprojekt. Über Hinweise zur Kommentierung aus der Praxis freue ich mich an juerschik@oppenlaender.de.

Stuttgart, im Dezember 2023 Corina Jürschik-Grau

Einleitung zum VO-1370-Kommentar

Seit mehr als 16 Jahren bewegt insbesondere die ÖPNV-Branche die Auslegung der 2007 verabschiedeten und 2009 in Kraft getretenen Verordnung (EG) Nr. 1370/2007. Und „Bewegung" ist für Aufgabenträger und Verkehrsunternehmen, aber noch viel mehr für die Fahrgäste essenziell. Denn alle vergabe- und beihilferechtlichen Fragen müssen am Ende so beantwortet werden können, dass das Angebot im Personenverkehr rechtssicher erbracht und sogar ausgebaut werden kann und die Fahrgäste sich auf die Verkehrsleistung verlassen dürfen.

Mit den beiden ersten Auflagen des Kommentars wurde ein hilfreicher Beitrag zur Verbesserung der Rechtssicherheit geleistet. Die bisherigen Leitlinien der Kommission zur Auslegung der Verordnung (EG) Nr. 1370/2007 (2014/C 92/01) und die vielfältige Rechtsprechung zu den Regelungen der Verordnung wurden ebenso aufgearbeitet wie die Änderung der Verordnung durch die Verordnung (EU) 2016/2338 aus dem Jahr 2018.

Seit der Erstellung der zweiten Auflage ist wieder einiges passiert:

1. In der Corona-Krise und der damit verbundenen Einschränkung des öffentlichen Lebens gingen die Fahrgastzahlen im ÖPNV zurück. Dennoch sollte das bisherige ÖPNV-Angebot aufrechterhalten werden. Nach einer bis August 2020 befristeten und bei der EU-Kommission angemeldeten (notifizierten) Bundesrahmenregelung musste der für den ÖPNV existenzielle ÖPNV-Rettungsschirm über die Regelungen der Verordnung (EG) Nr. 1370/2007 abgewickelt werden. Dies war eine besondere Bewährungsprobe für die Praxistauglichkeit der Verordnung.
2. Das im Mai 2023 eingeführte und erfolgreiche Deutschlandticket führt insbesondere durch die deutliche Tarifabsenkung zu Kostenunterdeckungen in der ÖPNV-Branche. Im Gegensatz zur Corona-Krise ist das Deutschlandticket kein unabweisbarer externer Einfluss, sondern ein von Bund und Ländern beschlossenes Tarifangebot. Daher konnten nicht alle Regelungsmöglichkeiten der Verordnung zur Umsetzung des Deutschlandtickets genutzt werden. Nach intensiver Erörterung mit der EU-Kommission konnte das in der Corona-Krise erfolgreich etablierte Rettungsschirmverfahren mit einzelnen Anpassungen auf das Deutschlandticket übertragen werden und kann über das reguläre Instrumentarium der Verordnung auch praxisgerecht umgesetzt werden.
3. Im Jahr 2023 hat die EU-Kommission die aktualisierten Leitlinien zur Auslegung der Verordnung veröffentlicht (2023/C 222/01). Im Vergleich zum Entwurf vom 2.12.2021, der insbesondere zur ex ante-Bedarfsprüfung in der Praxis kaum leistbare Anforderungen an die Aufgabenträger gestellt hätte, sind die vorliegenden Leitlinien in dieser Hinsicht deutlich abgemildert worden. Andernfalls wären Initiativen zum Ausbau des ÖPNV und zur Erreichung der Klimaziele kaum möglich gewesen. Allerdings enthalten die Leitlinien bisher nicht übliche Anforderungen. Das betrifft etwa die Überkompensationsprüfung für auch im Wettbewerb vergebene öffentliche Dienstleistungsaufträge. Die Leitlinien lassen sich so verstehen, dass sie auch für bereits vor ihrem Erlass vergebene öffentliche Dienstleistungsaufträge gelten sollen. Damit tragen die Leitlinien in

gewisser Weise eher zur Rechtsunsicherheit bei als – was ihrer Zielsetzung eigentlich entsprochen hätte – zu Rechtssicherheit.

Die vorliegende dritte Auflage geht auf diese neuen Entwicklungen und in den vergangenen drei Jahren erfolgte Rechtsprechung zur Verordnung ein. Auch die aktualisierte Kommentierung wird wieder einen wertvollen Beitrag dazu leisten, Rechtsunsicherheiten bei Aufgabenträgern und Verkehrsunternehmen zu verringern und den ÖPNV in positiver Hinsicht in Bewegung zu halten.

Düsseldorf, im Dezember 2023 Andreas Wille

Inhaltsverzeichnis

Abkürzungs- und Literaturverzeichnis

A. A./a. A.	Andere Ansicht
Abl.	Amtsblatt
Abl. EU	Amtsblatt der Europäischen Union
Abs.	Absatz
a. E.	am Ende
AEUV	Vertrag über die Arbeitsweise der europäischen Union
a. F.	alte Fassung
AG	Aktiengesellschaft
Art.	Artikel
Aufl.	Auflage
Bamberger/Roth	Heinz Georg Bamberger/Herbert Roth, Beck'scher Online-Kommentar BGB, 43. Edition, Stand 15.6.2017
Bartosch	Andreas Bartosch, EU-Beihilfenrecht, 3. Auflage 2020
BGB	Bürgerliches Gesetzbuch
BGBl.	Bundesgesetzblatt
BGH	Bundesgerichtshof
BR-Drucks.	Bundesratsdrucksache
BSO	Beihilfe für Busfernreisen
BT-Drucks.	Bundestagsdrucksache
DAWI	Dienstleistungen von allgemeinem wirtschaftlichem Interesse
Der Nahverkehr	Der Nahverkehr, Zeitschrift
Dez	Dezember
d. h.	das heißt
Dreher/Motzke	Meinrad Dreher/Gerd Motzke, Beck'scher Vergaberechtskommentar, 2. Auflage 2013
DVBl.	Deutsche Verwaltungsblätter, Zeitschrift
EG	Europäische Gemeinschaft
EG/Euratom	EG/Euratom
EU	Europäische Union
EuGH	Europäischer Gerichtshof
EuR	Europarecht, Zeitschrift
EUR	Euro
EUV	Vertrag über die Europäische Union
EuZW	Europäische Zeitschrift für Wirtschaftsrecht, Zeitschrift
EWG	Europäische Wirtschaftsgemeinschaft
EWR	Europäischer Wirtschaftsraum
f.	folgende
ff.	fortfolgende
Fromm/Sellmann/Zuck	Günter Fromm/Klaus-Albrecht Sellmann/Holger Zuck, Personenbeförderungsrecht, 5. Auflage 2022
Gabriel/Krohn/Neun	Marc Gabriel/Wolfram Krohn/Andreas Neun, Handbuch Vergaberecht, 3. Auflage 2021
GewArch	Gewerbearchiv, Zeitschrift
ggf.	gegebenenfalls
GmbH	Gesellschaft mit beschränkter Haftung

Grabitz/Hilf/ Nettesheim	Eberhard Grabitz/Meinhard Hilf/Martin Nettesheim, Das Recht der Europäischen Union, 79. EL Mai 2023
GWB	Gesetz gegen Wettbewerbsbeschränkungen
HS	Halbsatz
i. d. F.	in der Fassung
i. d. F. d.	in der Fassung des
Immenga/ Mestmäcker	Ulrich Immenga/Ernst-Joachim Mestmäcker, Wettbewerbsrecht, Band 5, Kommentar zum Beihilfenrecht, 6. Auflage 2022
Inkl.	inklusiv
IR	InfrastrukturRecht, Zeitschrift
IRR	Internal Rate of Return
i. S. d.	im Sinne der/des
i. V. m.	in Verbindung mit
Jan	Januar
Jul	Juli
Jun	Juni
Kap.	Kapitel
km	Kilometer
KMU	Kleine und mittlere Unternehmen
KOM	Kommissionsdokumente
KommJur	Kommunaljurist, Zeitschrift
Linke	Benjamin Linke, VO (EG) 1370/2007 über öffentliche Personenverkehrsdienste, 2. Auflage 2019
Lit.	Litera, lat: Buchstabe
(L)VwVfG	(Landes-)Verwaltungsverfahrensgesetz
Mio.	Millionen
mind.	Mindestens
Müller-Wrede	Malte Müller-Wrede, VgV-Kommentar, 5. Auflage 2017
Müller-Wrede	Malte Müller-Wrede, SektVO, 2. Auflage 2018
Münchener Kommentar Wettbewerbsrecht	Münchener Kommentar zum Wettbewerbsrecht, Band 4, 4. Auflage 2022
MwSt	Mehrwertsteuer
NNVG	Niedersächsisches Nahverkehrsgesetz
NVG	Nahverkehrsgesetz (Rheinland-Pfalz)
NVwZ	Neue Zeitschrift für Verwaltungsrecht, Zeitschrift
NZA	Neue Zeitschrift für Arbeitsrecht
NZBau	Neue Zeitschrift für Baurecht und Vergaberecht, Zeitschrift
OLG	Oberlandesgericht
ÖPNV	Öffentlicher Personennahverkehr
ÖPNVG	Gesetz über die Planung, Organisation und Gestaltung des öffentlichen Personennahverkehrs
PBefG	Personenbeförderungsgesetz
PBefG-E	Entwurf für ein Personenbeförderungsgesetz

RegG	Gesetz zur Regionalisierung des öffentlichen Personennahverkehrs
Rn.	Randnummer
ROCE	Return on Capital Employed
ROE	Return on Equity
Röwekamp/Kus/Portz/Prieß	Hendrik Röwekamp/Alexander Kus/Norbert Portz/Hans-Joachim Prieß, Kommentar zum GWB-Vergaberecht, 5. Auflage 2020
Rs.	Rechtssache
S.	Seite
Saxinger/Winnes	Andreas Saxinger/Michael Winnes, Recht des öffentlichen Personenverkehrs, Stand Januar 2018
Slg.	Sammlung von Entscheidungen, Gesetzen etc./Amtliche Sammlung des EuGH/der Entscheidungen des EuGH
SPNV	Schienenpersonennahverkehr
u. a.	unter anderem
Uabs.	Unterabsatz
Urt.	Urteil
v.	von
VergabeR	Vergaberecht, Zeitschrift
VG	Verwaltungsgericht
Vgl.	Vergleiche
VgV	Vergabeverordnung
VK	Vergabekammer
VKR	Richtlinie 2004/18/EG des Europäischen Parlaments und des Rates vom 31.3.2004 über die Koordinierung der Verfahren zur Vergabe öffentlicher Bauaufträge, Lieferaufträge und Dienstleistungsaufträge (ABl. EU Nr. L 134/114 vom 30.4.2004)
VO	Verordnung
von der Groeben/Schwarze/Hatje	Hans von der Groeben/Jürgen Schwarze/Armin Hatje, Europäisches Unionsrecht, 7. Auflage 2015
VO (EG)	Verordnung der Europäischen Gemeinschaften
V+T	Zeitschrift für Verkehr und Technik, Zeitschrift
VwVfG	Verwaltungsverfahrensgesetz
Willenbruch/Wieddekind/Hübner	Klaus Willenbruch/Kristina Wieddekind/Alexander Hübner, Vergaberecht, Kompaktkommentar, 5. Auflage 2023
WiVerw	Zeitschrift für Wirtschaft und Verwaltung
WuW	Wirtschaft und Wettbewerb, Zeitschrift
z. B.	zum Beispiel
Ziekow/Völlink	Jan Ziekow/Uwe-Carsten Völlink, Vergaberecht, 4. Auflage 2020
Ziff.	Ziffer
ZVBN	Zweckverband Verkehrsverbund Bremen/Niedersachsen

Verordnung (EG) Nr. 1370/2007 des Europäischen Parlaments und des Rates vom 23. Oktober 2007 über öffentliche Personenverkehrsdienste auf Schiene und Straße und zur Aufhebung der Verordnungen (EWG) Nr. 1191/69 und (EWG) Nr. 1107/70 des Rates

DAS EUROPÄISCHE PARLAMENT UND DER RAT DER EUROPÄISCHEN UNION –

gestützt auf den Vertrag zur Gründung der Europäischen Gemeinschaft, insbesondere auf die Artikel 71 und 89,

auf Vorschlag der Kommission,

nach Stellungnahme des Europäischen Wirtschafts- und Sozialausschusses[1],

nach Stellungnahme des Ausschusses der Regionen[2],

gemäß dem Verfahren des Artikels 251 des Vertrags[3],

in Erwägung nachstehender Gründe:

(1) Artikel 16 des Vertrags bestätigt den Stellenwert, den Dienste von allgemeinem wirtschaftlichem Interesse innerhalb der gemeinsamen Werte der Union einnehmen.

(2) Artikel 86 Absatz 2 des Vertrags bestimmt, dass für Unternehmen, die mit Dienstleistungen von allgemeinem wirtschaftlichem Interesse betraut sind, die Vorschriften des Vertrags, insbesondere die Wettbewerbsregeln, gelten, soweit die Anwendung dieser Vorschriften nicht die Erfüllung der ihnen übertragenen besonderen Aufgaben rechtlich oder tatsächlich verhindert.

(3) Artikel 73 des Vertrags stellt eine Sondervorschrift zu Artikel 86 Absatz 2 dar. Darin sind Regeln für die Abgeltung von gemeinwirtschaftlichen Verpflichtungen im Bereich des Landverkehrs festgelegt.

(4) Die Hauptziele des Weißbuchs der Kommission vom 12. September 2001 „Die Europäische Verkehrspolitik bis 2010: Weichenstellungen für die Zukunft" sind die Gewährleistung sicherer, effizienter und hochwertiger Personenverkehrsdienste durch einen regulierten Wettbewerb, der auch die Transparenz und Leistungsfähigkeit öffentlicher Personenverkehrsdienste garantiert, und zwar unter Berücksichtigung sozialer, umweltpolitischer und raumplanerischer Faktoren, oder das Angebot spezieller Tarifbedingungen zugunsten bestimmter Gruppen von Reisenden, wie etwa Rentner, und die Beseitigung von Ungleichheiten zwischen Verkehrsunternehmen aus verschiedenen Mitgliedstaaten, die den Wettbewerb wesentlich verfälschen könnten.

(5) Viele Personenlandverkehrsdienste, die im allgemeinen wirtschaftlichen Interesse erforderlich sind, können derzeit nicht kommerziell betrieben werden. Die zuständigen Behörden der Mitgliedstaaten müssen Maßnahmen ergreifen können, um die Erbringung dieser Dienste sicherzustellen. Zu den Mechanismen, die sie nutzen

---

1 ABl. C 195 vom 18.8.2006, S. 20.

2 ABl. C 192 vom 16.8.2006, S. 1.

3 Stellungnahme des Europäischen Parlaments vom 14. November 2001 (ABl. C 140 E vom 13.6.2002, S. 262), Gemeinsamer Standpunkt des Rates vom 11. Dezember 2006 (ABl. C 70 E vom 27.3.2007, S. 1) und Standpunkt des Europäischen Parlaments vom 10. Mai 2007. Beschluss des Rates vom 18. September 2007.

können, um die Erbringung öffentlicher Personenverkehrsdienste sicherzustellen, zählen unter anderem die Gewährung ausschließlicher Rechte an die Betreiber eines öffentlichen Dienstes, die Gewährung einer finanziellen Ausgleichsleistung für Betreiber eines öffentlichen Dienstes sowie die Festlegung allgemeiner Vorschriften für den Betrieb öffentlicher Verkehrsdienste, die für alle Betreiber gelten. Entscheidet ein Mitgliedstaat sich im Einklang mit dieser Verordnung dafür, bestimmte allgemeine Regeln aus ihrem Anwendungsbereich herauszunehmen, so sollte die allgemeine Regelung für staatliche Beihilfen zur Anwendung kommen.

(6) Viele Mitgliedstaaten haben Rechtsvorschriften erlassen, die zumindest für einen Teilbereich ihres öffentlichen Verkehrsmarktes die Gewährung ausschließlicher Rechte und die Vergabe öffentlicher Dienstleistungsaufträge im Rahmen transparenter und fairer Vergabeverfahren vorsehen. Dies hat eine erhebliche Zunahme des Handels zwischen den Mitgliedstaaten bewirkt und dazu geführt, dass inzwischen mehrere Betreiber eines öffentlichen Dienstes Personenverkehrsdienste in mehr als einem Mitgliedstaat erbringen. Die Entwicklung der nationalen Rechtsvorschriften hat jedoch zu uneinheitlichen Verfahren und Rechtsunsicherheit hinsichtlich der Rechte der Betreiber eines öffentlichen Dienstes und der Pflichten der zuständigen Behörden geführt. Die Verordnung (EWG) Nr. 1191/69 des Rates vom 26. Juni 1969 über das Vorgehen der Mitgliedstaaten bei mit dem Begriff des öffentlichen Dienstes verbundenen Verpflichtungen auf dem Gebiet des Eisenbahn-, Straßen- und Binnenschiffsverkehrs[4] regelt nicht die Art und Weise, in der in der Gemeinschaft öffentliche Dienstleistungsaufträge vergeben werden müssen, und insbesondere nicht die Bedingungen, unter denen diese ausgeschrieben werden sollten. Eine Aktualisierung des gemeinschaftlichen Rechtsrahmens ist daher angebracht.

(7) Studien und die Erfahrungen der Mitgliedstaaten, in denen es schon seit einigen Jahren Wettbewerb im öffentlichen Verkehr gibt, zeigen, dass, sofern angemessene Schutzmaßnahmen vorgesehen werden, die Einführung des regulierten Wettbewerbs zwischen Betreibern zu einem attraktiveren und innovativeren Dienstleistungsangebot zu niedrigeren Kosten führt, ohne dass die Betreiber eines öffentlichen Dienstes bei der Erfüllung der ihnen übertragenen besonderen Aufgaben behindert werden. Dieser Ansatz wurde vom Europäischen Rat im Rahmen des so genannten Lissabon-Prozesses vom 28. März 2000 gebilligt, der die Kommission, den Rat und die Mitgliedstaaten aufgefordert hat, im Rahmen ihrer jeweiligen Befugnisse die Liberalisierung in Bereichen wie dem Verkehr zu beschleunigen.

(8) Personenverkehrsmärkte, die dereguliert sind und in denen keine ausschließlichen Rechte gewährt werden, sollten ihre Merkmale und ihre Funktionsweise beibehalten dürfen, soweit diese mit den Anforderungen des Vertrags vereinbar sind.

(9) Um die öffentlichen Personenverkehrsdienste optimal nach den Bedürfnissen der Bevölkerung gestalten zu können, müssen alle zuständigen Behörden die Möglichkeit haben, die Betreiber eines öffentlichen Dienstes gemäß den Bedingungen dieser Verordnung frei auszuwählen und dabei die Interessen von kleinen und mittleren Unternehmen zu berücksichtigen. Um die Anwendung der Grundsätze der Transparenz, der Gleichbehandlung konkurrierender Betreiber und der Verhältnismäßigkeit zu gewährleisten, wenn Ausgleichsleistungen oder ausschließliche Rechte gewährt werden, müssen in einem öffentlichen Dienstleistungsauftrag der zuständigen Behörde an den ausgewählten Betreiber eines öffentlichen Dienstes die Art der gemeinwirtschaftlichen Verpflichtungen und die vereinbarten Gegenleis-

4 ABl. L 156 vom 28.6.1969, S. 1. Zuletzt geändert durch die Verordnung (EWG) Nr. 1893/91 (ABl. L 169 vom 29.6.1991, S. 1).

tungen festgelegt werden. Die Form oder Benennung dieses Vertrags kann je nach den Rechtssystemen der Mitgliedstaaten variieren.

(10) Im Gegensatz zu der Verordnung (EWG) Nr. 1191/69, deren Geltungsbereich sich auch auf die öffentlichen Personenverkehrsdienste auf Binnenschifffahrtswegen erstreckt, wird es nicht als angezeigt erachtet, in der vorliegenden Verordnung die Frage der Vergabe öffentlicher Dienstleistungsaufträge in diesem besonderen Sektor zu regeln. Für die Organisation öffentlicher Personenverkehrsdienste auf Binnenschifffahrtswegen und, soweit sie nicht unter besonderes Gemeinschaftsrecht fallen, auf dem Meer innerhalb der Hoheitsgewässer gelten daher die allgemeinen Grundsätze des Vertrags, sofern die Mitgliedstaaten nicht beschließen, die vorliegende Verordnung auf diese besonderen Sektoren anzuwenden. Diese Verordnung steht der Einbeziehung von Verkehrsdiensten auf Binnenschifffahrtswegen und auf dem Meer innerhalb der Hoheitsgewässer in weiter gefasste Stadt-, Vorort- oder Regionalnetze des öffentlichen Personenverkehrs nicht entgegen.

(11) Im Gegensatz zu der Verordnung (EWG) Nr. 1191/69, deren Geltungsbereich sich auch auf Güterbeförderungsdienste erstreckt, wird es nicht als angezeigt erachtet, in der vorliegenden Verordnung die Frage der Vergabe öffentlicher Dienstleistungsaufträge in diesem besonderen Sektor zu regeln. Drei Jahre nach dem Inkrafttreten der vorliegenden Verordnung sollten für die Organisation von Güterbeförderungsdiensten daher die allgemeinen Grundsätze des Vertrags gelten.

(12) Aus gemeinschaftsrechtlicher Sicht ist es unerheblich, ob öffentliche Personenverkehrsdienste von öffentlichen oder privaten Unternehmen erbracht werden. Die vorliegende Verordnung stützt sich auf den Grundsatz der Neutralität im Hinblick auf die Eigentumsordnung gemäß Artikel 295 des Vertrags sowie den Grundsatz der freien Gestaltung der Dienste von allgemeinem wirtschaftlichem Interesse durch die Mitgliedstaaten gemäß Artikel 16 des Vertrags und die Grundsätze der Subsidiarität und der Verhältnismäßigkeit gemäß Artikel 5 des Vertrags.

(13) Einige Verkehrsdienste, häufig in Verbindung mit einer speziellen Infrastruktur, werden hauptsächlich aufgrund ihres historischen Interesses oder zu touristischen Zwecken betrieben. Da ihr Betrieb offensichtlich anderen Zwecken dient als der Erbringung öffentlicher Personenverkehrsdienste, müssen die für die Erfüllung von gemeinwirtschaftlichen Anforderungen geltenden Vorschriften und Verfahren hier keine Anwendung finden.

(14) Wenn die zuständigen Behörden für die Organisation des öffentlichen Verkehrsnetzes verantwortlich sind, können hierzu neben dem eigentlichen Betrieb des Verkehrsdienstes eine Reihe von anderen Tätigkeiten und Funktionen zählen, bei denen es den zuständigen Behörden freigestellt sein muss, sie selbst auszuführen oder ganz oder teilweise einem Dritten anzuvertrauen.

(15) Langzeitverträge können bewirken, dass der Markt länger als erforderlich geschlossen bleibt, wodurch sich die Vorteile des Wettbewerbsdrucks verringern. Um den Wettbewerb möglichst wenig zu verzerren und gleichzeitig die Qualität der Dienste sicherzustellen, sollten öffentliche Dienstleistungsaufträge befristet sein. Eine Auftragsverlängerung könnte davon abhängig gemacht werden, dass die Verkehrsteilnehmer die Dienstleistung positiv aufnehmen. Die Möglichkeit, öffentliche Dienstleistungsaufträge um maximal die Hälfte ihrer ursprünglichen Laufzeit zu verlängern, sollte in diesem Rahmen dann vorgesehen werden, wenn der Betreiber eines öffentlichen Dienstes Investitionen in Wirtschaftsgüter tätigen muss, deren Amortisierungsdauer außergewöhnlich lang ist, und – aufgrund ihrer besonderen Merkmale und Zwänge – bei den in Artikel 299 des Vertrags genannten Gebieten in äußerster Randlage. Außerdem sollte eine noch weiter gehende Verlängerung möglich sein, wenn ein Betreiber eines öffentlichen Dienstes Investitionen in Infrastrukturen oder Rollma-

terial und Fahrzeuge tätigt, die insofern außergewöhnlich sind, als es dabei jeweils um hohe Mittelbeträge geht, und unter der Voraussetzung, dass der Vertrag im Rahmen eines fairen wettbewerblichen Vergabeverfahrens vergeben wird.

(16) Kann der Abschluss eines öffentlichen Dienstleistungsauftrags zu einem Wechsel des Betreibers eines öffentlichen Dienstes führen, so sollten die zuständigen Behörden den ausgewählten Betreiber eines öffentlichen Dienstes verpflichten können, die Bestimmungen der Richtlinie 2001/23/EG des Rates vom 12. März 2001 zur Angleichung der Rechtsvorschriften der Mitgliedstaaten über die Wahrung von Ansprüchen der Arbeitnehmer beim Übergang von Unternehmen, Betrieben oder Unternehmens- oder Betriebsteilen[5] anzuwenden. Diese Richtlinie hindert die Mitgliedstaaten nicht daran, die Bedingungen für die Übertragung anderer Ansprüche der Arbeitnehmer als der durch die Richtlinie 2001/23/EG abgedeckten zu wahren und dabei gegebenenfalls die durch nationale Rechts- und Verwaltungsvorschriften oder zwischen den Sozialpartnern geschlossenen Tarifverträge oder Vereinbarungen festgelegten Sozialstandards zu berücksichtigen.

(17) Gemäß dem Subsidiaritätsprinzip steht es den zuständigen Behörden frei, soziale Kriterien und Qualitätskriterien festzulegen, um Qualitätsstandards für gemeinwirtschaftliche Verpflichtungen aufrechtzuerhalten und zu erhöhen, beispielsweise bezüglich der Mindestarbeitsbedingungen, der Fahrgastrechte, der Bedürfnisse von Personen mit eingeschränkter Mobilität, des Umweltschutzes, der Sicherheit von Fahrgästen und Angestellten sowie bezüglich der sich aus Kollektivvereinbarungen ergebenden Verpflichtungen und anderen Vorschriften und Vereinbarungen in Bezug auf den Arbeitsplatz und den Sozialschutz an dem Ort, an dem der Dienst erbracht wird. Zur Gewährleistung transparenter und vergleichbarer Wettbewerbsbedingungen zwischen den Betreibern und um das Risiko des Sozialdumpings zu verhindern, sollten die zuständigen Behörden besondere soziale Normen und Dienstleistungsqualitätsnormen vorschreiben können.

(18) Vorbehaltlich der einschlägigen Bestimmungen des nationalen Rechts können örtliche Behörden oder – falls diese nicht vorhanden sind – nationale Behörden öffentliche Personenverkehrsdienste in ihrem Gebiet entweder selbst erbringen oder einen internen Betreiber ohne wettbewerbliches Vergabeverfahren damit beauftragen. Zur Gewährleistung gleicher Wettbewerbsbedingungen muss die Möglichkeit der Eigenerbringung jedoch streng kontrolliert werden. Die zuständige Behörde oder die Gruppe zuständiger Behörden, die – kollektiv oder durch ihre Mitglieder – integrierte öffentliche Personenverkehrsdienste erbringt, sollte die erforderliche Kontrolle ausüben. Ferner sollte es einer zuständigen Behörde, die ihre Verkehrsdienste selbst erbringt, oder einem internen Betreiber untersagt sein, an wettbewerblichen Vergabeverfahren außerhalb des Zuständigkeitsgebiets dieser Behörde teilzunehmen. Die Behörde, die die Kontrolle über den internen Betreiber ausübt, sollte ferner die Möglichkeit haben, diesem Betreiber die Teilnahme an wettbewerblichen Vergabeverfahren innerhalb ihres Zuständigkeitsgebiets zu untersagen. Die Beschränkung der Tätigkeit interner Betreiber berührt nicht die Möglichkeit der Direktvergabe öffentlicher Dienstleistungsaufträge, die den Eisenbahnverkehr betreffen, mit Ausnahme anderer schienengestützter Verkehrsträger wie Untergrund- und Straßenbahnen. Außerdem berührt die Direktvergabe öffentlicher Dienstleistungsaufträge für Eisenbahnverkehrsdienste nicht die Möglichkeit der zuständigen Behörden, öffentliche Dienstleistungsaufträge für öffentliche Personenverkehrsdienste mit anderen schienengestützten Verkehrsträgern wie Untergrund- oder Straßenbahnen an einen internen Betreiber zu vergeben.

5 ABl. L 82 vom 22.3.2001, S. 16.

(19) Die Vergabe von Unteraufträgen kann zu einem effizienteren öffentlichen Personenverkehr beitragen und ermöglicht die Beteiligung weiterer Unternehmen neben dem Betreiber eines öffentlichen Dienstes, der den öffentlichen Dienstleistungsauftrag erhalten hat. Im Hinblick auf eine bestmögliche Nutzung öffentlicher Gelder sollten die zuständigen Behörden jedoch die Bedingungen für die Vergabe von Unteraufträgen bezüglich ihrer öffentlichen Personenverkehrsdienste festlegen können, insbesondere im Falle von Diensten, die von einem internen Betreiber erbracht werden. Ferner sollte es einem Unterauftragnehmer erlaubt sein, an wettbewerblichen Vergabeverfahren im Zuständigkeitsgebiet aller zuständigen Behörden teilzunehmen. Die Auswahl eines Unterauftragnehmers durch die zuständige Behörde oder ihren internen Betreiber muss im Einklang mit dem Gemeinschaftsrecht erfolgen.

(20) Entscheidet eine Behörde, eine Dienstleistung von allgemeinem Interesse einem Dritten zu übertragen, so muss die Auswahl des Betreibers eines öffentlichen Dienstes unter Einhaltung des für das öffentliche Auftragswesen und Konzessionen geltenden Gemeinschaftsrechts, das sich aus den Artikeln 43 bis 49 des Vertrags ergibt, sowie der Grundsätze der Transparenz und der Gleichbehandlung erfolgen. Insbesondere bleiben die Pflichten der Behörden, die sich aus den Richtlinien über die Vergabe öffentlicher Aufträge ergeben, bei unter jene Richtlinien fallenden öffentlichen Dienstleistungsaufträgen von den Bestimmungen dieser Verordnung unberührt.

(21) Ein wirksamer Rechtschutz sollte nicht nur für Aufträge gelten, die unter die Richtlinie 2004/17/EG des Europäischen Parlaments und des Rates vom 31. März 2004 zur Koordinierung der Zuschlagserteilung durch Auftraggeber im Bereich der Wasser-, Energie- und Verkehrsversorgung sowie der Postdienste[6] und die Richtlinie 2004/18/EG des Europäischen Parlaments und des Rates vom 31. März 2004 über die Koordinierung der Verfahren zur Vergabe öffentlicher Bauaufträge, Lieferaufträge und Dienstleistungsaufträge[7] fallen, sondern auch für andere gemäß der vorliegenden Verordnung abgeschlossene Verträge gelten. Es ist ein wirksames Nachprüfungsverfahren erforderlich, das mit den entsprechenden Verfahren gemäß der Richtlinie 89/665/EWG des Rates vom 21. Dezember 1989 zur Koordinierung der Rechts- und Verwaltungsvorschriften für die Anwendung der Nachprüfungsverfahren im Rahmen der Vergabe öffentlicher Liefer- und Bauaufträge[8] bzw. der Richtlinie 92/13/EWG des Rates vom 25. Februar 1992 zur Koordinierung der Rechts- und Verwaltungsvorschriften für die Anwendung der Gemeinschaftsvorschriften über die Auftragsvergabe durch Auftraggeber im Bereich der Wasser-, Energie- und Verkehrsversorgung sowie im Telekommunikationssektor[9] vergleichbar sein sollte.

(22) Für einige wettbewerbliche Vergabeverfahren müssen die zuständigen Behörden komplexe Systeme festlegen und erläutern. Daher sollten diese Behörden ermächtigt werden, bei der Vergabe von Aufträgen in solchen Fällen die Einzelheiten des Auftrags mit einigen oder allen potenziellen Betreibern eines öffentlichen Dienstes nach Abgabe der Angebote auszuhandeln.

---

6 ABl. L 134 vom 30.4.2004, S. 1. Zuletzt geändert durch die Richtlinie 2006/97/EG des Rates (ABl. L 363 vom 20.12.2006, S. 107).

7 ABl. L 134 vom 30.4.2004, S. 114. Zuletzt geändert durch die Richtlinie 2006/97/EG.

8 ABl. L 395 vom 30.12.1989, S. 33. Geändert durch die Richtlinie 92/50/EWG (ABl. L 209 vom 24.7.1992, S. 1).

9 ABl. L 76 vom 23.3.1992, S. 14. Zuletzt geändert durch die Richtlinie 2006/97/EG (ABl. L 363 vom 20.12.2006, S. 107).

(23) Ein wettbewerbliches Vergabeverfahren für öffentliche Dienstleistungsaufträge sollte nicht zwingend vorgeschrieben sein, wenn der Auftrag sich auf geringe Summen oder Entfernungen bezieht. In diesem Zusammenhang sollten die zuständigen Behörden in die Lage versetzt werden, bei größeren Summen oder Entfernungen die besonderen Interessen von kleinen und mittleren Unternehmen zu berücksichtigen. Den zuständigen Behörden sollte es nicht gestattet sein, Aufträge oder Netze aufzuteilen, um so ein wettbewerbliches Vergabeverfahren zu vermeiden.

(24) Besteht die Gefahr einer Unterbrechung bei der Erbringung von Diensten, sollten die zuständigen Behörden befugt sein, kurzfristig Notmaßnahmen zu ergreifen, bis ein neuer öffentlicher Dienstleistungsauftrag nach den in dieser Verordnung festgelegten Bedingungen vergeben wurde.

(25) Der öffentliche Schienenpersonenverkehr wirft spezielle Fragen in Bezug auf die Investitionslast und die Infrastrukturkosten auf. Die Kommission hat im März 2004 eine Änderung der Richtlinie 91/440/EWG des Rates vom 29. Juli 1991 zur Entwicklung der Eisenbahnunternehmen der Gemeinschaft[10] vorgeschlagen, damit alle Eisenbahnunternehmen der Gemeinschaft zur Durchführung grenzüberschreitender Personenverkehrsdienste Zugang zur Infrastruktur aller Mitgliedstaaten erhalten. Mit der vorliegenden Verordnung soll ein Rechtsrahmen für die Gewährung einer Ausgleichsleistung und/oder ausschließlicher Rechte für öffentliche Dienstleistungsaufträge geschaffen werden; eine weitere Öffnung des Marktes für Schienenverkehrsdienste ist nicht beabsichtigt.

(26) Diese Verordnung gibt den zuständigen Behörden im Falle öffentlicher Dienstleistungen die Möglichkeit, auf der Grundlage eines öffentlichen Dienstleistungsauftrags einen Betreiber für die Erbringung öffentlicher Personenverkehrsdienste auszuwählen. Angesichts der unterschiedlichen territorialen Organisation der Mitgliedstaaten in dieser Hinsicht ist es gerechtfertigt, den zuständigen Behörden zu gestatten, öffentliche Dienstleistungsaufträge im Eisenbahnverkehr direkt zu vergeben.

(27) Die von den zuständigen Behörden gewährten Ausgleichsleistungen zur Deckung der Kosten, die durch die Erfüllung gemeinwirtschaftlicher Verpflichtungen verursacht werden, sollten so berechnet werden, dass übermäßige Ausgleichsleistungen vermieden werden. Beabsichtigt eine zuständige Behörde die Vergabe eines öffentlichen Dienstleistungsauftrags ohne wettbewerbliches Vergabeverfahren, so sollte sie auch detaillierte Bestimmungen einhalten, mit denen die Angemessenheit der Ausgleichsleistung gewährleistet wird und die der angestrebten Effizienz und Qualität der Dienste Rechnung tragen.

(28) Die zuständige Behörde und der Betreiber eines öffentlichen Dienstes können beweisen, dass eine übermäßige Ausgleichsleistung vermieden wurde, indem sie allen Auswirkungen der Erfüllung der gemeinwirtschaftlichen Verpflichtungen auf die Nachfrage nach öffentlichen Personenverkehrsdiensten in dem im Anhang enthaltenen Berechnungsmodell gebührend Rechnung tragen.

(29) Hinsichtlich der Vergabe öffentlicher Dienstleistungsaufträge sollten die zuständigen Behörden – außer bei Notmaßnahmen und Aufträgen für geringe Entfernungen – die notwendigen Maßnahmen ergreifen, um mindestens ein Jahr im Voraus bekannt zu geben, dass sie solche Aufträge zu vergeben beabsichtigen, so dass potenzielle Betreiber eines öffentlichen Dienstes darauf reagieren können.

---

10 ABl. L 237 vom 24.8.1991, S. 25. Zuletzt geändert durch die Richtlinie 2006/103/EG (ABl. L 363 vom 20.12.2006, S. 344).

(30) Bei direkt vergebenen öffentlichen Dienstleistungsaufträgen sollte für größere Transparenz gesorgt werden.

(31) Da die zuständigen Behörden und die Betreiber eines öffentlichen Dienstes Zeit benötigen, um den Bestimmungen dieser Verordnung nachzukommen, sollten Übergangsregelungen vorgesehen werden. Im Hinblick auf eine schrittweise Vergabe öffentlicher Dienstleistungsaufträge gemäß dieser Verordnung sollten die Mitgliedstaaten der Kommission binnen sechs Monaten nach der ersten Hälfte des Übergangszeitraums einen Fortschrittsbericht vorlegen. Die Kommission kann auf der Grundlage dieser Berichte geeignete Maßnahmen vorschlagen.

(32) Während des Übergangszeitraums werden die zuständigen Behörden die Bestimmungen dieser Verordnung möglicherweise zu unterschiedlichen Zeitpunkten erstmals anwenden. Daher könnten während dieses Zeitraums Betreiber eines öffentlichen Dienstes aus Märkten, die noch nicht von den Bestimmungen dieser Verordnung betroffen sind, Angebote für öffentliche Dienstleistungsaufträge in Märkten einreichen, die bereits zu einem früheren Zeitpunkt für den kontrollierten Wettbewerb geöffnet wurden. Um mit Hilfe angemessener Maßnahmen eine Unausgewogenheit bei der Öffnung des öffentlichen Verkehrsmarktes zu vermeiden, sollten die zuständigen Behörden in der zweiten Hälfte des Übergangszeitraums die Möglichkeit haben, Angebote von Unternehmen abzulehnen, bei denen mehr als die Hälfte des Wertes der von ihnen erbrachten öffentlichen Verkehrsdienste auf Aufträgen beruht, die nicht im Einklang mit dieser Verordnung vergeben wurden, sofern dies ohne Diskriminierung geschieht und vor Veröffentlichung des wettbewerblichen Vergabeverfahrens beschlossen wird.

(33) In seinem Urteil vom 24. Juli 2003 in der Rechtssache C-280/00, Altmark Trans GmbH[11], hat der Gerichtshof der Europäischen Gemeinschaften in den Randnummern 87 bis 95 festgestellt, dass Ausgleichsleistungen für gemeinwirtschaftliche Verpflichtungen keine Begünstigung im Sinne von Artikel 87 des Vertrags darstellen, sofern vier kumulative Voraussetzungen erfüllt sind. Werden diese Voraussetzungen nicht erfüllt, jedoch die allgemeinen Voraussetzungen für die Anwendung von Artikel 87 Absatz 1 des Vertrags, stellen die Ausgleichsleistungen für gemeinwirtschaftliche Verpflichtungen staatliche Beihilfen dar, und es gelten die Artikel 73, 86, 87 und 88 des Vertrags.

(34) Ausgleichsleistungen für gemeinwirtschaftliche Verpflichtungen können sich im Bereich des Personenlandverkehrs als erforderlich erweisen, damit die mit öffentlichen Dienstleistungen betrauten Unternehmen gemäß festgelegten Grundsätzen und unter Bedingungen tätig sein können, die ihnen die Erfüllung ihrer Aufgaben ermöglichen. Diese Ausgleichsleistungen können unter bestimmten Voraussetzungen gemäß Artikel 73 des Vertrags mit dem Vertrag vereinbar sein. Zum einen müssen sie gewährt werden, um die Erbringung von Diensten sicherzustellen, die Dienste von allgemeinem Interesse im Sinne des Vertrags sind. Um ungerechtfertigte Wettbewerbsverfälschungen zu vermeiden, darf die Ausgleichsleistung zum anderen nicht den Betrag übersteigen, der notwendig ist, um die Nettokosten zu decken, die durch die Erfüllung der gemeinwirtschaftlichen Verpflichtungen verursacht werden, wobei den dabei erzielten Einnahmen sowie einem angemessenen Gewinn Rechnung zu tragen ist.

(35) Die von den zuständigen Behörden in Übereinstimmung mit dieser Verordnung gewährten Ausgleichsleistungen können daher von der Pflicht zur vorherigen Unterrichtung nach Artikel 88 Absatz 3 des Vertrags ausgenommen werden.

---

11 Slg. 2003, I-7747.

(36) Da die vorliegende Verordnung die Verordnung (EWG) Nr. 1191/69 ersetzt, sollte die genannte Verordnung aufgehoben werden. Die schrittweise Einstellung der von der Kommission nicht genehmigten Ausgleichsleistungen für öffentliche Güterbeförderungsdienste wird durch einen Übergangszeitraum von drei Jahren im Einklang mit den Artikeln 73, 86, 87 und 88 des Vertrags erleichtert werden. Alle anderen durch diese Verordnung nicht erfassten Ausgleichsleistungen für die Erbringung öffentlicher Personenverkehrsdienste, die staatliche Beihilfen im Sinne des Artikels 87 Absatz 1 des Vertrags beinhalten könnten, sollten den Bestimmungen der Artikel 73, 86, 87 und 88 des Vertrags entsprechen, einschließlich aller einschlägigen Auslegungen durch den Gerichtshof der Europäischen Gemeinschaften und insbesondere dessen Entscheidung in der Rechtssache C-280/00, Altmark Trans GmbH. Bei der Prüfung solcher Fälle sollte die Kommission daher ähnliche Grundsätze anwenden wie die, die in dieser Verordnung oder gegebenenfalls in anderen Rechtsvorschriften für den Bereich der Dienstleistungen von allgemeinem wirtschaftlichem Interesse enthalten sind.

(37) Der Anwendungsbereich der Verordnung (EWG) Nr. 1107/70 des Rates vom 4. Juni 1970 über Beihilfen im Eisenbahn-, Straßen- und Binnenschiffsverkehr[12] wird von der vorliegenden Verordnung abgedeckt. Jene Verordnung gilt heute als überholt, da sie die Anwendung von Artikel 73 des Vertrags einschränkt, ohne eine angemessene Rechtsgrundlage für die Zulassung derzeitiger Investitionsregelungen, insbesondere im Hinblick auf Investitionen in Verkehrsinfrastrukturen im Rahmen einer öffentlich-privaten Partnerschaft, zu bieten. Sie sollte daher aufgehoben werden, damit Artikel 73 des Vertrags unbeschadet der vorliegenden Verordnung und der Verordnung (EWG) Nr. 1192/69 des Rates vom 26. Juni 1969 über gemeinsame Regeln für die Normalisierung der Konten der Eisenbahnunternehmen[13] entsprechend dem ständigen Wandel in dem Sektor angewendet werden kann. Um die Anwendung der einschlägigen gemeinschaftlichen Rechtsvorschriften weiter zu erleichtern, wird die Kommission im Jahr 2007 Leitlinien für staatliche Beihilfen für Eisenbahninvestitionen, einschließlich Infrastrukturinvestitionen, vorschlagen.

(38) Zur Bewertung der Durchführung dieser Verordnung und der Entwicklungen im öffentlichen Personenverkehr in der Gemeinschaft, insbesondere der Qualität der öffentlichen Personenverkehrsdienste und der Auswirkungen der Direktvergabe von öffentlichen Dienstleistungsaufträgen, sollte die Kommission einen Bericht erstellen. Diesem Bericht können erforderlichenfalls geeignete Vorschläge zur Änderung dieser Verordnung beigefügt werden –

HABEN FOLGENDE VERORDNUNG ERLASSEN:

Artikel 1 Zweck und Anwendungsbereich

(1) [1]Zweck dieser Verordnung ist es, festzulegen, wie die zuständigen Behörden unter Einhaltung des Gemeinschaftsrechts im Bereich des öffentlichen Personenverkehrs tätig werden können, um die Erbringung von Dienstleistungen von allgemeinem Interesse zu gewährleisten, die unter anderem zahlreicher, sicherer, höherwertig oder preisgünstiger sind als diejenigen, die das freie Spiel des Marktes ermöglicht hätte.

---

12 ABl. L 130 vom 15.6.1970, S. 1. Zuletzt geändert durch die Verordnung (EG) Nr. 543/97 (ABl. L 84 vom 26.3.1997, S. 6).

13 ABl. L 156 vom 28.6.1969, S. 8. Zuletzt geändert durch die Verordnung (EG) Nr. 1791/2006 (ABl. L 363 vom 20.12.2006, S. 1).

[2]Hierzu wird in dieser Verordnung festgelegt, unter welchen Bedingungen die zuständigen Behörden den Betreibern eines öffentlichen Dienstes eine Ausgleichsleistung für die ihnen durch die Erfüllung der gemeinwirtschaftlichen Verpflichtungen verursachten Kosten und/oder ausschließliche Rechte im Gegenzug für die Erfüllung solcher Verpflichtungen gewähren, wenn sie ihnen gemeinwirtschaftliche Verpflichtungen auferlegen oder entsprechende Aufträge vergeben.

(2) [1]Diese Verordnung gilt für den innerstaatlichen und grenzüberschreitenden Personenverkehr mit der Eisenbahn und andere Arten des Schienenverkehrs sowie auf der Straße, mit Ausnahme von Verkehrsdiensten, die hauptsächlich aus Gründen historischen Interesses oder zu touristischen Zwecken betrieben werden. [2]Die Mitgliedstaaten können diese Verordnung auf den öffentlichen Personenverkehr auf Binnenschifffahrtswegen und, unbeschadet der Verordnung (EWG) Nr. 3577/92 des Rates vom 7. Dezember 1992 zur Anwendung des Grundsatzes des freien Dienstleistungsverkehrs auf den Seeverkehr zwischen den Mitgliedsstaaten (Seekabotage)[14] auf das Meer innerhalb der Hoheitsgewässer anwenden.
[3]Vorbehaltlich der Zustimmung der zuständigen Behörden der Mitgliedstaaten, in deren Hoheitsgebiet die Dienstleistungen erbracht werden, dürfen sich gemeinwirtschaftliche Verpflichtungen auf öffentliche Verkehrsdienste auf grenzüberschreitender Ebene erstrecken, einschließlich jener, die örtliche und regionale Verkehrsbedürfnisse erfüllen.

(3) Diese Verordnung gilt nicht für öffentliche Baukonzessionen im Sinne von Artikel 1 Absatz 3 Buchstabe a der Richtlinie 2004/17/EG oder im Sinne von Artikel 1 Absatz 3 der Richtlinie 2004/18/EG.

Artikel 2 Begriffsbestimmungen

Im Sinne dieser Verordnung bezeichnet der Ausdruck

a) „öffentlicher Personenverkehr" Personenbeförderungsleistungen von allgemeinem, wirtschaftlichem Interesse, die für die Allgemeinheit diskriminierungsfrei und fortlaufend erbracht werden;
b) „zuständige Behörde" jede Behörde oder Gruppe von Behörden eines oder mehrerer Mitgliedstaaten, die zur Intervention im öffentlichen Personenverkehr in einem bestimmten geografischen Gebiet befugt ist, oder jede mit einer derartigen Befugnis ausgestattete Einrichtung;
c) „zuständige örtliche Behörde" jede zuständige Behörde, deren geografischer Zuständigkeitsbereich sich nicht auf das gesamte Staatsgebiet erstreckt;
d) „Betreiber eines öffentlichen Dienstes" jedes privat- oder öffentlich-rechtliche Unternehmen oder jede Gruppe von privat- oder öffentlich-rechtlichen Unternehmen, das/die öffentliche Personenverkehrsdienste betreibt, oder eine öffentliche Einrichtung, die öffentliche Personenverkehrsdienste durchführt;
e) „gemeinwirtschaftliche Verpflichtung" eine von der zuständigen Behörde festgelegte oder bestimmte Anforderung im Hinblick auf die Sicherstellung von im allgemeinen Interesse liegenden öffentlichen Personenverkehrsdiensten, die der Betreiber unter Berücksichtigung seines eigenen wirtschaftlichen Interesses nicht oder nicht im gleichen Umfang oder nicht zu den gleichen Bedingungen ohne Gegenleistung übernommen hätte;
f) „ausschließliches Recht" ein Recht, das einen Betreiber eines öffentlichen Dienstes berechtigt, bestimmte öffentliche Personenverkehrsdienste auf einer

14 ABl. L 364 vom 12.12.1992, S. 7.

bestimmten Strecke oder in einem bestimmten Streckennetz oder Gebiet unter Ausschluss aller anderen solchen Betreiber zu erbringen;

g) „Ausgleichsleistung für gemeinwirtschaftliche Verpflichtungen" jeden Vorteil, insbesondere finanzieller Art, der mittelbar oder unmittelbar von einer zuständigen Behörde aus öffentlichen Mitteln während des Zeitraums der Erfüllung einer gemeinwirtschaftlichen Verpflichtung oder in Verbindung mit diesem Zeitraum gewährt wird;

h) „Direktvergabe" die Vergabe eines öffentlichen Dienstleistungsauftrags an einen bestimmten Betreiber eines öffentlichen Dienstes ohne Durchführung eines vorherigen wettbewerblichen Vergabeverfahrens;

i) „öffentlicher Dienstleistungsauftrag" einen oder mehrere rechtsverbindliche Akte, die die Übereinkunft zwischen einer zuständigen Behörde und einem Betreiber eines öffentlichen Dienstes bekunden, diesen Betreiber eines öffentlichen Dienstes mit der Verwaltung und Erbringung von öffentlichen Personenverkehrsdiensten zu betrauen, die gemeinwirtschaftlichen Verpflichtungen unterliegen; gemäß der jeweiligen Rechtsordnung der Mitgliedstaaten können diese rechtsverbindlichen Akte auch in einer Entscheidung der zuständigen Behörde bestehen:
   - die die Form eines Gesetzes oder einer Verwaltungsregelung für den Einzelfall haben kann oder
   - die Bedingungen enthält, unter denen die zuständige Behörde diese Dienstleistungen selbst erbringt oder einen internen Betreiber mit der Erbringung dieser Dienstleistungen betraut;

j) „interner Betreiber" eine rechtlich getrennte Einheit, über die eine zuständige örtliche Behörde – oder im Falle einer Gruppe von Behörden wenigstens eine zuständige örtliche Behörde – eine Kontrolle ausübt, die der Kontrolle über ihre eigenen Dienststellen entspricht;

k) „Wert" den Wert eines Verkehrsdienstes, einer Strecke, eines öffentlichen Dienstleistungsauftrags oder einer Ausgleichsregelung des öffentlichen Personenverkehrs, der den Gesamteinnahmen – ohne Mehrwertsteuer – des Betreibers oder der Betreiber eines öffentlichen Dienstes entspricht, einschließlich der Ausgleichsleistung der Behörden gleich welcher Art und aller Einnahmen aus dem Fahrscheinverkauf, die nicht an die betroffene zuständige Behörde abgeführt werden;

l) „allgemeine Vorschrift" eine Maßnahme, die diskriminierungsfrei für alle öffentlichen Personenverkehrsdienste derselben Art in einem bestimmten geografischen Gebiet, das im Zuständigkeitsbereich einer zuständigen Behörde liegt, gilt;

m) „integrierte öffentliche Personenverkehrsdienste" Beförderungsleistungen, die innerhalb eines festgelegten geografischen Gebiets im Verbund erbracht werden und für die ein einziger Informationsdienst, eine einzige Fahrausweisregelung und ein einziger Fahrplan besteht;

aa) „öffentliche Schienenpersonenverkehrsdienste" den öffentlichen Schienenpersonenverkehr mit Ausnahme des Personenverkehrs auf anderen schienengestützten Verkehrsträgern wie Untergrund- oder Straßenbahnen.

Artikel 2a Spezifikation der gemeinwirtschaftlichen Verpflichtungen

(1) [1]Die zuständige Behörde legt Spezifikationen der gemeinwirtschaftlichen Verpflichtungen für die Erbringung öffentlicher Personenverkehrsdienste und den Anwendungsbereich dieser gemeinwirtschaftlichen Verpflichtungen gemäß Artikel 2 Buchstabe e fest. [2]Dies schließt die Möglichkeit ein, kostendeckende Dienste mit nicht kostendeckenden Diensten zusammenzufassen.

[3]Bei der Festlegung dieser Spezifikationen und ihres Anwendungsbereichs trägt die zuständige Behörde dem Grundsatz der Verhältnismäßigkeit im Einklang mit dem Unionsrecht gebührend Rechnung.
[4]Diese Spezifikationen müssen mit den politischen Zielen, die in den Strategiepapieren für den öffentlichen Verkehr in den Mitgliedstaaten aufgeführt sind, im Einklang stehen.
[5]Inhalt und Format der Strategiepapiere für den öffentlichen Verkehr und die Verfahren für die Konsultation der einschlägigen Interessengruppen werden nach Maßgabe der nationalen Rechtsvorschriften festgelegt.

(2) Mit den Spezifikationen gemeinwirtschaftlicher Verpflichtungen und der entsprechenden Ausgleichsleistung für finanzielle Nettoauswirkungen gemeinwirtschaftlicher Verpflichtungen sollen

a) die Ziele der Politik für den öffentlichen Verkehr auf kostenwirksame Weise erreicht werden und
b) die finanzielle Nachhaltigkeit der Erbringung öffentlicher Personenverkehrsdienste gemäß den in der Politik für den öffentlichen Verkehr festgelegten Anforderungen langfristig gesichert werden.

Artikel 3 Öffentliche Dienstleistungsaufträge und allgemeine Vorschriften

(1) Gewährt eine zuständige Behörde dem ausgewählten Betreiber ausschließliche Rechte und/oder Ausgleichsleistungen gleich welcher Art für die Erfüllung gemeinwirtschaftlicher Verpflichtungen, so erfolgt dies im Rahmen eines öffentlichen Dienstleistungsauftrags.

(2) [1]Abweichend von Absatz 1 können gemeinwirtschaftliche Verpflichtungen zur Festsetzung von Höchsttarifen für alle Fahrgäste oder bestimmte Gruppen von Fahrgästen auch Gegenstand allgemeiner Vorschriften sein. [2]Die zuständige Behörde gewährt den Betreibern eines öffentlichen Dienstes gemäß den in den Artikeln 4 und 6 und im Anhang festgelegten Grundsätzen eine Ausgleichsleistung für die – positiven oder negativen – finanziellen Auswirkungen auf die Kosten und Einnahmen, die auf die Erfüllung der in den allgemeinen Vorschriften festgelegten tariflichen Verpflichtungen zurückzuführen sind; dabei vermeidet sie eine übermäßige Ausgleichsleistung. [3]Dies gilt ungeachtet des Rechts der zuständigen Behörden, gemeinwirtschaftliche Verpflichtungen zur Festsetzung von Höchsttarifen in öffentliche Dienstleistungsaufträge aufzunehmen.

(3) [1]Unbeschadet der Artikel 73, 86, 87 und 88 des Vertrags können die Mitgliedstaaten allgemeine Vorschriften über die finanzielle Abgeltung von gemeinwirtschaftlichen Verpflichtungen, die dazu dienen, Höchsttarife für Schüler, Studenten, Auszubildende und Personen mit eingeschränkter Mobilität festzulegen, aus dem Anwendungsbereich dieser Verordnung ausnehmen. [2]Diese allgemeinen Vorschriften sind nach Artikel 88 des Vertrags mitzuteilen. [3]Jede Mitteilung enthält vollständige Informationen über die Maßnahme, insbesondere Einzelheiten zur Berechnungsmethode.

Artikel 4 Obligatorischer Inhalt öffentlicher Dienstleistungsaufträge und allgemeiner Vorschriften

(1) [1]In den öffentlichen Dienstleistungsaufträgen und den allgemeinen Vorschriften
„a) sind die vom Betreiber eines öffentlichen Dienstes zu erfüllenden gemeinwirtschaftlichen Verpflichtungen, die in dieser Verordnung definiert und gemäß Arti-

kel 2a dieser Verordnung spezifiziert sind, und die betreffenden geografischen Geltungsbereiche klar festzulegen;

b) sind zuvor in objektiver und transparenter Weise aufzustellen:
   i) die Parameter, anhand deren gegebenenfalls die Ausgleichsleistung berechnet wird, und
   ii) die Art und der Umfang der gegebenenfalls gewährten Ausschließlichkeit; dabei ist eine übermäßige Ausgleichsleistung zu vermeiden.

   [2]Bei öffentlichen Dienstleistungsaufträgen, die nicht gemäß Artikel 5 Absatz 1, Absatz 3 oder Absatz 3b vergeben werden, werden diese Parameter so bestimmt, dass die Ausgleichsleistung den Betrag nicht übersteigen kann, der erforderlich ist, um die finanziellen Nettoauswirkungen auf die Kosten und Einnahmen zu decken, die auf die Erfüllung der gemeinwirtschaftlichen Verpflichtungen zurückzuführen sind, wobei die vom Betreiber eines öffentlichen Dienstes erzielten und einbehaltenen Einnahmen und ein angemessener Gewinn berücksichtigt werden;

c) sind die Durchführungsvorschriften für die Aufteilung der Kosten, die mit der Erbringung von Dienstleistungen in Verbindung stehen, festzulegen. [3]Diese Kosten können insbesondere Personalkosten, Energiekosten, Infrastrukturkosten, Wartungs- und Instandsetzungskosten für Fahrzeuge des öffentlichen Personenverkehrs, das Rollmaterial und für den Betrieb der Personenverkehrsdienste erforderliche Anlagen sowie die Fixkosten und eine angemessene Kapitalrendite umfassen.

(2) In den öffentlichen Dienstleistungsaufträgen und den allgemeinen Vorschriften sind die Durchführungsvorschriften für die Aufteilung der Einnahmen aus dem Fahrscheinverkauf festzulegen, die entweder beim Betreiber eines öffentlichen Dienstes verbleiben, an die zuständige Behörde übergehen oder unter ihnen aufgeteilt werden.

(3) [1]Die öffentlichen Dienstleistungsaufträge sind befristet und haben eine Laufzeit von höchstens zehn Jahren für Busverkehrsdienste und von höchstens 15 Jahren für Personenverkehrsdienste mit der Eisenbahn oder anderen schienengestützten Verkehrsträgern. [2]Die Laufzeit von öffentlichen Dienstleistungsaufträgen, die mehrere Verkehrsträger umfassen, ist auf 15 Jahre beschränkt, wenn der Verkehr mit der Eisenbahn oder anderen schienengestützten Verkehrsträgern mehr als 50 % des Werts der betreffenden Verkehrsdienste ausmacht.

(4) [1]Falls erforderlich kann die Laufzeit des öffentlichen Dienstleistungsauftrags unter Berücksichtigung der Amortisierungsdauer der Wirtschaftsgüter um höchstens 50 % verlängert werden, wenn der Betreiber eines öffentlichen Dienstes einen wesentlichen Anteil der für die Erbringung der Personenverkehrsdienste, die Gegenstand des öffentlichen Dienstleistungsauftrags sind, insgesamt erforderlichen Wirtschaftsgüter bereitstellt und diese vorwiegend an die Personenverkehrsdienste gebunden sind, die von dem Auftrag erfasst werden.
[2]Falls dies durch die Kosten, die aus der besonderen geografischen Lage entstehen, gerechtfertigt ist, kann die Laufzeit der in Absatz 3 beschriebenen öffentlichen Dienstleistungsaufträge in den Gebieten in äußerster Randlage um höchstens 50 % verlängert werden.
[3]Falls dies durch die Abschreibung von Kapital in Verbindung mit außergewöhnlichen Investitionen in Infrastruktur, Rollmaterial oder Fahrzeuge gerechtfertigt ist und der öffentliche Dienstleistungsauftrag in einem fairen wettbewerblichen Vergabeverfahren vergeben wurde, kann ein öffentlicher Dienstleistungsauftrag eine längere Laufzeit haben. [4]Zur Gewährleistung der Transparenz in diesem Fall muss die zuständige Behörde der Kommission innerhalb von einem Jahr nach Abschluss des

Vertrags den öffentlichen Dienstleistungsauftrag und die Elemente, die seine längere Laufzeit rechtfertigen, übermitteln.

(4a) Bei der Ausführung von öffentlichen Dienstleistungsaufträgen halten Betreiber eines öffentlichen Dienstes die nach dem Unionsrecht, dem nationalen Recht oder Tarifverträgen geltenden sozial- und arbeitsrechtlichen Verpflichtungen ein.

(4b) Die Richtlinie 2001/23/EG findet Anwendung auf den Wechsel des Betreibers eines öffentlichen Dienstes, wenn ein solcher Wechsel einen Unternehmensübergang im Sinne jener Richtlinie darstellt.

(5) [1]Unbeschadet des nationalen Rechts und des Gemeinschaftsrechts, einschließlich Tarifverträge zwischen den Sozialpartnern, kann die zuständige Behörde den ausgewählten Betreiber eines öffentlichen Dienstes verpflichten, den Arbeitnehmern, die zuvor zur Erbringung der Dienste eingestellt wurden, die Rechte zu gewähren, auf die sie Anspruch hätten, wenn ein Übergang im Sinne der Richtlinie 2001/23/EG erfolgt wäre. [2]Verpflichtet die zuständige Behörde die Betreiber eines öffentlichen Dienstes, bestimmte Sozialstandards einzuhalten, so werden in den Unterlagen des wettbewerblichen Vergabeverfahrens und den öffentlichen Dienstleistungsaufträgen die betreffenden Arbeitnehmer aufgeführt und transparente Angaben zu ihren vertraglichen Rechten und zu den Bedingungen gemacht, unter denen sie als in einem Verhältnis zu den betreffenden Diensten stehend gelten.

(6) [1]Verpflichtet die zuständige Behörde die Betreiber eines öffentlichen Dienstes im Einklang mit nationalem Recht dazu, bestimmte Qualitäts- und Sozialstandards einzuhalten, oder stellt sie soziale und qualitative Kriterien auf, so werden diese Standards und Kriterien in die Unterlagen des wettbewerblichen Vergabeverfahrens und die öffentlichen Dienstleistungsaufträge aufgenommen. [2]Derartige Unterlagen des wettbewerblichen Vergabeverfahrens und öffentliche Dienstleistungsaufträge müssen gegebenenfalls auch Angaben zu den Rechten und Pflichten in Bezug auf die Übernahme von Personal, das vom vorherigen Betreiber eingestellt worden war, enthalten, unter gleichzeitiger Wahrung der Richtlinie 2001/23/EG.

(7) [1]In den Unterlagen des wettbewerblichen Vergabeverfahrens und den öffentlichen Dienstleistungsaufträgen ist transparent anzugeben, ob und in welchem Umfang eine Vergabe von Unteraufträgen in Frage kommt. [2]Werden Unteraufträge vergeben, so ist der mit der Verwaltung und Erbringung von öffentlichen Personenverkehrsdiensten nach Maßgabe dieser Verordnung betraute Betreiber verpflichtet, einen bedeutenden Teil der öffentlichen Personenverkehrsdienste selbst zu erbringen. [3]Ein öffentlicher Dienstleistungsauftrag, der gleichzeitig Planung, Aufbau und Betrieb öffentlicher Personenverkehrsdienste umfasst, kann eine vollständige Übertragung des Betriebs dieser Dienste an Unterauftragnehmer vorsehen. [4]Im öffentlichen Dienstleistungsauftrag werden entsprechend dem nationalen Recht und dem Gemeinschaftsrecht die für eine Vergabe von Unteraufträgen geltenden Bedingungen festgelegt.

(8) [1]Öffentliche Dienstleistungsaufträge müssen den Betreiber verpflichten, der zuständigen Behörde alle für die Vergabe der öffentlichen Dienstleistungsaufträge wesentlichen Informationen zur Verfügung zu stellen; hierbei ist der legitime Schutz vertraulicher Geschäftsinformationen zu gewährleisten. [2]Die zuständigen Behörden stellen allen interessierten Parteien relevante Informationen für die Vorbereitung eines Angebots im Rahmen eines wettbewerblichen Vergabeverfahrens zur Verfügung und gewährleisten dabei den legitimen Schutz vertraulicher Geschäftsinformationen. [3]Dazu gehören Informationen über Fahrgastnachfrage, Tarife, Kosten und Einnahmen im Zusammenhang mit den öffentlichen Personenverkehrsdiensten, die Gegenstand des wettbewerblichen Vergabeverfahrens sind, sowie Einzelheiten der Infrastrukturspezifikationen, die für den Betrieb der erforderlichen Fahrzeuge bzw. des erforderlichen Rollmaterials relevant sind, um interessierten Parteien die Abfas-

sung fundierter Geschäftspläne zu ermöglichen. [4]Die Schieneninfrastrukturbetreiber unterstützen die zuständigen Behörden bei der Bereitstellung aller einschlägigen Infrastrukturspezifikationen. [5]Die Nichteinhaltung der oben genannten Bestimmungen ist Gegenstand einer rechtlichen Überprüfung im Sinne von Artikel 5 Absatz 7.

Artikel 5 Vergabe öffentlicher Dienstleistungsaufträge

(1) [1]Öffentliche Dienstleistungsaufträge werden nach Maßgabe dieser Verordnung vergeben. [2]Dienstleistungsaufträge oder öffentliche Dienstleistungsaufträge gemäß der Definition in den Richtlinien 2004/17/EG oder 2004/18/EG für öffentliche Personenverkehrsdienste mit Bussen und Straßenbahnen werden jedoch gemäß den in jenen Richtlinien vorgesehenen Verfahren vergeben, sofern die Aufträge nicht die Form von Dienstleistungskonzessionen im Sinne jener Richtlinien annehmen. [3]Werden Aufträge nach den Richtlinien 2004/17/EG oder 2004/18/EG vergeben, so sind die Absätze 2 bis 6 des vorliegenden Artikels nicht anwendbar.

(2) [1]Sofern dies nicht nach nationalem Recht untersagt ist, kann jede zuständige örtliche Behörde – unabhängig davon, ob es sich dabei um eine einzelne Behörde oder eine Gruppe von Behörden handelt, die integrierte öffentliche Personenverkehrsdienste anbietet – entscheiden, selbst öffentliche Personenverkehrsdienste zu erbringen oder öffentliche Dienstleistungsaufträge direkt an eine rechtlich getrennte Einheit zu vergeben, über die die zuständige örtliche Behörde – oder im Falle einer Gruppe von Behörden wenigstens eine zuständige örtliche Behörde – eine Kontrolle ausübt, die der Kontrolle über ihre eigenen Dienststellen entspricht.
[2]Im Falle öffentlicher Schienenpersonenverkehrsdienste kann die im ersten Unterabsatz genannte Gruppe von Behörden ausschließlich aus zuständigen örtlichen Behörden bestehen, deren geografischer Zuständigkeitsbereich sich nicht auf das gesamte Staatsgebiet erstreckt. [3]Der in Unterabsatz 1 genannte öffentliche Personenverkehrsdienst oder öffentliche Dienstleistungsauftrag darf nur den Verkehrsbedarf städtischer Ballungsräume und ländlicher Gebiete oder beides decken.
[4]Fasst eine zuständige örtliche Behörde diesen Beschluss, so gilt Folgendes:

a) [1]Um festzustellen, ob die zuständige örtliche Behörde diese Kontrolle ausübt, sind Faktoren zu berücksichtigen, wie der Umfang der Vertretung in Verwaltungs-, Leitungs- oder Aufsichtsgremien, diesbezügliche Bestimmungen in der Satzung, Eigentumsrechte, tatsächlicher Einfluss auf und tatsächliche Kontrolle über strategische Entscheidungen und einzelne Managemententscheidungen. [2]Im Einklang mit dem Gemeinschaftsrecht ist zur Feststellung, dass eine Kontrolle im Sinne dieses Absatzes gegeben ist, – insbesondere bei öffentlich-privaten Partnerschaften – nicht zwingend erforderlich, dass die zuständige Behörde zu 100 % Eigentümer ist, sofern ein beherrschender öffentlicher Einfluss besteht und aufgrund anderer Kriterien festgestellt werden kann, dass eine Kontrolle ausgeübt wird.
b) Die Voraussetzung für die Anwendung dieses Absatzes ist, dass der interne Betreiber und jede andere Einheit, auf die dieser Betreiber einen auch nur geringfügigen Einfluss ausübt, ihre öffentlichen Personenverkehrsdienste innerhalb des Zuständigkeitsgebiets der zuständigen örtlichen Behörde ausführen – ungeachtet der abgehenden Linien oder sonstiger Teildienste, die in das Zuständigkeitsgebiet benachbarter zuständiger örtlicher Behörden führen, und nicht an außerhalb des Zuständigkeitsgebiets der zuständigen örtlichen Behörde organisierten wettbewerblichen Vergabeverfahren für die Erbringung von öffentlichen Personenverkehrsdiensten teilnehmen.
c) Ungeachtet des Buchstabens b kann ein interner Betreiber frühestens zwei Jahre vor Ablauf des direkt an ihn vergebenen Auftrags an fairen wettbewerbli-

chen Vergabeverfahren teilnehmen, sofern endgültig beschlossen wurde, die öffentlichen Personenverkehrsdienste, die Gegenstand des Auftrags des internen Betreibers sind, im Rahmen eines fairen wettbewerblichen Vergabeverfahrens zu vergeben und der interne Betreiber nicht Auftragnehmer anderer direkt vergebener öffentlicher Dienstleistungsaufträge ist.

d) Gibt es keine zuständige örtliche Behörde, so gelten die Buchstaben a, b und c für die nationalen Behörden in Bezug auf ein geografisches Gebiet, das sich nicht auf das gesamte Staatsgebiet erstreckt, sofern der interne Betreiber nicht an wettbewerblichen Vergabeverfahren für die Erbringung von öffentlichen Personenverkehrsdiensten teilnimmt, die außerhalb des Gebiets, für das der öffentliche Dienstleistungsauftrag erteilt wurde, organisiert werden.

e) Kommt eine Unterauftragsvergabe nach Artikel 4 Absatz 7 in Frage, so ist der interne Betreiber verpflichtet, den überwiegenden Teil des öffentlichen Personenverkehrsdienstes selbst zu erbringen.

(3) [1]Werden die Dienste Dritter, die keine internen Betreiber sind, in Anspruch genommen, so müssen die zuständigen Behörden die öffentlichen Dienstleistungsaufträge außer in den in den Absätzen 3a, 4, 4a, 4b, 5 und 6 vorgesehenen Fällen im Wege eines wettbewerblichen Vergabeverfahrens vergeben. [2]Das für die wettbewerbliche Vergabe angewandte Verfahren muss allen Betreibern offenstehen, fair sein und den Grundsätzen der Transparenz und Nichtdiskriminierung genügen. [3]Nach Abgabe der Angebote und einer eventuellen Vorauswahl können in diesem Verfahren unter Einhaltung dieser Grundsätze Verhandlungen geführt werden, um festzulegen, wie der Besonderheit oder Komplexität der Anforderungen am besten Rechnung zu tragen ist.

(3a) [1]Sofern dies nicht nach nationalem Recht untersagt ist, kann bei öffentlichen Dienstleistungsaufträgen für öffentliche Schienenpersonenverkehrsdienste, die im Wege eines wettbewerblichen Vergabeverfahrens vergeben werden, die zuständige Behörde entscheiden, vorübergehend neue Aufträge direkt zu vergeben, wenn sie der Auffassung ist, dass die direkte Vergabe durch außergewöhnliche Umstände gerechtfertigt ist. [2]Derartige außergewöhnliche Umstände umfassen auch Fälle, in denen

- eine Reihe wettbewerblicher Vergabeverfahren bereits von der zuständigen Behörde oder anderen zuständigen Behörden durchgeführt werden, die die Zahl und die Qualität der Angebote beeinträchtigen könnten, welche voraussichtlich eingehen, wenn der Auftrag im Wege eines wettbewerblichen Vergabeverfahrens vergeben würde, oder
- Änderungen am Umfang eines oder mehrerer öffentlicher Dienstleistungsaufträge erforderlich sind, um die Erbringung öffentlicher Dienste zu optimieren.

[3]Die zuständige Behörde erlässt eine mit Gründen versehene Entscheidung und unterrichtet die Kommission unverzüglich hiervon.

[4]Die Laufzeit der gemäß diesem Absatz vergebenen Aufträge muss in einem angemessenen Verhältnis zu dem jeweiligen außergewöhnlichen Umstand stehen und darf in keinem Fall fünf Jahre überschreiten.

[5]Die zuständige Behörde veröffentlicht solche Aufträge, wobei sie den legitimen Schutz vertraulicher Geschäftsinformationen und geschäftlicher Interessen berücksichtigt.

[6]Der nachfolgende Auftrag für dieselben gemeinwirtschaftlichen Verpflichtungen wird nicht auf der Grundlage dieser Bestimmung vergeben.

(3b) [1]Bei der Anwendung von Absatz 3 können die zuständigen Behörden die Anwendung des folgenden Verfahrens beschließen:

Die zuständigen Behörden können die von ihnen beabsichtigte Vergabe eines öffentlichen Dienstleistungsauftrags für öffentliche Schienenpersonenverkehrsdienste

durch Veröffentlichung einer Bekanntmachung im Amtsblatt der Europäischen Union bekannt geben.
[2]Diese Bekanntmachung muss eine ausführliche Beschreibung der Dienstleistungen, die Gegenstand des zu vergebenden Auftrags sind, sowie Angaben zur Art und Laufzeit des Auftrags enthalten.
[3]Die Betreiber können ihr Interesse innerhalb einer von der zuständigen Behörde festgesetzten Frist bekunden, die mindestens 60 Tage ab Veröffentlichung der Bekanntmachung betragen muss.
[4]Wenn nach Ablauf dieser Frist
a) nur ein Betreiber Interesse bekundet hat, an dem Verfahren zur Vergabe des öffentlichen Dienstleistungsauftrags teilzunehmen,
b) dieser Betreiber ordnungsgemäß nachgewiesen hat, dass er tatsächlich in der Lage sein wird, die Verkehrsdienstleistung unter Einhaltung der im öffentlichen Dienstleistungsauftrag festgelegten Verpflichtungen zu erbringen,
c) der mangelnde Wettbewerb nicht das Ergebnis einer künstlichen Einschränkung der Parameter der Auftragsvergabe ist und
d) keine vernünftige Alternative besteht,

können die zuständigen Behörden mit diesem Betreiber Verhandlungen aufnehmen, um den Auftrag ohne weitere Veröffentlichung eines offenen Verfahrens zu vergeben.

(4) [1]Sofern dies nicht nach nationalem Recht untersagt ist, kann die zuständige Behörde entscheiden, öffentliche Dienstleistungsaufträge direkt zu vergeben, wenn
a) ihr Jahresdurchschnittswert auf weniger als 1 000 000 EUR bzw. – im Fall eines öffentlichen Dienstleistungsauftrags, der öffentliche Schienenpersonenverkehrsdienste beinhaltet – weniger als 7 500 000 EUR geschätzt wird oder
b) sie eine jährliche öffentliche Personenverkehrsleistung von weniger als 300 000 km bzw. – im Fall eines öffentlichen Dienstleistungsauftrags, der öffentliche Schienenpersonenverkehrsdienste beinhaltet – von weniger als 500 000 km aufweisen. [2]Im Falle von öffentlichen Dienstleistungsaufträgen, die direkt an kleine oder mittlere Unternehmen vergeben werden, die nicht mehr als 23 Straßenfahrzeuge betreiben, können diese Schwellen entweder auf einen geschätzten Jahresdurchschnittswert von weniger als 2 000 000 EUR oder auf eine jährliche öffentliche Personenverkehrsleistung von weniger als 600 000 km erhöht werden.

(4a) [1]Sofern dies nicht nach nationalem Recht untersagt ist, kann die zuständige Behörde entscheiden, öffentliche Dienstleistungsaufträge für öffentliche Schienenpersonenverkehrsdienste direkt zu vergeben, wenn
a) ihres Erachtens die Direktvergabe aufgrund der jeweiligen strukturellen und geografischen Merkmale des Marktes und des betreffenden Netzes, und insbesondere der Größe, Nachfragemerkmale, Netzkomplexität, technischen und geografischen Abgeschnitten- bzw. Abgeschiedenheit sowie der von dem Auftrag abgedeckten Dienste gerechtfertigt ist und
b) ein derartiger Auftrag zu einer Verbesserung der Qualität der Dienste oder der Kosteneffizienz oder beidem im Vergleich zu dem zuvor vergebenen öffentlichen Dienstleistungsauftrag führen würde.

[2]Auf dieser Grundlage veröffentlicht die zuständige Behörde eine mit Gründen versehene Entscheidung und unterrichtet die Kommission innerhalb eines Monats nach der Veröffentlichung hiervon. [3]Die zuständige Behörde kann die Vergabe des Auftrags fortsetzen.
[4]Bei den Mitgliedstaaten, bei denen am 24. Dezember 2017 das maximale jährliche Verkehrsaufkommen weniger als 23 Mio. Zugkilometer beträgt und auf nationaler Ebene nur eine zuständige Behörde und nur ein Dienstleistungsauftrag für öffentliche Personenverkehrsdienste besteht, der das gesamte Netz umfasst, wird davon

ausgegangen, dass sie die Bedingungen gemäß Buchstabe a erfüllen. [5]Wenn eine zuständige Behörde aus einem dieser Mitgliedstaaten beschließt, einen öffentlichen Dienstleistungsauftrag direkt zu vergeben, so unterrichtet der betreffende Mitgliedstaat die Kommission hiervon. [6]Das Vereinigte Königreich kann beschließen, diesen Unterabsatz auf Nordirland anzuwenden.
[7]Wenn die zuständige Behörde beschließt, einen öffentlichen Dienstleistungsauftrag direkt zu vergeben, legt sie messbare, transparente und überprüfbare Leistungsanforderungen fest. Diese Anforderungen werden in den Auftrag aufgenommen.
[8]Die Leistungsanforderungen erstrecken sich insbesondere auf folgende Aspekte: Pünktlichkeit der Dienste, Frequenz des Zugbetriebs, Qualität des Rollmaterials und Personenbeförderungskapazität.
[9]Der Auftrag muss spezifische Leistungsindikatoren beinhalten, die der zuständigen Behörde regelmäßige Bewertungen ermöglichen. [10]Der Auftrag muss außerdem wirksame und abschreckende Maßnahmen beinhalten, die zu verhängen sind, wenn das Eisenbahnunternehmen die Leistungsanforderungen nicht erfüllt.
[11]Die zuständige Behörde führt regelmäßig Bewertungen durch, ob das Eisenbahnunternehmen seine Ziele hinsichtlich der Erfüllung der im Auftrag festgelegten Leistungsanforderungen erreicht hat, und gibt ihre Erkenntnisse öffentlich bekannt. [12]Diese regelmäßigen Bewertungen finden mindestens alle fünf Jahre statt. [13]Die zuständige Behörde ergreift rechtzeitig angemessene Maßnahmen, einschließlich der Verhängung wirksamer und abschreckender Vertragsstrafen, falls die erforderlichen Verbesserungen bei der Qualität der Dienste oder der Kosteneffizienz oder beidem nicht verwirklicht werden. [14]Die zuständige Behörde kann den nach dieser Bestimmung vergebenen Auftrag jederzeit ganz oder teilweise aussetzen oder kündigen, wenn der Betreiber die Leistungsanforderungen nicht erfüllt;

(4b) [1]Sofern dies nicht nach nationalem Recht untersagt ist, kann die zuständige Behörde entscheiden, öffentliche Dienstleistungsaufträge für öffentliche Schienenpersonenverkehrsdienste direkt zu vergeben, wenn diese nur den Betrieb von Schienenpersonenverkehrsdiensten durch einen Betreiber betreffen, der gleichzeitig die gesamte Eisenbahninfrastruktur, auf der die Dienstleistungen erbracht werden, oder den größten Teil davon verwaltet, wenn diese Eisenbahninfrastruktur gemäß Artikel 2 Absatz 3 Buchstabe a oder b der Richtlinie 2012/34/EU des Europäischen Parlaments und des Rates (*) von der Anwendung der Artikel 7, 7a, 7b, 7c, 7d, 8 und 13 sowie des Kapitels IV jener Richtlinie ausgenommen ist.
[2]Abweichend von Artikel 4 Absatz 3 darf die Laufzeit der gemäß diesem Absatz und gemäß Absatz 4a direkt vergebenen Aufträge zehn Jahre nicht überschreiten, es sei denn, Artikel 4 Absatz 4 findet Anwendung.
[3]Die gemäß diesem Absatz und gemäß Absatz 4a vergebenen Aufträge werden veröffentlicht, wobei der legitime Schutz vertraulicher Geschäftsinformationen und geschäftlicher Interessen zu berücksichtigen ist.

(5) [1]Die zuständige Behörde kann im Fall einer Unterbrechung des Verkehrsdienstes oder bei unmittelbarer Gefahr des Eintretens einer solchen Situation Notmaßnahmen ergreifen.
[2]Die Notmaßnahmen bestehen in der Direktvergabe oder einer förmlichen Vereinbarung über die Ausweitung eines öffentlichen Dienstleistungsauftrags oder einer Auflage, bestimmte gemeinwirtschaftliche Verpflichtungen zu übernehmen. [3]Der Betreiber eines öffentlichen Dienstes hat das Recht, gegen den Beschluss zur Auferlegung der Übernahme bestimmter gemeinwirtschaftlicher Verpflichtungen Widerspruch einzulegen. [4]Der Zeitraum, für den ein öffentlicher Dienstleistungsauftrag als Notmaßnahme vergeben, ausgeweitet oder dessen Übernahme auferlegt wird, darf zwei Jahre nicht überschreiten.

(6) [1]Sofern dies nicht nach nationalem Recht untersagt ist, können die zuständigen Behörden entscheiden, öffentliche Dienstleistungsaufträge im Eisenbahnverkehr – mit Ausnahme anderer schienengestützter Verkehrsträger wie Untergrund- oder Straßenbahnen – direkt zu vergeben. [2]Abweichend von Artikel 4 Absatz 3 haben diese Aufträge eine Höchstlaufzeit von zehn Jahren, soweit nicht Artikel 4 Absatz 4 anzuwenden ist.

(6a) [1]Um den Wettbewerb zwischen den Eisenbahnunternehmen zu steigern, können die zuständigen Behörden entscheiden, dass Aufträge für öffentliche Schienenpersonenverkehrsdienste, die Teile desselben Netzes oder Streckenpakets betreffen, an unterschiedliche Eisenbahnunternehmen zu vergeben sind. [2]Zu diesem Zweck können die zuständigen Behörden vor Beginn des wettbewerblichen Vergabeverfahrens entscheiden, die Zahl der Aufträge zu begrenzen, die an ein und dasselbe Eisenbahnunternehmen vergeben werden.

(7) [1]Die Mitgliedstaaten treffen die erforderlichen Maßnahmen, um sicherzustellen, dass die gemäß den Absätzen 2 bis 6 getroffenen Entscheidungen wirksam und rasch auf Antrag einer Person überprüft werden können, die ein Interesse daran hat bzw. hatte, einen bestimmten Auftrag zu erhalten, und die angibt, durch einen Verstoß dieser Entscheidungen gegen Gemeinschaftsrecht oder nationale Vorschriften zur Durchführung des Gemeinschaftsrechts geschädigt zu sein oder geschädigt werden zu können. [2]Für Fälle gemäß den Absätzen 4a und 4b beinhalten diese Maßnahmen die Möglichkeit, eine Bewertung der von der zuständigen Behörde getroffenen und mit Gründen versehenen Entscheidung durch eine von dem betreffenden Mitgliedstaat benannte unabhängige Stelle zu verlangen. [3]Das Ergebnis dieser Bewertung wird im Einklang mit nationalem Recht öffentlich zugänglich gemacht.
[4]Sind die für die Nachprüfungsverfahren zuständigen Stellen keine Gerichte, so sind ihre Entscheidungen stets schriftlich zu begründen. [5]In einem solchem Fall ist ferner zu gewährleisten, dass Beschwerden aufgrund rechtswidriger Handlungen der Nachprüfungsstellen oder aufgrund fehlerhafter Ausübung der diesen übertragenen Befugnisse der gerichtlichen Überprüfung oder der Überprüfung durch andere Stellen, die Gerichte im Sinne von Artikel 234 des Vertrags und unabhängig von der vertragsschließenden Behörde und der Nachprüfungsstellen sind, unterzogen werden können.

Artikel 5a Eisenbahn-Rollmaterial

(1) [1]Im Hinblick auf die Einleitung eines wettbewerblichen Vergabeverfahrens prüfen die zuständigen Behörden, ob Maßnahmen getroffen werden müssen, um einen effektiven und diskriminierungsfreien Zugang zu geeignetem Rollmaterial zu gewährleisten. [2]Bei dieser Prüfung wird berücksichtigt, ob es auf dem betreffenden Markt Leasing-Unternehmen für Rollmaterial oder sonstige Marktteilnehmer, die das Leasing von Rollmaterial anbieten, gibt. [3]Der Prüfungsbericht wird öffentlich zugänglich gemacht.

(2) [1]Die zuständigen Behörden können im Einklang mit dem nationalen Recht und unter Einhaltung der Vorschriften über staatliche Beihilfen entscheiden, angemessene Maßnahmen zur Gewährleistung eines effektiven und diskriminierungsfreien Zugangs zu geeignetem Rollmaterial zu ergreifen. [2]Diese Maßnahmen können Folgendes umfassen:

a) den Erwerb des für die Ausführung des öffentlichen Dienstleistungsauftrags zu verwendenden Rollmaterials durch die zuständige Behörde im Hinblick auf die Bereitstellung für den ausgewählten Betreiber des öffentlichen Dienstes zu

Marktpreisen oder als Teil des öffentlichen Dienstleistungsauftrags gemäß Artikel 4 Absatz 1 Buchstabe b, Artikel 6 und gegebenenfalls dem Anhang,

b) die Übernahme einer Bürgschaft durch die zuständige Behörde für die Finanzierung des für die Ausführung des öffentlichen Dienstleistungsauftrags zu verwendenden Rollmaterials zu Marktpreisen oder als Teil des öffentlichen Dienstleistungsauftrags gemäß Artikel 4 Absatz 1 Buchstabe b, Artikel 6 und, soweit er anzuwenden ist, dem Anhang, einschließlich einer Bürgschaft zur Abdeckung des Restwertrisikos,

c) das Eingehen einer Verpflichtung der zuständigen Behörde in dem öffentlichen Dienstleistungsauftrag, das Rollmaterial zu vorab definierten finanziellen Konditionen am Ende der Laufzeit des Auftrags zu Marktpreisen zu übernehmen, oder

d) die Zusammenarbeit mit anderen zuständigen Behörden, um einen größeren Rollmaterialpark zu schaffen.

(3) Wenn einem neuen Betreiber eines öffentlichen Verkehrsdienstes Rollmaterial zur Verfügung gestellt wird, nimmt die zuständige Behörde alle verfügbaren Informationen über die Kosten für die Instandhaltung des Rollmaterials und seinen physischen Zustand in die Vergabeunterlagen auf.

Artikel 6 Ausgleichsleistung für gemeinwirtschaftliche Verpflichtungen

(1) [1]Jede Ausgleichsleistung im Zusammenhang mit einer allgemeinen Vorschrift oder einem öffentlichen Dienstleistungsauftrag entspricht unabhängig von den Vergabemodalitäten dem Artikel 4. [2]Jede wie auch immer beschaffene Ausgleichsleistung im Zusammenhang mit einem öffentlichen Dienstleistungsauftrag, der nicht gemäß Artikel 5 Absatz 1, Absatz 3 oder Absatz 3b vergeben wurde oder im Zusammenhang mit einer allgemeinen Vorschrift steht, unterliegt darüber hinaus den Bestimmungen des Anhangs.

(2) Die Mitgliedstaaten übermitteln der Kommission auf deren schriftliche Aufforderung binnen drei Monaten oder einer anderen in der Aufforderung gesetzten längeren Frist alle Informationen, die diese für erforderlich hält, um festzustellen, ob eine gewährte Ausgleichsleistung mit dieser Verordnung vereinbar ist.

Artikel 7 Veröffentlichung

(1) [1]Jede zuständige Behörde macht einmal jährlich einen Gesamtbericht über die in ihren Zuständigkeitsbereich fallenden gemeinwirtschaftlichen Verpflichtungen öffentlich zugänglich. [2]Dieser Bericht beinhaltet den Beginn und die Laufzeit der öffentlichen Dienstleistungsaufträge, die ausgewählten Betreiber öffentlicher Dienste sowie die diesen Betreibern zur Abgeltung gewährten Ausgleichsleistungen und ausschließlichen Rechte. [3]Der Bericht unterscheidet nach Busverkehr und schienengebundenem Verkehr, er muss eine Kontrolle und Beurteilung der Leistungen, der Qualität und der Finanzierung des öffentlichen Verkehrsnetzes ermöglichen und gegebenenfalls Informationen über Art und Umfang der gewährten Ausschließlichkeit enthalten. [4]Der Bericht muss ferner die politischen Ziele, wie sie in den Strategiepapieren für den öffentlichen Verkehr in dem betreffenden Mitgliedstaat aufgeführt sind, berücksichtigen. Die Mitgliedstaaten erleichtern den Zugang zu diesen Berichten, zum Beispiel über ein gemeinsames Internet-Portal.

(2) [1]Jede zuständige Behörde ergreift die erforderlichen Maßnahmen, um sicherzustellen, dass spätestens ein Jahr vor Einleitung des wettbewerblichen Vergabever-

fahrens oder ein Jahr vor der Direktvergabe mindestens die folgenden Informationen im Amtsblatt der Europäischen Union veröffentlicht werden:
a) der Name und die Anschrift der zuständigen Behörde;
b) die Art des geplanten Vergabeverfahrens;
c) die von der Vergabe möglicherweise betroffenen Dienste und Gebiete.
d) der geplante Beginn und die geplante Laufzeit des öffentlichen Dienstleistungsauftrags.

[2]Die zuständigen Behörden können beschließen, diese Informationen nicht zu veröffentlichen, wenn der öffentliche Dienstleistungsauftrag eine jährliche öffentliche Personenverkehrsleistung von weniger als 50 000 km aufweist.
[3]Sollten sich diese Informationen nach ihrer Veröffentlichung ändern, so hat die zuständige Behörde so rasch wie möglich eine Berichtigung zu veröffentlichen. [4]Diese Berichtigung erfolgt unbeschadet des Zeitpunkts der Einleitung der Direktvergabe oder des wettbewerblichen Vergabeverfahrens.
[5]Dieser Absatz findet keine Anwendung auf Artikel 5 Absatz 5.

(3) Bei der Direktvergabe von öffentlichen Dienstleistungsaufträgen im Eisenbahnverkehr nach Artikel 5 Absatz 6 macht die zuständige Behörde innerhalb eines Jahres nach der Auftragsvergabe folgende Informationen öffentlich zugänglich:
a) den Namen des Auftraggebers, seine Eigentümer sowie gegebenenfalls den/die Namen der Partei oder Parteien, die eine rechtliche Kontrolle ausübt/ausüben;
b) die Dauer des öffentlichen Dienstleistungsauftrags;
c) eine Beschreibung der zu erbringenden Personenverkehrsdienste;
d) eine Beschreibung der Parameter für die finanzielle Ausgleichsleistung;
e) Qualitätsziele wie beispielsweise in Bezug auf Pünktlichkeit und Zuverlässigkeit und anwendbare Prämien und Sanktionen;
f) Bedingungen in Bezug auf die wichtigsten Wirtschaftsgüter.

(4) Die zuständige Behörde übermittelt jeder interessierten Partei auf entsprechenden Antrag ihre Gründe für die Entscheidung über die Direktvergabe eines öffentlichen Dienstleistungsauftrags.

Artikel 8 Übergangsregelung

(1) [1]Öffentliche Dienstleistungsaufträge werden nach Maßgabe dieser Verordnung vergeben. [2]Dienstleistungsaufträge oder öffentliche Dienstleistungsaufträge gemäß der Definition in den Richtlinien 2004/17/EG oder 2004/18/EG für öffentliche Personenverkehrsdienste mit Bussen und Straßenbahnen werden jedoch gemäß den in jenen Richtlinien vorgesehenen Verfahren vergeben, sofern die Aufträge nicht die Form von Dienstleistungskonzessionen im Sinne jener Richtlinien annehmen. [3]Werden Aufträge nach den Richtlinien 2004/17/EG oder 2004/18/EG vergeben, so sind die Absätze 2 bis 4 des vorliegenden Artikels nicht anwendbar.

(2) [1]Unbeschadet des Absatzes 3
i) gilt Artikel 5 ab dem 3. Dezember 2019 für die Vergabe öffentlicher Dienstleistungsaufträge für Personenverkehrsdienste auf der Straße und auf anderen schienengestützten Verkehrsträgern als der Eisenbahn, wie Untergrund- oder Straßenbahnen;
ii) gilt Artikel 5 ab dem 3. Dezember 2019 für öffentliche Schienenpersonenverkehrsdienste;
iii) finden Artikel 5 Absatz 6 und Artikel 7 Absatz 3 ab dem 25. Dezember 2023 keine Anwendung mehr.

[2]Die Laufzeit von Aufträgen, die gemäß Artikel 5 Absatz 6 zwischen dem 3. Dezember 2019 und dem 24. Dezember 2023 vergeben werden, beträgt höchstens zehn Jahre.

[3]Bis zum 2. Dezember 2019 treffen die Mitgliedstaaten Maßnahmen, um Artikel 5 schrittweise anzuwenden und ernste strukturelle Probleme insbesondere hinsichtlich der Transportkapazität zu vermeiden.
[4]Binnen sechs Monaten nach dem 25. Dezember 2020 legen die Mitgliedstaaten der Kommission einen Fortschrittsbericht vor, in dem die Umsetzung der Vergabe von öffentlichen Dienstleistungsaufträgen, die mit Artikel 5 im Einklang stehen, dargelegt wird. [5]Die Kommission führt auf der Grundlage der Fortschrittsberichte der Mitgliedstaaten eine Überprüfung durch und unterbreitet gegebenenfalls Gesetzgebungsvorschläge.

(2a) [1]Öffentliche Dienstleistungsaufträge für öffentliche Schienenpersonenverkehrsdienste, die auf der Grundlage eines anderen als eines fairen wettbewerblichen Vergabeverfahrens ab dem 24. Dezember 2017 bis zum 2. Dezember 2019 direkt vergeben werden, können für ihre vorgesehene Laufzeit gültig bleiben. [2]Abweichend von Artikel 4 Absatz 3 darf die Laufzeit dieser Aufträge zehn Jahre nicht überschreiten, es sei denn, Artikel 4 Absatz 4 findet Anwendung.

(3) [1]Von Absatz 2 ausgenommen sind öffentliche Dienstleistungsaufträge, die gemäß dem Gemeinschaftsrecht und nationalem Recht wie folgt vergeben wurden:
a) vor dem 26. Juli 2000 nach einem fairen wettbewerblichen Vergabeverfahren;
b) vor dem 26. Juli 2000 nach einem anderen Verfahren als einem fairen wettbewerblichen Vergabeverfahren;
c) ab dem 26. Juli 2000 und vor dem 3. Dezember 2009 nach einem fairen wettbewerblichen Vergabeverfahren;
d) ab dem 26. Juli 2000 und vor dem 24. Dezember 2017 nach einem anderen Verfahren als einem fairen wettbewerblichen Vergabeverfahren.

[2]Die unter Buchstabe a genannten Aufträge können für ihre vorgesehene Laufzeit gültig bleiben. [3]Die unter den Buchstaben b und c genannten Aufträge können für ihre vorgesehene Laufzeit gültig bleiben, jedoch nicht länger als 30 Jahre. [4]Die unter Buchstabe d genannten Aufträge können für ihre vorgesehene Laufzeit gültig bleiben, sofern ihre Laufzeit begrenzt und mit den Laufzeiten gemäß Artikel 4 vergleichbar ist.
[5]Öffentliche Dienstleistungsaufträge können für ihre vorgesehene Laufzeit gültig bleiben, wenn ihre Beendigung unangemessene rechtliche oder wirtschaftliche Auswirkungen hätte, vorausgesetzt dass die Kommission der Weiterführung zugestimmt hat.

(4) [1]Unbeschadet des Absatzes 3 können die zuständigen Behörden während der zweiten Hälfte des in Absatz 2 genannten Übergangszeitraums diejenigen Betreiber eines öffentlichen Dienstes von der Teilnahme an wettbewerblichen Vergabeverfahren ausschließen, die nicht nachweisen können, dass der Wert der öffentlichen Verkehrsdienste, für die sie gemäß dieser Verordnung eine Ausgleichsleistung erhalten oder ausschließliche Rechte genießen, mindestens 50 % des Werts aller von ihnen erbrachten öffentlichen Verkehrsdienste, für die sie eine Ausgleichsleistung erhalten oder ausschließliche Rechte genießen, ausmacht. [2]Betreiber eines öffentlichen Dienstes, die die auszuschreibenden Dienste erbringen, können nicht ausgeschlossen werden. [3]Dieses Kriterium gilt nicht für öffentliche Dienstleistungsaufträge, die als Notmaßnahme gemäß Artikel 5 Absatz 5 vergeben wurden.
[4]Machen die zuständigen Behörden von der in Unterabsatz 1 genannten Möglichkeit Gebrauch, so hat dies ohne Diskriminierung zu erfolgen; in diesem Fall schließen sie alle potenziellen Betreiber eines öffentlichen Dienstes aus, die dieses Kriterium erfüllen, und unterrichten potenzielle Betreiber zu Beginn des Vergabeverfahrens für öffentliche Dienstleistungsaufträge von ihrer Entscheidung.

[5]Die betroffenen zuständigen Behörden teilen der Kommission ihre Absicht, diese Vorschrift anzuwenden, mindestens zwei Monate vor der Veröffentlichung des wettbewerblichen Vergabeverfahrens mit.

Artikel 9 Vereinbarkeit mit dem Vertrag

(1) [1]Eine gemäß dieser Verordnung gewährte Ausgleichsleistung für gemeinwirtschaftliche Verpflichtungen beim Betrieb öffentlicher Personenverkehrsdienste oder für die Einhaltung von in allgemeinen Vorschriften festgelegten tariflichen Verpflichtungen muss mit dem Gemeinsamen Markt vereinbar sein. [2]Diese Ausgleichsleistungen sind von der Pflicht zur vorherigen Unterrichtung nach Artikel 88 Absatz 3 des Vertrags befreit.

(2) [1]Unbeschadet der Artikel 73, 86, 87 und 88 des Vertrags können die Mitgliedstaaten weiterhin andere als die von dieser Verordnung erfassten Beihilfen für den Verkehrssektor nach Artikel 73 des Vertrags gewähren, die den Erfordernissen der Koordinierung des Verkehrs oder der Abgeltung bestimmter, mit dem Begriff des öffentlichen Dienstes zusammenhängender Leistungen entsprechen, und zwar insbesondere

a) bis zum Inkrafttreten gemeinsamer Vorschriften über die Zuordnung der Infrastrukturkosten, wenn die Beihilfe Unternehmen gewährt wird, die Kosten für die von ihnen benutzte Infrastruktur zu tragen haben, während andere Unternehmen derartigen Belastungen nicht unterworfen sind. [2]Bei der Festlegung des entsprechenden Beihilfebetrags werden die Infrastrukturkosten berücksichtigt, die konkurrierende Verkehrsträger nicht zu tragen haben;
b) wenn mit der Beihilfe die Erforschung oder die Entwicklung von für die Gemeinschaft insgesamt wirtschaftlicheren Verkehrssystemen und -technologien gefördert werden soll.

[3]Solche Beihilfen sind auf das Forschungs- und Entwicklungsstadium zu beschränken und dürfen nicht für die kommerzielle Nutzung dieser Verkehrssysteme und -technologien gewährt werden.

Artikel 10 Aufhebung

(1) [1]Die Verordnung (EWG) Nr. 1191/69 wird aufgehoben. [2]Sie gilt jedoch während eines Zeitraums von drei Jahren nach Inkrafttreten der vorliegenden Verordnung weiterhin für Güterbeförderungsdienste.

(2) Die Verordnung (EWG) Nr. 1107/70 wird aufgehoben.

Artikel 11 Berichte

Die Kommission legt nach Ende des in Artikel 8 Absatz 2 vorgesehenen Übergangszeitraums einen Bericht über die Durchführung dieser Verordnung und über die Entwicklung der Erbringung öffentlicher Personenverkehrsdienste in der Gemeinschaft vor, in dem insbesondere die Entwicklung der Qualität der öffentlichen Personenverkehrsdienste und die Auswirkungen der Direktvergabe bewertet werden und dem erforderlichenfalls geeignete Vorschläge zur Änderung dieser Verordnung beigefügt sind.

Artikel 12 Inkrafttreten

Diese Verordnung tritt am 3. Dezember 2009 in Kraft.

Diese Verordnung ist in allen ihren Teilen verbindlich und gilt unmittelbar in jedem Mitgliedstaat.

Geschehen zu Straßburg am 23. Oktober 2007.

Im Namen des Europäischen Parlaments
Der Präsident
H.-G. PÖTTERING

Im Namen des Rates
Der Präsident
M. LOBO ANTUNES

Anhang

Regeln für die Gewährung einer Ausgleichsleistung in den in Artikel 6 Absatz 1 genannten Fällen

1. Ausgleichsleistungen im Zusammenhang mit direkt vergebenen öffentlichen Dienstleistungsaufträgen gemäß Artikel 5 Absätze 2, 4, 5 oder 6 oder Ausgleichsleistungen im Zusammenhang mit einer allgemeinen Vorschrift sind nach den Regeln dieses Anhangs zu berechnen.
2. Die Ausgleichsleistung darf den Betrag nicht überschreiten, der dem finanziellen Nettoeffekt der Summe aller (positiven oder negativen) Auswirkungen der Erfüllung gemeinwirtschaftlicher Verpflichtungen auf die Kosten und Einnahmen des Betreibers eines öffentlichen Dienstes entspricht. Die Auswirkungen werden beurteilt anhand des Vergleichs der Situation bei Erfüllung der gemeinwirtschaftlichen Verpflichtung mit der Situation, die vorläge, wenn die gemeinwirtschaftliche Verpflichtung nicht erfüllt worden wäre. Für die Berechnung des finanziellen Nettoeffekts geht die zuständige Behörde nach dem folgenden Modell vor:
   Kosten, die in Verbindung mit einer gemeinwirtschaftlichen Verpflichtung oder einem Paket gemeinwirtschaftlicher Verpflichtungen entstehen, die von einer oder mehreren zuständigen Behörden auferlegt wurden und die in einem öffentlichen Dienstleistungsauftrag und/oder in einer allgemeinen Vorschrift enthalten sind,
   abzüglich aller positiven finanziellen Auswirkungen, die innerhalb des Netzes entstehen, das im Rahmen der betreffenden gemeinwirtschaftlichen Verpflichtung(en) betrieben wird,
   abzüglich Einnahmen aus Tarifentgelten oder aller anderen Einnahmen, die in Erfüllung der betreffenden gemeinwirtschaftlichen Verpflichtung(en) erzielt werden,
   zuzüglich eines angemessenen Gewinns,
   ergeben den finanziellen Nettoeffekt.
3. Die Erfüllung der gemeinwirtschaftlichen Verpflichtung kann Auswirkungen auf mögliche Beförderungstätigkeiten eines Betreibers haben, die über die betref-

fende(n) gemeinwirtschaftliche(n) Verpflichtung(en) hinausgehen. Zur Vermeidung von übermäßigen oder unzureichenden Ausgleichsleistungen werden daher bei der Berechnung des finanziellen Nettoeffekts alle quantifizierbaren finanziellen Auswirkungen auf die betroffenen Netze des Betreibers berücksichtigt.

4. Die Berechnung der Kosten und Einnahmen erfolgt anhand der geltenden Rechnungslegungs- und Steuervorschriften.
5. Führt ein Betreiber eines öffentlichen Dienstes neben den Diensten, die Gegenstand einer Ausgleichsleistung sind und gemeinwirtschaftlichen Verpflichtungen unterliegen, auch andere Tätigkeiten aus, so muss die Rechnungslegung für diese öffentlichen Dienste zur Erhöhung der Transparenz und zur Vermeidung von Quersubventionen getrennt erfolgen, wobei zumindest die folgenden Voraussetzungen erfüllt sein müssen:
   - Die Konten für jede dieser betrieblichen Tätigkeiten werden getrennt geführt, und der Anteil der zugehörigen Aktiva sowie die Fixkosten werden gemäß den geltenden Rechnungslegungs- und Steuervorschriften umgelegt.
   - Alle variablen Kosten, ein angemessener Beitrag zu den Fixkosten und ein angemessener Gewinn im Zusammenhang mit allen anderen Tätigkeiten des Betreibers eines öffentlichen Dienstes dürfen auf keinen Fall der betreffenden öffentlichen Dienstleistung zugerechnet werden.
   - Die Kosten für die öffentliche Dienstleistung werden durch die Betriebseinnahmen und die Zahlungen staatlicher Behörden ausgeglichen, ohne dass eine Übertragung der Einnahmen in einen anderen Tätigkeitsbereich des Betreibers eines öffentlichen Dienstes möglich ist.
6. Unter angemessenem Gewinn ist eine in dem betreffenden Sektor in einem bestimmten Mitgliedstaat übliche angemessene Kapitalrendite zu verstehen, wobei das aufgrund des Eingreifens der Behörde vom Betreiber eines öffentlichen Dienstes eingegangene Risiko oder für ihn entfallende Risiko zu berücksichtigen ist.
7. Das Verfahren zur Gewährung der Ausgleichsleistung muss einen Anreiz geben zur Aufrechterhaltung oder Entwicklung
   - einer wirtschaftlichen Geschäftsführung des Betreibers eines öffentlichen Dienstes, die objektiv nachprüfbar ist, und
   - der Erbringung von Personenverkehrsdiensten ausreichend hoher Qualität.

Verordnung (EU) 2016/2338 des Europäischen Parlaments und des Rates vom 14. Dezember 2016 zur Änderung der Verordnung (EG) Nr. 1370/2007 hinsichtlich der Öffnung des Marktes für inländische Schienenpersonenverkehrsdienste

(Text von Bedeutung für den EWR)

DAS EUROPÄISCHE PARLAMENT UND DER RAT DER EUROPÄISCHEN UNION –

gestützt auf den Vertrag über die Arbeitsweise der Europäischen Union, insbesondere auf Artikel 91,

auf Vorschlag der Europäischen Kommission,

nach Zuleitung des Entwurfs des Gesetzgebungsakts an die nationalen Parlamente,

nach Stellungnahme des Europäischen Wirtschafts- und Sozialausschusses[1],

nach Stellungnahme des Ausschusses der Regionen[2],

gemäß dem ordentlichen Gesetzgebungsverfahren[3],

in Erwägung nachstehender Gründe:

(1) Der Schienenverkehr hat das Potenzial, zu wachsen und seinen Anteil am Gesamtverkehrsaufkommen zu steigern und eine wichtige Rolle in einem nachhaltigen Verkehrs- und Mobilitätssystem zu spielen, wobei auch neue Investitionsmöglichkeiten und Arbeitsplätze geschaffen werden. Das Wachstum der Schienenpersonenverkehrsdienste hat jedoch mit der Entwicklung anderer Verkehrsträger nicht Schritt gehalten.

(2) Der Unionsmarkt für internationale Schienenpersonenverkehrsdienste ist seit 2010 für den Wettbewerb geöffnet. Darüber hinaus haben einige Mitgliedstaaten ihre inländischen Personenverkehrsdienste für den Wettbewerb geöffnet, entweder durch die Einführung von Rechten auf freien Zugang oder durch die Vergabe öffentlicher Dienstleistungsaufträge oder durch beides. Die Öffnung des Marktes für inländische Schienenpersonenverkehrsdienste sollte sich positiv auf das Funktionieren des einheitlichen europäischen Eisenbahnraums auswirken und zu besseren Diensten für die Nutzer führen.

(3) In ihrem Weißbuch über die Verkehrspolitik vom 28. März 2011 kündigte die Kommission ihre Absicht an, den Binnenmarkt für Schienenverkehrsdienste zu vollenden und hierfür technische, administrative und rechtliche Hindernisse für den Zugang zum Eisenbahnmarkt auszuräumen.

(4) Die Vollendung des einheitlichen europäischen Eisenbahnraums sollte die Entwicklung des Schienenverkehrs als glaubhafte Alternative zu anderen Verkehrsträgern – unter anderem in Bezug auf Preis und Qualität – fördern.

---

1 ABl. C 327 vom 12.11.2013, S. 122.

2 ABl. C 356 vom 5.12.2013, S. 92.

3 Standpunkt des Europäischen Parlaments vom 26. Februar 2014 (noch nicht im Amtsblatt veröffentlicht) und Standpunkt des Rates nach erster Lesung vom 17. Oktober 2016 (ABl. C 430 vom 22.11.2016, S. 4). Standpunkt des Europäischen Parlaments vom 14. Dezember 2016 (noch nicht im Amtsblatt veröffentlicht).

(5) Ein spezifisches Ziel dieser Verordnung besteht darin, die Qualität, Transparenz, Effizienz und Leistungsfähigkeit von öffentlichen Schienenpersonenverkehrsdiensten zu verbessern.

(6) Dienstleistungen auf grenzüberschreitender Ebene, die im Rahmen öffentlicher Dienstleistungsaufträge erbracht werden, einschließlich öffentlicher Verkehrsdienste zur Erfüllung örtlicher und regionaler Verkehrsbedürfnisse, sollten der Zustimmung der zuständigen Behörden der Mitgliedstaaten, in deren Hoheitsgebiet die Dienstleistungen erbracht werden, unterliegen.

(7) Die zuständigen Behörden sollten Spezifikationen für gemeinwirtschaftliche Verpflichtungen im öffentlichen Personenverkehr festlegen. Diese Spezifikationen sollten kohärent zu den politischen Zielen sein, wie sie in den Mitgliedstaaten in den Strategiepapieren zur Politik für den öffentlichen Verkehr niedergelegt sind.

(8) Spezifikationen für gemeinwirtschaftliche Verpflichtungen im öffentlichen Personenverkehr sollten, soweit möglich, positive Netzwerkeffekte herbeiführen, unter anderem in Bezug auf eine Verbesserung der Dienstleistungsqualität, des sozialen und territorialen Zusammenhalts oder der Gesamteffizienz des öffentlichen Verkehrssystems.

(9) Gemeinwirtschaftliche Verpflichtungen sollten mit der Politik für den öffentlichen Verkehr im Einklang stehen. Dies verleiht den zuständigen Behörden jedoch keinen Anspruch auf eine bestimmte finanzielle Ausstattung.

(10) Bei der Ausarbeitung von Strategiepapieren zur Politik für den öffentlichen Verkehr sollten die einschlägigen Interessengruppen entsprechend den nationalen Rechtsvorschriften konsultiert werden. Diese Interessengruppen könnten Verkehrsunternehmen, Infrastrukturbetreiber, Arbeitnehmerorganisationen und Vertreter der Nutzer von öffentlichen Verkehrsdiensten umfassen.

(11) Bei öffentlichen Dienstleistungsaufträgen, die nicht nach einem wettbewerblichen Vergabeverfahren vergeben werden, sollte die Erfüllung der gemeinwirtschaftlichen Verpflichtungen durch den Betreiber eines öffentlichen Dienstes in geeigneter Weise ausgeglichen werden, um die langfristige finanzielle Tragfähigkeit der öffentlichen Personenverkehrsdienste entsprechend den Anforderungen zu gewährleisten, die in der Politik für den öffentlichen Verkehr festgelegt sind. Insbesondere sollte eine solche Ausgleichsleistung die Aufrechterhaltung oder Entwicklung eines effizienten Managements durch den Betreiber eines öffentlichen Dienstes und die Erbringung von Personenverkehrsdiensten von ausreichend hoher Qualität sicherstellen.

(12) Im Rahmen der Schaffung des einheitlichen europäischen Eisenbahnraums sollten die Mitgliedstaaten ein angemessenes Niveau des sozialen Schutzes für das Personal der Betreiber eines öffentlichen Dienstes gewährleisten.

(13) Im Hinblick auf die angemessene Einbeziehung sozialer und arbeitsrechtlicher Erfordernisse in die Verfahren zur Vergabe öffentlicher Dienstleistungsaufträge für öffentliche Personenverkehrsdienste sollten die Betreiber eines öffentlichen Dienstes bei der Ausführung öffentlicher Dienstleistungsaufträge die Anforderungen des Sozial- und Arbeitsrechts erfüllen, die in dem Mitgliedstaat gelten, in dem der öffentliche Dienstleistungsauftrag erteilt wurde, und die sich aus den auf nationaler und auf Unionsebene geltenden Rechts- und Verwaltungsvorschriften und Beschlüssen sowie aus geltenden Tarifverträgen ergeben, sofern diese nationalen Regelungen und ihre Anwendung mit dem Unionsrecht vereinbar sind.

(14) Verlangt ein Mitgliedstaat, dass vom vorherigen Betreiber eingestelltes Personal vom neu ausgewählten Betreiber eines öffentlichen Dienstes übernommen wird, so sollten diesen Arbeitnehmern die Rechte gewährt werden, auf die sie Anspruch

gehabt hätten, wenn ein Übergang im Sinne der Richtlinie 2001/23/EG des Rates[4] erfolgt wäre. Es sollte den Mitgliedstaaten freistehen, derartige Vorschriften zu erlassen.

(15) Die zuständigen Behörden sollten allen interessierten Parteien relevante Informationen für die Vorbereitung eines Angebots im Rahmen eines wettbewerblichen Vergabeverfahrens zur Verfügung stellen und dabei den legitimen Schutz vertraulicher Geschäftsinformationen gewährleisten.

(16) Die Verpflichtung einer zuständigen Behörde, allen interessierten Parteien wesentliche Informationen für die Vorbereitung eines Angebots im Rahmen eines wettbewerblichen Vergabeverfahrens zur Verfügung zu stellen, sollte sich nicht auf die Erstellung zusätzlicher Informationen erstrecken, wenn es solche Informationen nicht gibt.

(17) Um den unterschiedlichen Gegebenheiten der territorialen und der politischen Organisation der Mitgliedstaaten Rechnung zu tragen, können öffentliche Dienstleistungsaufträge von einer zuständigen Behörde vergeben werden, die aus einer Gruppe von Behörden besteht. In solchen Fällen sollten klare Vorgaben existieren, die die jeweiligen Funktionen dieser Behörden bei der Vergabe öffentlicher Dienstleistungsaufträge bestimmen.

(18) In Anbetracht der unterschiedlichen Verwaltungsstrukturen in den Mitgliedstaaten liegt im Falle von Aufträgen für die Erbringung öffentlicher Schienenpersonenverkehrsdienste, die von einer Gruppe von zuständigen örtlichen Behörden direkt vergeben werden, die Entscheidung, welche örtlichen Behörden für „städtische Ballungsräume" und „ländliche Gebiete" zuständig sind, nach wie vor im Ermessen der Mitgliedstaaten.

(19) Öffentliche Dienstleistungsaufträge für öffentliche Schienenpersonenverkehrsdienste sollten – außer in den in dieser Verordnung dargelegten Fällen – auf der Grundlage eines wettbewerblichen Vergabeverfahrens vergeben werden.

(20) Die Verfahren für die wettbewerbliche Vergabe öffentlicher Dienstleistungsaufträge sollten allen Betreibern offenstehen, fair sein und den Grundsätzen der Transparenz und Nichtdiskriminierung genügen.

(21) Im Falle außergewöhnlicher Umstände kann bei öffentlichen Dienstleistungsaufträgen für öffentliche Schienenpersonenverkehrsdienste, die im Wege eines wettbewerblichen Vergabeverfahrens vergeben werden, vorübergehend eine direkte Vergabe neuer Aufträge erfolgen, um eine möglichst kostenwirksame Erbringung der Dienstleistungen sicherzustellen. Derartige Aufträge, die sich auf dieselben oder ähnliche gemeinwirtschaftliche Verpflichtungen erstrecken, sollten nicht verlängert werden.

(22) Wenn auf die Bekanntmachung der Absicht, ein wettbewerbliches Vergabeverfahren durchzuführen, nur ein Betreiber sein Interesse bekundet, können die zuständigen Behörden mit diesem Betreiber Verhandlungen aufnehmen, um den Auftrag ohne weitere Bekanntmachung eines offenen Verfahrens zu vergeben.

(23) Die Mindestschwellen für direkt vergebene öffentliche Dienstleistungsaufträge sollten angepasst werden, um die bei öffentlichen Schienenpersonenverkehrsdiensten – im Vergleich zu den anderen unter Verordnung (EG) Nr. 1370/2007 des Euro-

4 Richtlinie 2001/23/EG des Rates vom 12. März 2001 zur Angleichung der Rechtsvorschriften der Mitgliedstaaten über die Wahrung von Ansprüchen der Arbeitnehmer beim Übergang von Unternehmen, Betrieben oder Unternehmens- oder Betriebsteilen (ABl. L 82 vom 22.3.2001, S. 16).

päischen Parlaments und des Rates[5] fallenden Verkehrsträgern – höheren Volumen und Stückkosten zu berücksichtigen. Höhere Schwellen sollten auch für öffentliche Schienenpersonenverkehrsdienste gelten, bei denen der Schienenverkehrsanteil mehr als 50 % des Werts der betreffenden Dienste entspricht.

(24) Die Schaffung des einheitlichen europäischen Eisenbahnraums erfordert gemeinsame Regeln für die Vergabe öffentlicher Dienstleistungsaufträge in diesem Sektor, wobei die spezifischen Gegebenheiten jedes Mitgliedstaats zu berücksichtigen sind.

(25) Wenn bestimmte Voraussetzungen in Bezug auf Art und Struktur des betreffenden Eisenbahnmarkts oder Schienennetzes erfüllt sind, sollten die zuständigen Behörden befugt sein, öffentliche Dienstleistungsaufträge für öffentliche Schienenpersonenverkehrsdienste direkt zu vergeben, wenn ein derartiger Auftrag zu einer Verbesserung der Qualität der Dienste oder der Kosteneffizienz oder beidem führen würde.

(26) Die zuständigen Behörden können Maßnahmen ergreifen, um den Wettbewerb zwischen den Eisenbahnunternehmen zu steigern, indem sie die Zahl der Aufträge, die sie an ein einzelnes Eisenbahnunternehmen vergeben, beschränken.

(27) Die Mitgliedstaaten sollten dafür Sorge tragen, dass ihr Rechtssystem die Möglichkeit vorsieht, die Entscheidungen der zuständigen Behörde über die Direktvergabe öffentlicher Dienstleistungsaufträge für öffentliche Schienenpersonenverkehrsdienste nach einem leistungsgestützten Ansatz durch eine unabhängige Stelle bewerten zu lassen. Dies könnte im Rahmen einer gerichtlichen Überprüfung erfolgen.

(28) Bei der Vorbereitung wettbewerblicher Vergabeverfahren sollten die zuständigen Behörden prüfen, ob Maßnahmen getroffen werden müssen, um einen effektiven und diskriminierungsfreien Zugang zu geeignetem Rollmaterial zu gewährleisten. Die zuständigen Behörden sollten den Prüfungsbericht öffentlich zugänglich machen.

(29) Bestimmte zentrale Merkmale anstehender wettbewerblicher Vergabeverfahren für öffentliche Dienstleistungsaufträge müssen vollständig transparent sein, damit sich der Markt besser darauf einstellen kann.

(30) Die Verordnung (EG) Nr. 1370/2007 sollte daher entsprechend geändert werden –

HABEN FOLGENDE VERORDNUNG ERLASSEN:

Artikel 1

Die Verordnung (EG) Nr. 1370/2007 wird wie folgt geändert:

1. In Artikel 1 Absatz 2 wird folgender Unterabsatz angefügt:
„Vorbehaltlich der Zustimmung der zuständigen Behörden der Mitgliedstaaten, in deren Hoheitsgebiet die Dienstleistungen erbracht werden, dürfen sich gemeinwirtschaftliche Verpflichtungen auf öffentliche Verkehrsdienste auf grenzüberschreitender Ebene erstrecken, einschließlich jener, die örtliche und regionale Verkehrsbedürfnisse erfüllen."

---

5 Verordnung (EG) Nr. 1370/2007 des Europäischen Parlaments und des Rates vom 23. Oktober 2007 über öffentliche Personenverkehrsdienste auf Schiene und Straße und zur Aufhebung der Verordnungen (EWG) Nr. 1191/69 und (EWG) Nr. 1107/70 des Rates (ABl. L 315 vom 3.12.2007, S. 1).

2. In Artikel 2 wird folgender Buchstabe eingefügt:
„aa) ‚öffentliche Schienenpersonenverkehrsdienste‘ den öffentlichen Schienenpersonenverkehr mit Ausnahme des Personenverkehrs auf anderen schienengestützten Verkehrsträgern wie Untergrund- oder Straßenbahnen;“.

3. Folgender Artikel wird eingefügt:

Artikel 2a Spezifikation der gemeinwirtschaftlichen Verpflichtungen

(1) Die zuständige Behörde legt Spezifikationen der gemeinwirtschaftlichen Verpflichtungen für die Erbringung öffentlicher Personenverkehrsdienste und den Anwendungsbereich dieser gemeinwirtschaftlichen Verpflichtungen gemäß Artikel 2 Buchstabe e fest. Dies schließt die Möglichkeit ein, kostendeckende Dienste mit nicht kostendeckenden Diensten zusammenzufassen.
Bei der Festlegung dieser Spezifikationen und ihres Anwendungsbereichs trägt die zuständige Behörde dem Grundsatz der Verhältnismäßigkeit im Einklang mit dem Unionsrecht gebührend Rechnung.
Diese Spezifikationen müssen mit den politischen Zielen, die in den Strategiepapieren für den öffentlichen Verkehr in den Mitgliedstaaten aufgeführt sind, im Einklang stehen.
Inhalt und Format der Strategiepapiere für den öffentlichen Verkehr und die Verfahren für die Konsultation der einschlägigen Interessengruppen werden nach Maßgabe der nationalen Rechtsvorschriften festgelegt.

(2) Mit den Spezifikationen gemeinwirtschaftlicher Verpflichtungen und der entsprechenden Ausgleichsleistung für finanzielle Nettoauswirkungen gemeinwirtschaftlicher Verpflichtungen sollen
a) die Ziele der Politik für den öffentlichen Verkehr auf kostenwirksame Weise erreicht werden und
b) die finanzielle Nachhaltigkeit der Erbringung öffentlicher Personenverkehrsdienste gemäß den in der Politik für den öffentlichen Verkehr festgelegten Anforderungen langfristig gesichert werden.“

4. Artikel 4 wird wie folgt geändert:
a) Absatz 1 Buchstaben a und b erhalten folgende Fassung:
   „a) sind die vom Betreiber eines öffentlichen Dienstes zu erfüllenden gemeinwirtschaftlichen Verpflichtungen, die in dieser Verordnung definiert und gemäß Artikel 2a dieser Verordnung spezifiziert sind, und die betreffenden geografischen Geltungsbereiche klar festzulegen;
   b) sind zuvor in objektiver und transparenter Weise aufzustellen:
      i) die Parameter, anhand deren gegebenenfalls die Ausgleichsleistung berechnet wird, und
      ii) die Art und der Umfang der gegebenenfalls gewährten Ausschließlichkeit; dabei ist eine übermäßige Ausgleichsleistung zu vermeiden.
   Bei öffentlichen Dienstleistungsaufträgen, die nicht gemäß Artikel 5 Absatz 1, Absatz 3 oder Absatz 3b vergeben werden, werden diese Parameter so bestimmt, dass die Ausgleichsleistung den Betrag nicht übersteigen kann, der erforderlich ist, um die finanziellen Nettoauswirkungen auf die Kosten und Einnahmen zu decken, die auf die Erfüllung der gemeinwirtschaftlichen Verpflichtungen zurückzuführen sind, wobei die vom Betreiber eines öffentlichen Dienstes erzielten und einbehaltenen Einnahmen und ein angemessener Gewinn berücksichtigt werden;“.
b) Die folgenden Absätze werden eingefügt:
   „(4a) Bei der Ausführung von öffentlichen Dienstleistungsaufträgen halten Betreiber eines öffentlichen Dienstes die nach dem Unionsrecht, dem nationalen

Recht oder Tarifverträgen geltenden sozial- und arbeitsrechtlichen Verpflichtungen ein.
(4b) Die Richtlinie 2001/23/EG findet Anwendung auf den Wechsel des Betreibers eines öffentlichen Dienstes, wenn ein solcher Wechsel einen Unternehmensübergang im Sinne jener Richtlinie darstellt."

c) Absatz 6 erhält folgende Fassung:
„(6) Verpflichtet die zuständige Behörde die Betreiber eines öffentlichen Dienstes im Einklang mit nationalem Recht dazu, bestimmte Qualitäts- und Sozialstandards einzuhalten, oder stellt sie soziale und qualitative Kriterien auf, so werden diese Standards und Kriterien in die Unterlagen des wettbewerblichen Vergabeverfahrens und die öffentlichen Dienstleistungsaufträge aufgenommen. Derartige Unterlagen des wettbewerblichen Vergabeverfahrens und öffentliche Dienstleistungsaufträge müssen gegebenenfalls auch Angaben zu den Rechten und Pflichten in Bezug auf die Übernahme von Personal, das vom vorherigen Betreiber eingestellt worden war, enthalten, unter gleichzeitiger Wahrung der Richtlinie 2001/23/EG."

d) Folgender Absatz wird angefügt:
„(8) Öffentliche Dienstleistungsaufträge müssen den Betreiber verpflichten, der zuständigen Behörde alle für die Vergabe der öffentlichen Dienstleistungsaufträge wesentlichen Informationen zur Verfügung zu stellen; hierbei ist der legitime Schutz vertraulicher Geschäftsinformationen zu gewährleisten. Die zuständigen Behörden stellen allen interessierten Parteien relevante Informationen für die Vorbereitung eines Angebots im Rahmen eines wettbewerblichen Vergabeverfahrens zur Verfügung und gewährleisten dabei den legitimen Schutz vertraulicher Geschäftsinformationen. Dazu gehören Informationen über Fahrgastnachfrage, Tarife, Kosten und Einnahmen im Zusammenhang mit den öffentlichen Personenverkehrsdiensten, die Gegenstand des wettbewerblichen Vergabeverfahrens sind, sowie Einzelheiten der Infrastrukturspezifikationen, die für den Betrieb der erforderlichen Fahrzeuge bzw. des erforderlichen Rollmaterials relevant sind, um interessierten Parteien die Abfassung fundierter Geschäftspläne zu ermöglichen. Die Schieneninfrastrukturbetreiber unterstützen die zuständigen Behörden bei der Bereitstellung aller einschlägigen Infrastrukturspezifikationen. Die Nichteinhaltung der oben genannten Bestimmungen ist Gegenstand einer rechtlichen Überprüfung im Sinne von Artikel 5 Absatz 7."

5. Artikel 5 wird wie folgt geändert:

a) Absatz 2, einleitender Satz, erhält folgende Fassung:
„(2) Sofern dies nicht nach nationalem Recht untersagt ist, kann jede zuständige örtliche Behörde – unabhängig davon, ob es sich dabei um eine einzelne Behörde oder eine Gruppe von Behörden handelt, die integrierte öffentliche Personenverkehrsdienste anbietet – entscheiden, selbst öffentliche Personenverkehrsdienste zu erbringen oder öffentliche Dienstleistungsaufträge direkt an eine rechtlich getrennte Einheit zu vergeben, über die die zuständige örtliche Behörde – oder im Falle einer Gruppe von Behörden wenigstens eine zuständige örtliche Behörde – eine Kontrolle ausübt, die der Kontrolle über ihre eigenen Dienststellen entspricht. Im Falle öffentlicher Schienenpersonenverkehrsdienste kann die im ersten Unterabsatz genannte Gruppe von Behörden ausschließlich aus zuständigen örtlichen Behörden bestehen, deren geografischer Zuständigkeitsbereich sich nicht auf das gesamte Staatsgebiet erstreckt. Der in Unterabsatz 1 genannte öffentliche Personenverkehrsdienst oder öffentliche Dienstleistungsauftrag darf nur den Verkehrsbedarf städtischer Ballungsräume und ländlicher Gebiete oder beides decken.
Fasst eine zuständige örtliche Behörde diesen Beschluss, so gilt Folgendes:".

b) Absatz 3 erhält folgende Fassung:
„(3) Werden die Dienste Dritter, die keine internen Betreiber sind, in Anspruch genommen, so müssen die zuständigen Behörden die öffentlichen Dienstleistungsaufträge außer in den in den Absätzen 3a, 4, 4a, 4b, 5 und 6 vorgesehenen Fällen im Wege eines wettbewerblichen Vergabeverfahrens vergeben. Das für die wettbewerbliche Vergabe angewandte Verfahren muss allen Betreibern offenstehen, fair sein und den Grundsätzen der Transparenz und Nichtdiskriminierung genügen. Nach Abgabe der Angebote und einer eventuellen Vorauswahl können in diesem Verfahren unter Einhaltung dieser Grundsätze Verhandlungen geführt werden, um festzulegen, wie der Besonderheit oder Komplexität der Anforderungen am besten Rechnung zu tragen ist."

c) Folgende Absätze werden eingefügt:
„(3a) Sofern dies nicht nach nationalem Recht untersagt ist, kann bei öffentlichen Dienstleistungsaufträgen für öffentliche Schienenpersonenverkehrsdienste, die im Wege eines wettbewerblichen Vergabeverfahrens vergeben werden, die zuständige Behörde entscheiden, vorübergehend neue Aufträge direkt zu vergeben, wenn sie der Auffassung ist, dass die direkte Vergabe durch außergewöhnliche Umstände gerechtfertigt ist. Derartige außergewöhnliche Umstände umfassen auch Fälle, in denen
- eine Reihe wettbewerblicher Vergabeverfahren bereits von der zuständigen Behörde oder anderen zuständigen Behörden durchgeführt werden, die die Zahl und die Qualität der Angebote beeinträchtigen könnten, welche voraussichtlich eingehen, wenn der Auftrag im Wege eines wettbewerblichen Vergabeverfahrens vergeben würde, oder 23.12.2016 L 354/26 Amtsblatt der Europäischen Union DE
- Änderungen am Umfang eines oder mehrerer öffentlicher Dienstleistungsaufträge erforderlich sind, um die Erbringung öffentlicher Dienste zu optimieren.

Die zuständige Behörde erlässt eine mit Gründen versehene Entscheidung und unterrichtet die Kommission unverzüglich hiervon.
Die Laufzeit der gemäß diesem Absatz vergebenen Aufträge muss in einem angemessenen Verhältnis zu dem jeweiligen außergewöhnlichen Umstand stehen und darf in keinem Fall fünf Jahre überschreiten.
Die zuständige Behörde veröffentlicht solche Aufträge, wobei sie den legitimen Schutz vertraulicher Geschäftsinformationen und geschäftlicher Interessen berücksichtigt.
Der nachfolgende Auftrag für dieselben gemeinwirtschaftlichen Verpflichtungen wird nicht auf der Grundlage dieser Bestimmung vergeben.
(3b) Bei der Anwendung von Absatz 3 können die zuständigen Behörden die Anwendung des folgenden Verfahrens beschließen:
Die zuständigen Behörden können die von ihnen beabsichtigte Vergabe eines öffentlichen Dienstleistungsauftrags für öffentliche Schienenpersonenverkehrsdienste durch Veröffentlichung einer Bekanntmachung im *Amtsblatt der Europäischen Union* bekannt geben.
Diese Bekanntmachung muss eine ausführliche Beschreibung der Dienstleistungen, die Gegenstand des zu vergebenden Auftrags sind, sowie Angaben zur Art und Laufzeit des Auftrags enthalten.
Die Betreiber können ihr Interesse innerhalb einer von der zuständigen Behörde festgesetzten Frist bekunden, die mindestens 60 Tage ab Veröffentlichung der Bekanntmachung betragen muss.

Wenn nach Ablauf dieser Frist

a) nur ein Betreiber Interesse bekundet hat, an dem Verfahren zur Vergabe des öffentlichen Dienstleistungsauftrags teilzunehmen,

b) dieser Betreiber ordnungsgemäß nachgewiesen hat, dass er tatsächlich in der Lage sein wird, die Verkehrsdienstleistung unter Einhaltung der im öffentlichen Dienstleistungsauftrag festgelegten Verpflichtungen zu erbringen,

c) der mangelnde Wettbewerb nicht das Ergebnis einer künstlichen Einschränkung der Parameter der Auftragsvergabe ist und

d) keine vernünftige Alternative besteht, können die zuständigen Behörden mit diesem Betreiber Verhandlungen aufnehmen, um den Auftrag ohne weitere Veröffentlichung eines offenen Verfahrens zu vergeben."

d) Absatz 4 erhält folgende Fassung:

„(4) Sofern dies nicht nach nationalem Recht untersagt ist, kann die zuständige Behörde entscheiden, öffentliche Dienstleistungsaufträge direkt zu vergeben, wenn

a) ihr Jahresdurchschnittswert auf weniger als 1 000 000 EUR bzw. – im Fall eines öffentlichen Dienstleistungsauftrags, der öffentliche Schienenpersonenverkehrsdienste beinhaltet – weniger als 7 500 000 EUR geschätzt wird oder

b) sie eine jährliche öffentliche Personenverkehrsleistung von weniger als 300 000 km bzw. – im Fall eines öffentlichen Dienstleistungsauftrags, der öffentliche Schienenpersonenverkehrsdienste beinhaltet – von weniger als 500 000 km aufweisen.

Im Falle von öffentlichen Dienstleistungsaufträgen, die direkt an kleine oder mittlere Unternehmen vergeben werden, die nicht mehr als 23 Straßenfahrzeuge betreiben, können diese Schwellen entweder auf einen geschätzten Jahresdurchschnittswert von weniger als 2 000 000 EUR oder auf eine jährliche öffentliche Personenverkehrsleistung von weniger als 600 000 km erhöht werden."

e) Die folgenden Absätze werden eingefügt:

„(4a) Sofern dies nicht nach nationalem Recht untersagt ist, kann die zuständige Behörde entscheiden, öffentliche Dienstleistungsaufträge für öffentliche Schienenpersonenverkehrsdienste direkt zu vergeben, wenn

a) ihres Erachtens die Direktvergabe aufgrund der jeweiligen strukturellen und geografischen Merkmale des Marktes und des betreffenden Netzes, und insbesondere der Größe, Nachfragemerkmale, Netzkomplexität, technischen und geografischen Abgeschnitten- bzw. Abgeschiedenheit sowie der von dem Auftrag abgedeckten Dienste gerechtfertigt ist und

b) ein derartiger Auftrag zu einer Verbesserung der Qualität der Dienste oder der Kosteneffizienz oder beidem im Vergleich zu dem zuvor vergebenen öffentlichen Dienstleistungsauftrag führen würde.

Auf dieser Grundlage veröffentlicht die zuständige Behörde eine mit Gründen versehene Entscheidung und unterrichtet die Kommission innerhalb eines Monats nach der Veröffentlichung hiervon. Die zuständige Behörde kann die Vergabe des Auftrags fortsetzen.

Bei den Mitgliedstaaten, bei denen am 24. Dezember 2017 das maximale jährliche Verkehrsaufkommen weniger als 23 Mio. Zugkilometer beträgt und auf nationaler Ebene nur eine zuständige Behörde und nur ein Dienstleistungsauftrag für öffentliche Personenverkehrsdienste besteht, der das gesamte Netz umfasst, wird davon ausgegangen, dass sie die Bedingungen gemäß Buchstabe a erfüllen. Wenn eine zuständige Behörde aus einem dieser Mitgliedstaaten beschließt, einen öffentlichen Dienstleistungsauftrag direkt zu vergeben, so unterrichtet der betreffende Mitgliedstaat die Kommission hiervon. Das Ver-

einigte Königreich kann beschließen, diesen Unterabsatz auf Nordirland anzuwenden.
Wenn die zuständige Behörde beschließt, einen öffentlichen Dienstleistungsauftrag direkt zu vergeben, legt sie messbare, transparente und überprüfbare Leistungsanforderungen fest. Diese Anforderungen werden in den Auftrag aufgenommen.
Die Leistungsanforderungen erstrecken sich insbesondere auf folgende Aspekte: Pünktlichkeit der Dienste, Frequenz des Zugbetriebs, Qualität des Rollmaterials und Personenbeförderungskapazität.
Der Auftrag muss spezifische Leistungsindikatoren beinhalten, die der zuständigen Behörde regelmäßige Bewertungen ermöglichen. Der Auftrag muss außerdem wirksame und abschreckende Maßnahmen beinhalten, die zu verhängen sind, wenn das Eisenbahnunternehmen die Leistungsanforderungen nicht erfüllt.
Die zuständige Behörde führt regelmäßig Bewertungen durch, ob das Eisenbahnunternehmen seine Ziele hinsichtlich der Erfüllung der im Auftrag festgelegten Leistungsanforderungen erreicht hat, und gibt ihre Erkenntnisse öffentlich bekannt. Diese regelmäßigen Bewertungen finden mindestens alle fünf Jahre statt. Die zuständige Behörde ergreift rechtzeitig angemessene Maßnahmen, einschließlich der Verhängung wirksamer und abschreckender Vertragsstrafen, falls die erforderlichen Verbesserungen bei der Qualität der Dienste oder der Kosteneffizienz oder beidem nicht verwirklicht werden. Die zuständige Behörde kann den nach dieser Bestimmung vergebenen Auftrag jederzeit ganz oder teilweise aussetzen oder kündigen, wenn der Betreiber die Leistungsanforderungen nicht erfüllt;
(4b) Sofern dies nicht nach nationalem Recht untersagt ist, kann die zuständige Behörde entscheiden, öffentliche Dienstleistungsaufträge für öffentliche Schienenpersonenverkehrsdienste direkt zu vergeben, wenn diese nur den Betrieb von Schienenpersonenverkehrsdiensten durch einen Betreiber betreffen, der gleichzeitig die gesamte Eisenbahninfrastruktur, auf der die Dienstleistungen erbracht werden, oder den größten Teil davon verwaltet, wenn diese Eisenbahninfrastruktur gemäß Artikel 2 Absatz 3 Buchstabe a oder b der Richtlinie 2012/34/EU des Europäischen Parlaments und des Rates[6] von der Anwendung der Artikel 7, 7a, 7b, 7c, 7d, 8 und 13 sowie des Kapitels IV jener Richtlinie ausgenommen ist.
Abweichend von Artikel 4 Absatz 3 darf die Laufzeit der gemäß diesem Absatz und gemäß Absatz 4a direkt vergebenen Aufträge zehn Jahre nicht überschreiten, es sei denn, Artikel 4 Absatz 4 findet Anwendung.
Die gemäß diesem Absatz und gemäß Absatz 4a vergebenen Aufträge werden veröffentlicht, wobei der legitime Schutz vertraulicher Geschäftsinformationen und geschäftlicher Interessen zu berücksichtigen ist.

f) Absatz 5 erhält folgende Fassung:
„(5) Die zuständige Behörde kann im Fall einer Unterbrechung des Verkehrsdienstes oder bei unmittelbarer Gefahr des Eintretens einer solchen Situation Notmaßnahmen ergreifen.
Die Notmaßnahmen bestehen in der Direktvergabe oder einer förmlichen Vereinbarung über die Ausweitung eines öffentlichen Dienstleistungsauftrags oder einer Auflage, bestimmte gemeinwirtschaftliche Verpflichtungen zu übernehmen.

---

6 Richtlinie 2012/34/EU des Europäischen Parlaments und des Rates vom 21. November 2012 zur Schaffung eines einheitlichen europäischen Eisenbahnraums (ABl. L 343 vom 14.12.2012, S. 32).

Der Betreiber eines öffentlichen Dienstes hat das Recht, gegen den Beschluss zur Auferlegung der Übernahme bestimmter gemeinwirtschaftlicher Verpflichtungen Widerspruch einzulegen. Der Zeitraum, für den ein öffentlicher Dienstleistungsauftrag als Notmaßnahme vergeben, ausgeweitet oder dessen Übernahme auferlegt wird, darf zwei Jahre nicht überschreiten."

g) Folgender Absatz wird eingefügt:
„(6a) Um den Wettbewerb zwischen den Eisenbahnunternehmen zu steigern, können die zuständigen Behörden entscheiden, dass Aufträge für öffentliche Schienenpersonenverkehrsdienste, die Teile desselben Netzes oder Streckenpakets betreffen, an unterschiedliche Eisenbahnunternehmen zu vergeben sind. Zu diesem Zweck können die zuständigen Behörden vor Beginn des wettbewerblichen Vergabeverfahrens entscheiden, die Zahl der Aufträge zu begrenzen, die an ein und dasselbe Eisenbahnunternehmen vergeben werden."

h) In Absatz 7 wird nach Unterabsatz 1 folgender Unterabsatz eingefügt:
„Für Fälle gemäß den Absätzen 4a und 4b beinhalten diese Maßnahmen die Möglichkeit, eine Bewertung der von der zuständigen Behörde getroffenen und mit Gründen versehenen Entscheidung durch eine von dem betreffenden Mitgliedstaat benannte unabhängige Stelle zu verlangen. Das Ergebnis dieser Bewertung wird im Einklang mit nationalem Recht öffentlich zugänglich gemacht."

6. Folgender Artikel wird eingefügt:

Artikel 5a Eisenbahn-Rollmaterial

(1) Im Hinblick auf die Einleitung eines wettbewerblichen Vergabeverfahrens prüfen die zuständigen Behörden, ob Maßnahmen getroffen werden müssen, um einen effektiven und diskriminierungsfreien Zugang zu geeignetem Rollmaterial zu gewährleisten. Bei dieser Prüfung wird berücksichtigt, ob es auf dem betreffenden Markt Leasing- Unternehmen für Rollmaterial oder sonstige Marktteilnehmer, die das Leasing von Rollmaterial anbieten, gibt. Der Prüfungsbericht wird öffentlich zugänglich gemacht.

(2) Die zuständigen Behörden können im Einklang mit dem nationalen Recht und unter Einhaltung der Vorschriften über staatliche Beihilfen entscheiden, angemessene Maßnahmen zur Gewährleistung eines effektiven und diskriminierungsfreien Zugangs zu geeignetem Rollmaterial zu ergreifen. Diese Maßnahmen können Folgendes umfassen:

a) den Erwerb des für die Ausführung des öffentlichen Dienstleistungsauftrags zu verwendenden Rollmaterials durch die zuständige Behörde im Hinblick auf die Bereitstellung für den ausgewählten Betreiber des öffentlichen Dienstes zu Marktpreisen oder als Teil des öffentlichen Dienstleistungsauftrags gemäß Artikel 4 Absatz 1 Buchstabe b, Artikel 6 und gegebenenfalls dem Anhang,
b) die Übernahme einer Bürgschaft durch die zuständige Behörde für die Finanzierung des für die Ausführung des öffentlichen Dienstleistungsauftrags zu verwendenden Rollmaterials zu Marktpreisen oder als Teil des öffentlichen Dienstleistungsauftrags gemäß Artikel 4 Absatz 1 Buchstabe b, Artikel 6 und, soweit er anzuwenden ist, dem Anhang, einschließlich einer Bürgschaft zur Abdeckung des Restwertrisikos,
c) das Eingehen einer Verpflichtung der zuständigen Behörde in dem öffentlichen Dienstleistungsauftrag, das Rollmaterial zu vorab definierten finanziellen Konditionen am Ende der Laufzeit des Auftrags zu Marktpreisen zu übernehmen, oder
d) die Zusammenarbeit mit anderen zuständigen Behörden, um einen größeren Rollmaterialpark zu schaffen.

(3) Wenn einem neuen Betreiber eines öffentlichen Verkehrsdienstes Rollmaterial zur Verfügung gestellt wird, nimmt die zuständige Behörde alle verfügbaren Informatio-

nen über die Kosten für die Instandhaltung des Rollmaterials und seinen physischen Zustand in die Vergabeunterlagen auf."

7. Artikel 6 Absatz 1 erhält folgende Fassung:

„(1) Jede Ausgleichsleistung im Zusammenhang mit einer allgemeinen Vorschrift oder einem öffentlichen Dienstleistungsauftrag entspricht unabhängig von den Vergabemodalitäten dem Artikel 4. Jede wie auch immer beschaffene Ausgleichsleistung im Zusammenhang mit einem öffentlichen Dienstleistungsauftrag, der nicht gemäß Artikel 5 Absatz 1, Absatz 3 oder Absatz 3b vergeben wurde oder im Zusammenhang mit einer allgemeinen Vorschrift steht, unterliegt darüber hinaus den Bestimmungen des Anhangs."

8. Artikel 7 wird wie folgt geändert:

a) Absatz 1 erhält folgende Fassung:

   „(1) Jede zuständige Behörde macht einmal jährlich einen Gesamtbericht über die in ihren Zuständigkeitsbereich fallenden gemeinwirtschaftlichen Verpflichtungen öffentlich zugänglich. Dieser Bericht beinhaltet den Beginn und die Laufzeit der öffentlichen Dienstleistungsaufträge, die ausgewählten Betreiber öffentlicher Dienste sowie die diesen Betreibern zur Abgeltung gewährten Ausgleichsleistungen und ausschließlichen Rechte. Der Bericht unterscheidet nach Busverkehr und schienengebundenem Verkehr, er muss eine Kontrolle und Beurteilung der Leistungen, der Qualität und der Finanzierung des öffentlichen Verkehrsnetzes ermöglichen und gegebenenfalls Informationen über Art und Umfang der gewährten Ausschließlichkeit enthalten. Der Bericht muss ferner die politischen Ziele, wie sie in den Strategiepapieren für den öffentlichen Verkehr in dem betreffenden Mitgliedstaat aufgeführt sind, berücksichtigen. Die Mitgliedstaaten erleichtern den Zugang zu diesen Berichten, zum Beispiel über ein gemeinsames Internet-Portal."

b) In Absatz 2 Unterabsatz 1 wird folgender Buchstabe angefügt:

   „d) der geplante Beginn und die geplante Laufzeit des öffentlichen Dienstleistungsauftrags."

9. Artikel 8 wird wie folgt geändert:

a) Absatz 2 erhält folgende Fassung:

   „(2) Unbeschadet des Absatzes 3

   i) gilt Artikel 5 ab dem 3. Dezember 2019 für die Vergabe öffentlicher Dienstleistungsaufträge für Personenverkehrsdienste auf der Straße und auf anderen schienengestützten Verkehrsträgern als der Eisenbahn, wie Untergrund- oder Straßenbahnen;
   ii) gilt Artikel 5 ab dem 3. Dezember 2019 für öffentliche Schienenpersonenverkehrsdienste;
   iii) finden Artikel 5 Absatz 6 und Artikel 7 Absatz 3 ab dem 25. Dezember 2023 keine Anwendung mehr.

   Die Laufzeit von Aufträgen, die gemäß Artikel 5 Absatz 6 zwischen dem 3. Dezember 2019 und dem 24. Dezember 2023 vergeben werden, beträgt höchstens zehn Jahre.

   Bis zum 2. Dezember 2019 treffen die Mitgliedstaaten Maßnahmen, um Artikel 5 schrittweise anzuwenden und ernste strukturelle Probleme insbesondere hinsichtlich der Transportkapazität zu vermeiden.

   Binnen sechs Monaten nach dem 25. Dezember 2020 legen die Mitgliedstaaten der Kommission einen Fortschrittsbericht vor, in dem die Umsetzung der Vergabe von öffentlichen Dienstleistungsaufträgen, die mit Artikel 5 im Einklang stehen, dargelegt wird. Die Kommission führt auf der Grundlage der Fortschrittsberichte der Mitgliedstaaten eine Überprüfung durch und unterbreitet gegebenenfalls Gesetzgebungsvorschläge."

b) Folgender Absatz wird eingefügt:
„(2a) Öffentliche Dienstleistungsaufträge für öffentliche Schienenpersonenverkehrsdienste, die auf der Grundlage eines anderen als eines fairen wettbewerblichen Vergabeverfahrens ab dem 24. Dezember 2017 bis zum 2. Dezember 2019 direkt vergeben werden, können für ihre vorgesehene Laufzeit gültig bleiben. Abweichend von Artikel 4 Absatz 3 darf die Laufzeit dieser Aufträge zehn Jahre nicht überschreiten, es sei denn, Artikel 4 Absatz 4 findet Anwendung."

c) Absatz 3 Unterabsatz 1 Buchstabe d erhält folgende Fassung:
„d) ab dem 26. Juli 2000 und vor dem 24. Dezember 2017 nach einem anderen Verfahren als einem fairen wettbewerblichen Vergabeverfahren."

Artikel 2

Diese Verordnung tritt am 24. Dezember 2017 in Kraft.

Diese Verordnung ist in allen ihren Teilen verbindlich und gilt unmittelbar in jedem Mitgliedstaat.

Geschehen zu Straßburg am 14. Dezember 2016.

Im Namen des Europäischen Parlaments
Der Präsident
M. SCHULZ

Im Namen des Rates
Der Präsident
I: KORČOK

Bekanntmachung der Kommission über die Auslegungsleitlinien zu der Verordnung (EG) Nr. 1370/2007 über öffentliche Personenverkehrsdienste auf Schiene und Straße (2023/C 222/01)

1. Einleitung

Wie in der Mitteilung der Kommission über eine Strategie für nachhaltige und intelligente Mobilität[1] dargelegt, bedarf es entschlossener Maßnahmen, um das Verkehrsaufkommen verstärkt auf nachhaltige Verkehrsträger zu verlagern. Öffentliche Verkehrsdienste sind für die Verwirklichung der Ziele des europäischen Grünen Deals einer nachhaltigen, intelligenten und inklusiven Mobilität von entscheidender Bedeutung. Aus diesem Grund ist es besonders wichtig, dass ressourcenschonende und umweltfreundliche öffentliche Verkehrsdienste zur Verfügung stehen. Im Landverkehr werden diese Dienste durch die Verordnung (EG) Nr. 1370/2007 des Europäischen Parlaments und des Rates vom 23. Oktober 2007 über öffentliche Personenverkehrsdienste auf Schiene und Straße und zur Aufhebung der Verordnungen (EWG) Nr. 1191/69 und (EWG) Nr. 1107/70 des Rates[2] (im Folgenden „Verordnung (EG) Nr. 1370/2007" oder „Verordnung") geregelt.
Gemäß dem Protokoll Nr. 26 über Dienste von allgemeinem Interesse kommt den nationalen, regionalen und lokalen Behörden eine wichtige Rolle und ein weiter Ermessensspielraum in der Frage zu, wie Dienstleistungen von allgemeinem wirtschaftlichem Interesse zur Verfügung zu stellen, in Auftrag zu geben und zu organisieren sind. Öffentliche Personenverkehrsdienste von allgemeinem wirtschaftlichem Interesse können nicht immer auf gewerblicher Basis betrieben werden, sondern müssen möglicherweise aus öffentlichen Mitteln gefördert werden. Es ist Sache der Mitgliedstaaten zu ermitteln, worin der Mobilitätsbedarf ihrer Bürgerinnen und Bürger besteht und welche Unterstützung gegebenenfalls erforderlich ist.
Gleichzeitig sollte die finanzielle Förderung an Bedingungen geknüpft sein, die ein unverzerrtes Funktionieren des Binnenmarkts gewährleisten. Diese Bedingungen sind in der Verordnung (EG) Nr. 1370/2007 dargelegt.
Die Verordnung (EG) Nr. 1370/2007 trat am 3. Dezember 2009 in Kraft. Sie wurde durch die Verordnung (EU) 2016/2338 des Europäischen Parlaments und des Rates vom 14. Dezember 2016[3] im Rahmen des vierten Eisenbahnpakets[4] geändert.
In der Verordnung (EG) Nr. 1370/2007 sind die Bedingungen festgelegt, unter denen öffentliche Verkehrsdienste, die die Eisenbahn und andere schienengestützte Ver-

1 Mitteilung der Kommission an das Europäische Parlament, den Rat, den Europäischen Wirtschafts- und Sozialausschuss und den Ausschuss der Regionen: Strategie für nachhaltige und intelligente Mobilität: Den Verkehr in Europa auf Zukunftskurs bringen (COM (2020) 789 final) vom 9.12.2020.

2 ABl. L 315 vom 3.12.2007, S. 1.

3 Verordnung (EU) 2016/2338 des Europäischen Parlaments und des Rates vom 14. Dezember 2016 zur Änderung der Verordnung (EG) Nr. 1370/2007 hinsichtlich der Öffnung des Marktes für inländische Schienenpersonenverkehrsdienste (ABl. L 354 vom 23.12.2016, S. 22).

4 Das vierte Eisenbahnpaket besteht aus sechs Legislativtexten, mit denen der Binnenmarkt für Schienenverkehrsdienste vollendet werden soll. Siehe https://transport.ec.europa.eu/transport-modes/rail/railway-packages/fourth-railway-package-2016_en.

kehrsträger erbringen oder die auf der Straße erbracht werden, organisiert und finanziert werden können: Sie gilt insbesondere für Busse, Straßenbahnen, U-Bahnen und Eisenbahnen. Sie kann auch für Binnenschifffahrtswege und das Meer innerhalb der Hoheitsgewässer gelten, wenn die Mitgliedstaaten dies beschließen. Die Bedingungen betreffen u. a. die Definition der gemeinwirtschaftlichen Verpflichtungen, den Anwendungsbereich öffentlicher Dienstleistungsaufträge, die Modalitäten für die Vergabe solcher Aufträge und die Festlegung der an Betreiber öffentlicher Verkehrsdienste gezahlten Ausgleichsleistungen. Werden die Bestimmungen der Verordnung (EG) Nr. 1370/2007 eingehalten, so gilt die Ausgleichsleistung als mit dem Binnenmarkt vereinbar und ist von der Pflicht zur vorherigen Unterrichtung der Kommission nach Artikel 108 Absatz 3 des Vertrags über die Arbeitsweise der Europäischen Union (im Folgenden „AEUV" oder „Vertrag") befreit.
Im Jahr 2014 nahm die Kommission eine Mitteilung über die Auslegungsleitlinien zu der Verordnung (EG) Nr. 1370/2007[5] (im Folgenden „Auslegungsleitlinien von 2014") an, mit der sie den Interessenträgern ihr Verständnis einiger Bestimmungen der Verordnung darlegte und die an den bewährten Verfahren in den Mitgliedstaaten orientiert war.
In der Zwischenzeit hat sich der Rechtsrahmen weiterentwickelt: Im Jahr 2016 wurde die Verordnung (EG) Nr. 1370/2007 umfassend geändert, um insbesondere den Grundsatz der wettbewerblichen Vergabe öffentlicher Dienstleistungen auf den Eisenbahnsektor auszudehnen. Die Änderung beinhaltete die Einführung eines Übergangszeitraums, in dem die bedingungslose Direktvergabe öffentlicher Dienstleistungsaufträge für den Schienenpersonenverkehr bis zum 24. Dezember 2023 möglich bleibt, damit sich der Sektor auf die Marktöffnung vorbereiten kann.
Der Gerichtshof der Europäischen Union (im Folgenden „Unionsgerichte") hat ebenfalls einige Bestimmungen der Verordnung (EG) Nr. 1370/2007 und Vorschriften für Dienstleistungen von allgemeinem wirtschaftlichem Interesse ausgelegt. Die Anwendung dieser Vorschriften wird insbesondere dadurch beeinträchtigt, dass Eisenbahnunternehmen seit dem 1. Januar 2019 in Anwendung des vierten Eisenbahnpakets das Recht auf Zugang zur Eisenbahninfrastruktur erhalten und somit nach Unionsrecht in die Lage versetzt werden, kommerzielle Dienste zu entwickeln.
Es ist notwendig, die Auslegungsleitlinien von 2014 vor dem Hintergrund dieser Entwicklungen zu überarbeiten und insbesondere die zuständigen Behörden bei der Vorbereitung auf das Ende des genannten Übergangszeitraums am 24. Dezember 2023 zu unterstützen. Diese überarbeiteten Leitlinien sollten auch der ordnungsgemäßen Einleitung neuer Initiativen Rechnung tragen, z. B. der Möglichkeit, grenzüberschreitende öffentliche Dienstleistungen wie den grenzüberschreitenden Schienenpersonenverkehr als attraktive Option für Reisen auf Fernstrecken zu organisieren und zu unterstützen.
Vor Verabschiedung dieser Bekanntmachung der Kommission konsultierte die Kommission Mitgliedstaaten und Interessenträger als Vertreter betroffener Parteien, wie europäische Vereinigungen im öffentlichen Verkehrswesen, einschließlich Beschäftigten im Verkehrswesen und Fahrgastvereinigungen.
Diese Bekanntmachung der Kommission, die nur ausgewählte Bestimmungen der Verordnung (EG) Nr. 1370/2007 abdeckt, schafft keine neuen Vorschriften. Sie enthält Erläuterungen und Orientierungshilfen für die Mitgliedstaaten in Bezug darauf, wie die Kommission die Bestimmungen der Verordnung insbesondere unter Berücksichtigung der einschlägigen Rechtsprechung der Unionsgerichte auslegt. Die Auslegung des Unionsrechts ist letztlich Sache der Unionsgerichte.

---

5 Mitteilung der Kommission über die Auslegungsleitlinien zu der Verordnung (EG) Nr. 1370/2007 über öffentliche Personenverkehrsdienste auf Schiene und Straße vom 29. März 2014 (ABl. C 92 vom 29.3.2014, S. 1).

2. Auslegung der Verordnung (EG) Nr. 1370/2007 durch die Kommission

2.1. Anwendungsbereich der Verordnung (EG) Nr. 1370/2007

Dieser Abschnitt enthält Auslegungshinweise bezüglich des Zusammenhangs zwischen der Verordnung (EG) Nr. 1370/2007 und den folgenden Richtlinien: Richtlinie 2014/24/EU des Europäischen Parlaments und des Rates vom 26. Februar 2014 über die öffentliche Auftragsvergabe und zur Aufhebung der Richtlinie 2004/18/EG[6] (im Folgenden „Richtlinie 2014/24/EU"), Richtlinie 2014/25/EU des Europäischen Parlaments und des Rates vom 26. Februar 2014 über die Vergabe von Aufträgen durch Auftraggeber im Bereich der Wasser-, Energie- und Verkehrsversorgung sowie der Postdienste und zur Aufhebung der Richtlinie 2004/17/EG[7] (im Folgenden „Richtlinie 2014/25/EU") und Richtlinie 2014/23/EU des Europäischen Parlaments und des Rates vom 26. Februar 2014 über die Konzessionsvergabe[8] (im Folgenden „Richtlinie 2014/23/EU"). In diesem Abschnitt wird auch erläutert, wie die Verordnung (EG) Nr. 1370/2007 auf Binnenschifffahrtswege und das Meer innerhalb der Hoheitsgewässer anzuwenden ist. Darüber hinaus sind darin Leitlinien für grenzüberschreitende öffentliche Verkehrsdienste, gemeinwirtschaftliche Verpflichtungen für Güterverkehrs- und multimodale Verkehrsdienste sowie besondere öffentliche Verkehrsträger enthalten.

2.1.1. Artikel 5 Absatz 1 und Artikel 1 Absatz 3. Zusammenhang zwischen der Verordnung (EG) Nr. 1370/2007 und den Richtlinien zur Vergabe öffentlicher Aufträge und Konzessionen

Mit der Verordnung (EG) Nr. 1370/2007 werden die in Artikel 2 Buchstabe i der Verordnung definierten öffentlichen Dienstleistungsaufträge im Bereich des öffentlichen Personenverkehrs mit der Eisenbahn und anderen schienengestützten Verkehrsträgern sowie auf der Straße geregelt. Öffentliche Dienstleistungsaufträge können jedoch je nach Ausgestaltung auch in den Anwendungsbereich der Richtlinien über die Vergabe öffentlicher Aufträge (Richtlinie 2014/24/EU und Richtlinie 2014/25/EU)[9] fallen. Konzessionen für öffentliche Personenverkehrsdienste im Sinne der Verordnung (EG) Nr. 1370/2007 sind vom Anwendungsbereich der Richtlinie 2014/23/EU[10] ausgenommen.

Die Unterscheidung zwischen Dienstleistungsverträgen und Dienstleistungskonzessionen ist wichtig, um zu bestimmen, welches Rechtsinstrument für die Vergabe gilt.

In Artikel 2 Absatz 1 Nummern 1, 2 und 5 der Richtlinie 2014/25/EU werden „Dienstleistungsaufträge" als zwischen einem oder mehreren Auftraggebern, die die in Artikel 8 bis 14 der Richtlinie bezeichneten Tätigkeiten ausüben, und einem oder mehreren Wirtschaftsteilnehmern geschlossene entgeltliche schriftliche Verträge über die Erbringung von Dienstleistungen definiert. Sind öffentliche Auftraggeber im Sinne von Artikel 2 Absatz 1 Nummer 1 der Richtlinie 2014/24/EU beteiligt, die nicht

6 ABl. L 94 vom 28.3.2014, S. 65.
7 ABl. L 94 vom 28.3.2014, S. 243.
8 ABl. L 94 vom 28.3.2014, S. 1.
9 Es sei darauf hingewiesen, dass in der Verordnung (EG) Nr. 1370/2007 immer noch auf die Richtlinien 2004/17/EG und 2004/18/EG Bezug genommen wird, die inzwischen aufgehoben und durch die Richtlinien 2014/24/EU und 2014/25/EU ersetzt wurden. Alle diese Verweise sind als Verweise auf die neuen Richtlinien zu verstehen.
10 Artikel 10 Absatz 3 der Richtlinie 2014/23/EU.

die in Artikel 8 bis 14 der Richtlinie 2014/25/EU bezeichneten Tätigkeiten ausüben, so gelten diese Verträge als „öffentliche Dienstleistungsaufträge" gemäß Artikel 2 Absatz 1 Nummern 6 und 9 der Richtlinie 2014/24/EU.

Artikel 5 Absatz 1 Buchstabe b der Richtlinie 2014/23/EU über die Konzessionsvergabe definiert eine „Dienstleistungskonzession" als „einen entgeltlichen, schriftlich geschlossenen Vertrag, mit dem ein oder mehrere öffentliche Auftraggeber oder Auftraggeber einen oder mehrere Wirtschaftsteilnehmer mit der Erbringung und Verwaltung von Dienstleistungen betrauen, die nicht in der Erbringung von Bauleistungen nach Buchstabe a bestehen, wobei die Gegenleistung entweder allein in dem Recht zur Verwertung der vertragsgegenständlichen Dienstleistungen oder in diesem Recht zuzüglich einer Zahlung besteht".

In Artikel 5 Absatz 1 heißt es weiter: „Mit der Vergabe einer Bau- oder Dienstleistungskonzession geht auf den Konzessionsnehmer das Betriebsrisiko für die Nutzung des entsprechenden Bauwerks beziehungsweise für die Verwertung der Dienstleistungen über, wobei es sich um ein Nachfrage- und/oder ein Angebotsrisiko handeln kann. Das Betriebsrisiko gilt als vom Konzessionsnehmer getragen, wenn unter normalen Betriebsbedingungen nicht garantiert ist, dass die Investitionsaufwendungen oder die Kosten für den Betrieb des Bauwerks oder die Erbringung der Dienstleistungen, die Gegenstand der Konzession sind, wieder erwirtschaftet werden können. Der Teil des auf den Konzessionsnehmer übergegangenen Risikos umfasst es, den Unwägbarkeiten des Marktes tatsächlich ausgesetzt zu sein, sodass potenzielle geschätzte Verluste des Konzessionsnehmers nicht rein nominell oder vernachlässigbar sind".

Diese Unterscheidung zwischen öffentlichen Dienstleistungsaufträgen und Dienstleistungskonzessionen ist von Bedeutung, da gemäß Artikel 10 Absatz 3 der Richtlinie 2014/23/EU diese Richtlinie nicht für Konzessionen für öffentliche Personenverkehrsdienste im Sinne der Verordnung (EG) Nr. 1370/2007 gilt. Die Vergabe von Dienstleistungskonzessionen für diese öffentlichen Personenverkehrsdienste unterliegt deshalb ungeachtet des Verkehrsträgers ausschließlich der Verordnung (EG) Nr. 1370/2007.

Bei Dienstleistungsaufträgen spielt der Verkehrsträger allerdings eine Rolle. In Artikel 5 Absatz 1 der Verordnung (EG) Nr. 1370/2007 ist festgelegt, dass die Vergabe öffentlicher Dienstleistungsaufträge für Verkehrsdienste mit Bussen oder Straßenbahnen in den Richtlinien 2004/17/EG (aufgehoben und durch die Richtlinie 2014/25/EU ersetzt) und 2004/18/EG (aufgehoben und durch die Richtlinie 2014/24/EU ersetzt) geregelt ist, es sei denn, diese Aufträge nehmen die Form von Dienstleistungskonzessionen an. Die Vergabe öffentlicher Dienstleistungsaufträge für Bus- und Straßenbahndienste wird somit ausschließlich durch die Vergaberichtlinien (Richtlinien 2014/24/EU und 2014/25/EU) geregelt.

Die Vergabe von öffentlichen Dienstleistungsaufträgen für öffentliche Personenverkehrsdienste mit Eisenbahn und Untergrundbahnen (einschließlich solcher, die die Form von Konzessionen annehmen) ist wiederum ausschließlich durch die Verordnung (EG) Nr. 1370/2007 geregelt (und gemäß dem Erwägungsgrund 27 und Artikel 10 Buchstabe i der Richtlinie 2014/24/EU aus deren Anwendungsbereich ausgeschlossen, gemäß dem Erwägungsgrund 35 und Artikel 21 Buchstabe g der Richtlinie 2014/25/EU aus deren Anwendungsbereich ausgeschlossen sowie gemäß Artikel 10 Absatz 3 der Richtlinie 2014/23/EU aus deren Anwendungsbereich ausgeschlossen). Die Regeln für die Vergabe multimodaler Aufträge werden in Abschnitt 2.1.5 erörtert.

In Bezug auf Baukonzessionen ist in Artikel 1 Absatz 3 der Verordnung (EG) Nr. 1370/2007 festgelegt, dass diese Verordnung „nicht für öffentliche Baukonzessionen im Sinne von Artikel 1 Absatz 3 Buchstabe a der Richtlinie 2004/17/EG oder im Sinne von Artikel 1 Absatz 3 der Richtlinie 2004/18/EG“ gilt. Nach dem Inkrafttreten der Richtlinie 2014/23/EU über die Konzessionsvergabe unterliegen Baukonzessionen für öffentliche Personenverkehrsdienste mit der Eisenbahn und anderen schienengestützten Verkehrsträgern sowie auf der Straße ausschließlich dieser Richtlinie. Der Begriff „Baukonzession“ ist nun in Artikel 5 Absatz 1 Buchstabe a der Richtlinie 2014/23/EU definiert.

Tabelle: Übersicht über die für die Auftragsvergabe geltenden Rechtsgrundlagen, je nach Art der vertraglichen Vereinbarung und Beförderungsart

Verkehrsträger	Öffentliche Dienstleistungsaufträge gemäß den Richtlinien 2014/24/EU und 2014/25/EU	Dienstleistungskonzessionen gemäß der Richtlinie 2014/23/EU
Bus und Straßenbahn	Richtlinien 2014/24/EU und 2014/25/EU	Verordnung (EG) Nr. 1370/2007
Eisenbahn und Untergrundbahn	Verordnung (EG) Nr. 1370/2007	Verordnung (EG) Nr. 1370/2007

Es sollte klargestellt werden, dass alle Bestimmungen (und nicht nur die Bestimmungen über die Vergabeverfahren) der Richtlinien zur Vergabe öffentlicher Aufträge weiterhin für öffentliche Dienstleistungsaufträge für den Bus- und Straßenbahnverkehr gelten. Dies gilt beispielsweise für ihre Bestimmungen über Auftragsänderungen während der Vertragslaufzeit (siehe Abschnitt 2.5.5).

2.1.2. Artikel 1 Absatz 2. Nationale Entscheidungen zur Anwendung der Verordnung (EG) Nr. 1370/2007 auf Binnenschifffahrtswege und das Meer innerhalb der Hoheitsgewässer

Gemäß Artikel 1 Absatz 2 können die Mitgliedstaaten die Verordnung (EG) Nr. 1370/2007 auf den öffentlichen Personenverkehr auf Binnenschifffahrtswegen und, unbeschadet der Verordnung (EWG) Nr. 3577/92 des Rates vom 7. Dezember 1992 zur Anwendung des Grundsatzes des freien Dienstleistungsverkehrs auf den Seeverkehr zwischen den Mitgliedstaaten (Seekabotage)[11], auf das Meer innerhalb der Hoheitsgewässer anwenden.
Aus Gründen der Rechtssicherheit sollte die Entscheidung eines Mitgliedstaats, die Verordnung (EG) Nr. 1370/2007 auf den öffentlichen Personenverkehr auf Binnenschifffahrtswegen oder auf dem Meer innerhalb der Hoheitsgewässer anzuwenden, in transparenter Weise und durch einen verbindlichen Rechtsakt getroffen werden. Die Anwendung der Verordnung (EG) Nr. 1370/2007 auf Personenverkehrsdienstleistungen auf Binnenschifffahrtswegen oder auf dem Meer innerhalb der Hoheitsgewässer könnte insbesondere dann sinnvoll sein, wenn diese Dienste in ein weiter gefasstes Netz des öffentlichen Personenverkehrs eingebunden sind.
Da kein Beschluss zur Anwendung der Verordnung (EG) Nr. 1370/2007 auf Personenverkehrsdienste auf Binnenschifffahrtswegen vorliegt, wird die öffentliche Finanzierung dieser Dienste unmittelbar durch Artikel 93 AEUV geregelt. In ihrer Mitteilung zur Auslegung der Verordnung (EWG) Nr. 3577/92 des Rates[12] gibt die Kommission Hinweise zur Anwendung der Verordnung (EG) Nr. 1370/2007 auf Seekabotagedienste.

---

11 ABl. L 364 vom 12.12.1992, S. 7.

12 Mitteilung der Kommission zur Auslegung der Verordnung (EWG) Nr. 3577/92 des Rates zur Anwendung des Grundsatzes des freien Dienstleistungsverkehrs auf den Seeverkehr in den Mitgliedstaaten (Seekabotage) (COM(2014) 232 final vom 22.4.2014).

2.1.3. Artikel 1 Absatz 2. Anwendung der Verordnung (EG) Nr. 1370/2007 auf grenzüberschreitende öffentliche Verkehrsdienste

In Artikel 1 Absatz 2 heißt es, dass die Verordnung (EG) Nr. 1370/2007 auch für den grenzüberschreitenden Personenverkehr gilt und dass vorbehaltlich der Zustimmung der zuständigen Behörden der Mitgliedstaaten, in deren Hoheitsgebiet die Dienstleistungen erbracht werden, sich gemeinwirtschaftliche Verpflichtungen auf Dienste auf grenzüberschreitender Ebene erstrecken dürfen, einschließlich jener, die örtliche und regionale Verkehrsbedürfnisse erfüllen.
Während sich Artikel 1 Absatz 2 ausdrücklich auf örtliche und regionale Verkehrsbedürfnisse bezieht, umfasst der Begriff der grenzüberschreitenden öffentlichen Dienstleistung auch öffentliche Personenfernverkehrsdienste. Voraussetzung für die Einrichtung einer grenzüberschreitenden öffentlichen Dienstleistung ist die Zustimmung der zuständigen Behörden der Mitgliedstaaten, in deren Hoheitsgebiet die Dienstleistungen erbracht werden. Diesen zuständigen Behörden steht es weiterhin frei, zu entscheiden, ob sie den gemeinwirtschaftlichen Charakter der vorgeschlagenen öffentlichen Dienstleistung in dem ihrer Rechtshoheit unterstehenden Gebiet anerkennen. Die Vereinbarung nach Artikel 1 Absatz 2 kann verschiedene Formen annehmen. Die für die Einrichtung der grenzüberschreitenden öffentlichen Dienstleistung erforderliche Vereinbarung kann sich nicht auf eine allgemeine Bestimmung beschränken, die den Zugang zur Verkehrsinfrastruktur gewährleistet, da dieser bereits durch die Richtlinie 2012/34/EU des Europäischen Parlaments und des Rates vom 21. November 2012 zur Schaffung eines einheitlichen europäischen Eisenbahnraums[13] garantiert ist. Wenn ein grenzüberschreitender Verkehrsdienst einen Mitgliedstaat ausschließlich im Transit durchquert (d. h. ohne Fahrgäste aufzunehmen oder abzusetzen), ist die Zustimmung des Transitmitgliedstaats nicht erforderlich, da davon ausgegangen werden kann, dass in seinem Hoheitsgebiet keine Dienste erbracht werden.
Gleichwohl verfügen die zuständigen Behörden über einen großen Ermessensspielraum in Bezug auf den Inhalt der Vereinbarung. Die grenzüberschreitende Zusammenarbeit kann auf unterschiedliche Weise umgesetzt werden, etwa durch die Bildung eines Konsortiums beteiligter Behörden auf der Grundlage vertraglicher Vereinbarungen zwischen ihnen (z. B. Europäischer Verbund für territoriale Zusammenarbeit oder Europäische wirtschaftliche Interessenvereinigung).
Sofern alle zuständigen Behörden, in deren Hoheitsgebiet der grenzüberschreitende öffentliche Verkehrsdienst erbracht wird, dies vereinbaren, spricht nichts dagegen, dass nur eine oder einige der betreffenden zuständigen Behörden die gemeinwirtschaftlichen Verpflichtungen für den gesamten Verkehrsdienst festlegen oder die damit verbundene Ausgleichsleistung gewähren.
Stimmt eine zuständige Behörde der geplanten grenzüberschreitenden öffentlichen Dienstleistung nicht zu, kann diese nicht als öffentliche Dienstleistung im Hoheitsgebiet dieses Mitgliedstaats erbracht werden. In solchen Fällen verbietet die Verordnung (EG) Nr. 1370/2007 nicht die Einrichtung von Hybriddiensten, bei denen ein Teil eines grenzüberschreitenden Dienstes auf kommerzieller Basis und ein Teil als öffentliche Dienstleistung erbracht wird. Es ist jedoch Sache der Mitgliedstaaten, dafür zu sorgen, dass solche Dienste den Wettbewerb nicht verzerren und dass insbesondere keine Quersubventionierung zwischen den vergüteten und den gewerblichen Teilstrecken erfolgt. So können sie beispielsweise – unter Wahrung des Schutzes sensibler Geschäftsdaten – von den Betreibern vollständige und transparente Informationen über die Kosten und Einnahmen jeder Teilstrecke verlangen, die

---

13 ABl. L 343 vom 14.12.2012, S. 32.

belegen, dass es keine Quersubventionen zwischen der gewerblichen Teilstrecke und der vergüteten Teilstrecke gibt. Sie können auch verlangen, dass der Betreiber, der eine Ausgleichsleistung erhält, seinen Geschäftspartner auf der Grundlage eines fairen und transparenten Auswahlverfahrens und nicht auf der Grundlage langjähriger Beziehungen wählt.

2.1.4. Gemeinwirtschaftliche Verpflichtungen im Güterverkehr

Die Verordnung (EG) Nr. 1370/2007 gilt nicht für Güterverkehrsdienste. Güterverkehrsdienste können nur dann als Dienstleistungen von allgemeinem wirtschaftlichem Interesse eingestuft werden, wenn der betreffende Mitgliedstaat nachweist, dass ein echter Bedarf an solchen Dienstleistungen besteht, der vom Markt nicht oder nicht ausreichend gedeckt wird (siehe Abschnitt 2.2.3). Wenn Mitgliedstaaten Unterstützungsmaßnahmen für Schienengüterverkehrsdienste einführen wollen, die die im Altmark-Urteil[14] festgelegten Voraussetzungen nicht erfüllen und staatliche Beihilfen darstellen, müssen sie diese Maßnahmen gemäß Artikel 108 Absatz 3 AEUV der Kommission mitteilen.

2.1.5. Artikel 1 Absatz 2. Multimodale gemeinwirtschaftliche Verpflichtungen

Gemäß Artikel 1 Absatz 2 der Verordnung gilt die Verordnung für den Personenverkehr mit der Eisenbahn und andere Arten des Schienenverkehrs sowie auf der Straße. Sofern die Mitgliedstaaten dies beschließen, kann sie auch für den öffentlichen Personenverkehr auf Binnenschifffahrtswegen und das Meer innerhalb der Hoheitsgewässer gelten (siehe Abschnitt 2.1.2). Daher können die zuständigen Behörden beschließen, öffentliche Dienstleistungsaufträge mit gemeinwirtschaftlichen Verpflichtungen für einen oder mehrere von der Verordnung erfasste Verkehrsträger zu vergeben. In Bezug auf die Laufzeit multimodaler Verträge sieht Artikel 4 Absatz 3 vor, dass sie auf 15 Jahre begrenzt wird, wenn der Verkehr mit der Eisenbahn oder anderen schienengestützten Verkehrsträgern mehr als 50 % des Werts der betreffenden Verkehrsdienste ausmacht. Die Vergabe von Dienstleistungsaufträgen, die sowohl öffentliche Verkehrsdienste mit Bussen oder Straßenbahnen als auch mit Untergrundbahn oder Eisenbahn umfassen, unterliegt weiterhin sowohl den Anforderungen der Richtlinien über die Vergabe öffentlicher Aufträge (Richtlinie 2014/24/EU oder 2014/25/EU) als auch der Verordnung (EG) Nr. 1370/2007.
Nach Erwägungsgrund 17 steht es den zuständigen Behörden frei, soziale Kriterien und Qualitätskriterien für gemeinwirtschaftliche Verpflichtungen festzulegen, unter anderem für den Umweltschutz. Die zuständigen Behörden können gemeinwirtschaftliche Verpflichtungen für mehrere Verkehrsträger festlegen, um die ökologische Nachhaltigkeit des multimodalen öffentlichen Verkehrs zu fördern.

2.1.6. Artikel 1 Absatz 2. Besondere öffentliche Verkehrsträger

Um das Angebot an öffentlichen Personenverkehrsdiensten zu verbessern, insbesondere auf der „ersten/letzten Meile“ der Reise eines Fahrgasts, können die zuständigen Behörden das Angebot an streckengebundenen Linienverkehrsdiensten durch öffentliche Verkehrsdienste auf Abruf ergänzen. Bei solchen Diensten auf Ab-

---

14 Urteil vom 24. Juli 2003, Altmark Trans, C-280/00, ECLI:EU:C:2003:415 (im Folgenden „Altmark-Urteil“).

ruf, die in der Regel durch Straßenfahrzeuge erbracht werden, können Fahrgäste mittels elektronischer oder anderweitiger Kommunikationsmittel Fahrten buchen, um Fahrgäste an vom Betreiber solcher Dienste festgelegten Haltestellen oder an regulären Linienhaltestellen aufzunehmen und abzusetzen. Sind öffentliche Verkehrsdienste auf Abruf Gegenstand eines ausschließlichen Rechts und/oder einer Ausgleichsleistung für die Erfüllung gemeinwirtschaftlicher Verpflichtungen, insbesondere im Hinblick auf die obligatorische Verfügbarkeit des Dienstes, und erfüllen sie die Anforderungen von Artikel 2 Buchstabe a der Verordnung, d. h. sie sind von allgemeinem wirtschaftlichem Interesse und werden für die Allgemeinheit diskriminierungsfrei und fortlaufend erbracht, so fallen auch sie nach Auffassung der Kommission in den Anwendungsbereich von Artikel 1 Absatz 2 der Verordnung.
Einige zuständige Behörden nehmen in ihr öffentliches Verkehrsangebot Dienste auf, die mit Seilbahnen (z. B. Seilschwebebahnen, Standseilbahnen) erbracht werden. Die Kommission ist der Auffassung, dass solche Dienste in den Anwendungsbereich von Artikel 1 Absatz 2 der Verordnung fallen, sofern sie von Fahrzeugen erbracht werden, die ständig Straßen- oder Gleiskontakt haben.

2.2. Definition gemeinwirtschaftlicher Verpflichtungen und allgemeiner Vorschriften/Inhalte öffentlicher Dienstleistungsaufträge

Dieser Abschnitt enthält Auslegungshinweise zu den wichtigsten Eigenschaften allgemeiner Vorschriften und der Art und Weise, wie die zuständigen Behörden Art und Umfang gemeinwirtschaftlicher Verpflichtungen sowie ausschließlicher Rechte im Rahmen der Verordnung (EG) Nr. 1370/2007 festlegen. Darüber hinaus wird darauf eingegangen, unter welchen Bedingungen die Laufzeiten von öffentlichen Dienstleistungsaufträgen verlängert werden können und unter welchen Voraussetzungen eine Vergabe von Unteraufträgen, auch an interne Betreiber, möglich ist.

2.2.1. Artikel 2 Buchstabe i. Konstitutive Merkmale eines öffentlichen Dienstleistungsauftrags

Um den unterschiedlichen Rechtssystemen und Traditionen in den Mitgliedstaaten Rechnung zu tragen, sind öffentliche Dienstleistungsaufträge in der Verordnung (EG) Nr. 1370/2007 sehr breit definiert und schließen verschiedene Arten von rechtsverbindlichen Akten ein, die nicht immer die Form eines Vertrags nach nationalem Recht annehmen.
Gemäß Artikel 2 Buchstabe i besteht ein öffentlicher Dienstleistungsauftrag aus „einem oder mehreren rechtsverbindlichen Akten, die die Übereinkunft zwischen einer zuständigen Behörde und einem Betreiber eines öffentlichen Dienstes bekunden, diesen Betreiber eines öffentlichen Dienstes mit der Verwaltung und Erbringung von öffentlichen Personenverkehrsdiensten zu betrauen, die gemeinwirtschaftlichen Verpflichtungen unterliegen". Der Auftrag kann auch in einer Entscheidung der zuständigen Behörde bestehen, die die Form eines Gesetzes oder einer Verwaltungsregelung für den Einzelfall haben kann oder die Bedingungen enthält, unter denen die zuständige Behörde diese Dienstleistungen selbst erbringt oder einen internen Betreiber mit ihnen betraut. Eine Kombination aus einem Rechtsakt, mit dem einem Betreiber die Erbringung von Dienstleistungen übertragen wird, und einem Verwaltungsakt, in dem die detaillierte Leistungsbeschreibung und eine Methode die für die Ausgleichsberechnung enthalten sind, kann ebenfalls ein öffentlicher Dienstleistungsauftrag sein. Der Begriff „öffentlicher Dienstleistungsauftrag", wie er in der

Verordnung (EG) Nr. 1370/2007 definiert ist, umfasst auch öffentliche Dienstleistungskonzessionen.

2.2.2. Artikel 2 Buchstabe l und Artikel 3 Absätze 2 und 3. Allgemeine Vorschriften

Allgemeine Vorschriften sind in Artikel 2 Buchstabe l als Maßnahmen definiert, die „diskriminierungsfrei für alle öffentlichen Personenverkehrsdienste derselben Art in einem bestimmten geografischen Gebiet, das im Zuständigkeitsbereich einer zuständigen Behörde liegt", gelten. Allgemeine Vorschriften sind daher Maßnahmen, die in nichtdiskriminierender Weise für alle Betreiber einer oder mehrerer Arten öffentlicher Verkehrsdienste gelten. Die Maßnahme kann auf das geografische Gebiet beschränkt sein, das im Zuständigkeitsbereich einer zuständigen Behörde liegt, muss aber nicht zwangsläufig das gesamte geografische Gebiet abdecken.
Gemäß Erwägungsgrund 17 der Verordnung (EG) Nr. 1370/2007 kann eine zuständige Behörde beschließen, durch allgemeine Vorschriften Sozial- oder Qualitätsstandards festzulegen.
Die Mitgliedstaaten und/oder die zuständigen Behörden können die Organisation der öffentlichen Verkehrsdienste durch allgemeine Vorschriften wie Gesetze, Erlasse oder Regulierungsmaßnahmen festlegen. Artikel 3 Absatz 2 der Verordnung (EG) Nr. 1370/2007 betrifft nur allgemeine Vorschriften in Form von abgegoltenen Höchsttarifen für alle Fahrgäste oder bestimmte Gruppen von Fahrgästen. Für diese allgemeinen Vorschriften muss kein öffentlicher Dienstleistungsauftrag vergeben werden.
Gemäß Artikel 3 Absatz 3 können die Mitgliedstaaten allgemeine Vorschriften über die finanzielle Abgeltung von gemeinwirtschaftlichen Verpflichtungen, die dazu dienen, Höchsttarife für Schüler, Studenten, Auszubildende und Personen mit eingeschränkter Mobilität festzulegen, aus dem Anwendungsbereich der Verordnung (EG) Nr. 1370/2007 ausnehmen. Entschließt sich ein Mitgliedstaat dazu, so müssen die nationalen Behörden bewerten, ob die im Rahmen dieser allgemeinen Vorschriften gewährten Ausgleichsleistungen staatliche Beihilfen darstellen. Ist dies der Fall, müssen die Vorschriften gemäß Artikel 108 AEUV der Kommission mitgeteilt werden.
Den Mitgliedstaaten steht es frei, andere allgemeine Vorschriften zu erlassen, die gemeinwirtschaftliche Verpflichtungen umfassen. Enthalten sie eine Ausgleichsleistung, so muss nach Artikel 3 Absatz 1 der Verordnung (EG) Nr. 1370/2007 ein öffentlicher Dienstleistungsauftrag vergeben werden. Solche Aufträge sollten allen Betreibern, einschließlich neuen Marktteilnehmern, offenstehen.

2.2.3. Artikel 2 Buchstabe e und Artikel 2a. Festlegung von Art und Umfang gemeinwirtschaftlicher Verpflichtungen sowie des Anwendungsbereichs öffentlicher Dienstleistungsaufträge

– *Allgemeine Grundsätze und Definition gemeinwirtschaftlicher Verpflichtungen*

In Artikel 14 AEUV sowie im Protokoll Nr. 26 über Dienstleistungen von allgemeinem Interesse im Anhang zum AEUV sind die allgemeinen Grundsätze dargelegt, nach denen die Mitgliedstaaten Dienstleistungen von allgemeinem wirtschaftlichem Interesse festlegen und erbringen. Wie bereits erwähnt, spielen die nationalen, regionalen und lokalen Behörden gemäß dem Protokoll Nr. 26 eine entscheidende Rolle und haben weiten Ermessensspielraum in der Frage, wie Dienstleistungen von allgemeinem wirtschaftlichem Interesse in einer den Bedürfnissen der Nutzer so gut wie möglich entsprechenden Weise zur Verfügung zu stellen, in Auftrag zu geben und zu organisieren sind. Die Spezifikation einer gemeinwirtschaftlichen Verpflichtung kann von der Kommission nur im Fall eines offensichtlichen Fehlers in Frage gestellt werden[15]. Die Befugnis des Mitgliedstaats, Dienstleistungen von allgemeinem wirtschaftlichem Interesse zu definieren, ist jedoch nicht unbegrenzt und kann nicht willkürlich mit dem alleinigen Ziel ausgeübt werden, einen bestimmten Sektor der Anwendung der Wettbewerbsregeln zu entziehen[16].

Die Verordnung (EG) Nr. 1370/2007 legt den Rechtsrahmen fest, innerhalb dessen die Mitgliedstaaten Dienstleistungen von allgemeinem wirtschaftlichem Interesse im Bereich des öffentlichen Personenverkehrs auf Schiene und Straße zur Verfügung stellen, in Auftrag geben und organisieren können. In Artikel 1 der Verordnung (EG) Nr. 1370/2007 heißt es:

„Zweck dieser Verordnung ist es, festzulegen, wie die zuständigen Behörden unter Einhaltung des EU-Rechts im Bereich des öffentlichen Personenverkehrs tätig werden können, um die Erbringung von Dienstleistungen von allgemeinem Interesse zu gewährleisten, die unter anderem zahlreicher, sicherer, höherwertig oder preisgünstiger sind als diejenigen, die das freie Spiel des Marktes ermöglicht hätte."

Gemäß Artikel 2 Buchstabe e der Verordnung (EG) Nr. 1370/2007 ist eine gemeinwirtschaftliche Verpflichtung eine Anforderung im Hinblick auf die Sicherstellung von im allgemeinen Interesse liegenden öffentlichen Personenverkehrsdiensten, die der Betreiber unter Berücksichtigung seines eigenen wirtschaftlichen Interesses nicht oder nicht im gleichen Umfang oder nicht zu den gleichen Bedingungen ohne Gegenleistung übernommen hätte[17].

Gemeinwirtschaftliche Verpflichtungen legen in der Regel besondere Anforderungen an den Betreiber fest, wie beispielsweise die Häufigkeit und Qualität der Verkehrsdienste, tarifliche Verpflichtungen und die Bereitstellung der Dienste insbesondere an kleineren Zwischenhaltestationen oder wirtschaftlich eventuell nicht attraktiven Zielpunkten sowie die Bereitstellung von Diensten am frühen Morgen und am späten Abend. Weitere Anforderungen sind möglich.

Gemäß Artikel 2a der Verordnung (EG) Nr. 1370/2007 obliegt es den zuständigen Behörden, Spezifikationen der gemeinwirtschaftlichen Verpflichtungen gemäß Artikel 2 Buchstabe e festzulegen.

– *Übereinstimmung mit den Zielen der Politik der Mitgliedstaaten für den öffentlichen Verkehr*

Bei der Anwendung von Artikel 2a Absatz 1 der Verordnung (EG) Nr. 1370/2007 muss die zuständige Behörde sicherstellen, dass die Spezifikationen für öffentliche Dienstleistungen mit den politischen Zielen, die sie in den Mitgliedstaaten in den Strategiepapieren zur Politik für den öffentlichen Verkehr niedergelegt sind, im Einklang stehen. Die Mitgliedstaaten verfügen über einen großen Spielraum bei der Festlegung von Inhalt und Form solcher Dokumente und der Verfahren für die Kon-

15 Urteil vom 29. November 2018, ARFEA/Kommission, T-720/16, ECLI:EU:T:2018:853, Rn. 88; Urteil vom 24. November 2020, Viasat Broadcasting UK Ltd, C-445/19, ECLI:EU:C:2020:952, Rn. 33.

16 Urteil vom 12. Februar 2008, BUPA u. a./Kommission, T-289/03, ECLI:EU:T:2008:29, Rn. 168.

17 Dieses Vorgehen steht im Einklang mit dem allgemeinen Ansatz der Kommission im Bereich der Dienstleistungen von allgemeinem wirtschaftlichem Interesse in anderen Sektoren. Siehe insbesondere Nummer 48 der Mitteilung über die Anwendung der Beihilfevorschriften der Europäischen Union auf Ausgleichsleistungen für die Erbringung von Dienstleistungen von allgemeinem wirtschaftlichem Interesse (im Folgenden „DAWI-Mitteilung") (ABl. C 8 vom 11.1.2012, S. 4).

sultation der einschlägigen Interessengruppen. In diesen Dokumenten sollten die Ziele der Politik für den öffentlichen Verkehr festgelegt werden, z. B. die territoriale Anbindung, einschließlich grenzüberschreitender Verbindungen, und die Entwicklung eines nachhaltigen Verkehrs, und es sollten die Mittel festgelegt werden, wie diese Ziele über die verschiedenen Verkehrsträger hinweg erreicht werden können. Wie in Erwägungsgrund 10 der Verordnung (EU) 2016/2338 dargelegt, können die zu konsultierenden Interessengruppen Verkehrsunternehmen umfassen, die in dem betreffenden geografischen Gebiet tatsächlich oder potenziell präsent sind, Infrastrukturbetreiber und repräsentative Fahrgastverbände, Arbeitnehmer- sowie Umweltorganisationen.

– *Tatsächlicher Bedarf an gemeinwirtschaftlichen Verpflichtungen*

Der oben genannte Artikel 2 Buchstabe e der Verordnung (EG) Nr. 1370/2007 sollte im Einklang mit der Rechtsprechung der Unionsgerichte ausgelegt werden[18].
Aus dieser Rechtsprechung geht hervor, dass die zuständige Behörde vor der Festlegung von Spezifikationen für gemeinwirtschaftliche Verpflichtungen prüfen sollte, ob ein tatsächlicher Bedarf an den geplanten öffentlichen Verkehrsdiensten besteht. Im Einklang mit dieser Rechtsprechung sollten die zuständigen Behörden, um beurteilen zu können, ob ein solcher tatsächlicher Bedarf besteht,

1. prüfen, ob eine Nachfrage seitens der Nutzer besteht;
2. prüfen, ob diese Nachfrage von den Marktteilnehmern nicht, und sei es nur teilweise, ohne gemeinwirtschaftliche Verpflichtungen befriedigt werden kann;
3. dem Ansatz den Vorzug geben, der zur Erfüllung des so ermittelten Bedarfs die Grundfreiheiten am wenigsten einschränkt und das ordnungsgemäße Funktionieren des Binnenmarkts am wenigsten beeinträchtigt.

Nach Auffassung der Unionsgerichte kann, weist der Mitgliedstaat nicht nach, dass der Umfang der gemeinwirtschaftlichen Verpflichtung „notwendig und im Hinblick auf einen wirklichen Bedarf verhältnismäßig ist", dies einen offensichtlichen Beurteilungsfehler darstellen, den die Kommission zu berücksichtigen hat[19].

– *Ex-ante-Bewertung der Nachfrage nach öffentlichen Verkehrsdiensten*

Gemäß Artikel 1 des Protokolls Nr. 26 haben die Mitgliedstaaten weiten Ermessensspielraum in der Frage, wie öffentliche Dienstleistungen „auf eine den Bedürfnissen der Nutzer so gut wie möglich entsprechende Weise" zur Verfügung zu stellen, in Auftrag zu geben und zu organisieren sind. Öffentliche Verkehrsdienste sollten im Interesse der Nutzer organisiert werden.
Bei der Bewertung der Nachfrage nach Verkehrsdiensten können die zuständigen Behörden nicht nur die gegenwärtige und die künftige Nachfrage der Nutzer berücksichtigen, sondern auch die Nachfrage, die sich nach vernünftigem Ermessen aus politischen Zielen wie der Förderung eines nachhaltigen Verkehrs, der regionalen Konnektivität, der öffentlichen Gesundheit oder des sozialen Zusammenhalts ergeben kann. Im Hinblick auf die Ziele des europäischen Grünen Deals steht die Pflicht zur Ex-ante-Bewertung der Nachfrage beispielsweise nicht im Widerspruch zur Möglichkeit der zuständigen Behörden, das Angebot für den öffentlichen Personenverkehr auf Schiene oder Straße auszuweiten und eine Verkehrsverlagerung, insbesondere von Individualfahrzeugen, auf umweltfreundlichere Verkehrsdienste – auch auf internationaler Ebene in Zusammenarbeit mit anderen Mitgliedstaaten – herbeizuführen. Dieses Ziel kann beispielsweise in den in Artikel 2a Absatz 1 der

18 Siehe insbesondere Urteil vom 1. März 2017, Société nationale maritime Corse Méditerranée (SNCM)/Kommission, T-454/13, ECLI:EU:T:2017:134, Rn. 134 (im Folgenden „SNCM-Urteil").
19 Urteil vom 1. März 2017, Frankreich/Kommission, T-366/13, ECLI:EU:T:2017:135, Rn. 105.

Verordnung genannten Strategiepapieren zur Politik für den öffentlichen Verkehr zum Ausdruck kommen.
Die Ex-ante-Bewertung der Nachfrage nach öffentlichen Verkehrsdiensten kann durch verschiedene Methoden erfolgen, z. B. indem die Erwartungen der Nutzer an die Dienste auf Basis historischer Daten, durch repräsentative Umfragen oder öffentliche Konsultation festgestellt werden.

– *Analyse des Marktangebots*

Gemäß Artikel 1 Absatz 1 und Artikel 2 Buchstabe e der Verordnung (EG) Nr. 1370/2007 kann kein echter Bedarf an gemeinwirtschaftlichen Dienstleistungen bestehen, wenn die Nutzernachfrage von den Betreibern bereits ohne eine von der öffentlichen Hand festgelegte Verpflichtung in diesem Sinne befriedigt werden kann[20].
Die Analyse des Marktangebots ist nur erforderlich, wenn für die Art von Dienstleistungen, die Gegenstand des öffentlichen Dienstleistungsauftrags sind, durch Unionsrecht oder nationales Recht Rechte auf freien Zugang eingeführt wurden.
Bei der Bewertung des Marktangebots sollten grundsätzlich die Betreiber zu ihrem Interesse an der Bereitstellung der betreffenden Dienste im Rahmen des freien Marktzugangs konsultiert und die Ergebnisse der Konsultation beurteilt werden. Marktteilnehmer können beispielsweise zu der Art, dem Umfang und der Häufigkeit der Dienste konsultiert werden, die sie in dem betreffenden geografischen Gebiet bereits erbringen oder zu erbringen beabsichtigen, oder zu der Höhe der Tarife, die sie anwenden oder anzuwenden gedenken.
Werden kommerzielle Dienste erbracht oder erwartet oder kündigt ein Marktbetreiber an, sie innerhalb einer angemessen kurzen Frist aufzunehmen (z. B. im Schienenverkehr, wenn der Betreiber die Regulierungsstelle und den Infrastrukturbetreiber gemäß Artikel 38 Absatz 4 der Richtlinie 2012/34/EU über seine Absicht unterrichtet hat, den Dienst aufzunehmen), sollten die zuständigen Behörden diese bei der Festlegung des Umfangs der gemeinwirtschaftlichen Verpflichtungen berücksichtigen, es sei denn, es gibt sachliche Gründe, die dagegen sprechen.
Bei der Bewertung des Marktangebots kann, muss jedoch nicht das Vorhandensein vergleichbarer Verkehrsdienste, die von anderen Verkehrsträgern erbracht werden, berücksichtigt werden. Bei dieser Bewertung der Vergleichbarkeit der Verkehrsträger können die zuständigen Behörden die Besonderheiten der einzelnen Verkehrsträger berücksichtigen. Im Falle des Schienenverkehrs umfassen diese Besonderheiten Aspekte wie die Investitionslast und die Infrastrukturkosten[21]. Sie können auch den ökologischen Nutzen gegenüber anderen Verkehrsträgern umfassen.

– *Auswahl des Ansatzes der geringsten Beeinträchtigung für das Funktionieren des Binnenmarkts*

Bei der Prüfung, ob die in einem öffentlichen Dienstleistungsauftrag festgelegten gemeinwirtschaftlichen Verpflichtungen die Grundfreiheiten am wenigsten einschränken und das ordnungsgemäße Funktionieren des Binnenmarkts am wenigsten beeinträchtigen, kann die zuständige Behörde alternative Maßnahmen im Einklang mit dem Unionsrecht in Betracht ziehen. Wenn beispielsweise das Ziel darin besteht, erschwingliche Verkehrsdienste zu gewährleisten, kann die zuständige Behörde erwägen, allgemeine Regeln für Höchsttarife vorzuschreiben, anstatt einen öffentlichen Dienstleistungsauftrag an einen einzigen Betreiber zu vergeben. Diese

---

20 SNCM-Urteil, Rn. 134.

21 Urteil vom 18. Januar 2017, Andersen/Kommission, T-92/11 RENV, ECLI:EU:T:2017:14, Rn. 70. Das Gericht verweist auf die in Erwägungsgrund 25 der Verordnung (EG) Nr. 1370/2007 genannten Besonderheiten des Schienenverkehrs. In diesem Erwägungsgrund wird auf die spezifischen Fragen der Investitionslast und der Investitionskosten Bezug genommen.

Analyse ist nur erforderlich, wenn für die Art von Dienstleistungen, die Gegenstand des öffentlichen Dienstleistungsauftrags sind, durch Unionsrecht oder nationales Recht Rechte auf freien Zugang eingeführt wurden.

– *Möglichkeit der Zusammenfassung kostendeckender und nicht kostendeckender Dienste im öffentlichen Dienstleistungsauftrag*

Gemäß Artikel 2a Absatz 1 der Verordnung (EG) Nr. 1370/2007 können die zuständigen Behörden kostendeckende und nicht kostendeckende Dienste zusammenfassen. Dieser Text ist in Verbindung mit der allgemeinen Definition gemeinwirtschaftlicher Verpflichtungen in Artikel 2 Buchstabe e der Verordnung (EG) Nr. 1370/2007 zu lesen, wonach Dienste im Rahmen von gemeinwirtschaftlichen Verpflichtungen Dienste sind, die ein Betreiber unter Berücksichtigung seines eigenen wirtschaftlichen Interesses nicht oder nicht im gleichen Umfang übernommen hätte. Dementsprechend können die zuständigen Behörden nur in hinreichend begründeten Fällen kostendeckende und nicht kostendeckende Dienste zusammenfassen.

In Erwägungsgrund 8 der Verordnung (EU) 2016/2338, in dem diese Bestimmung begründet wird, heißt es: „Spezifikationen für gemeinwirtschaftliche Verpflichtungen im öffentlichen Personenverkehr sollten, soweit möglich, positive Netzwerkeffekte herbeiführen." Dementsprechend ist die Kommission der Auffassung, dass die Entscheidung, kostendeckende Dienste in den Anwendungsbereich der gemeinwirtschaftlichen Verpflichtungen aufzunehmen, auch dem Ziel Rechnung tragen sollte, ein kohärentes Verkehrssystem, insbesondere auf geografischer Ebene, zu gewährleisten und die Vorteile positiver Netzwerkeffekte zu nutzen, anstatt nur die Höhe der Ausgleichsleistungen zu begrenzen.

Bei der Bestimmung der gemeinwirtschaftlichen Verpflichtungen und der Festlegung ihres geografischen Geltungsbereichs sind die zuständigen Behörden, wie in Artikel 2a Absatz 1 der Verordnung (EG) Nr. 1370/2007 dargelegt, an den Grundsatz der Verhältnismäßigkeit im Einklang mit dem Unionsrecht gebunden. Die Zusammenfassung kostendeckender und nicht kostendeckender Dienste muss notwendig und verhältnismäßig sein.

Schlussfolgernd zu Abschnitt 2.2.3 sei gesagt, dass die zuständigen Behörden besonders darauf achten sollten, die in diesem Abschnitt festgelegten Bedingungen einzuhalten, damit sie nicht Gefahr laufen, bei der Definition des Umfangs der gemeinwirtschaftlichen Verpflichtung und der möglichen Rückforderung der Ausgleichsleistungen nach den Vorschriften über staatliche Beihilfen einen offensichtlichen Fehler zu begehen.

2.2.4. Artikel 2 Buchstabe f, Artikel 3 Absatz 1 und Artikel 4 Absatz 1. Festlegung von Art und Umfang ausschließlicher Rechte, um die Einhaltung des EU-Rechts zu gewährleisten

Gemäß Artikel 3 Absatz 1 muss – vorbehaltlich der begrenzten Ausnahmen nach Artikel 3 Absatz 2 – ein öffentlicher Dienstleistungsauftrag vergeben werden, wenn eine zuständige Behörde einem Betreiber ein ausschließliches Recht und/oder eine Ausgleichsleistung für die Erfüllung gemeinwirtschaftlicher Verpflichtungen gewährt. Ein ausschließliches Recht ist gemäß Artikel 2 Buchstabe f definiert als „ein Recht, das einen Betreiber eines öffentlichen Dienstes berechtigt, bestimmte öffentliche Personenverkehrsdienste auf einer bestimmten Strecke oder in einem bestimmten Streckennetz oder Gebiet unter Ausschluss aller anderen solchen Betreiber zu erbringen". Nach Artikel 4 Absatz 1 sind in dem öffentlichen Dienstleistungsauftrag die Bedingungen für die Ausübung des ausschließlichen Rechts, insbesondere die Art des Verkehrsdienstes, auf den er sich bezieht, der geografische Anwendungsbereich und die Geltungsdauer des ausschließlichen Rechts, anzugeben. Nach der Definition von Artikel 2 Buchstabe f beschränkt sich der Umfang der ausschließlichen Rechte auf bestimmte öffentliche Verkehrsdienste sowie auf bestimmte Strecken, Streckennetze oder Gebiete.

Die Entwicklung des Binnenmarkts und insbesondere das mit Artikel 10 der Richtlinie 2012/34/EU eingeführte Recht der Eisenbahnunternehmen auf Zugang zur Infrastruktur zur Erbringung allgemein zugänglicher Dienste auf den Inlandsmärkten der Mitgliedstaaten hat Auswirkungen auf die Auslegung des Begriffs der ausschließlichen Rechte, die als eine Form des Ausgleichs für die Erfüllung gemeinwirtschaftlicher Verpflichtungen gewährt werden.

Das Zusammenspiel zwischen ausschließlichen Rechten und Zugangsrechten wird in Artikel 6 der Durchführungsverordnung (EU) 2018/1795 der Kommission[22] zur Prüfung des wirtschaftlichen Gleichgewichts erläutert: Die Mitgliedstaaten können zwar ausschließliche Rechte gewähren, dürfen jedoch das Recht anderer Betreiber auf Zugang zur betreffenden Eisenbahninfrastruktur für die Erbringung von Schienenpersonenverkehrsdiensten nicht beschränken, es sei denn, diese Dienste würden das wirtschaftliche Gleichgewicht des öffentlichen Dienstleistungsauftrags gemäß den Artikeln 11 und 11a der Richtlinie 2012/34/EU gefährden.

Mit Ausnahme von öffentlichen Dienstleistungsaufträgen, die in den Anwendungsbereich von Artikel 11 Absatz 5 der Richtlinie 2012/34/EU fallen und bei denen der Zugang bedingungslos beschränkt werden kann, wird in allen anderen Fällen der erforderliche Schutz von öffentlichen Dienstleistungsaufträgen, mit denen ausschließliche Rechte gewährt werden, vor Mindereinnahmen durch allgemein zugängliche Dienste ausschließlich durch die Prüfung des wirtschaftlichen Gleichgewichts gemäß den Artikeln 11 und 11a der Richtlinie 2012/34/EU gewährleistet. Wie in Artikel 6 der Durchführungsverordnung (EU) 2018/1795 der Kommission zur Prüfung des wirtschaftlichen Gleichgewichts festgelegt, muss die Regulierungsstelle bei der Durchführung der Prüfung den monetären Wert solcher ausschließlicher Rechte gebührend berücksichtigen.

Die Mitgliedstaaten können durch Rechtsvorschriften oder Verwaltungspraktiken auch Rechte gewähren, die möglicherweise nicht-ausschließlich erscheinen, aber andere Unternehmen de facto an einer Marktbeteiligung hindern. So können beispielsweise Verwaltungsvereinbarungen, mit denen die Genehmigung zum Betrieb öffentlicher Verkehrsdienste erteilt wird, sofern bestimmte Kriterien wie etwa der gewünschte Umfang und die gewünschte Qualität der Dienste erfüllt werden, in der Praxis zu einer Beschränkung der Zahl der Betreiber auf dem Markt führen. Solche faktisch ausschließlichen Rechte müssen ebenfalls mit der Verordnung (EG) Nr. 1370/2007 im Einklang stehen.

2.2.5. Artikel 4 und Artikel 8. Laufzeit öffentlicher Dienstleistungsaufträge und Bedingungen, unter denen die Laufzeit eines öffentlichen Dienstleistungsauftrags um bis zu 50 % verlängert werden kann

Die Artikel 4 und 8 enthalten Bestimmungen über die maximale Laufzeit öffentlicher Dienstleistungsaufträge sowie über die Fristen für deren Vergabe und Ablauf.

Die „Laufzeit des Vertrags“ ist anhand des Beginns der Verkehrstätigkeit zu bestimmen. Diese Auslegung wird auch dadurch untermauert, dass wichtige Bestimmun-

22 Durchführungsverordnung (EU) 2018/1795 der Kommission vom 20. November 2018 zur Festlegung des Verfahrens und der Kriterien für die Durchführung der Prüfung des wirtschaftlichen Gleichgewichts gemäß Artikel 11 der Richtlinie 2012/34/EU (ABl. L 294 vom 21.11.2018, S. 5).

gen der Verordnung (EG) Nr. 1370/2007 ab diesem Zeitpunkt gelten, wie z. B. diejenigen über die Verpflichtung der zuständigen Behörden, für gemeinwirtschaftliche Verpflichtungen eine Ausgleichsleistung zu gewähren. Die Kommission geht davon aus, dass in mehreren Mitgliedstaaten die „Laufzeit des Vertrags" vertraglich anhand des Beginns der Verkehrstätigkeit festgelegt wird.
Der Ausführung eines öffentlichen Dienstleistungsauftrags kann eine „Mobilisierungsphase" vorausgehen, in der sich der Betreiber eines öffentlichen Dienstes auf die Aufnahme des Betriebs vorbereitet. Die für die Mobilisierung von Ressourcen benötigte Zeit kann je nachdem, wie sehr sich die gemeinwirtschaftlichen Verpflichtungen im Rahmen des alten und des neuen Vertrags unterscheiden, erheblich variieren. Sie reicht von einigen Wochen für Direktvergaben, die keine wesentliche Vorbereitung erfordern, bis hin zu drei oder sogar vier Jahren für öffentliche Verkehrsunternehmen, die z. B. durch die Beschaffung neuer Fahrzeuge erhebliche Investitionen tätigen müssen, um die geforderten Dienste zu erbringen.
Der Mobilisierungszeitraum zwischen dem Zeitpunkt, zu dem die vertraglichen Verpflichtungen entstehen (der in der Regel mit der Unterzeichnung des Vertrags zusammenfällt) und dem Beginn der Verkehrstätigkeit ist jedoch nicht Bestandteil der Laufzeit des Vertrags und sollte stets dem nachweislichen Bedarf des Betreibers zur Vorbereitung auf den Betrieb entsprechen und mit der bisherigen Praxis in dem betreffenden Mitgliedstaat in Einklang stehen. Der Zeitpunkt der Vergabe in Bezug auf die Aufnahme des Betriebs sollte nicht zu einer Umgehung der in Artikel 8 Absatz 2 Ziffer iii der Verordnung (EG) Nr. 1370/2007 verankerten Bestimmungen über das Auslaufen bedingungsloser Direktvergaben führen. Dies kann der Fall sein, wenn ein öffentlicher Dienstleistungsauftrag in unmittelbarer Nähe des für Direktvergaben und Veröffentlichungspflichten geltenden Stichtags 25. Dezember 2023 erneut direkt an einen etablierten Betreiber vergeben wird, obwohl der Betrieb im Rahmen des neuen Vertrags erst deutlich nach diesem Zeitpunkt beginnen soll und keine sachliche Rechtfertigung für die Dauer des Mobilisierungszeitraums vorliegt.
Vorauszahlungen auf die Ausgleichsleistungen sind während eines Mobilisierungszeitraums möglich, sofern auch die Vorschriften über staatliche Beihilfen eingehalten werden.
Gemäß Artikel 4 Absatz 4 kann die Laufzeit des öffentlichen Dienstleistungsauftrags unter Berücksichtigung der Amortisierungsdauer der Wirtschaftsgüter, falls erforderlich, um höchstens 50 % verlängert werden. Eine solche Verlängerung kann gewährt werden, wenn der Betreiber eines öffentlichen Dienstes einen wertmäßig wesentlichen Anteil der für die Erbringung der betreffenden Personenverkehrsdienste insgesamt erforderlichen Wirtschaftsgüter bereitstellt, z. B. Fahrzeuge, Wartungsanlagen oder Infrastrukturen, deren Amortisierungsdauer außergewöhnlich lang ist, und diese vorwiegend an die Personenverkehrsdienste gebunden sind, die von dem Auftrag erfasst werden.
In Erwägungsgrund 15 wird ferner erläutert, dass „die Möglichkeit, öffentliche Dienstleistungsaufträge um maximal die Hälfte ihrer ursprünglichen Laufzeit zu verlängern, ... dann vorgesehen werden [sollte], wenn der Betreiber eines öffentlichen Dienstes Investitionen in Wirtschaftsgüter tätigen muss, deren Amortisierungsdauer außergewöhnlich lang ist, und – aufgrund ihrer besonderen Merkmale und Zwänge – bei den in Artikel 349 des Vertrags genannten Gebieten in äußerster Randlage".
Da es sich um eine Ausnahme von der allgemeinen Regel über die Laufzeit öffentlicher Dienstleistungsaufträge handelt, sollte die Möglichkeit einer Verlängerung um bis zu 50 % restriktiv angewandt werden. Die zuständige Behörde muss im Einzelfall prüfen, ob eine Verlängerung erforderlich ist, um dem Betreiber die Abschreibung seiner Vermögenswerte zu einem üblichen oder gesetzlich vorgeschriebenen Abschreibungssatz zu ermöglichen, und ob die zusätzliche Laufzeit in einem ange-

messenen Verhältnis zu diesem Ziel steht. Bei dieser Bewertung berücksichtigt die zuständige Behörde nur den Anteil der vom Betreiber selbst finanzierten Vermögenswerte und nicht den aus öffentlichen Mitteln finanzierten Anteil.
In der Regel beschließt die zuständige Behörde vor der Vergabe eines neuen Auftrags, dass die Vertragslaufzeit verlängert werden soll, sodass die Laufzeit des Auftrags ab dem Zeitpunkt der Vergabe klar ist. Eine Verlängerung der Laufzeit während der Laufzeit eines Vertrags ist nur unter bestimmten Bedingungen möglich. Die geplanten Investitionen in neue Fahrzeuge müssen sachlich gerechtfertigt sein, z. B. aus technischen Gründen, die zu einem späteren Zeitpunkt aufgetreten sind. Es sollte nachgewiesen werden, dass ohne eine Verlängerung während Restlaufzeit des Vertrags keine sinnvolle Amortisierung der Investition möglich wäre. Auf die Möglichkeit und die Bedingungen einer solchen Verlängerung sollte in den Ausschreibungsunterlagen und im Vertrag klar hingewiesen werden. Darüber hinaus kann sich eine solche Verlängerung auf die Höhe der Ausgleichsleistungen auswirken, die entsprechend angepasst werden sollte.
Gemäß Artikel 8 Absatz 2 darf die Laufzeit der gemäß Artikel 5 Absatz 6 zwischen dem 3. Dezember 2019 und dem 24. Dezember 2023 vergebenen Aufträge zehn Jahre nicht überschreiten. Dies ist eine spezifische und absolute Obergrenze, die darauf abzielt, die Wirkungen des Stichtags 24. Dezember 2023 zu erhalten und zu verhindern, dass Aufträge, die gemäß Artikel 5 Absatz 6 und Artikel 7 Absatz 3 vergeben werden, für eine lange Zeit gelten. Daher kann die Laufzeit solcher Verträge nicht in Anwendung von Artikel 4 Absatz 4 verlängert werden.

2.2.6. Artikel 4 Absatz 7 und Artikel 5 Absatz 2 Buchstabe e. Bedingungen für die Vergabe von Unteraufträgen

Gemäß Artikel 4 Absatz 7 der Verordnung (EG) Nr. 1370/2007 muss in einem öffentlichen Dienstleistungsauftrag angegeben werden, ob und in welchem Umfang eine Vergabe von Unteraufträgen möglich ist. Im Falle der Vergabe von Unteraufträgen ist der Betreiber eines öffentlichen Verkehrsdienstes stets verpflichtet, „den überwiegenden Teil“ der öffentlichen Personenverkehrsdienste selbst zu erbringen.
Bei direkt an einen internen Betreiber vergebenen öffentlichen Dienstleistungsaufträgen kann auch eine Vergabe von Unteraufträgen erfolgen, allerdings unter strengeren Voraussetzungen. Der interne Betreiber muss gemäß Artikel 5 Absatz 2 Buchstabe e „den überwiegenden Teil“ der öffentlichen Personenverkehrsdienste selbst erbringen. Mit dieser Bestimmung wollte der Gesetzgeber verhindern, dass der interne Betreiber mehr als einen geringen Anteil der Verkehrsdienste an ein anderes Unternehmen weitervergeben darf, da in einem solchen Fall der Begriff des „internen Betreibers“ unter der Kontrolle der zuständigen Behörde seinen Sinn verliert.
Unbeschadet einer Einzelfallbewertung kann sinnvollerweise davon ausgegangen werden, dass es für die Untervergabe von mehr als einem Drittel der öffentlichen Verkehrsdienste guter Gründe bedarf, insbesondere hinsichtlich der Ziele von Artikel 5 Absatz 2 Buchstabe e, z. B. des Versuchs, die Schaffung falscher interner Betreiber zu verhindern. In der Regel wird der Anteil der an Unterauftragnehmer zu vergebenden Verkehrsdienste nach ihrem Wert oder nach Fahrplankilometern bemessen[23].
Bei öffentlichen Dienstleistungsaufträgen, die nach Artikel 5 Absatz 1 Satz 2 der Verordnung (EG) Nr. 1370/2007, d. h. gemäß den in den Vergaberichtlinien vorgese-

23 Für einen Fall mit Bemessung nach Fahrplankilometern siehe Urteil vom 27. Oktober 2016, Hörmann Reisen, C-292/15, ECLI:EU:C:2016:817 (im Folgenden „Urteil Hörmann Reisen“).

henen Verfahren, vergeben werden, gehen die in Artikel 4 Absatz 7 der Verordnung (EG) Nr. 1370/2007 festgelegten Vorschriften über die Vergabe von Unteraufträgen denen der Vergaberichtlinien vor[24].
In jedem Fall müssen bei einer Vergabe von Unteraufträgen die einschlägigen Rechtsvorschriften für die Vergabe öffentlicher Aufträge eingehalten werden.
Schließlich lässt die Verordnung (EG) Nr. 1370/2007 auch zu, dass in einem öffentlichen Dienstleistungsauftrag ein Mindestanteil an den nach ihrem Wert bemessenen Verkehrsdiensten festgelegt wird, den der im Rahmen eines öffentlichen Dienstleistungsauftrags tätige Betreiber an Unterauftragnehmer vergeben muss. Dies kann im Vertrag festgeschrieben sein, sofern die Bestimmungen der Verordnung und dabei vor allem der Höchstanteil eines öffentlichen Dienstleistungsauftrags, der an Unterauftragnehmer vergeben werden darf, eingehalten werden.

2.3. Artikel 4 Absatz 4a, 4b und Absatz 5 und 6. Arbeitnehmerschutz bei einem Betreiberwechsel

In Erwägungsgrund 12 der Verordnung (EU) 2016/2338 ist festgelegt, dass die Mitgliedstaaten bei der Schaffung des einheitlichen europäischen Eisenbahnraums ein angemessenes Niveau des sozialen Schutzes für das Personal der Betreiber eines öffentlichen Dienstes gewährleisten sollten. Artikel 4 Absätze 4a und 4b verweist auf die einschlägigen Vorschriften und Verpflichtungen, die für Beförderungen im öffentlichen Verkehr gelten.

Im Einklang mit Artikel 4 Absatz 5 der Verordnung (EG) Nr. 1370/2007 und wie in den Erwägungsgründen 16 und 17 erläutert, gibt es hinsichtlich des Arbeitnehmerschutzes im Falle eines Betreiberwechsels folgende Szenarien:
(i) Sind die Bedingungen für die Anwendung der Richtlinie 2001/23/EG des Rates vom 12. März 2001 zur Angleichung der Rechtsvorschriften der Mitgliedstaaten über die Wahrung von Ansprüchen der Arbeitnehmer beim Übergang von Unternehmen, Betrieben oder Unternehmens- oder Betriebsteilen[25] erfüllt, z. B. wenn Sachanlagen wie etwa Fahrzeuge in erheblichem Umfang vom scheidenden auf den neuen Betreiber übertragen werden[26], leitet sich der Schutz der Rechte der Arbeitnehmer, zu denen insbesondere die Fortgeltung der Arbeitsverträge zählt, unmittelbar aus dieser Richtlinie ab.
(ii) Liegt kein Übergang im Sinne der Richtlinie 2001/23/EG vor, so können die zuständigen Behörden dennoch beschließen, vorzuschreiben, dass die Arbeitnehmer, die zuvor zur Erbringung der Dienste eingestellt wurden, mit den Rechten übernommen werden, auf die sie bei Anwendung der Richtlinie 2001/23/EG Anspruch gehabt hätten.

---

24 Vgl. in diesem Sinne Urteil Hörmann Reisen, Rn. 34 bis 48.

25 ABl. L 82 vom 22.3.2001, S. 16.

26 Nach der Rechtsprechung der Unionsgerichte gilt die Richtlinie 2001/23/EG für den Übergang eines Unternehmens, der nach einem wettbewerblichen Vergabeverfahren für einen öffentlichen Dienstleistungsauftrag erfolgt. In Wirtschaftszweigen mit umfangreichen Sachanlagen, wie Bus- oder Schienenverkehr, gilt die Richtlinie 2001/23/EG, wenn Sachanlagen in erheblichem Umfang übertragen werden. Eine Übertragung im Sinne der Richtlinie 2001/23/EG ist nicht ausgeschlossen, wenn das Eigentum an den Sachanlagen, die zuvor von einem Veräußerer genutzt wurden und nun von einem Übernehmer genutzt werden, nicht übertragen wird, z. B. wenn die von dem neuen Auftragnehmer übernommenen Sachanlagen nicht Eigentum seines Vorgängers waren, sondern vom Auftraggeber bereitgestellt wurden; vgl. in diesem Sinne Urteil vom 20. November 2003, Abler, C-340/01, ECLI:EU:C:2003:629; vgl. auch Urteil vom 26. November 2015, ADIF, C-509/14, ECLI:EU:C:2015:781.

(iii) Die zuständigen Behörden können beschließen, vorzuschreiben, dass der Betreiber öffentlicher Verkehrsdienste „zur Gewährleistung transparenter und vergleichbarer Wettbewerbsbedingungen zwischen den Betreibern und um das Risiko des Sozialdumpings zu verhindern“ (siehe Erwägungsgrund 17 der Verordnung (EG) Nr. 1370/2007), für alle an der Bereitstellung des öffentlichen Verkehrsdienstes beteiligten Arbeitnehmer bestimmte Sozialstandards einhält. Diese Standards könnten in einer Tarifvereinbarung auf Unternehmensebene oder einer Tarifvereinbarung für das betreffende Marktsegment geregelt sein.
(iv) Die zuständigen Behörden können die Möglichkeiten aus Ziffer ii und iii kombinieren.

Artikel 4 Absatz 6 sieht vor, dass Informationen über geltende Vorschriften und Bestimmungen im Bereich des Arbeitnehmerschutzes, wie Qualitäts- und Sozialstandards, Qualitäts- und Sozialkriterien sowie Rechte und Pflichten im Zusammenhang mit der Übernahme von Personal im Falle eines Betreiberwechsels, in die Ausschreibungsunterlagen und die öffentlichen Dienstleistungsaufträge aufgenommen werden müssen. Solche Standards und Kriterien können sich beispielsweise auf die Verfügbarkeit sozialer und sanitärer Einrichtungen, die regelmäßige und kontinuierliche Schulung des Personals, Förderpläne für Frauen, ältere Arbeitnehmer und Menschen mit Behinderungen sowie auf die Einhaltung der Arbeitsplatz- und Sicherheitsvorschriften und der Regeln für die Arbeitnehmerbeteiligung beziehen.

2.4. Zugang zu wesentlichen Produktionsfaktoren und Informationen

Dieser Abschnitt enthält Auslegungshinweise zum Zugang zu Fahrzeugen sowie Informationen, die für die Vergabe öffentlicher Dienstleistungsaufträge wesentlich sind.

2.4.1. Artikel 5a. Zugang zu Eisenbahn-Rollmaterial

Der Zugang zu Eisenbahn-Rollmaterial ist für die Betreiber von entscheidender Bedeutung, damit sie Angebote im Rahmen von wettbewerblichen Verfahren zur Vergabe öffentlicher Dienstleistungsaufträge abgeben können, insbesondere wenn es sich um neue Marktteilnehmer handelt, die nicht über eine große Rollmaterial-Flotte verfügen.
Gemäß Artikel 5a müssen die zuständigen Behörden prüfen, ob Maßnahmen erforderlich sind, um einen effektiven und diskriminierungsfreien Zugang zu geeignetem Rollmaterial zu gewährleisten. Bei der Beurteilung, in welchem Umfang die Betreiber tatsächlich Zugang zu Rollmaterial haben, sollte die zuständige Behörde alle relevanten Hindernisse bewerten, z. B. die finanziellen, technischen oder rechtlichen Hindernisse, die diesem Zugang entgegenstehen könnten. Das Angebot von Leasingunternehmen, von anderen Marktteilnehmern, die Rollmaterial bereitstellen, oder von Schienenfahrzeugpools, die von den zuständigen Behörden betrieben werden, sollte berücksichtigt werden. Bei dieser Beurteilung sollte auch der Mobilisierungszeitraum berücksichtigt werden, d. h. die Zeit, die die Betreiber benötigen, um die Fahrzeuge für Beförderungen einsetzen zu können. Bei der Prüfung, ob der Zugang zu Rollmaterial diskriminierungsfrei ist, müssen die zuständigen Behörden prüfen, ob einige Betreiber zu weniger günstigen Bedingungen als Wettbewerber Zugang zu Rollmaterial haben. Schließlich sollten sie prüfen, ob das verfügbare Rollmaterial geeignet ist, d. h. ob es die in den Ausschreibungsunterlagen vorgeschriebenen Anforderungen in Bezug auf Preis, Qualität und technische Standards erfüllt.

Dieser Prüfungsbericht muss rechtzeitig im Voraus öffentlich zugänglich gemacht werden, damit alle Interessengruppen darauf reagieren können. Die Richtigkeit dieses Berichts kann auch im Rahmen einer Überprüfung nach Artikel 5 Absatz 7 angefochten werden.
Kommt der Prüfungsbericht zu dem Schluss, dass Maßnahmen erforderlich sind, um einen effektiven und diskriminierungsfreien Zugang zu geeignetem Rollmaterial zu gewährleisten, so sind die zuständigen Behörden nach Artikel 5a Absatz 2 rechtlich nicht verpflichtet, solche Maßnahmen zu ergreifen. Ergreift eine zuständige Behörde jedoch keine geeigneten Maßnahmen, so läuft sie Gefahr, dass die Vergabe des öffentlichen Dienstleistungsauftrags gemäß Artikel 5 Absatz 7 daraufhin überprüft wird, ob das Vergabeverfahren fair war und die Grundsätze der Transparenz und Nichtdiskriminierung gemäß Artikel 5 Absatz 3 beachtet wurden.
Artikel 5a Absatz 2 enthält eine Liste von Maßnahmen, die die zuständigen Behörden zur Gewährleistung eines effektiven und diskriminierungsfreien Zugangs zu Rollmaterial ergreifen können. Diese Liste ist nicht erschöpfend. Neben anderen möglichen Maßnahmen kann die zuständige Behörde in den öffentlichen Dienstleistungsvertrag auch die Verpflichtung aufnehmen, das Rollmaterial am Ende der Laufzeit des Auftrags auf den neuen Betreiber zu übertragen. Wurde solches Rollmaterial ursprünglich aus öffentlichen Mitteln erworben, sollte der Preis, zu dem es übertragen wird, die öffentlichen Mittel, die der scheidende Betreiber erhalten hat, angemessen widerspiegeln.

2.4.2. Artikel 4 Absatz 8. Zugang zu Informationen, die für die Vergabe öffentlicher Dienstleistungsaufträge wesentlich sind

Die zuständigen Behörden müssen allen interessierten Parteien die Informationen zur Verfügung stellen, die für die Erstellung von Angeboten für wettbewerbliche Vergabeverfahren erforderlich sind. Zu diesem Zweck müssen öffentliche Dienstleistungsaufträge eine Verpflichtung für den Betreiber enthalten, der zuständigen Behörde alle für die Vergabe des nächsten geplanten Auftrags erforderlichen Informationen zu übermitteln. Enthalten bestehende Aufträge keine solche Bestimmung, sollten sie entsprechend geändert werden. Die zuständige Behörde ist verpflichtet, den legitimen Schutz vertraulicher Geschäftsinformationen zu gewährleisten.
Artikel 4 Absatz 8 enthält eine Liste von Informationen, die in der Regel von den zuständigen Behörden zur Verfügung gestellt werden. Diese Liste ist nicht erschöpfend. Es obliegt der zuständigen Behörde, von Fall zu Fall zu beurteilen, welche Informationen erforderlich sind, wobei sie einschlägige Aspekte wie z. B. die Merkmale des zu vergebenden Auftrags (z. B. Nettokosten- oder Bruttokostenverträge) und den legitimen Schutz vertraulicher Geschäftsinformationen berücksichtigt. Zu den in dieser Bestimmung nicht aufgeführten Informationen, die für die Bieter jedoch als wesentlich erachtet werden können, zählen beispielsweise die Wartungsunterlagen der Fahrzeuge, die auf den neuen Betreiber eines öffentlichen Dienstes womöglich übertragen werden.

2.5. Vergabe öffentlicher Dienstleistungsaufträge

Dieser Abschnitt enthält Auslegungshinweise zu einer Reihe von Bestimmungen zur Vergabe öffentlicher Dienstleistungsaufträge. Die Erläuterungen betreffen die Bedingungen, unter denen öffentliche Dienstleistungsaufträge direkt vergeben werden können, sowie die verfahrenstechnischen Anforderungen für die wettbewerbliche Vergabe öffentlicher Aufträge.

2.5.1. Artikel 5 Absatz 2 Buchstabe b. Bedingungen, unter denen ein öffentlicher Dienstleistungsauftrag direkt an einen internen Betreiber vergeben werden darf

Nach der Verordnung (EG) Nr. 1370/2007 können die zuständigen örtlichen Behörden öffentliche Personenverkehrsdienste auf Schiene und Straße selbst erbringen oder einen öffentlichen Dienstleistungsauftrag direkt an einen internen Betreiber vergeben. Entscheiden sie sich für die zweite Option, so müssen sie jedoch eine Reihe strenger Vorschriften und Bedingungen einhalten, die in Artikel 5 Absatz 2 festgelegt sind. Die Kommission trifft folgende Feststellungen:

(i) In Artikel 5 Absatz 2 ist festgelegt, dass eine zuständige örtliche Behörde oder eine Gruppe solcher Behörden, die integrierte öffentliche Personenverkehrsdienste anbietet, einen öffentlichen Dienstleistungsauftrag direkt an interne Betreiber vergeben kann. Dies bedeutet, dass die von einer Gruppe zuständiger örtlicher Behörden direkt vergebenen öffentlichen Personenverkehrsdienste für das Zuständigkeitsgebiet einer solchen Gruppe von Behörden geografisch, verkehrstechnisch und tariflich zusammengeführt werden müssen. Der geografische Anwendungsbereich solcher unter der Verantwortung einer zuständigen örtlichen Behörde oder einer Gruppe solcher Behörden erbrachten Dienste kann nur den Bedarf eines Ballungsgebiets[27] oder ländlicher Gebiete oder von beidem decken.

(ii) Die in Artikel 2 Buchstabe j festgelegten und in Artikel 5 Absatz 2 näher erläuterten Vorschriften für die Kontrolle des internen Betreibers durch die zuständige Behörde müssen in jedem Fall eingehalten werden. Ein interner Betreiber muss „eine rechtlich getrennte Einheit [sein], über die eine zuständige örtliche Behörde – oder im Falle einer Gruppe von Behörden wenigstens eine zuständige örtliche Behörde – eine Kontrolle ausübt, die der Kontrolle über ihre eigenen Dienststellen entspricht". In Artikel 5 Absatz 2 Buchstabe a sind eine Reihe von Kriterien genannt, die bei der Bewertung, ob eine zuständige örtliche Behörde eine effektive Kontrolle über ihren internen Betreiber ausübt, heranzuziehen sind. Diese Kriterien sind „der Umfang der Vertretung in Verwaltungs-, Leitungs- oder Aufsichtsgremien, diesbezügliche Bestimmungen in der Satzung, Eigentumsrechte, tatsächlicher Einfluss und tatsächliche Kontrolle über strategische Entscheidungen und einzelne Managemententscheidungen". In die Bewertung der Kontrolle müssen alle anwendbaren Kriterien einbezogen werden.

Was das Kriterium der Eigentumsrechte betrifft, müssen die zuständigen Behörden nach der Verordnung (EG) Nr. 1370/2007 nicht 100 % des Kapitals des internen Betreibers halten. Dies könnte beispielsweise bei öffentlich-privaten Partnerschaften von Belang sein. In dieser Hinsicht ist der Begriff des internen Betreibers nach der Verordnung (EG) Nr. 1370/2007 weiter gefasst als der Begriff des internen Betreibers nach der Rechtsprechung der Unionsgerichte[28]. Allerdings muss die effektive Kontrolle durch die zuständige Behörde anhand anderer Kriterien nachgewiesen werden (siehe Artikel 5 Absatz 2 Buchstabe a).

(iii) Um Wettbewerbsverzerrungen zu verringern, schreibt Artikel 5 Absatz 2 Buchstabe b vor, dass die Beförderungstätigkeiten interner Betreiber und jeder anderen Einheit, auf die dieser Betreiber einen auch nur geringfügigen Einfluss aus-

---

27 Dies kann funktionale Stadtgebiete umfassen, die aus einer Stadt und ihrer Pendlerzone bestehen.

28 Urteil vom 13. November 2008, Coditel Brabant, C-324/07, ECLI:EU:C:2008:621, Rn. 30.

übt, auf das Zuständigkeitsgebiet der zuständigen Behörde oder der Gruppe zuständiger örtlicher Behörden beschränkt sein sollten.

Der interne Betreiber und die Einheit, auf die der interne Betreiber Einfluss ausübt, dürfen keine öffentlichen Personenverkehrsdienste betreiben, auch nicht als Unterauftragnehmer, und – innerhalb der EU sowie aufgrund möglicher indirekter Auswirkungen auf den Binnenmarkt auch weltweit – nicht an Ausschreibungen außerhalb des Zuständigkeitsgebiets der zuständigen Behörde teilnehmen.

Artikel 5 Absatz 2 Buchstabe b wurde weit gefasst, um zu verhindern, dass Unternehmensstrukturen geschaffen werden, mit denen diese geografische Beschränkung umgangen werden soll. Unbeschadet der Bestimmungen über abgehende Linien oder sonstige Teildienste, die in das Zuständigkeitsgebiet benachbarter zuständiger örtlicher Behörden führen, wie unter Ziffer v erwähnt, ist diese Bestimmung über die geografische Beschränkung strikt anzuwenden.

(iv) Die Kommission ist der Auffassung, dass die Teilnahme eines internen Betreibers an einem wettbewerblichen Vergabeverfahren zur Vergabe eines öffentlichen Verkehrsdienstleistungsauftrags die Gültigkeit der Direktvergabe eines öffentlichen Dienstleistungsauftrags an diesen Betreiber infrage stellen könnte,[29] sofern die Bedingungen des Artikels 5 Absatz 2 Buchstabe c nicht erfüllt sind.

(v) Gemäß Artikel 5 Absatz 2 Buchstabe b ist internen Betreibern der Betrieb „der abgehenden Linien oder sonstiger Teildienste, die in das Zuständigkeitsgebiet benachbarter zuständiger örtlicher Behörden führen", gestattet. Durch diese Bestimmung ist eine gewisse Flexibilität gegeben, da hierdurch Verkehrsdienste zwischen benachbarten Regionen abgedeckt werden. Interne Betreiber können somit in einem gewissen Umfang Verkehrsdienste betreiben, die über das Zuständigkeitsgebiet ihrer zuständigen örtlichen Behörde hinausgehen. Zur Feststellung, ob die Dienste im Rahmen eines öffentlichen Dienstleistungsauftrags im Einklang mit diesen Bestimmungen stehen, sollten folgende Kriterien herangezogen werden: die Frage, ob die Dienste eine Verbindung zwischen dem Zuständigkeitsgebiet der betreffenden Behörde und einem benachbarten Gebiet herstellen, und die Frage, ob es sich um Teildienste und nicht um den Hauptgegenstand der öffentlichen Verkehrsdienste im Rahmen des öffentlichen Dienstleistungsauftrags handelt. Ob die öffentlichen Verkehrsdienste nachrangig sind, bewertet die Kommission durch Gegenüberstellung der entsprechenden Kilometerleistung mit dem Gesamtvolumen des von dem Vertrag/den Verträgen des internen Betreibers abgedeckten öffentlichen Verkehrsdienstes.

(vi) Artikel 5 Absatz 2 der Verordnung (EG) Nr. 1370/2007 gilt nicht für die Direktvergabe von Verträgen über öffentliche Personenverkehrsdienste mit Bussen oder Straßenbahnen, die nicht die Form von Dienstleistungskonzessionen im Sinne von Artikel 5 Absatz 1 der Richtlinie 2014/23/EU annehmen. Die Direktvergabe solcher Aufträge an einen internen Betreiber muss im Einklang mit Artikel 12 der Richtlinie 2014/24/EU oder mit Artikel 28 der Richtlinie 2014/25/EU erfolgen[30].

---

29 Schlussanträge des Generalanwalts vom 25. Oktober 2018 in den verbundenen Rechtssachen C-350/17 und C-351/17, Mobit, ECLI:EU:C:2018:869, Rn. 104.

30 Urteil vom 21. März 2019, Rhein-Sieg-Kreis, verbundene Rechtssachen C-266/17 und C-267/17, ECLI:EU:C:2019:241.

2.5.2. Artikel 5 Absatz 3. Der Grundsatz der wettbewerblichen Vergabe öffentlicher Dienstleistungsaufträge und ihre verfahrenstechnischen Anforderungen

Werden für die Erbringung öffentlicher Personenverkehrsdienste Dritte herangezogen, die keine internen Betreiber sind, so muss die zuständige Behörde gemäß Artikel 5 Absatz 3 öffentliche Dienstleistungsaufträge im Wege eines fairen, offenen, transparenten und nichtdiskriminierenden wettbewerblichen Vergabeverfahrens vergeben.

Gemäß Artikel 5 Absatz 3 vergeben Behörden die öffentlichen Dienstleistungsaufträge „außer in den in den Absätzen 3a, 4, 4a, 4b, 5 und 6 vorgesehenen Fällen" im Wege eines wettbewerblichen Vergabeverfahrens. Diese Bestimmung legt somit eindeutig fest, dass das wettbewerbliche Vergabeverfahren nach Artikel 5 Absatz 3 die Regel darstellt, während die Absätze 3a, 4, 4a, 4b, 5 und 6 Ausnahmen von dieser Regel vorsehen. Nach der Rechtsprechung ist jede Abweichung oder Ausnahme von einer allgemeinen Regel eng auszulegen[31].

Artikel 5 Absatz 3 enthält außerdem weitere Einzelheiten zu den Bedingungen, unter denen ein wettbewerbliches Vergabeverfahren organisiert werden sollte. Wie unter Nummer 2.5.1 ausgeführt, müssen Vergabeverfahren so ausgestaltet sein, dass die Voraussetzungen für einen echten Wettbewerb bestehen. Aus den allgemeinen Grundsätzen des Vertrags wie denen der Transparenz und Nichtdiskriminierung ergibt sich beispielsweise, dass die Bewertungskriterien für die Auswahl der Angebote zusammen mit den Ausschreibungsunterlagen veröffentlicht werden müssen. Auf Wunsch können die Mitgliedstaaten auch die detaillierteren Verfahrensvorschriften im Bereich des EU-Vergaberechts anwenden, wie sie z. B. in den Richtlinien 2014/24/EU und 2014/25/EU oder in der Richtlinie 2014/23/EU über die Konzessionsvergabe niedergelegt sind.

Um Artikel 5 Absatz 3 der Verordnung (EG) Nr. 1370/2007 zu entsprechen, müssen Verfahren zur Vergabe öffentlicher Aufträge so ausgestaltet sein, dass die besten Voraussetzungen für einen echten Wettbewerb bestehen. Ein Vergabeverfahren, das Verhandlungen zwischen der zuständigen Behörde und den Bietern umfasst, kann dem Grundsatz der Nichtdiskriminierung genügen, sofern die Verhandlungen unparteiisch, fair und transparent sind. Somit würde ein reines Verhandlungsverfahren ohne vorherige Veröffentlichung gegen die Grundsätze der Transparenz und Nichtdiskriminierung nach Artikel 5 Absatz 3 verstoßen. Ebenso wenig würde ein Ausschreibungsverfahren, bei dem die Zahl der potenziellen Bieter in unzulässiger Weise beschränkt wird, den Anforderungen von Artikel 5 Absatz 3 genügen.

Gemäß Artikel 5 Absatz 3 der Verordnung (EG) Nr. 1370/2007 kann die zuständige Behörde im Falle besonderer oder komplexer Anforderungen nach einer Vorauswahl der Angebote auch mit vorausgewählten Parteien Verhandlungen führen. Dies ist beispielsweise der Fall, wenn die bietenden Betreiber technologisch innovative Verkehrslösungen erarbeiten müssen, um den in den Ausschreibungsunterlagen veröffentlichten Anforderungen gerecht zu werden. Auch bei Vorauswahl und Verhandlung müssen die Auswahl und das Vergabeverfahren alle Bedingungen von Artikel 5 Absatz 3 erfüllen.

Um potenziellen Bietern faire und gleiche Chancen einzuräumen, muss zwischen dem Ausschreibungsbeginn und der Frist zur Einreichung der Angebote sowie zwi-

---

31 Vgl. u. a. Urteil vom 18. Januar 2001, Kommission der Europäischen Gemeinschaften/Königreich Spanien, C-83/99, ECLI:EU:C:2001:31, Rn. 19; Urteil vom 7. Juli 2022, Pricoforest SRL/Inspectoratul de Stat pentru Controlul în Transportul Rutier (ISCTR), C-13/21, ECLI:EU:C:2022:531, Rn. 30.

schen dem Ausschreibungsbeginn und der vorgesehenen Aufnahme der Verkehrsdienste ein angemessener Zeitraum liegen.

2.5.3. Ausnahmen vom Grundsatz der wettbewerblichen Vergabe öffentlicher Dienstleistungsaufträge

2.5.3.1. Artikel 5 Absatz 3a. Bedingungen, unter denen die zuständigen Behörden unter außergewöhnlichen Umständen einen öffentlichen Dienstleistungsauftrag im Eisenbahnverkehr direkt vergeben können

Bei öffentlichen Dienstleistungsaufträgen im Eisenbahnverkehr können die zuständigen Behörden entscheiden, vorübergehend neue Aufträge direkt zu vergeben, wenn die Behörde der Auffassung ist, dass dies durch außergewöhnliche Umstände gerechtfertigt ist. Dies gilt insbesondere, wenn

- eine Reihe wettbewerblicher Vergabeverfahren bereits von der zuständigen Behörde oder anderen zuständigen Behörden durchgeführt werden, die die Zahl und die Qualität der Angebote beeinträchtigen könnten, welche voraussichtlich eingehen, wenn der Auftrag im Wege eines wettbewerblichen Vergabeverfahrens vergeben würde, oder
- Änderungen am Umfang eines oder mehrerer öffentlicher Dienstleistungsaufträge erforderlich sind, um die Erbringung öffentlicher Dienste zu optimieren.

Zu diesen außergewöhnlichen Umständen gehören Situationen, in denen eine zuständige Behörde die geografische Abdeckung oder den Umfang von Auftragslosen neu gestalten möchte. In Fällen, in denen eine zuständige Behörde beabsichtigt, öffentliche Verkehrsdienste im Rahmen eines einzigen Auftrags zu erbringen, obwohl sie derzeit im Rahmen von zwei bestehenden Aufträgen mit unterschiedlichem Ablaufdatum erbracht werden, kann es beispielsweise erforderlich sein, den Auftrag mit dem früheren Ablaufdatum vorübergehend direkt zu vergeben, damit beide Aufträge zum selben Zeitpunkt enden können.

Obwohl die Liste der in der Verordnung (EG) Nr. 1370/2007 vorgesehenen Situationen, die außergewöhnliche Umstände darstellen, offen ist, ist der Begriff „außergewöhnliche Umstände" restriktiv auszulegen. Aus diesem Grund soll diese Bestimmung, wie in Erwägungsgrund 21 der Verordnung (EU) 2016/2338 erwähnt, dann herangezogen werden, wenn sie es den zuständigen Behörden ermöglicht, eine möglichst kostenwirksame Erbringung der Dienstleistungen sicherzustellen. Die Laufzeit der gemäß dieser Bestimmung vergebenen Aufträge ist auf ein Maß zu beschränken, das zu dem jeweiligen außergewöhnlichen Umstand in einem angemessenen Verhältnis steht, und darf in keinem Fall fünf Jahre überschreiten. Die zuständige Behörde hat bestimmte Transparenzanforderungen zu erfüllen. Sie muss die Kommission über die Entscheidung, einen Auftrag auf dieser Grundlage zu vergeben, rasch unterrichten, wobei diese Entscheidung hinreichend zu begründen ist. Die Einzelheiten ihrer Veröffentlichung (z. B. Link zur entsprechenden Website) sind der Generaldirektion Mobilität und Verkehr der Europäischen Kommission[32] zur Prüfung und etwaigen weiteren Befassung zu übermitteln. Diese Informationspflicht macht die Vergabe nicht von der Zustimmung der Kommission abhängig. Die zuständige Behörde muss den öffentlichen Dienstleistungsauftrag außerdem veröffentlichen. Eine zuständige Behörde kann diese rechtliche Möglichkeit nicht für die Vergabe von zwei aufeinanderfolgenden öffentlichen Dienstleistungsaufträgen nutzen, die dieselben gemeinwirtschaftlichen Verpflichtungen abdecken.

32 MOVE-PSO-REGULATION@ec.europa.eu

2.5.3.2. Artikel 5 Absatz 4. Bedingungen, unter denen eine zuständige Behörde einen öffentlichen Dienstleistungsauftrag im Fall eines Auftrags mit geringem Wert oder eines kleinen oder mittleren Unternehmens direkt vergeben kann

Bei der Vergabe öffentlicher Dienstleistungsaufträge von geringem Wert (Artikel 5 Absatz 4) kann die zuständige Behörde den Auftrag ohne wettbewerbliches Vergabeverfahren direkt vergeben. Ein öffentlicher Dienstleistungsauftrag gilt dann als von geringem Wert, wenn der geschätzte Jahresdurchschnittswert weniger als 1 Mio. EUR oder die jährliche öffentliche Personenverkehrsleistung weniger als 300 000 km beträgt. Bei Aufträgen, die öffentliche Schienenpersonenverkehrsdienste umfassen, belaufen sich diese beiden Schwellenwerte auf 7,5 Mio. EUR pro Jahr bzw. 500 000 km. Im Falle von Aufträgen, die direkt an kleine oder mittlere Unternehmen („KMU") vergeben werden, die nicht mehr als 23 Straßenfahrzeuge betreiben, können die Schwellen auf einen geschätzten Jahresdurchschnittswert von weniger als 2 Mio. EUR oder auf eine jährliche öffentliche Verkehrsleistung von weniger als 600 000 km erhöht werden.

Dass konkret in Bezug auf KMU eine Schwelle für die Zahl der „Straßenfahrzeuge" angegeben wird, deutet darauf hin, dass diese Bestimmung allein für die Beförderung mit Bussen, nicht jedoch für eine Beförderung mit Straßenbahn, Untergrundbahn oder Zug gilt. Die Obergrenze von 23 Straßenfahrzeugen ist angesichts der Ausnahmeregelung in Artikel 5 Absatz 4 restriktiv auszulegen. Deshalb ist „betriebene Fahrzeuge" auszulegen als die Gesamtzahl der von dem Betreiber öffentlicher Verkehrsdienste betriebenen Fahrzeuge und nicht als Anzahl der für die Dienste im Rahmen eines bestimmten öffentlichen Dienstleistungsauftrags eingesetzten Fahrzeuge. Die Kriterien der KMU-Empfehlung[33] gelten für die Definition kleiner und mittlerer Unternehmen.

In Anwendung von Artikel 5 Absatz 4 können die Mitgliedstaaten beschließen, für alle Aufträge, einschließlich der Aufträge von geringem Wert und der an kleine und mittlere Betreiber vergebenen Aufträge, eine wettbewerbliche Vergabe vorzuschreiben. Desgleichen können sie sich dafür entscheiden, die Schwellenwerte, unterhalb deren eine Direktvergabe zulässig ist, zu senken.

2.5.3.3. Artikel 5 Absatz 4a. Bedingungen, unter denen die zuständigen Behörden einen öffentlichen Dienstleistungsauftrag im Eisenbahnverkehr im Fall bestimmter struktureller und geografischer Merkmale des Marktes und des Netzes sowie bei Leistungsverbesserungen direkt vergeben können

Nach Artikel 5 Absatz 4a kann die zuständige Behörde öffentliche Dienstleistungsaufträge für öffentliche Personenverkehrsdienste direkt vergeben, wenn zwei Bedingungen erfüllt sind. Als Ausnahme vom Grundsatz des wettbewerblichen Verfahrens für die Vergabe öffentlicher Dienstleistungsaufträge sollte diese Bestimmung restriktiv ausgelegt werden.

Die erste Bedingung ist, dass die Direktvergabe aufgrund der jeweiligen strukturellen und geografischen Merkmale des Marktes und des betreffenden Netzes, und insbesondere der Größe, Nachfragemerkmale, Netzkomplexität, technischen und geografischen Abgeschnitten- bzw. Abgeschiedenheit sowie der von dem Auftrag abgedeckten Dienste gerechtfertigt ist.

Die Liste der besonderen Merkmale ist nicht erschöpfend. Die zuständige Behörde kann daher die Notwendigkeit einer Direktvergabe auch unter Berufung auf andere

33 Empfehlung der Kommission vom 6. Mai 2003 betreffend die Definition der Kleinstunternehmen sowie der kleinen und mittleren Unternehmen (ABl. L 124 vom 20.5.2003, S. 36).

als die im Text aufgeführten Merkmale in Betracht ziehen. Kommt eine zuständige Behörde zu dem Schluss, dass die Merkmale des Marktes und des Netzes die Direktvergabe rechtfertigen, sollte sie sich auf sachliche Gründe stützen. Nach ständiger Rechtsprechung obliegt die Beweislast dafür, dass die Umstände, die die Ausnahme rechtfertigen, tatsächlich vorliegen, demjenigen, der sich auf sie berufen will. Aus diesem Grund hat die zuständige Behörde in ihrer mit Gründen versehenen Entscheidung über die Vergabe eines Auftrags nach Artikel 5 Absatz 4a hinreichend nachzuweisen, dass die in dieser Bestimmung der Verordnung (EG) Nr. 1370/2007 genannten Voraussetzungen erfüllt sind.
Unter Berücksichtigung des Grundgedankens von Artikel 5 Absatz 4a, d. h. dass in bestimmten Fällen die Ziele der Verordnung, nämlich die Bereitstellung hochwertiger und kosteneffizienter Dienste, aufgrund bestimmter Merkmale des Marktes und des Netzes nicht durch eine wettbewerbliche Vergabe erreicht werden können, ist nicht so sehr die Anzahl und die Art der vom Mitgliedstaat angeführten Merkmale entscheidend, sondern der Nachweis, dass diese Merkmale im konkreten Fall die Durchführung einer Direktvergabe anstelle einer wettbewerblichen Vergabe sachlich rechtfertigen.
Unbeschadet der Beurteilung des jeweiligen Einzelfalls sind die relevanten Merkmale nach Auffassung der Kommission folgendermaßen zu interpretieren bzw. zu bemessen: Die Marktgröße sollte in Zugkilometern, die Netzgröße in Gleiskilometern gemessen werden. Die Netzkomplexität könnte beispielsweise durch das Vorhandensein vieler intermodaler Knotenpunkte, in der Regel in örtlichen oder vorstädtischen Netzen, gekennzeichnet sein. Die technische Abgeschnittenheit könnte sich z. B. auf eine Situation beziehen, in der wichtige Netzkomponenten von EU-Normen wie den technischen Spezifikationen für die Interoperabilität abweichen. Geografische Abgeschiedenheit könnte Netze bedeuten, die keine physischen Verbindungen zu benachbarten Netzen haben, weil sie sich z. B. auf einer Insel befinden. Der Begriff „vom Auftrag abgedeckte Dienste“ könnte sich beispielsweise auf einen „strategischen Wert“ der Dienstleistungen beziehen.
Die zweite Voraussetzung, die erfüllt sein muss, um eine Direktvergabe nach Artikel 5 Absatz 4a zu rechtfertigen, besteht darin, dass der Auftrag zu einer Verbesserung der Qualität der Dienste oder der Kosteneffizienz gegenüber dem zuvor vergebenen öffentlichen Dienstleistungsauftrag führen muss. In der Verordnung (EG) Nr. 1370/2007 ist das Maß der Verbesserung nicht festgelegt, sodass die Entscheidung darüber Sache der zuständigen Behörde ist. Um jedoch einer Umgehung der Verpflichtung aus der Verordnung (EG) Nr. 1370/2007 vorzubeugen und ihre praktische Wirksamkeit zu gewährleisten, sollte die Verbesserung der Dienste signifikant sein.
Die Verordnung (EG) Nr. 1370/2007 schreibt ferner vor, dass die zuständige Behörde ihre mit Gründen versehene Entscheidung über die Durchführung der Direktvergabe veröffentlicht und die Kommission innerhalb eines Monats nach der Veröffentlichung hiervon unterrichtet. Dies soll den Marktteilnehmern und der Kommission ermöglichen, die Durchführung des Direktvergabeverfahrens und dessen Begründung zur Kenntnis zu nehmen. Die Einzelheiten ihrer Veröffentlichung (z. B. Link zur entsprechenden Website) sind der Generaldirektion Mobilität und Verkehr der Europäischen Kommission[34] zur Prüfung und etwaigen weiteren Befassung zu übermitteln. Diese Informationspflicht macht die Vergabe nicht von der Zustimmung der Kommission abhängig.
Bei den Mitgliedstaaten, bei denen am 24. Dezember 2017 das jährliche Verkehrsaufkommen im Schienenpersonenverkehr weniger als 23 Mio. Zugkilometer betrug, wird davon ausgegangen, dass nur eine zuständige Behörde auf nationaler Ebene

34 MOVE-PSO-REGULATION@ec.europa.eu

und nur ein öffentlicher Dienstleistungsauftrag, der das gesamte Schienennetz umfasst, die erste Bedingung erfüllen. Aber auch in diesen Mitgliedstaaten muss die zweite Bedingung für eine Direktvergabe noch erfüllt werden. Daher müssen auch sie eine mit Gründen versehene Entscheidung veröffentlichen und die Kommission hiervon unterrichten. Eine Liste der Mitgliedstaaten, deren Verkehrsaufkommen im Schienenpersonenverkehr am 24. Dezember 2017 weniger als 23 Mio. Zugkilometer pro Jahr betrug, ist in der Anlage zu diesen Leitlinien enthalten.
Der Auftrag muss spezifische Leistungsanforderungen zu Aspekten der Dienstequalität und der Kosteneffizienz beinhalten. Die Leistungsanforderungen müssen messbar, transparent und überprüfbar sein. Sie stützen sich ausdrücklich auf Indikatoren, die es der zuständigen Behörde ermöglichen, regelmäßige aussagekräftige Bewertungen durchzuführen. Diese Indikatoren müssen in der Lage sein, die Verbesserung bei der Qualität der Dienste und/oder der Kosteneffizienz des direkt vergebenen Auftrags gegenüber dem vorherigen klar zu verdeutlichen. Andernfalls könnte die Anforderung, dass der Vertrag Verbesserungen gegenüber dem vorherigen bewirken muss, nicht wirksam erfüllt und kontrolliert werden. Die Leistungsanforderungen sollten sich insbesondere auf folgende Aspekte erstrecken: Pünktlichkeit der Dienste, Frequenz des Zugbetriebs, Qualität des Rollmaterials und Personenbeförderungskapazität. Diese Liste ist offen, was bedeutet, dass mindestens die aufgeführten Qualitätsanforderungen in den öffentlichen Dienstleistungsauftrag aufgenommen werden müssen; die zuständigen Behörden können zusätzliche Anforderungen stellen.
Die zuständige Behörde ist verpflichtet, regelmäßig, mindestens alle fünf Jahre, die Erfüllung der vertraglichen Verbesserungsanforderungen zu bewerten. Um eine kontinuierliche und wirksame Kontrolle der Einhaltung zu gewährleisten und in der Lage zu sein, Verstöße frühzeitig aufzudecken und gegebenenfalls Maßnahmen zur Wiederherstellung der Einhaltung zu ergreifen, können häufigere Bewertungen gerechtfertigt sein. Die zuständige Behörde sollte sicherstellen, dass sie in der Lage ist, die Leistungen wirksam zu kontrollieren. Deshalb muss sie – z. B. durch vertragliche Anforderungen – dafür sorgen, dass sie von den einschlägigen Akteuren tatsächlich die Daten erhält, die es ihr ermöglichen, die Einhaltung der Anforderungen zu bewerten. Die zuständige Behörde muss die Ergebnisse ihrer regelmäßigen Bewertungen veröffentlichen.
Der Auftrag muss außerdem wirksame und abschreckende Maßnahmen beinhalten, die zu verhängen sind, wenn das Eisenbahnunternehmen die Leistungsanforderungen nicht erfüllt. Dies bedeutet, dass bei den regelmäßigen Bewertungen alle Anforderungen erfüllt sein müssen, um die Anwendung solcher wirksamer und abschreckender Maßnahmen zu vermeiden. Daher ist die zuständige Behörde nicht berechtigt, auf die Anwendung dieser Maßnahmen zu verzichten. Solche Maßnahmen können verschiedene Formen annehmen und Geldbußen umfassen.
Schließlich kann die zuständige Behörde, wenn der Betreiber die Leistungsanforderungen nicht erfüllt, den auf der Grundlage von Artikel 5 Absatz 4a direkt vergebenen Auftrag jederzeit ganz oder teilweise aussetzen oder kündigen.
Aufträge, die auf der Grundlage von Artikel 5 Absatz 4a vergeben werden, haben eine Höchstlaufzeit von zehn Jahren, bzw. von 15 Jahren, wenn sie erhebliche Investitionen gemäß Artikel 4 Absatz 4 umfassen. Diese Aufträge müssen ebenfalls veröffentlicht werden.

2.5.3.4. Artikel 5 Absatz 5. Notvergaben

Im Falle einer tatsächlichen oder unmittelbar bevorstehenden Unterbrechung von Verkehrsdiensten, unabhängig davon, ob sie im Rahmen gemeinwirtschaftlicher Verpflichtungen erbracht werden oder nicht, sind die zuständigen Behörden nach Artikel 5 Absatz 5 befugt, einen öffentlichen Dienstleistungsauftrag für einen Zeitraum von höchstens zwei Jahren direkt zu vergeben, zu verlängern oder aufzuerlegen.

Der Anwendungsbereich der Notvergabe erstreckt sich auch auf grundlegende Änderungen von Aufträgen, z. B. als Reaktion auf Krisensituationen wie Pandemien. Solche Änderungen müssen vorübergehenden Charakter haben, auf die Dauer der Krise begrenzt sein, deren Folgen die Notvergabe begegnen soll, und dürfen in keinem Fall zwei Jahre überschreiten. Wurde der ursprüngliche Auftrag nicht gekündigt, sondern ausgesetzt, und ist er nach Beendigung der Notmaßnahmen noch nicht abgelaufen, gelten die ursprünglichen Auftragsbedingungen erneut. In den geänderten Aufträgen müssen gegebenenfalls die Modalitäten für eine Rückkehr zum vorherigen Auftrag festgelegt werden.
Öffentliche Dienstleistungsaufträge in Notfällen können nicht rückwirkend angewandt werden, da der Inhalt dieser Aufträge vor ihrer Anwendung gemäß Artikel 4 festgelegt werden muss. Sollte beim Auslaufen der Notmaßnahmen am Ende des Zweijahreszeitraums die Ursache für die tatsächliche oder unmittelbar bevorstehende Unterbrechung von Verkehrsdiensten fortbestehen, kann die zuständige Behörde neue Notmaßnahmen gemäß Artikel 5 Absatz 5 ergreifen, sofern sie nachweisen kann, dass eine Vergabe des öffentlichen Dienstleistungsauftrags auf der Grundlage der anderen Bestimmungen der Verordnung (EG) Nr. 1370/2007 aufgrund der außergewöhnlichen Umstände faktisch nicht möglich war.
Gemäß Artikel 5 Absatz 1 der Verordnung (EG) Nr. 1370/2007 werden öffentliche Dienstleistungsaufträge im Sinne der Richtlinien über die Vergabe öffentlicher Aufträge (Richtlinie 2014/24/EU und Richtlinie 2014/25/EU) für öffentliche Personenverkehrsdienste mit Bussen oder Straßenbahnen im Einklang mit diesen Richtlinien vergeben, sofern diese Aufträge nicht die Form von Dienstleistungskonzessionen in deren Sinne annehmen. Artikel 5 Absatz 5 der Verordnung Nr. 1370/2007 gilt daher nicht für die Vergabe solcher Aufträge. Gleichwohl sehen die Vergaberichtlinien bestimmte dringende Vergabeverfahren vor, einschließlich der Möglichkeit eines Verhandlungsverfahrens, das unter bestimmten Umständen nicht veröffentlicht werden muss[35].
Die Verordnung (EG) Nr. 1370/2007 sieht vor, dass die Verpflichtung, bestimmte Informationen gemäß Artikel 7 Absatz 2 mindestens ein Jahr vor der Direktvergabe zu veröffentlichen, im Falle der Notvergabe eines öffentlichen Dienstleistungsauftrags nach Artikel 5 Absatz 5 nicht gilt. Die Kommission ist der Auffassung, dass diese Verpflichtung analog dazu ebenso wenig gilt, wenn öffentliche Dienstleistungsaufträge für Verkehrsdienste mit Bussen oder Straßenbahnen auf der Grundlage der in den Vergaberichtlinien vorgesehenen dringenden Vergabeverfahren vergeben werden, da sie eine solche dringende Vergabe ausschließen würde.

2.5.3.5. Artikel 5 Absatz 6. Eisenbahnverkehrsdienste, die direkt vergeben werden können

Gemäß Artikel 5 Absatz 6 können die zuständigen Behörden öffentliche Dienstleistungsaufträge im Eisenbahnverkehr „mit Ausnahme anderer schienengestützter Verkehrsträger wie Untergrund- oder Straßenbahnen“ direkt vergeben.
Vergibt eine Behörde Aufträge zur Erbringung von Dienstleistungen von allgemeinem Interesse an einen Dritten, so sind allgemeine, im Vertrag festgelegte Grundsätze wie die Grundsätze der Transparenz und Nichtdiskriminierung zu beachten[36]. Aufträge, die gemäß Artikel 5 Absatz 6 direkt vergeben werden, sind nicht von der

35 Siehe Artikel 32 und 72 der Richtlinie 2014/24/EU und Artikel 50 und 89 der Richtlinie 2014/25/EU.

36 Siehe beispielsweise Erwägungsgrund 20 der Verordnung (EG) Nr. 1370/2007: „Entscheidet eine Behörde, eine Dienstleistung von allgemeinem Interesse einem Dritten zu übertragen, so muss die Auswahl des Betreibers eines öffentlichen Dienstes unter Einhaltung des für das öffentliche Auftragswesen und Konzessionen geltenden Gemeinschaftsrechts, das sich aus den Artikeln 43 bis 49 des Vertrags ergibt, sowie der Grundsätze der Transparenz und der Gleichbehandlung erfolgen.“

Einhaltung dieser Grundsätze des Vertrags ausgenommen. Deshalb wird in der Verordnung (EG) Nr. 1370/2007, insbesondere in Artikel 7 Absätze 2 und 3 gefordert, dass die zuständigen Behörden bestimmte Informationen über direkt vergebene öffentliche Dienstleistungsaufträge im Schienenverkehr mindestens ein Jahr vor und binnen eines Jahres nach der Auftragsvergabe veröffentlichen.
Diese Ausnahme von der allgemeinen Vorschrift für wettbewerbliche Vergabeverfahren ist ebenfalls restriktiv anzuwenden. So kann Schienenersatzverkehr, beispielsweise Verkehrsdienste mit Bussen, der von dem Betreiber öffentlicher Verkehrsdienste im Falle einer Unterbrechung des Schienennetzes vertraglich gefordert sein kann, nicht als Eisenbahnverkehr gelten und fällt somit nicht unter Artikel 5 Absatz 6. Das Eisenbahnunternehmen sollte solche Schienenersatzverkehrsdienste durch Busse gemäß den einschlägigen Rechtsvorschriften für die Vergabe öffentlicher Aufträge an Unterauftragnehmer vergeben.
Ob bestimmte Arten von Schienenverkehrssystemen in städtischen Gebieten bzw. deren Umland, wie S-Bahnen (in Österreich, Deutschland, der Schweiz und Dänemark) und RER (in Frankreich) oder „anderen schienengestützten Verkehrsträgern" vergleichbare Verkehrsträger (z. B. Untergrund- oder Straßenbahndienste) wie Tram-Train und bestimmte automatische, über optische Fahrleitsysteme gesteuerte Bahnen, unter die Ausnahmeregelung für den Eisenbahnverkehr gemäß Artikel 5 Absatz 6 fallen, ist unter Anwendung geeigneter Kriterien im Einzelfall zu bewerten. Dies hängt insbesondere davon ab, ob die betreffenden Systeme normalerweise interoperabel sind und/oder ob Infrastruktur des herkömmlichen Eisenbahnnetzes mitgenutzt wird. Obwohl Tram-Train-Dienste Eisenbahninfrastruktur nutzen, sollten sie aufgrund ihrer besonderen Merkmale dennoch den „anderen schienengestützten Verkehrsträgern" zugerechnet werden.

2.5.4. Artikel 5 Absatz 7. Überprüfung der Entscheidungen über die Auftragsvergabe

Diese Bestimmung sieht vor, dass die Mitgliedstaaten die erforderlichen Maßnahmen treffen, um sicherzustellen, dass die von den zuständigen Behörden nach Artikel 5 Absätze 2 bis 6 getroffenen Maßnahmen wirksam und rasch auf Antrag einer Person überprüft werden können, die ein Interesse daran hat bzw. hatte, einen bestimmten Auftrag zu erhalten, und die angibt, durch einen Verstoß dieser Entscheidungen gegen Unionsrecht oder nationale Vorschriften zur Durchführung des Unionsrechts geschädigt zu sein oder geschädigt werden zu können („interessierte Parteien"). Solche Überprüfungsstellen können Gerichte sein.
Nach Artikel 5 Absatz 7 Unterabsatz 2 müssen diese Maßnahmen für Fälle gemäß den Absätzen 4a und 4b die Möglichkeit für die interessierten Parteien beinhalten, eine Bewertung der von der zuständigen Behörde getroffenen und mit Gründen versehenen Entscheidung durch eine von dem betreffenden Mitgliedstaat benannte unabhängige Stelle zu verlangen.
Wie in Erwägungsgrund 27 der Verordnung (EU) 2016/2338 erläutert, können die Mitgliedstaaten beschließen, dass die Bewertung im Rahmen einer gerichtlichen Überprüfung erfolgt. Diese Bewertung kann daher speziell von der für das Überprüfungsverfahren gemäß Artikel 5 Absatz 7 Unterabsatz 1 benannten unabhängigen Stelle vorgenommen werden. Nach Auffassung der Kommission sollte diese unabhängige Stelle über angemessene Kenntnisse des Marktes und Zugang zu den erforderlichen Informationen verfügen, um eine fachkundige Bewertung vornehmen zu können. Daher bieten sich die Regulierungsstellen für den Eisenbahnsektor im Sinne des Artikels 55 der Richtlinie 2012/34/EU zur Ausübung dieser Funktion an. Benennt ein Mitgliedstaat eine andere unabhängige Stelle als seine Regulierungsstelle für den Eisenbahnsektor, so sollte der Grad der Unabhängigkeit dieser Stelle ausreichen, um die rechtliche und

operative Unabhängigkeit von den Interessen der zuständigen Behörden und der Eisenbahnunternehmen zu gewährleisten, und mindestens dem Grad der Unabhängigkeit der Regulierungsstelle für den Eisenbahnsektor entsprechen.
Das Ergebnis dieser Bewertung muss im Einklang mit nationalem Recht öffentlich zugänglich gemacht werden. Die Kommission geht davon aus, dass zumindest die wesentlichen Punkte der Bewertung und deren Endergebnis, aus denen hervorgeht, ob die Begründung der Vergabeentscheidung mit den Vorschriften der Verordnung (EG) Nr. 1370/2007 vereinbar ist, veröffentlicht werden müssen.
Eine Nachprüfungsstelle, die kein Gericht ist, muss ihre Entscheidung stets schriftlich begründen. Außerdem müssen ihre Entscheidungen in einem solchen Fall der gerichtlichen Kontrolle oder der Überprüfung durch eine andere Stelle, bei der es sich um ein Gericht im Sinne von Artikel 267 AEUV handelt, unterliegen.

2.5.5. Änderung öffentlicher Dienstleistungsaufträge

Wenn ein laufender öffentlicher Dienstleistungsauftrag geändert werden muss, z. B., weil die Beförderungsleistung und die entsprechende Ausgleichsleistung aufgrund des Ausbaus einer Untergrundbahnlinie angepasst werden müssen, stellt sich die Frage, ob die zuständige Behörde ein neues Vergabeverfahren einleiten muss oder ob der Vertrag ohne Neuvergabe geändert werden kann.
Die Unionsgerichte haben dazu festgestellt, dass im Falle kleinerer, unwesentlicher Änderungen nicht zwingend eine Neuvergabe erforderlich ist, um sicherzustellen, dass die allgemeinen Grundsätze des Vertrags wie Transparenz und Nichtdiskriminierung eingehalten werden, sodass eine einfache Änderung des Auftrags ausreichen kann. Andererseits muss den Unionsgerichten zufolge zur Gewährleistung der Transparenz der Verfahren und der Gleichbehandlung der Bieter bei erheblichen Änderungen wesentlicher Bestimmungen von Verträgen über Dienstleistungskonzessionen oder Aufträgen, die in den Geltungsbereich der Richtlinien zur Vergabe öffentlicher Aufträge fallen, in bestimmten Fällen eine Neuvergabe erfolgen. Dies ist insbesondere dann der Fall, wenn sich die neuen Bestimmungen in ihrer Art wesentlich vom ursprünglichen Auftrag unterscheiden und daher die Absicht der Vertragsparteien zeigen, wesentliche Bedingungen dieses Vertrags neu auszuhandeln[37].
Den Unionsgerichten zufolge kann eine Änderung eines laufenden Vertrags als wesentlich gelten, wenn dadurch Bedingungen eingeführt werden, die, wenn sie Gegenstand des ursprünglichen Vergabeverfahrens gewesen wären, dazu geführt hätten, dass andere als die ursprünglich zugelassenen Bieter zugelassen worden wären oder dass ein anderes als das ursprünglich angenommene Angebot angenommen worden wäre[38].

---

37 Urteil vom 5. Oktober 2000, Kommission der Europäischen Gemeinschaften/Französische Republik, C-337/98, ECLI:EU:C:2000:543, Rn. 44 und 46; Urteil vom 19. Juni 2008, pressetext Nachrichtenagentur, C-454/06, ECLI:EU:C:2008:351, Rn. 34; Urteil vom 13. April 2010, Wall, C-91/08, ECLI:EU:C:2010:182, Rn. 37 und 38 (im Folgenden „Urteil Wall"); Urteil vom 14. Mai 2020, T-Systems Magyarország Zrt., C-263/19, ECLI:EU:C:2020:373, Rn. 61. Die Rechtsprechung der Unionsgerichte wurde auch bei der Festlegung der Bedingungen berücksichtigt, unter denen Änderungen eines Auftrags während des Ausführungszeitraums ein neues Vergabeverfahren nach Artikel 72 der Richtlinie 2014/24/EU und Artikel 89 der Richtlinie 2014/25/EU erfordern. Ähnliche Bestimmungen finden sich auch in Artikel 43 der Richtlinie 2014/23/EU.

38 Urteil vom 19. Juni 2008, pressetext Nachrichtenagentur, C-454/06, ECLI:EU:C:2008:351, Rn. 35 bis 37; Urteil Wall, Rn. 38; Urteil vom 7. September 2016, Finn Frogne, C-549/14, ECLI:EU:C:2016:634, Rn. 28; Urteil vom 3. Oktober 2019, Delta Antrepriză de Construcţii şi Montaj 93, C-267/18, ECLI:EU:C:2019:826, Rn. 33.

Da dies in der Verordnung (EG) Nr. 1370/2007 nicht geregelt ist, gelten die Grundsätze der genannten Rechtsprechung uneingeschränkt für Änderungen von öffentlichen Dienstleistungsaufträgen, die unter diese Verordnung fallen. Um zu ermitteln, welche Änderungen nicht wesentlich sind, ist eine Einzelfallprüfung anhand objektiver Kriterien erforderlich[39].
Diese Grundsätze gelten für Aufträge, die im Wege eines wettbewerblichen Vergabeverfahrens vergeben werden. Werden an gemäß Artikel 5 Absatz 6 vergebenen Aufträgen nach dem 24. Dezember 2023 erhebliche Änderungen wesentlicher Bestimmungen vorgenommen, sollte dies außerdem die Vergabe eines neuen Auftrags erfordern.
Darüber hinaus gelten gemäß Artikel 5 Absatz 1 der Verordnung (EG) Nr. 1370/2007 die in den Richtlinien 2014/24/EU und 2014/25/EU[40] festgelegten besonderen Vorschriften für Auftragsänderungen während der Vertragslaufzeit für Aufträge, die nach diesen Richtlinien vergeben werden.

2.6. Ausgleichsleistungen für öffentliche Dienstleistungen

Die Unionsvorschriften über die Voraussetzungen, unter denen Ausgleichsleistungen für Dienstleistungen von allgemeinem wirtschaftlichem Interesse eine Beihilfe im Sinne von Artikel 107 AEUV darstellen, gelten für den Landverkehr. Artikel 106 Absatz 2 AEUV gilt nicht, wenn Ausgleichsleistungen eine staatliche Beihilfe darstellen und für gemeinwirtschaftliche Verpflichtungen im Bereich des Landverkehrs gezahlt werden. Diese Ausgleichsleistungen fallen vielmehr unter Artikel 93 AEUV. Dementsprechend gelten die EU-Vereinbarkeitsvorschriften für Ausgleichsleistungen für Dienstleistungen von allgemeinem wirtschaftlichem Interesse[41] auf der Grundlage von Artikel 106 Absatz 2 AEUV nicht für den Landverkehr[42].

Mit den in der Verordnung (EG) Nr. 1370/2007 festgelegten Vorschriften für die Ausgleichleistung soll sichergestellt werden, dass die Betreiber unter Berücksichtigung eines angemessenen Gewinns nicht überkompensiert werden, dass die Ausgleichleistung langfristig die finanzielle Nachhaltigkeit der Erbringung öffentlicher Perso-

39 Die Unionsgerichte verwiesen im Fall des Urteils Wall darauf, dass ein Wechsel des Unterauftragnehmers, auch wenn diese Möglichkeit im Vertrag vorgesehen ist, in Ausnahmefällen eine erhebliche Änderung einer der wesentlichen Bestimmungen eines Konzessionsvertrags darstellen kann. Dies ist der Fall, wenn die Vergabe an einen bestimmten Unterauftragnehmer anstelle eines anderen hinsichtlich der besonderen Merkmale der betreffenden Dienste ein entscheidender Faktor für den Abschluss des Vertrags war. Dies ist in jedem Fall durch das vorlegende Gericht festzustellen.

40 Artikel 72 der Richtlinie 2014/24/EU und Artikel 89 der Richtlinie 2014/25/EU.

41 Insbesondere Beschluss der Kommission über die Anwendung von Artikel 106 Absatz 2 des Vertrags über die Arbeitsweise der Europäischen Union auf staatliche Beihilfen in Form von Ausgleichsleistungen zugunsten bestimmter Unternehmen, die mit der Erbringung von Dienstleistungen von allgemeinem wirtschaftlichem Interesse betraut sind (ABl. L 7 vom 11.1.2012, S. 3) und Rahmen der Europäischen Union für staatliche Beihilfen in Form von Ausgleichsleistungen für die Erbringung öffentlicher Dienstleistungen (ABl. C 8 vom 11.1.2012, S. 15).

42 Die Verordnung (EU) Nr. 360/2012 der Kommission über die Anwendung der Artikel 107 und 108 auf *De-minimis*-Beihilfen an Unternehmen, die Dienstleistungen von allgemeinem wirtschaftlichem Interesse erbringen (ABl. L 114 vom 26.4.2012, S. 8), gilt allerdings für Beihilfen an Unternehmen, die Dienstleistungen im Landverkehr erbringen, mit Ausnahme von Beihilfen, die Unternehmen des gewerblichen Straßengüterverkehrs gewährt werden (siehe Erwägungsgrund 7 und Artikel 1 Absatz 2 Buchstabe g der Verordnung (EU) Nr. 360/2012).

nenverkehrsdienste sichert[43] und dass das System die Gesamteffizienz fördert. Die Verordnung (EG) Nr. 1370/2007 enthält auch Einzelheiten zu den vorab durchgeführten und nachträglichen Kontrollen der Kommission in Bezug auf die Höhe der gewährten Ausgleichsleistungen.

Wird bei öffentlichen Personenverkehrsdiensten auf Schiene und Straße gemäß der Verordnung (EG) Nr. 1370/2007 eine Ausgleichsleistung für diese Dienste gezahlt, so gilt diese als mit dem Binnenmarkt vereinbar und ist gemäß Artikel 9 Absatz 1 dieser Verordnung von der Pflicht zur vorherigen Unterrichtung nach Artikel 108 Absatz 3 AEUV befreit.

Diese Annahme der Vereinbarkeit und Befreiung von der Pflicht zur Unterrichtung ist nur dann relevant, wenn die Ausgleichsleistung eine staatliche Beihilfe im Sinne von Artikel 107 Absatz 1 AEUV darstellt. Ausgleichleistungen für die Erbringung öffentlicher Dienstleistungen, die die von den Unionsgerichten im Altmark-Urteil[44] festgelegten Bedingungen erfüllen, stellen keine staatliche Beihilfe dar und unterliegen deshalb in keinem Fall einer Pflicht zur vorherigen Unterrichtung. Um jedoch mit dem Unionsrecht vereinbar zu sein, müssten solche Ausgleichsleistungen für die Erbringung öffentlicher Dienstleistungen weiterhin die anderen Anforderungen der Verordnung (EG) Nr. 1370/2007 erfüllen, die sich auf die Organisation von Landverkehrsdienstleistungen nach den Binnenmarktvorschriften beziehen, z. B. die Bestimmungen über die Laufzeit eines öffentlichen Dienstleistungsauftrags, den Arbeitnehmerschutz, den Zugang zu Fahrzeugen, die Vergabeverfahren oder die Vergabe von Unteraufträgen.

2.6.1. Vergabe auf Grundlage einer wettbewerblichen Ausschreibung

Artikel 4 Absatz 1 Buchstabe b der Verordnung (EG) Nr. 1370/2007 sieht vor, dass in den öffentlichen Dienstleistungsaufträgen und den allgemeinen Vorschriften zuvor in objektiver und transparenter Weise die Parameter, anhand deren gegebenenfalls die Ausgleichsleistung berechnet wird, und die Art und der Umfang der gegebenenfalls gewährten Ausschließlichkeit, wobei eine übermäßige Ausgleichsleistung zu vermeiden ist, aufzustellen sind.

Gleichwohl sind in der Verordnung (EG) Nr. 1370/2007 keine konkreten Bedingungen festgelegt, wie Ausgleichsleistungen für die Erbringung öffentlicher Dienstleistungen zu gestalten sind, wenn der entsprechende öffentliche Dienstleistungsauftrag im Wege eines wettbewerblichen Vergabeverfahrens gemäß Artikel 5 Absatz 3 der Verordnung (EG) Nr. 1370/2007 vergeben wird. Der Anhang der Verordnung (EG) Nr. 1370/2007 (im Folgenden „Anhang") gilt nicht für diese Aufträge.

Ein offenes, transparentes und diskriminierungsfreies wettbewerbliches Vergabeverfahren sollte grundsätzlich sicherstellen, dass der Preis, den die zuständige Behörde für die in der Leistungsbeschreibung bezeichnete öffentliche Dienstleistung zahlt, die „geringsten Kosten für die Allgemeinheit" mit sich bringt. Die zuständigen Behörden sollten jedoch besonders auf Anzeichen achten, die auf einen Mangel an wirksamem Wettbewerb bei der Ausschreibung hindeuten.

Es sei darauf hingewiesen, dass selbst ein wettbewerbliches Vergabeverfahren an sich nicht sicherstellt, dass es zu keiner Überkompensation kommt, d. h. dass die während der Laufzeit des Auftrags tatsächlich gezahlte Ausgleichsleistung nicht über das hinausgeht, was erforderlich ist, um die zur Erfüllung der gemeinwirtschaftlichen Verpflichtungen entstandenen Kosten ganz oder teilweise zu decken,

43 Artikel 2a Absatz 2.

44 Siehe Altmark-Urteil und insbesondere Abschnitt 3 der DAWI-Mitteilung.

wobei die dabei erzielten Einnahmen und ein angemessener Gewinn im Sinne von Artikel 4 Absatz 1 Buchstabe b der Verordnung (EG) Nr. 1370/2007 zu berücksichtigen sind.

2.6.2. Ausgleichsleistungen für direkt vergebene Aufträge

Wird ein öffentlicher Dienstleistungsauftrag gemäß Artikel 5 Absatz 2, 3a, 4, 4a, 4b, 5 oder 6 direkt vergeben oder erlässt eine zuständige Behörde allgemeine Vorschriften im Sinne von Artikel 3 Absatz 2, so ist die Höhe der Ausgleichsleistung nicht das Ergebnis miteinander konkurrierender Marktkräfte, sondern direkter Verhandlungen oder einer direkten Festlegung seitens der zuständigen Behörde. Zur Vermeidung einer Überkompensation ist in solchen Situationen gemäß Artikel 4 und Artikel 6 Absatz 1 die im Anhang beschriebene Methode zur Berechnung des Ausgleichshöchstbetrags anzuwenden.
Werden die Bestimmungen des Anhangs eingehalten (zusätzlich zu allen anderen einschlägigen Bestimmungen der Verordnung (EG) Nr. 1370/2007), gilt eine solche Ausgleichsleistung als mit dem Binnenmarkt vereinbar und fällt damit unter die Gruppenfreistellung nach Artikel 9 Absatz 1 der Verordnung (EG) Nr. 1370/2007.

2.6.3. Überkompensation

Der zwischen dem Betreiber eines öffentlichen Dienstes und der zuständigen Behörde vereinbarte Auftrag kann verschiedene Formen annehmen, insbesondere in Bezug auf Vereinbarungen über die Risikoteilung und die Obergrenze für den angemessenen Gewinn, den der Betreiber behalten darf.
In der Regel müssen die zuständigen Behörden regelmäßig nachträgliche Kontrollen durchführen, um eine etwaige Überkompensation aufzudecken, und in den öffentlichen Dienstleistungsaufträgen Rückforderungsmechanismen vorsehen, die die Einziehung etwaiger übermäßiger Ausgleichsleistungen ermöglichen.
Dieser Grundsatz gilt für wettbewerblich vergebene und direkt vergebene Aufträge, da das in Artikel 4 Absatz 1 festgelegte Verbot der Überkompensation für alle Aufträge gilt.
Die Kommission empfiehlt, solche Überkompensationskontrollen anhand der Kosten und Einnahmen sowie der normalerweise im Vertrag festgelegten Obergrenze für den Gewinn durchzuführen. Bei der für die Überkompensationskontrollen verwendeten Methode sollten auch Netzeffekte berücksichtigt werden, sofern diese quantifizierbar sind.
Im Falle der wettbewerblichen Konzessionsvergabe wird davon ausgegangen, dass der erfolgreiche Bieter etwaige Effizienzsteigerungen, die er während der Laufzeit des Auftrags zu erzielen erwartet, bereits im Angebot berücksichtigt hat. Daher ist die Kommission der Auffassung, dass die Anforderung einer nachträglichen Überkompensationskontrolle für solche Aufträge angepasst werden kann, um deren Besonderheiten Rechnung zu tragen.
In jedem Fall steht es den zuständigen Behörden frei, die Häufigkeit und den Umfang von Überkompensationskontrollen je nach Laufzeit und Komplexität des Auftrags zu bestimmen.

2.6.4. Der Begriff des „angemessenen Gewinns"

Gemäß Artikel 4 Absatz 1 Buchstabe c können die im Rahmen eines öffentlichen Dienstleistungsauftrags zu berücksichtigenden Kosten „einen angemessenen Ge-

winn", d. h. eine angemessene Kapitalrendite einschließen. Diese Bestimmung gilt unabhängig davon, ob die Aufträge direkt oder wettbewerblich vergeben werden.
Es existieren keine präzisen Vorgaben, wie ein angemessener Gewinn im Sinne der Verordnung für wettbewerblich vergebene oder aber direkt vergebene Aufträge zu definieren ist.
Im Einklang mit den allgemeinen Grundsätzen für staatliche Beihilfen wird im Anhang der Begriff „angemessener Gewinn" definiert als „eine in dem betreffenden Sektor in einem bestimmten Mitgliedstaat übliche angemessene Kapitalrendite ..., wobei das aufgrund des Eingreifens der Behörde vom Betreiber eines öffentlichen Dienstes eingegangene Risiko oder für ihn entfallende Risiko zu berücksichtigen ist". Der Anhang enthält keine weiteren Hinweise dazu, wie diese Gewinnspanne ermittelt werden kann, und gilt in jedem Fall nur für direkt vergebene Aufträge.
Nützliche Hinweise zur Bezifferung der Höhe eines angemessenen Gewinns lassen sich allerdings der DAWI-Mitteilung entnehmen.
In der DAWI-Mitteilung wird erklärt: „Besteht für eine bestimmte Dienstleistung eine allgemein akzeptierte marktübliche Vergütung, so stellt diese den besten Anhaltspunkt für die Höhe der Ausgleichsleistung dar, wenn es keine öffentliche Ausschreibung gibt."[45] Ein Beispiel dafür sind Marktverträge im selben Wirtschaftszweig, mit ähnlichen Merkmalen und im selben Mitgliedstaat.
In diesem Fall kann die Höhe des angemessenen Gewinns durch einen Vergleich der Gewinnmarge ermittelt werden, die ein typisches gut geführtes, im selben Sektor tätiges Unternehmen benötigt, um die betreffende Dienstleistung erbringen zu können[46]. Es gibt jedoch nicht immer marktspezifische Anhaltspunkte,[47] und falls doch, müssen sie möglicherweise angepasst werden, wenn ihre Merkmale nicht mit der in Rede stehenden Transaktion vergleichbar sind[48].
Zur Ermittlung der Kapitalrendite eines öffentlichen Dienstleistungsauftrags wird standardmäßig der interne Ertragssatz (IRR) herangezogen, den das Unternehmen während der Projektlaufzeit aus seinem investierten Kapital erzielt, d. h. der IRR aus den Cashflows des Auftrags. Daneben können zur Ermittlung der Kapitalrendite jedoch auch Buchführungsmethoden wie die Eigenkapitalrendite (ROE), die Rendite des eingesetzten Kapitals (ROCE) oder andere allgemein anerkannte Wirtschaftsindikatoren herangezogen werden.
Dabei gilt es zu berücksichtigen, dass Indikatoren womöglich von den Buchführungsmethoden der Betreiber beeinflusst werden und lediglich deren Situation in einem bestimmten Jahr darstellen. In einem solchen Fall sollte darauf geachtet werden, Indikatoren zu verwenden, die die langfristigen wirtschaftlichen Gegebenheiten im Zusammenhang mit der Ausführung des öffentlichen Dienstleistungsauftrags widerspiegeln. Sofern möglich, sollte die Höhe des angemessenen Gewinns für die

---

45 Nummer 69 der DAWI-Mitteilung.

46 In der DAWI-Mitteilung wird näher erläutert, was unter einem „durchschnittlichen, gut geführten Unternehmen, das so angemessen mit Sachmitteln ausgestattet ist, das es den gestellten Anforderungen für die Erbringung öffentlicher Dienstleistungen genügen kann", zu verstehen ist. Siehe insbesondere die Nummern 70 bis 76.

47 Es bestehen nach wie vor große Unterschiede zwischen den nationalen Schienenverkehrsmärkten (wie aus dem von der Kommission im Januar 2021 veröffentlichten 7. Bericht über die Überwachung der Entwicklung des Schienenverkehrsmarkts hervorgeht) sowie erhebliche staatliche Eingriffe, die die Preise auf diesem Markt verzerren. Siehe https://ec.europa.eu/transport/modes/rail/market/ market_monitoring_en.

48 Dies bedeutet, dass es nicht immer möglich ist, die durchschnittliche Gewinnspanne in der Branche als Anhaltspunkt heranzuziehen. Die Besonderheiten des Auftrags und insbesondere das mit dem Auftrag verbundene Risiko können im konkreten Fall eine Anpassung der Gewinnspanne erforderlich machen, um sicherzustellen, dass sie nach wie vor angemessen ist.

gesamte Laufzeit des Auftrags ermittelt werden. Es sollten die unterschiedlichen Wirtschaftsmodelle für den Eisenbahn-, Straßenbahn-, Untergrundbahn- und Busverkehr berücksichtigt werden. So ist beispielsweise der Eisenbahnverkehr sehr kapitalintensiv, während beim Busverkehr in der Regel das Personal der Hauptkostenfaktor ist.
Die Höhe des angemessenen Gewinns muss von der zuständigen Behörde im Wege einer Einzelfallbewertung ermittelt werden, die im Wesentlichen darin bestehen sollte, die Gewinnspanne des Auftrags mit vergleichbaren Aufträgen auf dem Markt zu vergleichen. Dabei gilt es die marktübliche Rendite bei vergleichbaren Dienstleistungen und die Höhe des mit dem Auftrag verbundenen Risikos zu berücksichtigen. So ist beispielsweise ein öffentlicher Dienstleistungsauftrag, bei dem die Ausgleichsleistung angepasst werden kann, um unvorhergesehenen Kosten Rechnung zu tragen, weniger riskant als ein Auftrag, bei dem die Ausgleichsleistung feststeht. Unter sonst gleichen Bedingungen sollte der angemessene Gewinn für den weniger risikobehafteten Auftrag niedriger sein. Im Auftrag sollte ausdrücklich angegeben werden, ob und unter welchen Umständen die Ausgleichsleistung angepasst werden kann, um relevanten externen Entwicklungen Rechnung zu tragen, da eine Erhöhung der Ausgleichsleistung, die von den vorherigen Auftragsbedingungen abweicht, in der Regel als nicht mit der Verordnung (EG) Nr. 1370/2007 vereinbar angesehen wird.
Der Ausgleichsmechanismus sollte generell eine wirtschaftliche Geschäftsführung fördern[49]. Ausgleichsregelungen, die die tatsächlich entstandenen Kosten systematisch decken, animieren den Betreiber eines Verkehrsdienstes nicht, im Laufe der Zeit kosteneffizienter zu werden. Solche Mechanismen sind nur dann akzeptabel, wenn große Unsicherheit bezüglich der Kosten herrscht und es gilt, den Betreiber eines Verkehrsdienstes in einem hohen Maß vor dieser Unsicherheit zu schützen.

2.6.5. Artikel 4 Absätze 1 und 2 und Anhang. Verhinderung der Quersubventionierung kommerzieller Tätigkeiten

Führt der Erbringer einer öffentlichen Dienstleistung auch kommerzielle Tätigkeiten aus, sollte sichergestellt werden, dass er die staatliche Ausgleichsleistung nicht dazu verwendet, seine Wettbewerbsposition in anderen Märkten, in denen er kommerziell tätig ist, zu stärken. Zu diesem Zweck schreibt der Anhang eine getrennte Rechnungslegung für die öffentliche Dienstleistung und für kommerzielle Tätigkeiten sowie eine belastbare Methode für die Kostenzuordnung vor, durch die die tatsächlichen Kosten für die Erbringung der öffentlichen Dienstleistung ausgewiesen werden.
Gemäß Artikel 4 Absätze 1 und 2 in Verbindung mit dem Anhang müssen Kosten und Einnahmen des Betreibers der jeweiligen Tätigkeitsart, d. h. der öffentlichen Dienstleistung (nach einzelnem Auftrag) und den kommerziellen Tätigkeiten, korrekt zugeordnet werden (siehe Abschnitt 2.5.2).
Würden zum Beispiel die Kosten für Dienste, die an Bahnhöfen für die gemeinwirtschaftliche Dienstleistung und für kommerzielle Tätigkeiten erbracht werden, allein der öffentlichen Dienstleistung zugerechnet, handelte es sich um eine Quersubvention, die mit der Verordnung (EG) Nr. 1370/2007 unvereinbar wäre. Spezifische Verpflichtungen zur getrennten Rechnungsführung von Eisenbahnunternehmen sind auch in der Richtlinie 2012/34/EG verankert[50].
Jeder öffentliche Dienstleistungsauftrag sollte besondere Vorschriften für die Ausgleichsleistung enthalten und getrennt verbucht werden. Wenn ein Unternehmen

49 Insbesondere Nummer 7 des Anhangs der Verordnung (EG) Nr. 1370/2007.
50 Artikel 6 über die Trennung der Rechnungsführung von Eisenbahnunternehmen und Betreibern der Eisenbahninfrastruktur.

mehrere öffentliche Dienstleistungsaufträge ausführt, so sollte seine Buchführung ermöglichen, die Ausgleichsleistungen, die es in den verschiedenen öffentlichen Dienstleistungsaufträgen für die Erfüllung gemeinwirtschaftlicher Verpflichtungen erhalten hat, getrennt von den Einnahmen aus der kommerziellen Tätigkeit zu ermitteln. Auf schriftliche Anforderung der Kommission müssen diese Buchführungsunterlagen gemäß Artikel 6 Absatz 2 der Verordnung (EG) Nr. 1370/2007 vorgelegt werden.

2.6.6. Artikel 4 Absatz 1. Effizienzanreize

In Erwägungsgrund 27 der Verordnung (EG) Nr. 1370/2007 wird ausgeführt, dass die Parameter für die Ausgleichsleistung bei Direktvergabe oder allgemeinen Vorschriften so festzusetzen sind, dass die Ausgleichsleistung angemessen ist und „der angestrebten Effizienz und Qualität der Dienste" Rechnung trägt. Nach Punkt 7 des Anhangs sollte das Verfahren zur Gewährung der Ausgleichsleistung „einen Anreiz geben zur Aufrechterhaltung oder Entwicklung einer wirtschaftlichen Geschäftsführung des Betreibers eines öffentlichen Dienstes, die objektiv nachprüfbar ist".
Dies bedeutet, dass Anreize für eine wirtschaftlich effiziente Erbringung der Dienstleistung in den Ausgleichsmechanismus integriert werden sollten. Die Effizienz sollte sich im Laufe der Zeit verbessern, und Verbesserungen sollten objektiv messbar sein.
Unter Effizienz ist das Verhältnis zwischen der Qualität (oder dem Niveau) der öffentlichen Dienstleistungen und den eingesetzten Ressourcen zu verstehen. Anreize können deshalb sowohl auf eine Kostensenkung als auch auf eine Steigerung der Qualität bzw. des Niveaus der Dienstleistungen ausgerichtet sein. Kostensenkungen, die zulasten der Qualität bzw. des Niveaus der Dienstleistung erzielt werden, gelten jedoch nicht als Effizienzsteigerungen.
Effizienzanreize sollten realistisch, verhältnismäßig und im Auftrag genau definiert sein. Effizienzsteigerungen sollten zwischen dem Betreiber, den Behörden und gegebenenfalls den Nutzern angemessen verteilt werden. Dem Betreiber sollte es nicht gestattet sein, unverhältnismäßig hohe Gewinne daraus zu erzielen. Alle Mechanismen, die Anreize für Effizienzverbesserungen schaffen sollen, müssen auf objektiven und messbaren Daten und Kriterien beruhen, die im Betrauungsakt festzulegen und einer transparenten Ex-post-Prüfung durch die zuständige Behörde zu unterziehen sind.

2.6.7. Artikel 6 Absatz 1. Kontrolle der Einhaltung der Verordnung (EG) Nr. 1370/2007

Die zuständigen Behörden sind verpflichtet, während der gesamten Laufzeit des öffentlichen Dienstleistungsauftrags, insbesondere wenn er direkt vergeben wurde, regelmäßige Kontrollen durchzuführen, um nicht nur die Einhaltung seiner Bestimmungen zu überprüfen, sondern auch eine etwaige Überkompensation frühzeitig zu erkennen (und zurückzufordern). Dies ist insbesondere bei langfristigen Verträgen wichtig.

2.6.8. Artikel 1 Absatz 1 und Artikel 6 Absatz 1. Verpflichtung, den Betreibern eine „angemessene" Ausgleichsleistung für gemeinwirtschaftliche Verpflichtungen zu gewähren

Gemäß Nummer 7 des Anhangs der Verordnung gilt: „Das Verfahren zur Gewährung der Ausgleichsleistung muss einen Anreiz geben zur Aufrechterhaltung oder Ent-

wicklung ... der Erbringung von Personenverkehrsdiensten ausreichend hoher Qualität.“ Dieser Grundsatz ist auch in Artikel 2a Absatz 2 Buchstabe b verankert, in dem es heißt, dass die Ausgleichsleistung für finanzielle Nettoauswirkungen gemeinwirtschaftlicher Verpflichtungen die finanzielle Nachhaltigkeit der Erbringung öffentlicher Personenverkehrsdienste langfristig sichern muss.
Dies bedeutet, dass die von den zuständigen Behörden bereitgestellte Ausgleichsleistung es den Betreibern ermöglichen sollte, hochwertige Dienstleistungen auf finanziell tragfähiger Basis zu erbringen. Eine Unterfinanzierung würde zu einer Verschlechterung der Dienstleistungsqualität führen. Darüber hinaus würde bei wettbewerblich vergebenen Aufträgen eine zu geringe Ausgleichsleistung potenzielle Bieter von der Teilnahme an Ausschreibungen abhalten.

2.7. Artikel 7 Absätze 2, 3 und 4. Veröffentlichung und Transparenz

Dieser Abschnitt enthält Auslegungshinweise zu den Pflichten der zuständigen Behörden, bei der Vergabe öffentlicher Dienstleistungsaufträge vor und nach dem Vergabeverfahren Transparenz zu gewährleisten.

Gemäß Artikel 7 Absatz 2 müssen die zuständigen Behörden spätestens ein Jahr vor der Veröffentlichung einer Ausschreibung oder der Direktvergabe eines öffentlichen Dienstleistungsauftrags bestimmte Informationen zu dem geplanten Auftrag im Amtsblatt der Europäischen Union veröffentlichen. Die Verpflichtung zur Veröffentlichung dieser Informationen besteht auch dann, wenn die öffentlichen Dienstleistungsaufträge nach Artikel 5 Absatz 1 Satz 2 der Verordnung (EG) Nr. 1370/2007 gemäß dem in den Vergaberichtlinien vorgesehenen Verfahren vergeben werden, auch wenn diese Richtlinien eine solche Veröffentlichung nicht vorsehen[51].

Das Ziel von Artikel 7 Absatz 2 besteht zum einen darin, den Wirtschaftsteilnehmern die Möglichkeit zu geben, auf die Absichten der zuständigen Behörde zu reagieren, insbesondere auf die Art der von ihr beabsichtigten Vergabe (Ausschreibung oder Direktvergabe), und zum anderen den Wirtschaftsteilnehmern Zeit zu geben, sich besser auf eine Ausschreibung vorzubereiten. Infolgedessen kann die Nichtveröffentlichung der gemäß Artikel 7 Absatz 2 erforderlichen Informationen zur Annullierung der Ausschreibung führen, wenn Betreiber durch das Fehlen von Vorabinformationen gegenüber dem Betreiber, der den Auftrag derzeit ausführt und somit über alle seine Merkmale genau informiert ist, erheblich benachteiligt wurden[52]. Ein solches Versäumnis führt auch dazu, dass die Mitgliedstaaten nicht mehr von der Notifizierungspflicht nach Artikel 108 Absatz 3 AEUV freigestellt sind[53].

In Artikel 7 Absatz 3 heißt es, dass die zuständigen Behörden innerhalb eines Jahres nach der Direktvergabe eines öffentlichen Dienstleistungsauftrags im Eisenbahnverkehr bestimmte Informationen über den vergebenen Auftrag veröffentlichen müssen.

Die Kommissionsdienststellen haben Vordrucke und Verfahren erarbeitet, mit denen die Behörden diesen Veröffentlichungspflichten nachkommen können. Im Hinblick auf die Veröffentlichung der Informationen im Amtsblatt der Europäischen Union

---

51 Urteil vom 20. September 2018, Stefan Rudigier, C-518/17, ECLI:EU:C:2018:757 (im Folgenden „Rudigier-Urteil“).

52 Wie im Rudigier-Urteil ausgeführt.

53 Vgl. in diesem Sinne Urteil vom 12. Oktober 1978, Kommission und Belgien, C-156/77, Rn. 10; Urteil des Gerichtshofs vom 21. Juli 2016, Dilly‘s Wellnesshotel GmbH, C-493/14, ECLI:EU:C:2016:577, Rn. 38.

sollten die zuständigen Behörden für das Erstellen und Einreichen zu veröffentlichender Bekanntmachungen auf „Tenders Electronic Daily“ (TED) das spezifische Tool „eNotices“[54] verwenden.

Gemäß Artikel 7 Absatz 4 muss eine zuständige Behörde einer interessierten Partei auf entsprechenden Antrag ihre Gründe für die Entscheidung über die Direktvergabe eines öffentlichen Dienstleistungsauftrags übermitteln. Eine zuständige Behörde muss mindestens ein Jahr im Voraus ihre Absicht kundtun, einen Vertrag direkt zu vergeben, da diese Information im Amtsblatt der Europäischen Union veröffentlicht werden muss (Artikel 7 Absatz 2, insbesondere Buchstabe b). Somit können interessierte Parteien lange Zeit vor der Auftragsvergabe Fragen stellen, da der Auftrag frühestens ein Jahr später erfolgen darf. Um einen wirksamen Rechtsschutz zu gewährleisten, sollten die gemäß Artikel 7 Absatz 4 angefragten Informationen ohne ungebührliche Verzögerung zur Verfügung gestellt werden.

Nach Artikel 7 Absätze 2 und 4 der Verordnung (EG) Nr. 1370/2007 ist eine zuständige Behörde weder verpflichtet, alle erforderlichen Informationen zu veröffentlichen oder den möglicherweise interessierten Wirtschaftsteilnehmern zu übermitteln, damit sie ein Angebot erstellen können, das hinreichend detailliert ist und Gegenstand einer vergleichenden Bewertung sein kann, noch eine solche vergleichende Bewertung aller nach der Veröffentlichung dieser Informationen möglicherweise eingegangenen Angebote vorzunehmen[55].

2.8. Übergangsregelungen

Dieser Abschnitt enthält Auslegungshinweise zu einigen Aspekten der Übergangsregelungen für Aufträge, die vor Inkrafttreten der Verordnung (EG) Nr. 1370/2007 vergeben wurden, sowie für Aufträge, die während der in Artikel 8 definierten Übergangszeiträume vergeben wurden.

2.8.1. Artikel 8 Absatz 3 Buchstaben b und c. Höchstlaufzeit von 30 Jahren

In Artikel 8 Absatz 3 Buchstaben b und c heißt es, dass öffentliche Dienstleistungsaufträge, die „vor dem 26. Juli 2000 nach einem anderen Verfahren als einem fairen wettbewerblichen Vergabeverfahren“ oder „ab dem 26. Juli 2000 und vor dem 3. Dezember 2009 nach einem fairen wettbewerblichen Vergabeverfahren“ vergeben wurden, „für ihre vorgesehene Laufzeit gültig bleiben [können], jedoch nicht länger als 30 Jahre“.
Obwohl in dieser Bestimmung nicht ausdrücklich festgelegt ist, ab welchem Zeitpunkt die Höchstlaufzeit von 30 Jahren zu berechnen ist, haben die Unionsgerichte entschieden, dass dieser Zeitraum ab dem Zeitpunkt des Inkrafttretens der Verordnung (EG) Nr. 1370/2007 beginnt[56]. Da die Verordnung am 3. Dezember 2009 in Kraft getreten ist, können daher alle öffentlichen Dienstleistungsaufträge, die unter die Bestimmungen des Artikels 8 Absatz 3 Buchstaben b und c fallen, bis spätestens 3. Dezember 2039 gültig bleiben.

54 Dieses Tool ist in allen EU-Sprachen unter der Adresse https://enotices.ted.europa.eu abrufbar.

55 Urteil vom 24. Oktober 2019, Autorità Garante della Concorrenza e del Mercato, C-515/18, ECLI:EU:C:2019:893.

56 Urteil vom 19. März 2020, Compañía de Tranvías de La Coruña, C-45/19, ECLI:EU:C:2020:224.

2.8.2. Artikel 8 Absatz 3 Buchstabe d. Bedeutung von „sofern ihre Laufzeit begrenzt und mit den Laufzeiten gemäß Artikel 4 vergleichbar ist“

Nach Artikel 8 Absatz 3 Buchstabe d können öffentliche Dienstleistungsaufträge, die „ab dem 26. Juli 2000 und vor dem Sonntag, 24. Dezember 2017 nach einem anderen Verfahren als einem fairen wettbewerblichen Vergabeverfahren [vergeben wurden], ... für ihre vorgesehene Laufzeit gültig bleiben ..., sofern ihre Laufzeit begrenzt und mit den Laufzeiten gemäß Artikel 4 vergleichbar ist“.
Nach Auffassung der Kommission sollte „mit den Laufzeiten gemäß Artikel 4 vergleichbar“ restriktiv ausgelegt werden, um sicherzustellen, dass sich die Mitgliedstaaten ab dem Zeitpunkt ihres Inkrafttretens am 3. Dezember 2009 bemühen, die Ziele der Verordnung (EG) Nr. 1370/2007 zu erreichen. Deshalb ist die Kommission der Ansicht, dass die Laufzeit öffentlicher Dienstleistungsaufträge sinnvollerweise möglichst den in Artikel 4 angegebenen Laufzeiten entsprechen sollte.

Anhang

Mitgliedstaaten mit einem jährlichen Verkehrsaufkommen im Schienenpersonenverkehr von weniger als 23 Mio. Zugkilometern im Dezember 2017

Bulgarien
Estland
Griechenland
Kroatien
Irland
Litauen
Luxemburg
Lettland
Slowenien

Europäische Kommission Mitteilung der Kommission über die Auslegungsleitlinien zu der Verordnung (EG) Nr. 1370/2007 über öffentliche Personenverkehrsdienste auf Schiene und Straße (2014/C 92/01)

1. Einleitung

Die Verordnung (EG) Nr. 1370/2007 des Europäischen Parlaments und des Rates über öffentliche Personenverkehrsdienste auf Schiene und Straße und zur Aufhebung der Verordnungen (EWG) Nr. 1191/69 und (EWG) Nr. 1107/70 des Rates[1] wurde am 23. Oktober 2007 erlassen. Mit dieser Verordnung, die am 3. Dezember 2009 in Kraft trat, soll ein Binnenmarkt für die Erbringung öffentlicher Personenverkehrsdienste geschaffen werden. Dies geschieht durch die Ergänzung der allgemeinen Vorschriften für die Vergabe öffentlicher Aufträge. Darüber hinaus wird in der Verordnung festgelegt, unter welchen Bedingungen Ausgleichszahlungen, die in Verträgen und Konzessionen für öffentliche Personenverkehrsdienste festgelegt sind, als mit dem Binnenmarkt vereinbar gelten und von der vorherigen Anmeldung staatlicher Beihilfen bei der Kommission ausgenommen sind.

Die Verordnung (EG) Nr. 1370/2007 ist von großer Bedeutung für die Organisation und Finanzierung öffentlicher Verkehrsdienste mit Bus, Straßenbahn, Untergrundbahn und Eisenbahn in den Mitgliedstaaten. Eine kohärente und korrekte Anwendung der Bestimmungen ist wirtschaftlich und politisch von Bedeutung, da die Wertschöpfung und die Beschäftigung im öffentlichen Verkehrswesen jeweils etwa 1 % des BIP beziehungsweise der Gesamtbeschäftigung der Europäischen Union ausmachen. Ein leistungsfähiges öffentliches Verkehrswesen bildet einen Eckpfeiler einer effizienten Sozial-, Wirtschafts- und Umweltpolitik.

Sowohl in einer von einem externen Berater durchgeführten Ex-post-Bewertung der Umsetzung der Verordnung (EG) Nr. 1370/2007[2] als auch von Vertretern europäischer Verbände sowie der Mitgliedstaaten, die sich auf einer EU-weiten, am 14. November 2011 von der Kommission veranstalteten Konferenz der Interessenträger zum Thema der Umsetzung der Verordnung[3] äußerten, wurde die Kommission aufgefordert, einige Bestimmungen der Verordnung näher zu erläutern. Unterschiedliche Auslegungen von Bestimmungen zur Festlegung von gemeinwirtschaftlichen Verpflichtungen, dem Anwendungsbereich von öffentlichen Dienstleistungsaufträgen, der Vergabe solcher Verträge und den Ausgleichsleistungen für gemeinwirtschaftliche Verpflichtungen können der Schaffung eines Binnenmarkts für öffentliche Verkehrsdienste im Wege stehen und zu unerwünschten Marktverzerrungen führen.

---

1 ABl. L 315 vom 3.12.2007, S. 1.

2 DLA Piper, Study on the implementation of Regulation (EC) No 1370/2007 on public passenger transport services by rail and by road, 31. Oktober 2010, veröffentlicht auf http://ec.europa.eu/transport/modes/rail/studies/rail_en.htm (in englischer Sprache).

3 Unterlagen zu der Konferenz sind unter http://ec.europa.eu/transport/modes/rail/events/2011-11-14-workshop_en.htm veröffentlicht (in englischer Sprache).

Vor Verabschiedung dieser Mitteilung konsultierte die Kommission Mitgliedstaaten und Interessenträger als Vertreter betroffener Parteien, wie europäische Vereinigungen im öffentlichen Verkehrswesen, einschließlich Beschäftigter im Verkehrswesen und Fahrgastvereinigungen.

In vorliegender Mitteilung erläutert die Kommission ihr Verständnis einiger Bestimmungen der Verordnung, die auf bewährten Verfahren beruhen, um die Mitgliedstaaten darin zu unterstützen, den größtmöglichen Nutzen aus dem Binnenmarkt zu ziehen. Diese Mitteilung erhebt weder den Anspruch, alle Bestimmungen erschöpfend abzudecken, noch werden hierdurch neue Rechtsvorschriften geschaffen. Die Auslegung des EU-Rechts bleibt in jedem Fall Sache des Gerichtshofs der Europäischen Union.

Am 30. Januar 2013 hat die Kommission im Vorgriff auf die Öffnung des Marktes für inländische Schienenpersonenverkehrsdienste einen Vorschlag zur Änderung der Verordnung (EG) Nr. 1370/2007 verabschiedet[4]. Einige der Bestimmungen der Verordnung, deren Änderung die Kommission vorgeschlagen hat, wie die Bestimmungen zur Vergabe öffentlicher Dienstleistungen im Schienenverkehr, werden in vorliegender Mitteilung ausgelegt. Die in vorliegendem Dokument enthaltenen Erläuterungen zu diesen Bestimmungen sollten solange als gültig betrachtet werden, bis eine Änderung der Verordnung (EG) Nr. 1370/2007 in Kraft tritt.

2. Auslegung der Verordnung (EG) Nr. 1370/2007 durch die Kommission

2.1. Anwendungsbereich der Verordnung (EG) Nr. 1370/2007

Dieser Abschnitt zum Anwendungsbereich der Verordnung (EG) Nr. 1370/2007 enthält Auslegungshinweise bezüglich des Zusammenhangs zwischen dieser Verordnung und den folgenden Richtlinien: Richtlinie 2014/24/EU des Europäischen Parlaments und des Rates über die öffentliche Auftragsvergabe und zur Aufhebung der Verordnung 2004/18/EG[5] (nachstehend „Richtlinie 2014/24/EU"), Richtlinie 2014/25/EU über die Vergabe von Aufträgen durch Auftraggeber im Bereich der Wasser-, Energie- und Verkehrsversorgung sowie der Postdienste und zur Aufhebung der Richtlinie 2004/17/EG[6] (nachstehend „Richtlinie 2014/25/EU") und Richtlinie 2014/23/EU über die Konzessionsvergabe[7] (nachstehend „Richtlinie 2014/23/EU"). In diesem Abschnitt werden zudem die Modalitäten für die Anwendung der Verordnung auf Binnenschifffahrtswege und Meere innerhalb der Hoheitsgewässer erläutert und die Anwendbarkeit auf Güterbeförderungsverträge bis 2. Dezember 2012 geklärt.

2.1.1. Artikel 1 Absatz 3 und Artikel 5 Absatz 1 Zusammenhang zwischen der Verordnung (EG) Nr. 1370/2007 und den Richtlinien zur Vergabe öffentlicher Aufträge und Konzessionen

Mit der Verordnung (EG) Nr. 1370/2007 wird die Vergabe von in Artikel 2 Buchstabe i der Verordnung definierten öffentlichen Dienstleistungsaufträgen im Bereich des öffentlichen Personenverkehrs auf Schiene und Straße geregelt. Diese öffentlichen

---

4 Vorschlag für eine Verordnung des europäischen Parlaments und des Rates zur Änderung der Verordnung (EG) Nr. 1370/2007 hinsichtlich der Öffnung des Marktes für inländische Schienenpersonenverkehrsdienste, COM(2013) 028 final.

5 ABl. L 94 vom 28.3.2014, S. 65.

6 ABl. L 94 vom 28.3.2014, S. 243.

7 ABl. L 94 vom 28.3.2014, S. 1.

Dienstleistungsaufträge können jedoch auch in den Anwendungsbereich der Richtlinien über die Vergabe öffentlicher Aufträge (Richtlinie 2014/24/EU und Richtlinie 2014/25/EU) fallen. Da die in der Verordnung (EG) Nr. 1370/2007 genannten Richtlinien (Richtlinie 2004/17/EG und Richtlinie 2004/18/EG) aufgehoben und durch die vorstehend genannten Richtlinien ersetzt wurden, sind die Verweise in der Verordnung (EG) Nr. 1370/2007 als Verweise auf die neuen Richtlinien zu verstehen.
In Artikel 1 Absatz 3 ist festgelegt, dass die Verordnung (EG) Nr. 1370/2007 nicht für öffentliche Baukonzessionen im Sinne von Artikel 1 Absatz 3 Buchstabe a der Richtlinie 2004/17/EG oder im Sinne von Artikel 1 Absatz 3 der Richtlinie 2004/18/EG gilt. Nach Inkrafttreten der Richtlinie 2014/23/EU über die Konzessionsvergabe gilt die Begriffsbestimmung für „Baukonzessionen" gemäß Artikel 5 Absatz 1 Buchstabe a der genannten Richtlinie. Deshalb fallen Baukonzessionen für öffentliche Personenverkehrsdienste mit der Eisenbahn und anderen schienengebundenen Verkehrsträgern sowie auf der Straße ausschließlich unter die Richtlinie 2014/23/EU.
Bezüglich des Zusammenhangs zwischen der Verordnung (EG) Nr. 1370/2007 und den Richtlinien über die Vergabe öffentlicher Aufträge sowie der Richtlinie 2014/23/EU ist zwischen Dienstleistungsaufträgen und Dienstleistungskonzessionen zu unterscheiden.
In Artikel 2 Nummern 1, 2 und 5 der Richtlinie 2014/25/EU werden „Dienstleistungsaufträge" als zwischen einem oder mehreren Auftraggebern und einem oder mehreren Wirtschaftsteilnehmern geschlossene entgeltliche schriftliche Verträge über die Erbringung von Dienstleistungen definiert. Sind öffentliche Auftraggeber im Sinne von Artikel 2 Absatz 1 Nummer 1 der Richtlinie 2014/24/EU beteiligt, so gelten diese Verträge als „öffentliche Dienstleistungsaufträge" gemäß Artikel 2 Absatz 1 Nummern 6 und 9 der Richtlinie 2014/24/EU. Artikel 5 Absatz 1 Buchstabe b der Richtlinie 2014/23/EU über die Konzessionsvergabe definiert eine „Dienstleistungskonzession" als „einen entgeltlichen, schriftlich geschlossenen Vertrag, mit dem ein oder mehrere öffentliche Auftraggeber oder Auftraggeber einen oder mehrere Wirtschaftsteilnehmer mit der Erbringung und Verwaltung von Dienstleistungen betrauen, die nicht in der Erbringung von Bauleistungen nach Buchstabe a bestehen, wobei die Gegenleistung entweder allein in dem Recht zur Verwertung der vertragsgegenständlichen Dienstleistungen oder in diesem Recht zuzüglich einer Zahlung besteht". In Artikel 5 Absatz 1 heißt es weiter: „Mit der Vergabe einer Bau- oder Dienstleistungskonzession geht auf den Konzessionsnehmer das Betriebsrisiko für die Nutzung des entsprechenden Bauwerks beziehungsweise für die Verwertung der Dienstleistungen über, wobei es sich um ein Nachfrage- und/oder ein Angebotsrisiko handeln kann. Das Betriebsrisiko gilt als vom Konzessionsnehmer getragen, wenn unter normalen Betriebsbedingungen nicht garantiert ist, dass die Investitionsaufwendungen oder die Kosten für den Betrieb des Bauwerks oder die Erbringung der Dienstleistungen, die Gegenstand der Konzession sind, wieder erwirtschaftet werden können. Der Teil des auf den Konzessionsnehmer übergegangenen Risikos umfasst es, den Unwägbarkeiten des Marktes tatsächlich ausgesetzt zu sein, so dass potenzielle geschätzte Verluste des Konzessionsnehmers nicht rein nominell oder vernachlässigbar sind".
Diese Unterscheidung zwischen (öffentlichen) Dienstleistungsaufträgen und Dienstleistungskonzessionen ist von Bedeutung, da gemäß Artikel 10 Absatz 3 der Richtlinie 2014/23/EU diese Richtlinie nicht für Konzessionen für öffentliche Personenverkehrsdienste im Sinne der Verordnung (EG) Nr. 1370/2007 gilt. Die Vergabe von Dienstleistungskonzessionen für diese öffentlichen Personenverkehrsdienste unterliegt ausschließlich der Verordnung (EG) Nr. 1370/2007.

In Artikel 5 Absatz 1 der Verordnung (EG) Nr. 1370/2007 ist festgelegt, dass die Vergabe (öffentlicher) Dienstleistungsaufträge für Verkehrsdienste mit Bussen oder Straßenbahnen in den Richtlinien 2004/17/EG[8] und 2004/18/EG[9] geregelt ist, es sei denn, diese Aufträge nehmen die Form von Dienstleistungskonzessionen an. Die Vergabe von (öffentlichen) Dienstleistungskonzessionen für öffentliche Personenverkehrsdienste mit Bussen oder Straßenbahnen unterliegt somit ausschließlich den Richtlinien 2014/24/EU und 2014/25/EU.
Die Vergabe von (öffentlichen) Dienstleistungsaufträgen für öffentliche Personenverkehrsdienste mit Eisenbahn und Untergrundbahnen ist durch die Verordnung (EG) Nr. 1370/2007 geregelt und gemäß dem Erwägungsgrund 27 und Artikel 10 Buchstabe i der Richtlinie 2014/24/EU aus deren Anwendungsbereich sowie gemäß dem Erwägungsgrund 35 und Artikel 21 Buchstabe g der Richtlinie 2014/25/EU aus deren Anwendungsbereich ausgeschlossen.

Tabelle: Übersicht über die für die Auftragsvergabe geltenden Rechtsgrundlagen, je nach Art der vertraglichen Vereinbarung und Beförderungsart

Öffentliche Personenverkehrsdienste mit	(Öffentliche) Dienstleistungsaufträge gemäß den Richtlinien 2014/24/EU und 2014/25/EU	Dienstleistungskonzessionen gemäß der Richtlinie 2014/23/EU
Bus und Straßenbahn	Richtlinien 2014/24/EU und 2014/25/EU	Verordnung (EG) Nr. 1370/2007
Eisenbahn und Untergrundbahn	Verordnung (EG) Nr. 1370/2007	Verordnung (EG) Nr. 1370/2007

2.1.2. Artikel 1 Absatz 2. Anwendung der Verordnung (EG) Nr. 1370/2007 auf Binnenschifffahrtswege und nationale Meere

In Artikel 1 Absatz 2 ist geregelt, dass die Verordnung (EG) Nr. 1370/2007 für den innerstaatlichen und grenzüberschreitenden Personenverkehr mit der Eisenbahn, mit anderen Arten des Schienenverkehrs sowie auf der Straße gilt und dass die Mitgliedstaaten diese Verordnung auf den öffentlichen Personenverkehr auf Binnenschifffahrtswegen anwenden können. Aus Gründen der Rechtssicherheit sollte die Entscheidung eines Mitgliedstaats, die Verordnung (EG) Nr. 1370/2007 auf den öffentlichen Personenverkehr auf Binnenschifffahrtswegen anzuwenden, in transparenter Weise und durch einen verbindlichen Rechtsakt getroffen werden. Die Anwendung der Verordnung (EG) Nr. 1370/2007 auf Personenverkehrsdienstleistungen auf Binnenschifffahrtswegen könnte insbesondere dann sinnvoll sein, wenn diese Dienste in ein weiter gefasstes Stadt-, Vorort- oder Regionalnetz des öffentlichen Personenverkehrs eingebunden sind.
Wird keine Entscheidung für die Anwendung der Verordnung (EG) Nr. 1370/2007 auf Personenverkehrsdienstleistungen auf Binnenschifffahrtswegen getroffen, so unterliegen diese Dienstleistungen unmittelbar Artikel 93 des Vertrags über die Arbeitsweise der Europäischen Union (AEUV). Bestimmte Aspekte des Personenverkehrs auf Binnenschifffahrtswegen sind zudem durch die Verordnung (EWG) Nr. 3921/91 des Rates vom 16. Dezember 1991 über die Bedingungen für die Zulassung von Verkehrsunternehmen zum Binnenschiffsgüter- und -personenverkehr innerhalb eines Mitgliedstaats[10] sowie die Verordnung (EG) Nr. 1356/96 des Rates vom 8. Juli

8 Aufgehoben und durch die Richtlinie 2014/25/EU ersetzt.
9 Aufgehoben und durch die Richtlinie 2014/24/EU ersetzt.
10 ABl. L 373 vom 31.12.1991, S. 1.

1996 über gemeinsame Regeln zur Verwirklichung der Dienstleistungsfreiheit im Binnenschiffsgüter- und -personenverkehr zwischen Mitgliedstaaten[11] geregelt. In Artikel 1 Absatz 2 ist zudem festgeschrieben, dass die Mitgliedstaaten die Verordnung (EG) Nr. 1370/2007 nur unbeschadet der Verordnung (EWG) Nr. 3577/92 des Rates vom 7. Dezember 1992 zur Anwendung des Grundsatzes des freien Dienstleistungsverkehrs auf den Seeverkehr in den Mitgliedstaaten (Seekabotage)[12] auf Verkehrsdienste auf dem Meer innerhalb der Hoheitsgewässer anwenden dürfen. Einige der wichtigsten Bestimmungen dieser Verordnung stimmen nicht vollständig mit den Bestimmungen der Verordnung (EG) Nr. 1370/2007 überein (z. B. die Bestimmungen zur Anwendung auf die Güterbeförderung, zu Vertragslaufzeiten, zu ausschließlichen Rechten und zu Höchstwerten für die Direktvergabe von kleinen Aufträgen). Die Anwendung der Verordnung (EG) Nr. 1370/2007 auf nationale Hoheitsgewässer bringt eine Reihe von Schwierigkeiten mit sich. In einer Mitteilung[13] stellt die Kommission Leitlinien zur Verordnung (EWG) Nr. 3577/92 bereit, in denen auf diese Schwierigkeiten eingegangen wird.

2.1.3. Artikel 10 Absatz 1. Anwendbarkeit der Verordnung (EWG) Nr. 1191/69 auf Güterbeförderungsverträge bis 2. Dezember 2012

In der Vergangenheit konnten bestimmte Leistungen im Schienengüterverkehr gemeinwirtschaftlichen Verpflichtungen gemäß der Verordnung (EWG) Nr. 1191/69 des Rates vom 26. Juni 1969 über das Vorgehen der Mitgliedstaaten bei mit dem Begriff des öffentlichen Dienstes verbundenen Verpflichtungen auf dem Gebiet des Eisenbahn-, Straßen- und Binnenschiffsverkehrs[14] unterliegen. Die Verordnung (EG) Nr. 1370/2007, mit der die Verordnung (EWG) Nr. 1191/69 aufgehoben wird, gilt jedoch nicht für Güterbeförderungsdienste. Um eine schrittweise Einstellung der von der Kommission nicht genehmigten Ausgleichsleistungen im Einklang mit den Artikeln 93, 107 und 108 AEUV zu erleichtern, ist in Artikel 10 Absatz 1 der Verordnung (EG) Nr. 1370/2007 festgelegt, dass die Verordnung (EWG) Nr. 1191/69 während eines Zeitraums von drei Jahren nach Inkrafttreten der Verordnung (EG) Nr. 1370/2007 (d. h. bis 2. Dezember 2012) weiterhin für Güterbeförderungsdienste gilt. Diese können nur dann als Dienstleistungen von allgemeinem wirtschaftlichem Interesse eingestuft werden, wenn der betreffende Mitgliedstaat festlegt, dass sie im Vergleich zu kommerziellen Güterbeförderungsdiensten spezifische Merkmale aufweisen[15]. Wenn Mitgliedstaaten bestehende staatliche Beihilferegelungen für Leistungen im Schienengüterverkehr beibehalten wollen, die nicht den besonderen Bedingungen gemäß dem Altmark-Urteil[16] genügen, müssen sie die Kommission

11 ABl. L 175 vom 13.7.1996, S. 7.

12 ABl. L 364 vom 12.12.1992, S. 7.

13 Mitteilung der Kommission über die Auslegung der Verordnung (EWG) Nr. 3577/92 des Rates zur Anwendung des Grundsatzes des freien Dienstleistungsverkehrs auf den Seeverkehr in den Mitgliedstaaten (Seekabotage) (noch zu veröffentlichen).

14 ABl. L 156 vom 28.6.1969, S. 1.

15 Rechtssache C-179/90 Merci Convenzionali Porto di Genova SpA gegen Siderurgica Gabrielle SpA, Slg. 1991 I-5889, Rn. 27. Rechtssache C-242/95 GT-Link A/S gegen De Danske Statsbaner (DSB), Slg. 1997 I-4449, Rn. 53. Rechtssache C-266/96 Corsica Ferries France SA gegen Gruppo Antichi Ormeggiatori del Porto di Genova Coop, arl und andere, Slg. 1998 I-3949, Rn. 45.

16 Rechtssache C-280/00 Altmark Trans GmbH und Regierungspräsidium Magdeburg gegen Nahverkehrsgesellschaft Altmark GmbH, Beteiligte: Oberbundesanwalt beim Bundesverwaltungsgericht, Slg. 2003, S. I-7747.

über diese Regelungen unterrichten, damit sie vorab genehmigt werden können. Diese Beihilferegelungen werden unmittelbar auf der Grundlage von Artikel 93 AEUV bewertet. Werden diese Regelungen nicht vorher gemeldet, handelt es sich um neue und rechtswidrige Beihilfen, da sie nicht mehr von der Meldepflicht für staatliche Beihilfen ausgenommen sind.

2.2. Definition gemeinwirtschaftlicher Verpflichtungen und allgemeiner Vorschriften/Inhalte öffentlicher Dienstleistungsaufträge

Dieser Abschnitt enthält Auslegungshinweise zu den konstitutiven Merkmalen öffentlicher Dienstleistungsaufträge, den wichtigsten Eigenschaften allgemeiner Vorschriften und der Art und Weise, wie die zuständigen Behörden Art und Umfang gemeinwirtschaftlicher Verpflichtungen sowie ausschließlicher Rechte im Rahmen der Verordnung (EG) Nr. 1370/2007 festlegen. Darüber hinaus wird darauf eingegangen, unter welchen Bedingungen die Laufzeiten von öffentlichen Dienstleistungsaufträgen verlängert werden können, und unter welchen Voraussetzungen eine Vergabe von Unteraufträgen, auch an interne Betreiber, möglich ist.

2.2.1. Artikel 2 Buchstabe i. Konstitutive Merkmale eines öffentlichen Dienstleistungsauftrags

Gemäß Artikel 2 Buchstabe i besteht ein öffentlicher Dienstleistungsauftrag aus „einem oder mehreren rechtsverbindlichen Akten, die die Übereinkunft zwischen einer zuständigen Behörde und einem Betreiber eines öffentlichen Dienstes bekunden, diesen Betreiber eines öffentlichen Dienstes mit der Verwaltung und Erbringung von öffentlichen Personenverkehrsdiensten zu betrauen, die gemeinwirtschaftlichen Verpflichtungen unterliegen". Der Auftrag kann auch in einer Entscheidung der zuständigen Behörde bestehen, die die Form eines Gesetzes oder einer Verwaltungsregelung für den Einzelfall haben kann oder die Bedingungen enthält, unter denen die zuständige Behörde diese Dienstleistungen selbst erbringt oder einen internen Betreiber mit der Erbringung dieser Dienstleistungen betraut. Der Begriff „öffentlicher Dienstleistungsauftrag", wie er in der Verordnung (EG) Nr. 1370/2007 definiert ist, umfasst auch öffentliche Dienstleistungskonzessionen.
Um den unterschiedlichen Rechtssystemen und Traditionen in den Mitgliedstaaten Rechnung zu tragen, sind öffentliche Dienstleistungsaufträge in der Verordnung (EG) Nr. 1370/2007 sehr breit definiert und schließen verschiedene Arten von rechtsverbindlichen Akten ein. Dadurch wird sichergestellt, dass der Anwendungsbereich dieser Verordnung jede Rechtslage erfasst, auch wenn das Verhältnis zwischen der zuständigen Behörde und dem Betreiber nicht formell und präzise in Form eines Vertrags im engsten Sinne festgeschrieben ist. Aus diesem Grund schließt die Begriffsbestimmung auch öffentliche Dienstleistungsaufträge in Form einer Entscheidung ein, die die Form eines Gesetzes oder einer Verwaltungsregelung für den Einzelfall hat. Eine Kombination aus einem allgemeinen Rechtsakt, mit dem einem Betreiber die Erbringung von Dienstleistungen übertragen wird, und einem Verwaltungsakt, in dem die detaillierte Leistungsbeschreibung für die zu erbringenden Dienstleistungen sowie die für die Ausgleichsberechnung anzuwendende Methode enthalten sind, kann ebenfalls ein öffentlicher Dienstleistungsauftrag sein. Die Begriffsbestimmung schließt zudem Entscheidungen der zuständigen Behörde ein, die Bedingungen enthalten, unter denen die Behörde diese Dienstleistungen selbst erbringt oder einen internen Betreiber damit betraut.

2.2. Auslegungsleitlinien VO 1370/2007 (2014/C 92/01)

2.2.2. Artikel 2 Buchstabe l. Eigenschaften allgemeiner Vorschriften und Verfahren zu deren Erlassung

Allgemeine Vorschriften sind in Artikel 2 Buchstabe l als Maßnahmen definiert, die „diskriminierungsfrei für alle öffentlichen Personenverkehrsdienste derselben Art in einem bestimmten geografischen Gebiet, das im Zuständigkeitsbereich einer zuständigen Behörde liegt", gelten. Bei allgemeinen Vorschriften handelt es sich somit um Maßnahmen für eine oder mehrere Arten von öffentlichen Verkehrsdiensten auf Straße oder Schiene, die Betreibern öffentlicher Dienste einseitig und in nichtdiskriminierender Weise von staatlichen Behörden auferlegt oder in Verträge zwischen den zuständigen Behörden und den Betreibern öffentlicher Dienste aufgenommen werden können. Die Maßnahme ist auf das geografische Gebiet beschränkt, das im Zuständigkeitsbereich einer zuständigen Behörde liegt, muss aber nicht zwangsläufig das gesamte geografische Gebiet abdecken. Eine allgemeine Vorschrift kann auch ein regionales oder nationales Gesetz sein, das für alle bestehenden oder potenziellen Verkehrsunternehmen einer Region oder eines Mitgliedstaats gilt. Sie wird demzufolge in der Regel nicht mit einzelnen Betreibern öffentlicher Dienste ausgehandelt. Auch wenn die allgemeine Vorschrift durch einen einseitigen Rechtsakt erlassen wird, ist es nicht ausgeschlossen, dass Betreiber öffentlicher Dienste im Vorfeld auf transparente und nichtdiskriminierende Weise konsultiert werden.

2.2.3. Artikel 3 Absätze 2 und 3. Aufstellung allgemeiner Vorschriften innerhalb und außerhalb eines öffentlichen Dienstleistungsauftrags. Anwendungsbereich allgemeiner Vorschriften

In Erwägungsgrund 17 der Verordnung (EG) Nr. 1370/2007 heißt es: „Gemäß dem Subsidiaritätsprinzip steht es den zuständigen Behörden frei, soziale Kriterien und Qualitätskriterien festzulegen, um Qualitätsstandards für gemeinwirtschaftliche Verpflichtungen aufrechtzuerhalten und zu erhöhen, beispielsweise bezüglich der Mindestarbeitsbedingungen, der Fahrgastrechte, der Bedürfnisse von Personen mit eingeschränkter Mobilität, des Umweltschutzes, der Sicherheit von Fahrgästen und Angestellten sowie bezüglich der sich aus Kollektivvereinbarungen ergebenden Verpflichtungen und anderen Vorschriften und Vereinbarungen in Bezug auf den Arbeitsplatz und den Sozialschutz an dem Ort, an dem der Dienst erbracht wird. Zur Gewährleistung transparenter und vergleichbarer Wettbewerbsbedingungen zwischen den Betreibern und um das Risiko des Sozialdumpings zu verhindern, sollten die zuständigen Behörden besondere soziale Normen und Dienstleistungsqualitätsnormen vorschreiben können."

Die Mitgliedstaaten und/oder die zuständigen Behörden können öffentliche Verkehrsdienste durch allgemeine Vorschriften, wie Gesetze, Erlasse oder Regulierungsmaßnahmen, regeln. Enthalten diese allgemeinen Vorschriften jedoch eine Ausgleichsleistung oder ein ausschließliches Recht, so besteht eine zusätzliche Verpflichtung, gemäß Artikel 3 Absatz 1 der Verordnung (EG) Nr. 1370/2007 einen öffentlichen Dienstleistungsauftrag zu vergeben. Diese Verpflichtung besteht nicht, wenn durch allgemeine Vorschriften gemäß Artikel 3 Absatz 2 der genannten Verordnung Höchsttarife für alle Fahrgäste oder bestimmte Gruppen von Fahrgästen festgesetzt wurden. In diesem Fall ist die Vergabe eines öffentlichen Dienstleistungsauftrags nicht vorgeschrieben, und der Ausgleichsmechanismus kann nach den Grundsätzen der Gleichbehandlung und der Allgemeingültigkeit festgelegt werden.

Eine zuständige Behörde kann beschließen, allgemeine Vorschriften anzuwenden, um Sozial- oder Qualitätsstandards im Einklang mit der nationalen Gesetzgebung einzuführen. Sehen die allgemeinen Vorschriften Ausgleichsleistungen vor oder ist die zuständige Behörde der Auffassung, dass die Umsetzung der allgemeinen Vorschriften Ausgleichsleistungen erforderlich macht, sind gemäß den Artikeln 4 und 6 sowie gemäß dem Anhang der Verordnung (EG) Nr. 1370/2007 auch ein oder mehrere öffentliche Dienstleistungsaufträge zu vergeben, in denen die Verpflichtungen und die Parameter der Ausgleichsleistung für die finanziellen Auswirkungen festgelegt sind.

2.2.4. Artikel 3 Absatz 3. Anmeldung gemäß den EU-Vorschriften für staatliche Beihilfen von Höchsttarifen für die Beförderung von Schülern, Studenten, Auszubildenden und Personen mit eingeschränkter Mobilität, die nicht in den Anwendungsbereich der Verordnung (EG) Nr. 1370/2007 fallen

Gemäß Artikel 3 Absatz 3 können die Mitgliedstaaten allgemeine Vorschriften über die finanzielle Abgeltung von gemeinwirtschaftlichen Verpflichtungen, die dazu dienen, Höchsttarife für Schüler, Studenten, Auszubildende und Personen mit eingeschränkter Mobilität festzulegen, aus dem Anwendungsbereich der Verordnung (EG) Nr. 1370/2007 ausnehmen. Entschließt sich ein Mitgliedstaat dazu, müssen die nationalen Behörden stattdessen die Vorschriften zu Ausgleichsleistungen gemäß den Bestimmungen des Vertrags, insbesondere den Bestimmungen über staatliche Beihilfen, bewerten. Wenn diese allgemeinen Vorschriften eine staatliche Beihilfe darstellen, muss der Mitgliedstaat diese Vorschriften der Kommission gemäß Artikel 108 AEUV melden.

2.2.5. Artikel 2 Buchstabe e und Artikel 4 Absatz 1. Festlegung von Art und Umfang gemeinwirtschaftlicher Verpflichtungen sowie des Anwendungsbereichs öffentlicher Dienstleistungsaufträge durch die zuständigen Behörden

In Artikel 14 AEUV sowie im Protokoll Nr. 26 über Dienstleistungen von allgemeinem Interesse im Anhang zum AEUV sind die allgemeinen Grundsätze dargelegt, nach denen die Mitgliedstaaten Dienste von allgemeinem wirtschaftlichen Interesse festlegen und erbringen. Gemäß Artikel 14 AEUV „tragen die Union und die Mitgliedstaaten im Rahmen ihrer jeweiligen Befugnisse im Anwendungsbereich der Verträge dafür Sorge, dass die Grundsätze und Bedingungen, insbesondere jene wirtschaftlicher und finanzieller Art, für das Funktionieren dieser Dienste (von allgemeinem wirtschaftlichem Interesse) so gestaltet sind, dass diese ihren Aufgaben nachkommen können". Gemäß dem Protokoll Nr. 26 spielen die nationalen, regionalen und lokalen Behörden eine entscheidende Rolle und haben weiten Ermessensspielraum in der Frage, wie Dienste von allgemeinem wirtschaftlichen Interesse in einer den Bedürfnissen der Nutzer so gut wie möglich entsprechenden Weise zur Verfügung zu stellen, in Auftrag zu geben und zu organisieren sind. Es gehört zu den gemeinsamen Werten der Europäischen Union, dass bei Diensten von allgemeinem wirtschaftlichem Interesse ein hohes Niveau in Bezug auf Qualität, Sicherheit, Bezahlbarkeit, Gleichbehandlung und Förderung des universellen Zugangs und der Nutzerrechte angestrebt wird. Die Möglichkeiten der Mitgliedstaaten, Dienste von allgemeinem wirtschaftlichem Interesse im Bereich des öffentlichen Personenverkehrs auf Schiene und Straße bereitzustellen, in Auftrag zu geben und durchzuführen, sind in der Verordnung (EG) Nr. 1370/2007 geregelt. In Artikel 1 der Verordnung (EG) Nr. 1370/2007 heißt es: „Zweck dieser Verordnung ist es, festzulegen, wie die zuständigen Behörden unter Einhaltung des EU-Rechts im Bereich des öffentlichen Personenverkehrs

tätig werden können, um die Erbringung von Dienstleistungen von allgemeinem Interesse zu gewährleisten, die unter anderem zahlreicher, sicherer, höherwertig oder preisgünstiger sind als diejenigen, die das freie Spiel des Marktes ermöglicht hätte."
Gemäß Artikel 2 Buchstabe e der Verordnung (EG) Nr. 1370/2007 ist eine gemeinwirtschaftliche Verpflichtung eine Anforderung im Hinblick auf die Sicherstellung von im allgemeinen Interesse liegenden öffentlichen Personenverkehrsdiensten, die der Betreiber unter Berücksichtigung seines eigenen wirtschaftlichen Interesses nicht oder nicht im gleichen Umfang oder nicht zu den gleichen Bedingungen ohne Gegenleistung übernommen hätte[17]. Somit haben die Mitgliedstaaten innerhalb des durch die Verordnung (EG) Nr. 1370/2007 festgelegten Rahmens einen großen Ermessensspielraum bei der Festlegung gemeinwirtschaftlicher Verpflichtungen unter Berücksichtigung der Bedürfnisse der Endnutzer.
Gemeinwirtschaftliche Verpflichtungen können typischerweise, jedoch nicht ausschließlich, besondere Anforderungen an den Betreiber eines öffentlichen Dienstes beinhalten, wie beispielsweise die Häufigkeit und Qualität der Verkehrsdienste, die Bereitstellung der Dienste insbesondere an kleineren, wirtschaftlich eventuell nicht attraktiven Zwischenhaltestationen sowie die Bereitstellung von Zügen am frühen Morgen und am späten Abend. Ein anschauliches Kriterium ist nach Auffassung der Kommission, dass die Dienste, die als öffentliche Dienstleistungen gelten sollen, für die Bürger bestimmt sein oder im Interesse der Gesellschaft als Ganzes liegen müssen. Die zuständigen Behörden legen Art und Umfang gemeinwirtschaftlicher Verpflichtungen unter Berücksichtigung der allgemeinen Grundsätze des Vertrags fest. Um die Ziele der Verordnung zu erreichen, d. h. sichere, kostengünstige und hochwertige Personenverkehrsdienste zu gewährleisten, müssen die zuständigen Behörden dafür sorgen, dass diese Dienstleistungen in einer wirtschaftlich und finanziell tragfähigen Weise erbracht werden. Im Zusammenhang mit der Auftragsvergabe gemäß Artikel 3 Absatz 1 der Verordnung (EG) Nr. 1370/2007 können beide Vertragsparteien die Achtung ihrer Rechte erwarten und müssen ihre vertraglichen Verpflichtungen erfüllen. Dazu gehören auch finanzielle Rechte und Verpflichtungen. Durch den geografischen Anwendungsbereich öffentlicher Dienstleistungsaufträge sollten die zuständigen Behörden in der Lage sein, die Wirtschaftlichkeit öffentlicher Verkehrsdienste in ihrer Zuständigkeit zu verbessern und gegebenenfalls lokale, regionale und subnationale Netzeffekte einzubeziehen. Durch die Nutzung von Netzeffekten ist eine kostenwirksame Bereitstellung von öffentlichen Verkehrsdiensten möglich, da nicht kostendeckende Dienste durch profitable Dienste gegenfinanziert werden. Dies wiederum sollte es den Behörden ermöglichen, die festgelegten Ziele im Bereich der Verkehrspolitik zu erreichen und gleichzeitig, sofern zweckmäßig, die Voraussetzungen für einen effizienten und fairen Wettbewerb im Netz zu gewährleisten, z. B. möglicherweise für bestimmte Hochgeschwindigkeitsbahndienste.

2.2.6. Artikel 2 Buchstabe f und Artikel 3 Absatz 1. Festlegung von Art und Umfang ausschließlicher Rechte, um die Einhaltung des EU-Rechts zu gewährleisten

Gemäß Artikel 3 Absatz 1 muss ein öffentlicher Dienstleistungsauftrag vergeben werden, wenn eine zuständige Behörde einem Betreiber ein ausschließliches Recht

17 Dieses Vorgehen steht im Einklang mit dem allgemeinen Ansatz der Kommission im Bereich der Dienste von allgemeinem wirtschaftlichem Interesse in anderen Sektoren. Siehe insbesondere Nummer 48 der Mitteilung über die Anwendung der Beihilfevorschriften der Europäischen Union auf Ausgleichsleistungen für die Erbringung von Dienstleistungen von allgemeinem wirtschaftlichem Interesse (ABl. C 8 vom 11.1.2012, S. 4).

und/oder eine Ausgleichsleistung für die Erfüllung gemeinwirtschaftlicher Verpflichtungen gewährt. Ein ausschließliches Recht ist gemäß Artikel 2 Buchstabe f definiert als „ein Recht, das einen Betreiber eines öffentlichen Dienstes berechtigt, bestimmte öffentliche Personenverkehrsdienste auf einer bestimmten Strecke oder in einem bestimmten Streckennetz oder Gebiet unter Ausschluss aller anderen solchen Betreiber zu erbringen". Dieses Recht kann durch eine Rechts- oder Verwaltungsvorschrift festgeschrieben werden. Vielfach sind in dem öffentlichen Dienstleistungsauftrag die Bedingungen für die Ausübung des ausschließlichen Rechts, insbesondere der geografische Anwendungsbereich und die Geltungsdauer des ausschließlichen Rechts, angegeben. Durch die Ausschließlichkeit ist das Unternehmen in einem bestimmten Marktsegment insofern vor dem Wettbewerb durch andere Betreiber geschützt, als kein anderes Unternehmen dieselbe Dienstleistung erbringen darf. Die Mitgliedstaaten können jedoch durch Rechtsvorschriften oder Verwaltungspraktiken auch Rechte gewähren, die nicht-ausschließlich erscheinen, aber andere Unternehmen de facto an einer Marktbeteiligung hindern. So können beispielsweise Verwaltungsvereinbarungen, mit denen die Genehmigung zum Betrieb öffentlicher Verkehrsdienste erteilt wird, sofern bestimmte Kriterien bezüglich des gewünschten Umfangs und der gewünschten Qualität dieser Dienste erfüllt werden, in der Praxis zu einer Beschränkung der Zahl der Betreiber auf dem Markt führen. Die Kommission ist der Auffassung, dass der in der Verordnung (EG) Nr. 1370/2007 verwendete Begriff der Ausschließlichkeit auch diesen Sachverhalt einschließt.
Um das reibungslose Funktionieren des Binnenmarkts für öffentliche Verkehrsdienste sicherzustellen, sollten die zuständigen Behörden ausschließliche Rechte genau definieren als Rechte, die nicht über das hinausgehen, was für den erforderlichen wirtschaftlichen Schutz für die betreffenden Dienstleistungen nötig ist, und die, soweit möglich, Raum für andere Arten von Dienstleistungen lassen. Diesbezüglich heißt es in Erwägungsgrund 8 der Verordnung (EG) Nr. 1370/2007: „Personenverkehrsmärkte, die dereguliert sind und in denen keine ausschließlichen Rechte gewährt werden, sollten ihre Merkmale und ihre Funktionsweise beibehalten dürfen, soweit diese mit den Anforderungen des Vertrags vereinbar sind." Die Kommission möchte jedoch darauf hinweisen, dass selbst in einem deregulierten System die Einführung vertraglicher Vereinbarungen für einen besseren Zugang bestimmter Bevölkerungsgruppen zu Busverkehrsdiensten eine gemeinwirtschaftliche Verpflichtung darstellt. Diese Verpflichtung fällt in den Anwendungsbereich der Verordnung (EG) Nr. 1370/2007[18].
Sind alle Voraussetzungen für die Anwendung der Verordnung (EG) Nr. 1370/2007 erfüllt, einschließlich der Bedingung, dass ein Betreiber öffentlicher Verkehrsdienste ein ausschließliches Recht hat, kann der abzuschließende öffentliche Dienstleistungsauftrag beispielsweise im Fall eines Auftrags mit geringem Wert oder eines kleinen oder mittleren Betreibers direkt vergeben werden, wenn die Bedingungen von Artikel 5 Absatz 4 erfüllt sind.

2.2.7. Artikel 4 Absatz 4. Bedingungen, unter denen die Laufzeit eines öffentlichen Dienstleistungsauftrags um 50 % verlängert werden kann

In Artikel 4 Absatz 3 ist geregelt, dass die Laufzeit eines öffentlichen Dienstleistungsauftrags „höchstens zehn Jahre für Busverkehrsdienste und höchstens

18 Siehe Entscheidung der Kommission Nr. 588/2002 – United Kingdom, BSO – Beihilfe für Busfernreisen.

15 Jahre für Personenverkehrsdienste mit der Eisenbahn oder anderen schienengestützten Verkehrsträgern" betragen darf. Gemäß Artikel 4 Absatz 4 kann die Laufzeit eines öffentlichen Dienstleistungsauftrags unter Berücksichtigung der Amortisierungsdauer der Wirtschaftsgüter, falls erforderlich, um 50 % verlängert werden. Eine solche Verlängerung kann gewährt werden, wenn der Betreiber eines öffentlichen Dienstes einen wesentlichen Anteil der für die Erbringung der betreffenden Personenverkehrsdienste insgesamt erforderlichen Wirtschaftsgüter bereitstellt und diese vorwiegend an die Personenverkehrsdienste gebunden sind, die von dem Auftrag erfasst werden.

Wie diese beiden Bedingungen auszulegen sind, hängt von den einzelfallspezifischen Umständen ab. Wie in Erwägungsgrund 15 der Verordnung (EG) Nr. 1370/2007 betont, können „Langzeitverträge (...) bewirken, dass der Markt länger als erforderlich geschlossen bleibt, wodurch sich die Vorteile des Wettbewerbsdrucks verringern. Um den Wettbewerb möglichst wenig zu verzerren und gleichzeitig die Qualität der Dienste sicherzustellen, sollten öffentliche Dienstleistungsaufträge befristet sein." Hinzu kommt, dass es bei sehr langen Vertragslaufzeiten aufgrund wachsender Unsicherheitsfaktoren schwierig wird, die Risiken richtig zwischen dem Betreiber und der Behörde aufzuteilen. Andererseits wird in Erwägungsgrund 15 erläutert, dass „die Möglichkeit, öffentliche Dienstleistungsaufträge um maximal die Hälfte ihrer ursprünglichen Laufzeit zu verlängern, ... dann vorgesehen werden [sollte], wenn der Betreiber eines öffentlichen Dienstes Investitionen in Wirtschaftsgüter tätigen muss, deren Amortisierungsdauer außergewöhnlich lang ist, und – aufgrund ihrer besonderen Merkmale und Zwänge – bei den in Artikel 349 des Vertrags genannten Gebieten in äußerster Randlage".

Jeder Entscheidung über eine Verlängerung der Laufzeit eines öffentlichen Dienstleistungsauftrags um 50 % sollten folgende Überlegungen vorausgehen: Der öffentliche Dienstleistungsauftrag muss den Betreiber dazu verpflichten, Investitionen in Wirtschaftsgüter wie z. B. Rollmaterial, Wartungseinrichtungen oder Infrastruktur zu tätigen, deren Amortisierungsdauer außergewöhnlich lang ist.

In der Regel beschließt die zuständige Behörde vor der Vergabe eines neuen Auftrags, dass die Vertragslaufzeit verlängert werden soll. Muss während der Laufzeit eines Vertrags beschlossen werden, diese zu verlängern, da beabsichtigte Investitionen in Rollmaterial nicht zu Beginn der Vertragslaufzeit, sondern beispielsweise aus technischen Gründen zu einem späteren Zeitpunkt getätigt werden, so muss diese Möglichkeit in den Ausschreibungsunterlagen deutlich angegeben und diese Option in Bezug auf die Ausgleichsleistungen angemessen widergespiegelt sein. In jedem Fall darf die gesamte Verlängerung der Vertragslaufzeit nicht mehr als 50 % der in Artikel 4 Absatz 4 festgelegten Laufzeit betragen.

2.2.8. Artikel 4 Absatz 5. Optionen für zuständige Behörden, wenn sie im Falle eines Betreiberwechsels Maßnahmen zum Arbeitnehmerschutz für angebracht halten

In Artikel 4 Absatz 5 heißt es: „Unbeschadet des nationalen Rechts und des Gemeinschaftsrechts, einschließlich Tarifverträge zwischen den Sozialpartnern, kann die zuständige Behörde den ausgewählten Betreiber eines öffentlichen Dienstes verpflichten, den Arbeitnehmern, die zuvor zur Erbringung der Dienste eingestellt wurden, die Rechte zu gewähren, auf die sie Anspruch hätten, wenn ein Übergang im Sinne der Richtlinie 2001/23/EG vom 12. März 2001 zur Angleichung der Rechtsvorschriften der Mitgliedstaaten über die Wahrung von Ansprüchen der Arbeitnehmer beim Übergang von Unternehmen, Betrieben oder Unternehmens- oder Betriebsteilen[19] erfolgt wäre. Verpflichtet die zuständige Behörde die Betreiber eines öffentlichen Dienstes, bestimmte Sozialstandards einzuhalten, so werden in den Unterlagen des wettbewerblichen Vergabeverfahrens und den öffentlichen Dienstleistungsaufträgen die betreffenden Arbeitnehmer aufgeführt und transparente Angaben zu ihren vertraglichen Rechten und zu den Bedingungen gemacht, unter denen sie als in einem Verhältnis zu den betreffenden Diensten stehend gelten."

Im Einklang mit dem Subsidiaritätsprinzip und gemäß den Erwägungsgründen 16 und 17 haben die zuständigen Behörden im Bereich des Arbeitnehmerschutzes bei einem Betreiberwechsel grundsätzlich folgende Optionen:

i) Sie ergreifen keine besonderen Maßnahmen. In diesem Fall müssen Arbeitnehmerrechte, wie ein Personalübergang, nur dann gewährt werden, wenn die Bedingungen für die Anwendung der Richtlinie 2001/23/EG erfüllt sind, z. B. wenn umfangreiche Sachanlagen wie Rollmaterial übertragen werden[20].

ii) Sie fordern, dass die Arbeitnehmer, die zuvor zur Erbringung der Dienste eingestellt wurden – unabhängig davon, ob die Richtlinie 2001/23/EG Anwendung findet – mit den Rechten übernommen werden, auf die sie Anspruch gehabt hätten, wenn ein Übergang im Sinne der Richtlinie 2001/23/EG erfolgt wäre. In Erwägungsgrund 16 der Verordnung (EG) Nr. 1370/2007 ist erklärt, dass „diese Richtlinie die Mitgliedstaaten nicht daran (hindert), die Bedingungen für die Übertragung anderer Ansprüche der Arbeitnehmer als der durch die Richtlinie 2001/23/EG abgedeckten zu wahren und dabei gegebenenfalls die durch nationale Rechts- und Verwaltungsvorschriften oder zwischen den Sozialpartnern geschlossene Tarifverträge oder Vereinbarungen festgelegten Sozialstandards zu berücksichtigen".

iii) Sie fordern, dass der Betreiber öffentlicher Verkehrsdienste „zur Gewährleistung transparenter und vergleichbarer Wettbewerbsbedingungen zwischen den Betreibern und um das Risiko des Sozialdumpings zu verhindern" (siehe Erwägungsgrund 17 der Verordnung (EG) Nr. 1370/2007), für alle an der Bereitstellung des öffentlichen Verkehrsdienstes beteiligten Arbeitnehmer bestimmte Sozialstandards einhält. Diese Standards können beispielsweise in einer Tarifvereinbarung auf Unternehmensebene oder einer Tarifvereinbarung für das betreffende Marktsegment geregelt sein.

iv) Sie kombinieren die Optionen ii und iii.

Um transparente Beschäftigungsbedingungen zu gewährleisten, sind die zuständigen Behörden verpflichtet, wenn sie einen Arbeitnehmerübergang fordern oder bestimmte Sozialstandards vorschreiben, diese Verpflichtungen klar und detailliert in den Ausschreibungsunterlagen und den öffentlichen Dienstleistungsaufträgen darzulegen.

---

19 ABl. L 82 vom 22.3.2001, S. 16.

20 Nach der Rechtsprechung des Gerichtshofs der Europäischen Union gilt die Richtlinie 2001/23/EG für den Übergang eines Unternehmens, der nach einem wettbewerblichen Vergabeverfahren für einen öffentlichen Dienstleistungsauftrag erfolgt. In Wirtschaftszweigen mit umfangreichen Sachanlagen, wie Bus- oder Schienenverkehr, gilt die Richtlinie, wenn Sachanlagen in erheblichem Umfang übertragen werden. Eine Übertragung im Sinne der Richtlinie 2001/23/EG ist nicht ausgeschlossen, wenn das Eigentum an den Sachanlagen, die zuvor von einem Veräußerer genutzt wurden und nun von einem Übernehmer genutzt werden, nicht übertragen wird, z. B. wenn die von dem neuen Auftragnehmer übernommenen Sachanlagen nicht Eigentum seines Vorgängers waren, sondern vom Auftraggeber bereitgestellt wurden; siehe hierzu das Memorandum der Kommission zu den Rechten der Arbeitnehmer beim Übergang von Unternehmen: http://ec.europa.eu/social/main.jsp?catId=707&langId=de&intPageId=208.

2.2.9. Artikel 5 Absatz 2 Buchstabe e. Voraussetzungen für die Vergabe von Unteraufträgen bei an interne Betreiber vergebenen öffentlichen Dienstleistungsaufträgen

Bei direkt an einen internen Betreiber vergebenen öffentlichen Dienstleistungsaufträgen kann unter strengen Voraussetzungen eine Vergabe von Unteraufträgen erfolgen. In einem solchen Fall muss der interne Betreiber gemäß Artikel 5 Absatz 2 Buchstabe e „den überwiegenden Teil" der öffentlichen Personenverkehrsdienste selbst erbringen. Mit dieser Bestimmung wollte der Gesetzgeber vermeiden, dass das Konzept eines „internen Betreibers" unter der Kontrolle der zuständigen Behörde seinen Sinn verliert, da es dem internen Betreiber ansonsten gestattet wäre, die Verkehrsdienste vollständig oder zu einem sehr großen Teil an einen Unterauftragnehmer zu vergeben. Mit Artikel 5 Absatz 2 soll somit verhindert werden, dass falsche interne Betreiber geschaffen werden. Die Erbringung öffentlicher Personenverkehrsdienste durch einen internen Betreiber bildet eine Ausnahme von dem in Artikel 5 Absatz 3 festgeschriebenen Grundsatz, wonach öffentliche Dienstleistungsaufträge „im Wege eines wettbewerblichen Vergabeverfahrens" zu vergeben sind. In Erwägungsgrund 7 der Verordnung (EG) Nr. 1370/2007 wird erläutert, dass „die Einführung des regulierten Wettbewerbs zwischen Betreibern zu einem attraktiveren und innovativeren Dienstleistungsangebot zu niedrigeren Kosten führt". Unbeschadet einer Einzelfallbewertung kann sinnvollerweise davon ausgegangen werden, dass es für die Untervergabe von mehr als einem Drittel der öffentlichen Verkehrsdienste guter Gründe bedarf, insbesondere hinsichtlich der erläuterten Ziele von Artikel 5 Absatz 2 Buchstabe e. Typischerweise werden diese Verkehrsdienste nach ihrem Wert bemessen. In jedem Fall müssen bei einer Untervergabe durch interne Betreiber die einschlägigen Rechtsvorschriften für die Vergabe öffentlicher Aufträge eingehalten werden.
Schließlich lässt die Verordnung (EG) Nr. 1370/2007 auch zu, dass in einem öffentlichen Dienstleistungsauftrag ein Mindestanteil an den nach ihrem Wert bemessenen Verkehrsdiensten festgelegt wird, den der im Rahmen eines öffentlichen Dienstleistungsauftrags tätige Betreiber an Unterauftragnehmer vergeben muss. Dies kann im Vertrag festgeschrieben sein, sofern die Bestimmungen der Verordnung und dabei vor allem der Höchstanteil eines öffentlichen Dienstleistungsauftrags, der an Unterauftragnehmer vergeben werden darf, eingehalten werden.

2.3. Vergabe öffentlicher Dienstleistungsaufträge

Dieser Abschnitt enthält Auslegungshinweise zu einer Reihe von Bestimmungen zur Vergabe öffentlicher Dienstleistungsaufträge. Die Erläuterungen betreffen die Bedingungen, unter denen öffentliche Dienstleistungsaufträge direkt vergeben werden können, sowie die verfahrenstechnischen Anforderungen für die wettbewerbliche Vergabe öffentlicher Aufträge.

2.3.1. Artikel 5 Absatz 2 Buchstabe b. Bedingungen, unter denen ein öffentlicher Dienstleistungsauftrag direkt an einen internen Betreiber vergeben werden darf

Nach der Verordnung (EG) Nr. 1370/2007 können die zuständigen örtlichen Behörden öffentliche Personenverkehrsdienste auf Schiene und Straße selbst erbringen oder einen öffentlichen Dienstleistungsauftrag direkt an einen internen Betreiber vergeben. Entscheiden sie sich für die zweite Option, so müssen sie jedoch eine

Reihe strenger Vorschriften und Bedingungen einhalten, die in Artikel 5 Absatz 2 festgelegt sind. Die Kommission trifft folgende Feststellungen:

i) In Artikel 5 Absatz 2 ist festgelegt, dass eine zuständige örtliche Behörde oder eine Gruppe solcher Behörden, die integrierte öffentliche Personenverkehrsdienste anbietet, einen öffentlichen Dienstleistungsauftrag direkt an interne Betreiber vergeben kann. Dies bedeutet, dass die von einer Gruppe zuständiger örtlicher Behörden direkt vergebenen öffentlichen Personenverkehrsdienste für das Zuständigkeitsgebiet einer solchen Gruppe von Behörden geografisch, verkehrstechnisch und tariflich zusammengeführt werden müssen. Die Kommission ist auch der Auffassung, dass der geografische Anwendungsbereich solcher unter der Verantwortung einer zuständigen örtlichen Behörde oder einer Gruppe solcher Behörden erbrachten Dienste so festgelegt werden muss, dass diese örtlichen Dienste in der Regel den Bedarf eines Ballungsgebiets und/oder eines Landkreises decken.

ii) Die in Artikel 2 Buchstabe j festgelegten und in Artikel 5 Absatz 2 näher erläuterten Vorschriften für die Kontrolle des internen Betreibers durch die zuständige Behörde müssen in jedem Fall eingehalten werden. Ein interner Betreiber muss „eine rechtlich getrennte Einheit [sein], über die eine zuständige örtliche Behörde (...) eine Kontrolle ausübt, die der Kontrolle über ihre eigenen Dienststellen entspricht“. In Artikel 5 Absatz 2 Buchstabe a sind eine Reihe von Kriterien genannt, die bei der Bewertung, ob eine zuständige örtliche Behörde eine effektive Kontrolle über ihren internen Betreiber ausübt, heranzuziehen sind. Diese Kriterien sind „der Umfang der Vertretung in Verwaltungs-, Leitungs- oder Aufsichtsgremien, diesbezügliche Bestimmungen in der Satzung, Eigentumsrechte, tatsächlicher Einfluss und tatsächliche Kontrolle über strategische Entscheidungen und einzelne Managemententscheidungen“. In die Bewertung der Kontrolle müssen alle diese Kriterien, soweit anwendbar, einbezogen werden.
Was das Kriterium der Eigentumsrechte betrifft, müssen die zuständigen Behörden nach der Verordnung (EG) Nr. 1370/2007 nicht 100 % des Kapitals des internen Betreibers halten. Dies könnte beispielsweise bei öffentlich-privaten Partnerschaften von Belang sein. In dieser Hinsicht ist „interner Betreiber“ in der Verordnung (EG) Nr. 1370/2007 weiter ausgelegt als in der Rechtsprechung des Gerichtshofs der Europäischen Union[21]. Allerdings muss die effektive Kontrolle durch die zuständige Behörde anhand anderer Kriterien nachgewiesen werden (siehe Artikel 5 Absatz 2 Buchstabe a).

iii) Um Wettbewerbsverzerrungen zu verringern, sollten gemäß Artikel 5 Absatz 2 Buchstabe b die Verkehrsdienstleistungen interner Betreiber und aller Einheiten, die deren Kontrolle unterliegen, geografisch auf das Zuständigkeitsgebiet der zuständigen örtlichen Behörde beschränkt sein oder von einer zuständigen örtlichen Behörde gemeinsam kontrolliert werden. Somit dürfen sich diese Betreiber oder Einheiten nicht an Ausschreibungen beteiligen, die die Bereitstellung öffentlicher Personenverkehrsdienste außerhalb des Gebiets der zuständigen Behörde betreffen. Artikel 5 Absatz 2 Buchstabe b wurde bewusst weit gefasst, um zu verhindern, dass Unternehmensstrukturen geschaffen werden, mit denen diese geografische Beschränkung umgangen werden soll. Unbeschadet der Bestimmungen zu abgehenden Linien gemäß Ziffer v wird die Kommission bei der Anwendung dieser Bestimmung zur geografischen Beschränkung besondere Strenge walten lassen, insbesondere wenn sowohl der interne Betreiber

21 Rechtssache C-324/07 Coditel Brabant SA gegen Commune d'Uccle und Région de Bruxelles-Capitale, Slg. 2008 I-8457, Rn. 30.

als auch eine andere, Verkehrsdienste erbringende Einheit von derselben zuständigen örtlichen Behörde kontrolliert werden.

iv) Analog zu der Rechtsprechung im Zusammenhang mit öffentlichen Ausschreibungen und Konzessionen, wonach die Tätigkeiten des internen Betreibers keine „Marktausrichtung" aufweisen sollten[22], ist die Bedingung von Artikel 5 Absatz 2 Buchstabe b, nach der „der interne Betreiber (...) (seine) öffentlichen Personenverkehrsdienste innerhalb des Zuständigkeitsgebiets der zuständigen örtlichen Behörde (ausführt) (...) und nicht an außerhalb des Zuständigkeitsgebiets der zuständigen örtlichen Behörde organisierten wettbewerblichen Vergabeverfahren für die Erbringung von öffentlichen Personenverkehrsdiensten (teilnimmt)", wie folgt auszulegen: Der interne Betreiber und die Einheit, auf die der interne Betreiber Einfluss ausübt, dürfen keine öffentlichen Personenverkehrsdienste betreiben, auch nicht als Unterauftragnehmer, und – innerhalb der EU sowie aufgrund möglicher indirekter Auswirkungen auf den Binnenmarkt auch weltweit – nicht an Ausschreibungen außerhalb des Zuständigkeitsgebiets der zuständigen Behörde teilnehmen.

v) Gemäß Artikel 5 Absatz 2 Buchstabe b ist internen Betreibern der Betrieb „der abgehenden Linien oder sonstiger Teildienste, die in das Zuständigkeitsgebiet benachbarter zuständiger örtlicher Behörden führen", gestattet. Durch diese Bestimmung ist eine gewisse Flexibilität gegeben, da hierdurch Verkehrsdienste zwischen benachbarten Regionen abgedeckt werden. Interne Betreiber können somit in einem gewissen Umfang Verkehrsdienste betreiben, die über das Zuständigkeitsgebiet ihrer zuständigen örtlichen Behörde hinausgehen. Zur Feststellung, ob die Dienste im Rahmen eines öffentlichen Dienstleistungsauftrags im Einklang mit diesen Bestimmungen stehen, sollten folgende Kriterien herangezogen werden: Die Frage, ob die Dienste eine Verbindung zwischen dem Zuständigkeitsgebiet der betreffenden Behörde und einem benachbarten Gebiet herstellen, und die Frage, ob es sich um Teildienste und nicht um den Hauptgegenstand der öffentlichen Verkehrsdienste im Rahmen des öffentlichen Dienstleistungsauftrags handelt Ob die öffentlichen Verkehrsdienste nachrangig sind, bewertet die Kommission durch Gegenüberstellung der entsprechenden Kilometerleistung mit dem Gesamtvolumen des von dem Vertrag/den Verträgen des internen Betreibers abgedeckten öffentlichen Verkehrsdienstes.

2.3.2. Artikel 5 Absatz 3. Verfahrenstechnische Anforderungen für die wettbewerbliche Vergabe öffentlicher Dienstleistungsaufträge

Werden für die Erbringung öffentlicher Personenverkehrsdienste Dritte herangezogen, die keine internen Betreiber sind, so muss die zuständige Behörde gemäß Artikel 5 Absatz 3 öffentliche Dienstleistungsaufträge im Wege eines fairen, offenen, transparenten und nichtdiskriminierenden wettbewerblichen Vergabeverfahrens vergeben.

Artikel 5 Absatz 3 enthält kaum weitere Einzelheiten zu den Bedingungen, unter denen ein wettbewerbliches Vergabeverfahren organisiert werden sollte. Wie unter Nummer 2.4.1 ausgeführt, müssen Vergabeverfahren so konzipiert sein, dass die

22 Die Rechtsprechung im Zusammenhang mit internen Betreibern enthält keine Voraussetzung, die diesen Betreibern die Teilnahme an wettbewerblichen Vergabeverfahren außerhalb des Zuständigkeitsgebiets der zuständigen Behörde untersagen würde. Aus der Rechtsprechung geht jedoch eindeutig hervor, dass ein Unternehmen, das eine Marktausrichtung erreicht, die Kontrolle durch die Gemeinde schwierig macht. (siehe Rechtssache C-458/03 – Parking Brixen GmbH gegen Gemeinde Brixen und Stadtwerke Brixen AG, Slg. 2005 I-08585).

Voraussetzungen für einen echten Wettbewerb geschaffen werden. Aus den allgemeinen Grundsätzen des Vertrags, wie den Grundsätzen der Transparenz und Gleichbehandlung, ergibt sich beispielsweise, dass die Bewertungskriterien für die Auswahl der Angebote zusammen mit den Ausschreibungsunterlagen veröffentlicht werden müssen. Auch wenn sie nicht dazu verpflichtet sind, können die Mitgliedstaaten auf Wunsch auch die detaillierteren Verfahrensvorschriften im Bereich des EU-Vergaberechts, z. B. die Richtlinien 2014/24/EU und 2014/25/EU oder die Richtlinie 2014/23/EU über die Konzessionsvergabe anwenden.
Allerdings kann die zuständige Behörde gemäß Artikel 5 Absatz 3 der Verordnung (EG) Nr. 1370/2007 im Falle besonderer oder komplexer Anforderungen nach einer Vorauswahl der Angebote auch mit den vorausgewählten Parteien Verhandlungen führen. Dies ist beispielsweise der Fall, wenn die bietenden Betreiber technologisch innovative Verkehrslösungen erarbeiten müssen, um den in den Ausschreibungsunterlagen veröffentlichten Anforderungen gerecht zu werden. Auch bei Vorauswahl und Verhandlung müssen die Auswahl und das Vergabeverfahren alle Bedingungen von Artikel 5 Absatz 3 erfüllen.
Um potenziellen Bietern faire und gleiche Chancen einzuräumen, muss zwischen dem Ausschreibungsbeginn und der Frist zur Einreichung der Angebote sowie zwischen dem Ausschreibungsbeginn und der vorgesehenen Aufnahme der Verkehrsdienste ein angemessener Zeitraum liegen.
Um das wettbewerbliche Vergabeverfahren transparenter zu gestalten, sollten die zuständigen Behörden den potenziellen Bietern alle relevanten technischen und finanziellen Daten zur Verfügung stellen, einschließlich – sofern vorhanden – Angaben zur Aufteilung der Kosten und Erträge, um den Bietern die Angebotserstellung zu erleichtern. Diese Bereitstellung von Informationen darf jedoch den berechtigten Schutz der wirtschaftlichen Interessen Dritter nicht untergraben. Eisenbahnunternehmen, Schieneninfrastrukturbetreiber und alle anderen Beteiligten sollten den zuständigen Behörden geeignete und präzise Daten zugänglich machen, damit diese ihrer Informationspflicht nachkommen können.

2.3.3. Artikel 5 Absatz 4. Bedingungen, unter denen eine zuständige Behörde einen öffentlichen Dienstleistungsauftrag im Fall eines Auftrags mit geringem Wert oder eines KMU direkt vergeben kann

Bei der Vergabe öffentlicher Dienstleistungsaufträge von geringem Wert oder an kleine oder mittlere Unternehmen (Artikel 5 Absatz 4) kann die zuständige Behörde den Auftrag ohne wettbewerbliches Vergabeverfahren direkt vergeben. Ein öffentlicher Dienstleistungsauftrag gilt dann als von geringem Wert, wenn der Jahresdurchschnittswert weniger als 1 Mio. EUR oder die jährliche öffentliche Personenverkehrsleistung weniger als 300 000 Kilometer beträgt. Ein kleines oder mittleres Unternehmen ist ein Unternehmen, das nicht mehr als 23 Fahrzeuge betreibt. In diesem Fall können die Schwellen auf einen geschätzten Jahresdurchschnittswert von weniger als 2 Mio. EUR oder eine jährliche öffentliche Personenverkehrsdienstleistung von weniger als 600 000 Kilometer erhöht werden.
Die als Zahl der „Fahrzeuge“ angegebene Schwelle für KMU deutet darauf hin, dass diese Bestimmung für die Beförderung mit Bussen, nicht jedoch für eine Beförderung mit Straßenbahn, Untergrundbahn oder Zug gilt. Die Obergrenze von 23 Fahrzeugen ist restriktiv auszulegen, um zu vermeiden, dass diese Ausnahmeregelung in Artikel 5 Absatz 4 missbraucht wird. Deshalb ist „betriebene Fahrzeuge“ auszulegen als die Gesamtzahl der von dem Betreiber öffentlicher Verkehrsdienste betriebenen Fahrzeuge und nicht als Anzahl der für die Dienste im Rahmen eines bestimmten öffentlichen Dienstleistungsauftrags eingesetzten Fahrzeuge.

Allerdings kann die jeweilige nationale Gesetzgebung vorschreiben, dass sich die zuständige Behörde in solchen Fällen an die Vorschrift halten muss, nach der öffentliche Dienstleistungsaufträge im Rahmen eines fairen, offenen, transparenten und nichtdiskriminierenden wettbewerblichen Verfahrens vergeben werden müssen.

2.3.4. Artikel 5 Absatz 4. Möglichkeit der Mitgliedstaaten, niedrigere Schwellen für die Direktvergabe von Aufträgen von geringem Wert oder an kleine und mittlere Unternehmen anzusetzen

Ebenso wie die Mitgliedstaaten ihre zuständigen Behörden gemäß Artikel 5 Absatz 4 i) zur Einhaltung der Vorschrift verpflichten können, nach der öffentliche Dienstleistungsaufträge von geringem Wert oder an kleine und mittlere Unternehmen im Rahmen eines fairen, offenen, transparenten und nichtdiskriminierenden wettbewerblichen Verfahrens vergeben werden müssen, können die Mitgliedstaaten auch beschließen, ii) die in dem genannten Artikel festgesetzten Schwellen für die Direktvergabe solcher Aufträge herabzusetzen oder iii) die Schwellen gemäß Artikel 5 Absatz 4 der Verordnung (EG) Nr. 1370/2007 zu verwenden.

2.3.5. Artikel 5 Absatz 6. Eisenbahnverkehrsdienste, die direkt vergeben werden können

Gemäß Artikel 5 Absatz 6 können die zuständigen Behörden öffentliche Dienstleistungsaufträge im Eisenbahnverkehr „mit Ausnahme anderer schienengestützter Verkehrsträger wie Untergrund- oder Straßenbahnen“ direkt vergeben.
Vergibt eine Behörde Aufträge zur Erbringung von Dienstleistungen von allgemeinem Interesse an einen Dritten, so sind allgemeine, im Vertrag festgelegte Grundsätze wie Transparenz und Gleichbehandlung zu beachten[23]. Aufträge, die gemäß Artikel 5 Absatz 6 direkt vergeben werden, sind nicht von der Einhaltung dieser Grundsätze des Vertrags ausgenommen. Deshalb wird in der Verordnung (EG) Nr. 1370/2007, insbesondere in Artikel 7 Absätze 2 und 3 gefordert, dass die zuständigen Behörden bestimmte Informationen über direkt vergebene öffentliche Dienstleistungsaufträge im Schienenverkehr mindestens ein Jahr vor und ein Jahr nach der Auftragsvergabe veröffentlichen.
Diese Ausnahme von der allgemeinen Vorschrift für wettbewerbliche Vergabeverfahren ist ebenfalls restriktiv anzuwenden. So kann beispielsweise Schienenersatzverkehr durch Busse, der von dem Betreiber öffentlicher Verkehrsdienste im Falle einer Unterbrechung des Schienennetzes vertraglich gefordert sein kann, nicht als Eisenbahnverkehr gelten und fällt somit nicht unter Artikel 5 Absatz 6. Somit müssen solche Schienenersatzverkehrsdienste durch Busse gemäß den einschlägigen Rechtsvorschriften für die Vergabe öffentlicher Aufträge an Unterauftragnehmer vergeben werden.
Ob bestimmte Arten von Schienenverkehrssystemen in städtischen Gebieten bzw. deren Umland, wie S-Bahnen (in Österreich, Deutschland, der Schweiz und Dänemark) und RER (in Frankreich) oder „anderen schienengestützten Verkehrsträgern“

23 Siehe beispielsweise Erwägungsgrund 20 der Verordnung (EG) Nr. 1370/2007: „Entscheidet eine Behörde, eine Dienstleistung von allgemeinem Interesse einem Dritten zu übertragen, so muss die Auswahl des Betreibers eines öffentlichen Dienstes unter Einhaltung des für das öffentliche Auftragswesen und Konzessionen geltenden Gemeinschaftsrechts, das sich aus den Artikeln 43 bis 49 des Vertrags ergibt, sowie der Grundsätze der Transparenz und der Gleichbehandlung erfolgen.“

vergleichbare Verkehrsträger (z. B. Untergrund- oder Straßenbahndienste) wie Tram-Train und bestimmte automatische, über optische Fahrleitsysteme gesteuerte Bahnen, unter die Ausnahmeregelung für den Eisenbahnverkehr gemäß Artikel 5 Absatz 6 fallen, ist unter Anwendung geeigneter Kriterien im Einzelfall zu bewerten. Dies hängt insbesondere davon ab, ob die betreffenden Systeme normalerweise interoperabel sind und/oder ob Infrastruktur des herkömmlichen Eisenbahnnetzes mitgenutzt wird. Obwohl Tram-Train-Dienste Eisenbahninfrastruktur nutzen, sollen sie aufgrund ihrer besonderen Merkmale dennoch den „anderen schienengestützten Verkehrsträgern" zugerechnet werden.

2.3.6. Änderung öffentlicher Dienstleistungsaufträge

Wenn ein laufender öffentlicher Dienstleistungsauftrag geändert werden muss, z. B. weil die Beförderungsleistung und die entsprechende Ausgleichsleistung aufgrund des Ausbaus einer Untergrundbahnlinie angepasst werden müssen, stellt sich die Frage, ob die zuständige Behörde ein neues Vergabeverfahren einleiten muss oder ob der Vertrag ohne Neuvergabe geändert werden kann.
Der Gerichtshof der Europäischen Union hat dazu festgestellt, dass im Falle kleinerer, unwesentlicher Änderungen nicht zwingend eine Neuvergabe erforderlich ist, um sicherzustellen, dass die allgemeinen Grundsätze des Vertrags wie Transparenz und Nichtdiskriminierung eingehalten werden, so dass eine einfache Änderung des Auftrags ausreichen kann[24]. Zur Gewährleistung der Transparenz der Verfahren und der Gleichbehandlung der Bieter muss dem Gerichtshof zufolge bei erheblichen Änderungen wesentlicher Bestimmungen von Verträgen über Dienstleistungskonzessionen oder Aufträgen, die in den Geltungsbereich der Richtlinien zur Vergabe öffentlicher Aufträge fallen, in bestimmten Fällen eine Neuvergabe erfolgen. Dies ist insbesondere dann der Fall, wenn sich die neuen Bestimmungen in ihrer Art wesentlich vom ursprünglichen Auftrag unterscheiden und daher die Absicht der Vertragsparteien zeigen, wesentliche Bedingungen dieses Vertrags neu auszuhandeln.
Dem Gerichtshof zufolge kann eine Änderung eines laufenden Vertrags als wesentlich gelten, wenn dadurch Bedingungen eingeführt werden, die, wenn sie Gegenstand des ursprünglichen Vergabeverfahrens gewesen wären, dazu geführt hätten, dass andere als die ursprünglich zugelassenen Bieter zugelassen worden wären oder dass ein anderes als das ursprünglich angenommene Angebot angenommen worden wäre.
Da dies in der Verordnung (EG) Nr. 1370/2007 nicht geregelt ist, gelten die Grundsätze der genannten Rechtsprechung uneingeschränkt für Änderungen von öffentlichen Dienstleistungsaufträgen, die unter diese Verordnung fallen. Um zu ermitteln, welche Änderungen nicht wesentlich sind, ist eine Einzelfallprüfung anhand objektiver Kriterien erforderlich[25].

---

24 Rechtssache C-337/98 – Kommission gegen Frankreich, Slg. 2000 I-8377, Rn. 44 und 46, Rechtssache C-454/06 – pressetext Nachrichtenagentur, Slg.-2008 I-4401, Rn. 34 und Rechtssache C-91/08 – Wall AG, Slg. 2010 I-02815, Rn. 37 und 38.

25 Der Gerichtshof verwies im Fall der Wall AG darauf, dass ein Wechsel des Unterauftragnehmers, auch wenn diese Möglichkeit im Vertrag vorgesehen ist, in Ausnahmefällen eine erhebliche Änderung einer der wesentlichen Bestimmungen eines Konzessionsvertrags darstellen kann. Dies ist der Fall, wenn die Vergabe an einen bestimmten Unterauftragnehmer anstelle eines anderen hinsichtlich der besonderen Merkmale der betreffenden Dienste ein entscheidender Faktor für den Abschluss des Vertrags war. Dies ist in jedem Fall durch das vorlegende Gericht festzustellen.

2.4. Ausgleichsleistung für gemeinwirtschaftliche Verpflichtungen

Durch die in der Verordnung (EG) Nr. 1370/2007 festgelegten Vorschriften über Ausgleichsleistungen werden übermäßige Ausgleichsleistungen ausgeschlossen und die Einhaltung der Vorschriften des Vertrags sichergestellt. Darüber hinaus werden die Begriffe „angemessener Gewinn" und „Effizienzanreiz", das Problem der Quersubventionierung kommerzieller Tätigkeiten durch Ausgleichsleistungen für gemeinwirtschaftliche Verpflichtungen, das Problem zu niedriger Ausgleichsleistungen sowie die Verfahren für die vorab durchgeführten und die nachträglichen Untersuchungen der Kommission im Bereich der Ausgleichsleistungen für gemeinwirtschaftliche Verpflichtungen geregelt.

2.4.1. Artikel 4 Absatz 1 und Artikel 5 Absatz 3 Ausschluss übermäßiger Ausgleichsleistungen bei öffentlichen Dienstleistungsaufträgen, die im Rahmen eines offenen wettbewerblichen Vergabeverfahrens vergeben wurden

Im Unterschied zu anderen Wirtschaftszweigen gilt Artikel 106 Absatz 2 AEUV nicht, wenn Ausgleichsleistungen für gemeinwirtschaftliche Verpflichtungen im Bereich des Landverkehrs gezahlt werden; diese Ausgleichsleistungen fallen vielmehr unter Artikel 93 AEUV. Dementsprechend gelten die EU-Vorschriften für Ausgleichsleistungen für Dienste von allgemeinem wirtschaftlichem Interesse[26] auf der Grundlage von Artikel 106 Absatz 2 AEUV nicht für den Landverkehr[27].
Wird bei öffentlichen Personenverkehrsdiensten auf Schiene und Straße gemäß der Verordnung (EG) Nr. 1370/2007 eine Ausgleichsleistung für diese Dienste gezahlt, so gilt diese als mit dem Binnenmarkt vereinbar und ist gemäß Artikel 9 Absatz 1 dieser Verordnung von der Pflicht zur vorherigen Unterrichtung nach Artikel 108 Absatz 3 AEUV befreit.
Diese Annahme der Vereinbarkeit und Befreiung von der Pflicht zur Unterrichtung beantwortet nicht die Frage, ob es sich bei der Ausgleichsleistung für die Erbringung öffentlicher Verkehrsdienste möglicherweise um eine staatliche Beihilfe handelt. Damit eine solche Ausgleichsleistung keine staatliche Beihilfe darstellt, müssen die vier Bedingungen erfüllt sein, die im Altmark-Urteil des Europäischen Gerichtshofs festgelegt wurden[28].
Durch ein offenes, transparentes und nichtdiskriminierendes wettbewerbliches Vergabeverfahren im Sinne von Artikel 5 Absatz 3 wird die Ausgleichsleistung, die von

---

26 Insbesondere Beschluss der Kommission über die Anwendung von Artikel 106 Absatz 2 des Vertrags über die Arbeitsweise der Europäischen Union auf staatliche Beihilfen in Form von Ausgleichsleistungen zugunsten bestimmter Unternehmen, die mit der Erbringung von Dienstleistungen von allgemeinem wirtschaftlichem Interesse betraut sind (ABl. L 7 vom 11.1.2012, S. 3) und Rahmen der Europäischen Union für staatliche Beihilfen in Form von Ausgleichsleistungen für die Erbringung öffentlicher Dienstleistungen (ABl. C 8 vom 11.1.2012, S. 15).

27 Die Verordnung (EU) Nr. 360/2012 der Kommission über die Anwendung der Artikel 107 und 108 des Vertrags über die Arbeitsweise der Europäischen Union auf De-minimis-Beihilfen an Unternehmen, die Dienstleistungen von allgemeinem wirtschaftlichem Interesse erbringen (ABl. L 114 vom 26.4.2012, S. 8), gilt jedoch für den Landverkehr.

28 Rechtssache C-280/00, Altmark Trans GmbH und Regierungspräsidium Magdeburg gegen Nahverkehrsgesellschaft Altmark GmbH, Beteiligte: Oberbundesanwalt beim Bundesverwaltungsgericht, Slg. 2003, I-7747). Siehe insbesondere Abschnitt 3 der Mitteilung der Kommission über die Anwendung der Beihilfevorschriften der Europäischen Union auf Ausgleichsleistungen für die Erbringung von Dienstleistungen von allgemeinem wirtschaftlichem Interesse (ABl. C 8 vom 11.1.2012, S. 4).

der zuständigen Behörde an den Dienstleistungserbringer zu bezahlen ist, um das in der Ausschreibung vorgegebene Dienstleistungsniveau zu erreichen, auf ein Minimum reduziert und somit eine übermäßige Ausgleichsleistung verhindert. In diesem Fall ist es nicht erforderlich, die im Anhang dargelegten detaillierten Regeln für die Gewährung einer Ausgleichsleistung anzuwenden.

Um Artikel 5 Absatz 3 zu entsprechen, müssen öffentliche Vergabeverfahren so gestaltet werden, dass die Voraussetzungen für einen echten Wettbewerb gegeben sind. Die genauen Merkmale des Vergabeverfahrens können im Einklang mit Artikel 5 Absatz 3 variieren, nach dem die zuständige Behörde und die Unternehmen, die im Rahmen des Vergabeverfahrens Angebote vorgelegt haben, beispielsweise über einen gewissen Verhandlungsspielraum verfügen. Diese Verhandlungen müssen jedoch fair sein und den Grundsätzen der Transparenz und der Nichtdiskriminierung genügen. So widerspricht ein reines Verhandlungsverfahren ohne vorherige Veröffentlichung einer Ausschreibung den Grundsätzen der Transparenz und Nichtdiskriminierung nach Artikel 5 Absatz 3. Ein solches Verfahren steht somit nicht im Einklang mit Artikel 5 Absatz 3. Gleiches gilt für Vergabeverfahren, die in einer Weise gestaltet werden, dass die Anzahl der potenziellen Bieter unrechtmäßig eingeschränkt wird. In diesem Zusammenhang sollten die zuständigen Behörden besonders wachsam sein, wenn Ihnen deutliche Hinweise auf mangelnden Wettbewerb vorliegen, insbesondere wenn z. B. nur ein Angebot eingeht. In solchen Fällen ist es auch wahrscheinlicher, dass die Kommission die besonderen Umstände des Vergabeverfahrens untersucht.

Die Auswahlkriterien, z. B. qualitative, ökologische oder soziale Kriterien, sollten eng mit dem Gegenstand der zu erbringenden Dienstleistungen in Zusammenhang stehen. Es steht der Vergabebehörde frei, Qualitätsstandards festzusetzen, die von allen Wirtschaftsteilnehmern erfüllt werden müssen, oder Qualitätsaspekte in Verbindung mit den verschiedenen Angeboten bei der Vergabeentscheidung zu berücksichtigen.

Unter bestimmten Umständen kann es ferner vorkommen, dass ein Ausschreibungsverfahren gemäß Artikel 5 Absatz 3 nicht in hinreichendem Maße echten, freien Wettbewerb ermöglicht. Dies kann z. B. auf die Komplexität oder den Umfang der zu erbringenden Dienstleistungen oder auf die erforderliche Infrastruktur bzw. die erforderlichen Sachanlagen zurückzuführen sein, die sich im Eigentum eines bestimmten Betreibers befinden oder die für die Erfüllung des Auftrags bereitzustellen sind.

2.4.2. Artikel 6. Vermeidung übermäßiger Ausgleichsleistungen bei direkt vergebenen öffentlichen Dienstleistungsaufträgen

Durch die Direktvergabe eines öffentlichen Dienstleistungsauftrags gemäß Artikel 5 Absatz 2, 4, 5 oder 6 oder den Erlass allgemeiner Vorschriften gemäß Artikel 3 Absatz 2 kann nicht sichergestellt werden, dass die Höhe der Ausgleichsleistung auf das Mindestmaß beschränkt wird. Dies liegt darin begründet, dass die Direktvergabe nicht das Ergebnis der Interaktion von miteinander konkurrierenden Marktkräften, sondern vielmehr direkter Verhandlungen zwischen der zuständigen Behörde und dem Dienstleistungserbringer ist.

In Artikel 6 Absatz 1 ist geregelt, dass die Ausgleichsleistung bei direkt vergebenen öffentlichen Dienstleistungsaufträgen oder bei allgemeinen Vorschriften den Bestimmungen der Verordnung (EG) Nr. 1370/2007 sowie dem Anhang zu dieser Verordnung entsprechen muss, um eine übermäßige Ausgleichsleistung auszuschließen. Gemäß dem Anhang zu der genannten Verordnung ist eine nachträgliche Kontrolle durchzuführen, um sicherzustellen, dass die Ausgleichszahlungen für die

gesamte Laufzeit des Vertrags nicht über den tatsächlichen Nettokosten für die Erbringung der öffentlichen Dienstleistung liegen. Darüber hinaus ist die Kommission der Auffassung, dass während der gesamten Laufzeit des Vertrags grundsätzlich regelmäßige Kontrollen erforderlich sind, um klare Fälle von übermäßigen Ausgleichsleistungen frühzeitig zu erkennen und zu verhindern. Dies gilt insbesondere für langfristige Verträge.
Die Ausgleichsleistung darf den finanziellen Nettoeffekt der gemeinwirtschaftlichen Verpflichtung nicht übersteigen. Dieser berechnet sich wie folgt: Kosten abzüglich der Einnahmen aus der Erbringung der öffentlichen Dienstleistungen, abzüglich potenzieller Einnahmen aus Netzeffekten, zuzüglich eines angemessenen Gewinns.
Auf der Kostenseite können alle unmittelbar mit der Erbringung der öffentlichen Dienstleistung in Zusammenhang stehenden Kosten (z. B. Gehälter der Zugführer, Fahrstrom, Wartung des Rollmaterials, allgemeine Kosten (wie Management- und Verwaltungskosten) sowie sich aus dem Auftrag ergebende Kosten verbundener Unternehmen) einberechnet werden. Führt das Unternehmen auch Tätigkeiten aus, die über den Umfang der öffentlichen Dienstleistung hinausgehen, können zusätzlich zu den unmittelbar für die Erbringung der öffentlichen Dienstleistung anfallenden Kosten auch die gemeinsamen Kosten, die sowohl durch die öffentliche Dienstleistung als auch durch andere Tätigkeiten entstehen (z. B. Anmietung von Büroräumen, Gehälter von Buchprüfern oder Verwaltungspersonal), angemessen berücksichtigt werden. Führt ein Unternehmen mehrere öffentliche Dienstleistungsaufträge aus, müssen die gemeinsamen Kosten nicht nur zwischen den öffentlichen Dienstleistungsaufträgen und anderen Tätigkeiten, sondern auch auf die einzelnen öffentlichen Dienstleistungsaufträge entsprechend aufgeteilt werden. Um den angemessenen Anteil an den gemeinsamen Kosten zu ermitteln, der bei den Kosten für die öffentliche Dienstleistung berücksichtigt werden sollte, können die für die Nutzung der Ressourcen geltenden Marktpreise, sofern verfügbar, als Bezugsgröße zugrunde gelegt werden. Sind solche Preise nicht verfügbar, können andere geeignete Methoden herangezogen werden.
Einnahmen, die unmittelbar oder mittelbar mit der Erbringung der öffentlichen Dienstleistung in Zusammenhang stehen, wie Einnahmen aus dem Fahrscheinverkauf oder dem Verkauf von Speisen und Getränken, müssen von den Kosten abgezogen werden, für die eine Ausgleichsleistung beantragt wird.
Die Erbringung öffentlicher Personenverkehrsdienste im Rahmen eines öffentlichen Dienstleistungsauftrags durch ein Verkehrsunternehmen, das auch anderen Geschäftstätigkeiten nachgeht, kann auch positive induzierte Netzeffekte mit sich bringen. So kann beispielsweise ein Betreiber, der im Rahmen eines öffentlichen Dienstleistungsauftrags ein bestimmtes Netz betreibt, das mit anderen, kommerziell betriebenen Linien verbunden ist, seinen Kundenstamm vergrößern. Die Kommission begrüßt induzierte Netzeffekte, die z. B. durch Fahrscheinverbunde und abgestimmte Fahrpläne entstehen, sofern sie den Interessen der Fahrgäste dienen. Die Kommission ist sich dabei auch der praktischen Schwierigkeiten bei der Bewertung dieser potenziellen Netzeffekte bewusst. Allerdings müssen solche quantifizierbaren finanziellen Vorteile gemäß dem Anhang zu der Verordnung (EG) Nr. 1370/2007 von den Kosten abgezogen werden, für die eine Ausgleichsleistung beantragt wird.

2.4.3. Artikel 4 Absatz 1 und Anhang. Der Begriff des „angemessenen Gewinns“

Gemäß Artikel 4 Absatz 1 Buchstabe c können die im Rahmen eines öffentlichen Dienstleistungsauftrags zu berücksichtigenden Kosten „eine angemessene Kapitalrendite“ einschließen. Im Anhang ist ausgeführt, dass die Ausgleichsleistung für

eine gemeinwirtschaftliche Verpflichtung den finanziellen Nettoeffekt der Verpflichtung nicht überschreiten darf, welcher als Kosten abzüglich der Einnahmen aus der Erbringung der öffentlichen Dienstleistungen, abzüglich potenzieller positiver induzierter Netzeffekte, zuzüglich eines „angemessenen Gewinns“ definiert wird.
Im Anhang heißt es: „Unter angemessenem Gewinn ist eine in dem betreffenden Sektor in einem bestimmten Mitgliedstaat übliche angemessene Kapitalrendite zu verstehen, wobei das aufgrund des Eingreifens der Behörde vom Betreiber eines öffentlichen Dienstes eingegangene Risiko oder für ihn entfallende Risiko zu berücksichtigen ist.“ Es werden jedoch keine weiteren Hinweise zur korrekten Höhe der „Kapitalrendite“ oder des „angemessenen Gewinns“ gegeben.
Die Mitteilung der Kommission über die Anwendung der Beihilfevorschriften der Europäischen Union für die Erbringung von Dienstleistungen von allgemeinem wirtschaftlichem Interesse[29] (DAWI-Mitteilung) beruht zwar auf einer anderen Rechtsgrundlage als der Verordnung (EG) Nr. 1370/2007 und gilt somit nicht für Ausgleichsleistungen für gemeinwirtschaftliche Verpflichtungen im Bereich des Landverkehrs, doch sie gibt einige Hinweise für die Bestimmung der Höhe des angemessenen Gewinns, die den zuständigen Behörden bei der Vergabe von öffentlichen Dienstleistungsaufträgen gemäß der Verordnung (EG) Nr. 1370/2007 als Anhaltspunkt dienen können[30]. In der DAWI-Mitteilung wird erklärt: „Besteht für eine bestimmte Dienstleistung eine allgemein akzeptierte marktübliche Vergütung, so stellt diese den besten Anhaltspunkt für die Höhe der Ausgleichsleistung dar, wenn es keine öffentliche Ausschreibung gibt“[31]. Idealerweise sollten solche Anhaltspunkte aus Verträgen im selben Wirtschaftszweig, mit ähnlichen Merkmalen und im selben Mitgliedstaat stammen. Der angemessene Gewinn muss demzufolge den normalen Marktbedingungen entsprechen und sollte nicht über einem Ausgleich für das zur Erbringung der Dienstleistung eingegangene Risiko liegen.
Solche Marktvergleichsdaten liegen jedoch nicht immer vor. In diesem Fall kann die Höhe des angemessenen Gewinns durch einen Vergleich der Gewinnmarge ermittelt werden, die ein typisches gut geführtes, im selben Sektor tätiges Unternehmen benötigt, um die betreffende Dienstleistung erbringen zu können[32].
Zur Ermittlung der Kapitalrendite eines öffentlichen Dienstleistungsauftrags kann standardmäßig der interne Ertragssatz (IRR) herangezogen werden, den das Unternehmen während der Projektlaufzeit aus seinem investierten Kapital erzielt, d. h. der IRR aus den Cashflows des Auftrags. Daneben können zur Ermittlung der Kapitalrendite jedoch auch Buchführungsmethoden wie die Eigenkapitalrendite (ROE), die Rendite des eingesetzten Kapitals (ROCE) oder andere allgemein anerkannte Wirtschaftsindikatoren herangezogen werden.
Dabei gilt es zu beachten, dass Indikatoren von den Buchführungsmethoden der Unternehmen beeinflusst werden und lediglich die Situation des Unternehmens in einem bestimmten Jahr darstellen können. Ist dies der Fall, sollte sichergestellt werden, dass die Buchführungspraktiken des Unternehmens die langfristigen wirtschaftlichen Gegebenheiten des öffentlichen Dienstleistungsauftrags widerspiegeln. Dabei sollte die Höhe des angemessenen Gewinns, sofern möglich, für die gesamte Laufzeit des öffentlichen Dienstleistungsauftrags ermittelt werden. Darüber hinaus sollten auch die unterschiedlichen Wirtschaftsmodelle für den Eisenbahn-, Straßenbahn-, Untergrundbahn- und Busverkehr berücksichtigt werden. So ist beispiels-

29 ABl. C 8 vom 11.1.2012, S. 4.
30 Siehe insbesondere Nummer 61 der DAWI-Mitteilung.
31 Nummer 69 der DAWI-Mitteilung.
32 Nähere Erläuterungen dazu, was unter einem typischen „gut geführten Unternehmen“ zu verstehen ist, finden sich in der DAWI-Mitteilung. Siehe insbesondere die Nummern 70 bis 76.

weise der Eisenbahnverkehr in der Regel sehr kapitalintensiv, während der Bustransport eher personalkostenintensiv ist.
Abhängig von den besonderen Umständen jedes öffentlichen Dienstleistungsauftrags ist stets eine Einzelfallbewertung durch die zuständigen Behörden erforderlich, um die Höhe des angemessenen Gewinns festzulegen. Dabei gilt es u. a., die Besonderheiten des betreffenden Unternehmens, die marktübliche Rendite bei vergleichbaren Dienstleistungen und die Höhe des mit jedem öffentlichen Dienstleistungsauftrag verbundenen Risikos zu berücksichtigen. So ist beispielsweise ein öffentlicher Dienstleistungsauftrag mit besonderen Bestimmungen, durch die entsprechende Ausgleichsleistungen im Falle unvorhergesehener Kosten gewährleistet werden, weniger riskant als ein öffentlicher Dienstleistungsauftrag, der keine solche Garantie enthält. Wenn die Verträge ansonsten identisch sind, sollte der angemessene Gewinn im ersten Fall deshalb geringer sein als im zweiten Fall.
Die Schaffung von Effizienzanreizen innerhalb des Ausgleichsmechanismus ist generell zu unterstützen[33]. Hier sei darauf hingewiesen, dass Ausgleichsregelungen, durch die lediglich die tatsächlich entstehenden Kosten abgedeckt werden, dem Verkehrsunternehmen kaum Anreize bieten, die Kosten einzudämmen oder mit der Zeit effizienter zu werden. Diese Mechanismen sollten daher auf Fälle beschränkt werden, in denen große Unsicherheit bezüglich der Kosten herrscht und es gilt, den Dienstleistungserbringer in einem hohen Maß vor dieser Unsicherheit zu schützen.

2.4.4. Artikel 4 Absätze 1 und 2 und Anhang. Verhinderung der Verwendung des für gemeinwirtschaftliche Verpflichtungen gewährten Ausgleichs zur Quersubventionierung kommerzieller Tätigkeiten

Führt der Erbringer einer öffentlichen Dienstleistung auch kommerzielle Tätigkeiten aus, muss sichergestellt werden, dass er die gewährte staatliche Ausgleichsleistung nicht dazu verwendet, seine Wettbewerbsposition im Bereich seiner kommerziellen Tätigkeiten zu stärken. Im Anhang sind entsprechende Regeln festgelegt, durch die die Quersubventionierung kommerzieller Tätigkeiten durch Einnahmen aus öffentlichen Dienstleistungen vermieden werden soll. Diese Regeln beinhalten insbesondere die getrennte Rechnungslegung für die beiden Tätigkeitsarten (öffentliche Dienstleistung und kommerzielle Tätigkeit) sowie eine belastbare Methode für die Kostenzuordnung, durch die die tatsächlichen Kosten für die Erbringung der öffentlichen Dienstleistung ausgewiesen werden.
Gemäß Artikel 4 Absätze 1 und 2 in Verbindung mit den Regeln im Anhang müssen Kosten und Einnahmen aus der Erbringung von Dienstleistungen im Rahmen jedes an ein Verkehrsunternehmen vergebenen öffentlichen Dienstleistungsauftrags sowie aus kommerziellen Tätigkeiten der jeweiligen Tätigkeitsart korrekt zugeordnet werden. Dies dient der wirksamen Überwachung staatlicher Ausgleichsleistungen sowie möglicher Quersubventionierung zwischen den beiden Tätigkeiten. Hierbei sind angemessene Maßnahmen zur Missbrauchsbekämpfung und zur Kostenteilung zwischen der gemeinwirtschaftlichen Verpflichtung und den kommerziellen Tätigkeiten von entscheidender Bedeutung. Werden beispielsweise Verkehrsmittel (wie Schienenfahrzeuge oder Busse) oder andere zur Erbringung der gemeinwirtschaftlichen Verpflichtung erforderliche Wirtschaftsgüter oder Dienste (wie Büros, Personal oder Bahnhöfe) sowohl für die öffentliche Dienstleistung als auch für die kommerziellen Tätigkeiten genutzt, sind die jeweiligen Kosten den beiden Tätigkeitsarten im

33 Siehe insbesondere Nummer 7 des Anhangs zu der Verordnung.

Verhältnis ihres relativen Anteils an den von dem Verkehrsunternehmen insgesamt geleisteten Verkehrsdiensten zuzuweisen.
Würden zum Beispiel Dienste in Bahnhöfen für die öffentliche Dienstleistung und die kommerziellen Tätigkeiten ein- und desselben Verkehrsunternehmens genutzt, die Kosten für diese Dienste aber in vollem Umfang der öffentlichen Dienstleistung zugerechnet, handelte es sich um eine nach der Verordnung (EG) Nr. 1370/2007 nicht zulässige Quersubvention. In der Richtlinie 2012/34/EG des Europäischen Parlaments und des Rates vom 21. November 2012 zur Schaffung eines einheitlichen europäischen Eisenbahnraums[34] sind auch spezifische Verpflichtungen zur getrennten Rechnungsführung von Eisenbahnunternehmen festgelegt.
Jeder öffentliche Dienstleistungsauftrag sollte besondere Vorschriften für die Ausgleichsleistung enthalten und getrennt verbucht werden. In anderen Worten, wenn ein Unternehmen mehrere öffentliche Dienstleistungsaufträge ausführt, sollte die öffentliche Rechnungslegung des Verkehrsunternehmens genau ausweisen, welche staatliche Ausgleichsleistung zu welchem öffentlichen Dienstleistungsauftrag gehört. Auf schriftliche Anforderung der Kommission müssen diese Buchführungsunterlagen gemäß Artikel 6 Absatz 2 der Verordnung (EG) Nr. 1370/2007 vorgelegt werden.

2.4.5. Artikel 4 Absatz 1. Gestaltung von Ausgleichsregelungen zur Effizienzsteigerung

In Erwägungsgrund 27 der Verordnung (EG) Nr. 1370/2007 wird ausgeführt, dass die Parameter für die Ausgleichsleistung bei Direktvergabe oder allgemeinen Vorschriften so festzusetzen sind, dass die Ausgleichsleistung angemessen ist und „der angestrebten Effizienz und Qualität der Dienste" Rechnung trägt. Dies bedeutet, dass die zuständigen Behörden durch den Ausgleichsmechanismus Anreize schaffen sollten, damit die Dienstleistungserbringer effizienter arbeiten und die Dienstleistung in dem geforderten Umfang und der geforderten Qualität mit möglichst geringen Ressourcen erbringen.
Die in der Verordnung (EG) Nr. 1370/2007 enthaltenen Vorschriften bezüglich der Ausgleichsleistung lassen den zuständigen Behörden einen gewissen Spielraum, um Anreize für den Erbringer einer öffentlichen Dienstleistung zu schaffen. In jedem Fall müssen die zuständigen Behörden „einen Anreiz geben zur Aufrechterhaltung oder Entwicklung einer wirtschaftlichen Geschäftsführung des Betreibers eines öffentlichen Dienstes, die objektiv nachprüfbar ist" (Nummer 7 des Anhangs). Dies schließt ein, dass die Ausgleichsregelung so gestaltet sein muss, dass im Laufe der Zeit zumindest eine gewisse Effizienzsteigerung gewährleistet ist.
Effizienzanreize sollten allerdings verhältnismäßig sein und innerhalb eines angemessenen Rahmens bleiben, wobei es die Schwierigkeiten bei der Erreichung der Effizienzziele zu berücksichtigen gilt. Dies kann beispielsweise durch eine ausgewogene Aufteilung des durch Effizienzsteigerungen erzielten Nutzens auf den Betreiber, die Behörden und/oder die Nutzer sichergestellt werden. In jedem Fall muss ein System geschaffen werden, durch das sichergestellt werden kann, dass das Unternehmen keine unverhältnismäßigen Gewinne aus Effizienzsteigerungen erzielen kann. Darüber hinaus müssen die Parameter dieser Anreizregelung in dem öffentlichen Dienstleistungsauftrag vollständig und präzise festgelegt sein.
Anreize zur effizienteren Erbringung öffentlicher Dienstleistungen sollten jedoch nicht zu Qualitätseinbußen führen. Im Sinne der Verordnung (EG) Nr. 1370/2007 ist Effizi-

34 ABl. L 343 vom 14.12.2012, S. 32. Siehe Artikel 6 zur getrennten Rechnungsführung von Eisenbahnunternehmen und Eisenbahn-Infrastrukturbetreibern.

enz als das Verhältnis zwischen der Qualität oder dem Niveau der öffentlichen Dienstleistungen und den für deren Erbringung eingesetzten Ressourcen zu verstehen. Effizienzanreize sollten deshalb sowohl auf eine Kostensenkung als auch auf eine Steigerung der Qualität oder des Niveaus der Dienstleistungen ausgerichtet sein.

2.4.6. Artikel 6 Absatz 1. Umstände, unter denen die Kommission prüft, ob eine Ausgleichsregelung den Vorschriften der Verordnung (EG) Nr. 1370/2007 entspricht

Ausgleichsleistungen für gemeinwirtschaftliche Verpflichtungen, die gemäß der Verordnung (EG) Nr. 1370/2007 gezahlt werden, sind von der Vorschrift ausgenommen, nach der staatliche Beihilfen gemäß Artikel 108 Absatz 3 AEUV vor ihrer Einführung anzumelden sind. Dennoch kann die Kommission ersucht werden, eine Ausgleichsregelung aus Gründen der Rechtssicherheit zu bewerten, wenn der Mitgliedstaat nicht sicher ist, ob die Regelung der Verordnung entspricht. Die Kommission kann eine Ausgleichsregelung auch aufgrund einer Klage oder im Zuge einer Untersuchung von Amts wegen prüfen, wenn ihr Erkenntnisse vorliegen, die darauf hindeuten, dass diese Regelung nicht den für Ausgleichsleistungen geltenden Vorschriften der Verordnung entspricht.

2.4.7. Artikel 6 Absatz 1. Unterschiede zwischen den vorab durchgeführten und den nachträglichen Untersuchungen der Kommission im Bereich der Ausgleichsregelungen

Der größte Unterschied zwischen vorab durchgeführten und nachträglichen Untersuchungen von Ausgleichsregelungen ist der Zeitpunkt, zu dem die Kommission die Regelung prüft, und nicht die Methode, die zur Feststellung eventueller übermäßiger Ausgleichsleistungen verwendet wird.
Bei der Vorab-Bewertung, ob eine Ausgleichsregelung übermäßige Ausgleichsleistungen verhindert, z. B. im Rahmen einer Notifizierung, prüft die Kommission u. a. die genauen Ausgleichsparameter. Besonderes Augenmerk wird dabei auf die Kostenkategorien, die zur Berechnung der Ausgleichsleistung herangezogen werden, sowie auf die vorgeschlagene Höhe des angemessenen Gewinns gelegt. Darüber hinaus wird untersucht, ob es einen geeigneten Mechanismus gibt, der verhindert, dass der Betreiber im Falle unerwartet hoher Einnahmen aus der Erbringung öffentlicher Dienstleistungen über die gesamte Laufzeit des öffentlichen Dienstleistungsauftrags einen übermäßigen Ausgleich, der über die tatsächlichen Nettokosten, eine angemessene Gewinnmarge und die vertraglich festgelegten Vorteile aus Effizienzsteigerungen hinausgeht, behalten darf.
In dem öffentlichen Dienstleistungsauftrag müssen für die gesamte Laufzeit des Vertrags grundsätzlich auch regelmäßige Kontrollen auf übermäßige Ausgleichsleistungen vorgesehen sein, um Fälle von übermäßigen Ausgleichsleistungen frühzeitig zu erkennen und zu verhindern, insbesondere bei langfristigen Verträgen. Die zuständigen Behörden sind verpflichtet, die Einhaltung der Bestimmungen des öffentlichen Dienstleistungsauftrags während der Laufzeit des Vertrags zu überprüfen. Es können IT-Tools entwickelt werden, um diese Kontrollen in standardisierter Form vornehmen zu können. Übermäßige Ausgleichsleistungen müssen für jeden öffentlichen Dienstleistungsauftrag getrennt bewertet werden, um zu vermeiden, dass bei der Betrachtung mehrerer Verträge überhöhte Gewinne für einzelne öffentliche Dienstleistungen nivelliert werden.

Bei einer nachträglichen Untersuchung, ob die gewährte Ausgleichsleistung den finanziellen Nettoeffekt der öffentlichen Dienstleistung übersteigt, wie er im Anhang der Verordnung (EG) Nr. 1370/2007 definiert ist, kann die Bewertung auf der Grundlage von Daten zu den tatsächlichen Einnahmen und Kosten erfolgen, da die Ausgleichsregelungen bereits umgesetzt sind. Die Methode ändert sich jedoch nicht: Die Ausgleichsleistung sollte den Betrag nicht übersteigen, der dem Unternehmen gemäß den Parametern des Vertrags vorab zugesichert wurde, auch wenn dieser Betrag nicht ausreicht, die tatsächlichen Nettokosten zu decken.

2.4.8. Artikel 1 Absatz 1 und Artikel 6 Absatz 1. Sicherstellung, dass die zuständigen Behörden den Betreibern für die Erfüllung gemeinwirtschaftlicher Verpflichtungen eine „angemessene" Ausgleichsleistung gewähren

In Artikel 1 der Verordnung (EG) Nr. 1370/2007 heißt es: „Zweck dieser Verordnung ist es, festzulegen, wie die zuständigen Behörden unter Einhaltung des [EU-]Rechts im Bereich des öffentlichen Personenverkehrs tätig werden können, um die Erbringung von Dienstleistungen von allgemeinem Interesse zu gewährleisten, die unter anderem zahlreicher, sicherer, höherwertig oder preisgünstiger sind als diejenigen, die das freie Spiel des Marktes ermöglicht hätte. Hierzu wird in dieser Verordnung festgelegt, unter welchen Bedingungen die zuständigen Behörden den Betreibern eines öffentlichen Dienstes eine Ausgleichsleistung für die ihnen durch die Erfüllung der gemeinwirtschaftlichen Verpflichtungen verursachten Kosten und/oder ausschließliche Rechte im Gegenzug für die Erfüllung solcher Verpflichtungen gewähren, wenn sie ihnen gemeinwirtschaftliche Verpflichtungen auferlegen oder entsprechende Aufträge vergeben." Zudem gilt gemäß Nummer 7 des Anhangs der Verordnung (EG) Nr. 1370/2007: „Das Verfahren zur Gewährung der Ausgleichsleistung muss einen Anreiz geben zur Aufrechterhaltung oder Entwicklung (...) der Erbringung von Personenverkehrsdiensten ausreichend hoher Qualität."
Somit zielen die Vorschriften der Verordnung (EG) Nr. 1370/2007 nicht nur darauf ab, potenzielle übermäßige Ausgleichsleistungen für gemeinwirtschaftliche Verpflichtungen zu verhindern, sondern sie sollen auch gewährleisten, dass die Erbringung der in dem öffentlichen Dienstleistungsauftrag festgelegten öffentlichen Dienstleistungen finanziell tragfähig ist, damit eine hohe Dienstleistungsqualität erreicht und aufrechterhalten werden kann. Für die gemeinwirtschaftliche Verpflichtung sollte demzufolge ein angemessener Ausgleich gewährt werden, damit die Eigenmittel des Betreibers im Rahmen eines öffentlichen Dienstleistungsauftrags nicht langfristig aufgezehrt werden, wodurch eine effiziente Erfüllung seiner vertraglichen Verpflichtungen und die Aufrechterhaltung von hochwertigen Personenverkehrsdiensten gemäß Nummer 7 des Anhangs der Verordnung (EG) Nr. 1370/2007 verhindert würde.
In jedem Fall besteht für die zuständige Behörde bei Nichtzahlung einer angemessenen Ausgleichsleistung die Gefahr, dass bei einer wettbewerblichen Vergabe eines öffentlichen Dienstleistungsauftrags weniger Angebote abgegeben werden, dass bei einer Direktvergabe des öffentlichen Dienstleistungsauftrags der Betreiber in ernsthafte finanzielle Schwierigkeiten gerät und/oder dass die Gesamtleistung und Qualität der erbrachten öffentlichen Dienstleistungen während der Vertragslaufzeit zurückgehen.

2.5. Veröffentlichung und Transparenz

Dieser Abschnitt enthält Auslegungshinweise zu den Pflichten der zuständigen Behörden, Jahresberichte über die öffentlichen Dienstleistungsaufträge in ihrer Zuständigkeit zu veröffentlichen sowie bei der Vergabe öffentlicher Dienstleistungsaufträge vor und nach dem Vergabeverfahren Transparenz zu gewährleisten.

2.5.1. Artikel 7 Absatz 1. Veröffentlichungspflichten der zuständigen Behörden hinsichtlich ihrer Jahresberichte über öffentliche Dienstleistungsaufträge in ihrer Zuständigkeit

Gemäß Artikel 7 Absatz 1 muss jede zuständige Behörde einmal jährlich einen Gesamtbericht über die in ihren Zuständigkeitsbereich fallenden gemeinwirtschaftlichen Verpflichtungen, die ausgewählten Betreiber eines öffentlichen Dienstes sowie die den Betreibern gewährten Ausgleichsleistungen und ausschließlichen Rechte veröffentlichen. Dieser Bericht unterscheidet nach Busverkehr und schienengebundenem Verkehr, er muss eine Kontrolle und Beurteilung der Leistungen, der Qualität und der Finanzierung des öffentlichen Verkehrsnetzes ermöglichen und gegebenenfalls Informationen über Art und Umfang der gewährten Ausschließlichkeit enthalten.
Die Kommission versteht den Begriff „Gesamtbericht" so, dass eine zuständige Behörde einen umfassenden Bericht über alle von ihr vergebenen öffentlichen Dienstleistungsaufträge veröffentlichen sollte; dabei sollten diese Aufträge alle einzeln aufgeführt werden. Die vorgelegten Informationen müssen somit nicht nur die Gesamtwerte ausweisen, sondern sich auf jeden einzelnen Auftrag beziehen und gleichzeitig den Schutz berechtigter Wirtschaftsinteressen der betreffenden Betreiber gewährleisten.
Die Betreiber öffentlicher Verkehrsdienste müssen der zuständigen Behörde alle Informationen und Daten vorlegen, damit diese ihren Veröffentlichungspflichten nachkommen kann.
Um das Ziel dieser Bestimmung zu erreichen, d. h. eine aussagekräftige Kontrolle und Beurteilung des öffentlichen Verkehrsnetzes, durch die ein Vergleich mit anderen öffentlichen Verkehrsnetzen innerhalb eines transparenten, strukturierten Rahmens angestellt werden kann, ruft die Kommission die Mitgliedstaaten und ihre Behörden dazu auf, freiwillig für einen leichten Zugang zu diesen Informationen zu sorgen und sinnvolle Vergleiche zu ermöglichen. Dies könnte beispielsweise durch die Veröffentlichung der Informationen auf einer zentralen Website, z. B. einer Vereinigung zuständiger Behörden oder des Verkehrsministeriums, erreicht werden. Die Informationen und Daten sollten zudem methodisch kohärent aufbereitet und in einheitlichen Maßeinheiten dargeboten werden.

2.5.2. Artikel 7 Absätze 2 und 3. Möglichkeiten für zuständige Behörden, ihren gemäß Artikel 7 Absätze 2 und 3 bestehenden Veröffentlichungspflichten bezüglich öffentlicher Dienstleistungsaufträge nachzukommen

Für die zuständigen Behörden bestehen gemäß Artikel 7 der Verordnung (EG) Nr. 1370/2007 bestimmte Verpflichtungen zur Veröffentlichung der geplanten (und erfolgten) Vergabe öffentlicher Dienstleistungsaufträge im Amtsblatt der Europäischen Union.
Gemäß Artikel 7 Absatz 2 müssen die zuständigen Behörden spätestens ein Jahr vor der Veröffentlichung einer Ausschreibung oder der Direktvergabe eines öffentlichen Dienstleistungsauftrags bestimmte Informationen zu dem geplanten Auftrag im *Amtsblatt der Europäischen Union* veröffentlichen.

In Artikel 7 Absatz 3 heißt es, dass die zuständigen Behörden innerhalb eines Jahres nach der Direktvergabe eines öffentlichen Dienstleistungsauftrags im Eisenbahnverkehr bestimmte Informationen über den vergebenen Auftrag veröffentlichen müssen.
Die Kommissionsdienststellen haben Vordrucke und Verfahren erarbeitet, mit denen die Behörden diesen Veröffentlichungspflichten nachkommen können. Durch die Mehrfachverwendung von Daten dürften die Vordrucke und die Veröffentlichungsverfahren es den zuständigen Behörden auch ermöglichen, sofern sie dies wünschen, Synergieeffekte mit der Bekanntgabe einer öffentlichen Ausschreibung für Dienstleistungen gemäß Artikel 5 Absatz 3 der Verordnung (EG) Nr. 1370/2007 zu nutzen.
Die Vordrucke wurden so konzipiert, dass sie

- den Behörden einen einfachen Zugang zu der Web-Anwendung sowie das Navigieren innerhalb der Web-Anwendung ermöglichen und klar und verständlich sind;
- zwischen den Veröffentlichungspflichten gemäß der Verordnung (EG) Nr. 1370/2007 und den Veröffentlichungspflichten gemäß den Richtlinien 2014/23/EU, 2014/24/EU und 2014/25/EU klar unterscheiden; – ein Maß an Detailgenauigkeit verlangen, das nicht als Belastung empfunden wird und somit für die Behörden akzeptabel ist;
- sich für die Erstellung nützlicher Statistiken zu den Vergabeverfahren für öffentliche Dienstleistungsaufträge und somit für die wirksame Anwendung der Verordnung (EG) Nr. 1370/2007 eignen.

Im Jahr 2013 stellte das Amt für Veröffentlichungen ein Online-Veröffentlichungsverfahren auf „eNotices“[35] bereit. Das Verfahren beruht auf den genannten Vordrucken für Veröffentlichungen im Amtsblatt der Europäischen Union gemäß Artikel 7 Absätze 2 und 3 der Verordnung (EG) Nr. 1370/2007. Die Veröffentlichung von Informationen über direkt vergebene öffentliche Dienstleistungsaufträge im Eisenbahnverkehr im *Amtsblatt der Europäischen Union* gemäß Artikel 7 Absatz 3 erfolgt auf freiwilliger Basis.

2.5.3. Artikel 7 Absatz 4. Recht interessierter Parteien, zu öffentlichen Dienstleistungsaufträgen, die direkt vergeben werden sollen, vor deren Vergabe Informationen anzufordern

Gemäß Artikel 7 Absatz 4 muss eine zuständige Behörde einer interessierten Partei auf entsprechenden Antrag ihre Gründe für die Entscheidung über die Direktvergabe eines öffentlichen Dienstleistungsauftrags übermitteln. In Erwägungsgrund 30 heißt es: „Bei direkt vergebenen öffentlichen Dienstleistungsaufträgen sollte für größere Transparenz gesorgt werden.“ Dies ist im Zusammenhang mit Erwägungsgrund 29 zu sehen, in dem dargelegt ist, dass die Absicht, einen Auftrag zu vergeben, veröffentlicht und potenziellen Betreibern eines öffentlichen Dienstes die Möglichkeit gegeben werden muss, darauf zu reagieren. Eine zuständige Behörde muss mindestens ein Jahr im Voraus ihre Absicht kundtun, einen Vertrag direkt zu vergeben, da diese Information im *Amtsblatt der Europäischen Union* veröffentlicht werden muss (Artikel 7 Absatz 2, insbesondere Buchstabe b). Somit können interessierte Parteien lange Zeit vor der Auftragsvergabe Fragen stellen, da der Auftrag frühestens ein Jahr später erfolgen darf. Um einen wirksamen Rechtsschutz zu ge-

35 http://simap.europa.eu/enotices/choiceLanguage.do.

währleisten, sollten die gemäß Artikel 7 Absatz 4 angefragten Informationen ohne ungebührliche Verzögerung zur Verfügung gestellt werden.
Mehr Transparenz bei den Verträgen schließt definitionsgemäß auch das Verfahren der Auftragsvergabe ein. Die in Erwägungsgrund 30 geforderte größere Transparenz bezieht sich demzufolge nicht nur auf Transparenz nach der Vertragsvergabe, sondern auch auf das Verfahren vor der tatsächlichen Vergabe des Auftrags an den betreffenden Betreiber öffentlicher Verkehrsdienste.

2.6. Übergangsregelungen

Dieser Abschnitt enthält Auslegungshinweise zu einigen Aspekten der Übergangsregelungen für Aufträge, die vor Inkrafttreten der Verordnung (EG) Nr. 1370/2007 vergeben wurden, sowie für während des Übergangszeitraums zwischen Dezember 2009 und Dezember 2019 vergebene Aufträge.

2.6.1. Artikel 8 Absatz 2. Geltungsbereich des seit 3. Dezember 2009 geltenden Übergangszeitraums von 10 Jahren

Gemäß Artikel 8 Absatz 2 muss unbeschadet des Absatzes 3 „die Vergabe von Aufträgen für den öffentlichen Verkehr auf Schiene und Straße ab 3. Dezember 2019 im Einklang mit Artikel 5 erfolgen". Während dieses Übergangszeitraums treffen die Mitgliedstaaten Maßnahmen, um Artikel 5 schrittweise anzuwenden und ernste strukturelle Probleme insbesondere hinsichtlich der Transportkapazität zu vermeiden.
In Artikel 8 Absatz 2 wird auf den gesamten Artikel 5 Bezug genommen. Die Kommission ist jedoch der Auffassung, dass lediglich Artikel 5 Absatz 3, nach dem bei der Vergabe öffentlicher Dienstleistungsaufträge offene, transparente, nichtdiskriminierende und faire Verfahren anzuwenden sind, in diesem Zusammenhang relevant ist. Wie in Erwägungsgrund 31 ausgeführt, soll den zuständigen Behörden und Betreibern öffentlicher Dienste durch die Übergangsregelungen genügend Zeit gegeben werden, um den Bestimmungen der Verordnung (EG) Nr. 1370/2007 nachzukommen. Die Verpflichtung der Mitgliedstaaten, Artikel 5 schrittweise anzuwenden, ist nur dann sinnvoll, wenn sie sich auf die Verpflichtung zur Anwendung offener, transparenter, nichtdiskriminierender und fairer Verfahren bei der Vergabe öffentlicher Dienstleistungsaufträge bezieht. Es ergibt keinen Sinn, wenn die Mitgliedstaaten das Konzept des internen Betreibers oder die in Artikel 5 Absätze 4, 5 und 6 der Verordnung (EG) Nr. 1370/2007 festgelegten Ausnahmen „schrittweise" anwendeten, da hierdurch im Vergleich zu den allgemeinen Grundsätzen des Vertrags und der entsprechenden Rechtsprechung weniger strenge Bestimmungen eingeführt würden. Es kann auch nicht sinnvollerweise davon ausgegangen werden, dass der Gesetzgeber die vollständige Anwendung von Artikel 5 Absatz 7, in dem die Verfahrensgarantien und die gerichtliche Überprüfung geregelt sind, auf den 3. Dezember 2019 verschieben wollte.

2.6.2. Artikel 8 Absatz 2. Verpflichtungen der Mitgliedstaaten während des Übergangszeitraums bis 2. Dezember 2019

In Artikel 8 Absatz 2 ist festgelegt, dass binnen sechs Monaten nach der ersten Hälfte des Übergangszeitraums (d. h. bis 3. Mai 2015) „die Mitgliedstaaten der Kommission einen Fortschrittsbericht (vorlegen), in dem die Umsetzung der schrittweisen Vergabe von öffentlichen Dienstleistungsaufträgen im Einklang mit Artikel 5 dargelegt wird". Daraus ergibt sich eindeutig, dass die Mitgliedstaaten nicht bis 2. Dezember 2019 warten dürfen, um mit der Umsetzung der allgemeinen Vorschrift zu beginnen, nach der wettbewerbliche Vergabeverfahren für öffentliche Dienstleistungsaufträge allen Betreibern offenstehen und fair, transparent und nichtdiskriminierend sein müssen. Die Mitgliedstaaten sollten geeignete Maßnahmen ergreifen, um während des Übergangszeitraums dieser Anforderung schrittweise zu genügen, so dass keine Situation eintritt, in der sich Verkehrsunternehmen aufgrund der verfügbaren Transportkapazität im öffentlichen Verkehrsmarkt nicht in ausreichendem Maße an allen wettbewerblichen Vergabeverfahren, die am Ende des Übergangszeitraums stattfänden, beteiligen können.

2.6.3. Artikel 8 Absatz 3. Bedeutung von „sofern ihre Laufzeit begrenzt und mit den Laufzeiten gemäß Artikel 4 vergleichbar ist"

Nach Artikel 8 Absatz 3 Buchstabe d können öffentliche Dienstleistungsaufträge, die „ab dem 26. Juli 2000 und vor dem 3. Dezember 2009 nach einem anderen Verfahren als einem fairen wettbewerblichen Vergabeverfahren (vergeben wurden), (...) für ihre vorgesehene Laufzeit gültig bleiben (...), sofern ihre Laufzeit begrenzt und mit den Laufzeiten gemäß Artikel 4 vergleichbar ist".
Nach Auffassung der Kommission sollte „mit den Laufzeiten gemäß Artikel 4 vergleichbar" restriktiv ausgelegt werden, um sicherzustellen, dass sich die Mitgliedstaaten ab dem Zeitpunkt des Inkrafttretens am 3. Dezember 2009 bemühen, die Ziele der Verordnung zu erreichen. Deshalb ist die Kommission der Ansicht, dass die Laufzeit öffentlicher Dienstleistungsaufträge sinnvollerweise möglichst den in Artikel 4 angegebenen Laufzeiten entsprechen sollte.

Kommentar zur VO (EG) Nr. 1370/2007 inkl. VO (EU) 2016/2338 unter Berücksichtigung der Auslegungsleitlinien 2023 (2023/C 222/01)

Artikel 1 VO 1370 Zweck und Anwendungsbereich

(1) [1]Zweck dieser Verordnung ist es, festzulegen, wie die zuständigen Behörden unter Einhaltung des Gemeinschaftsrechts im Bereich des öffentlichen Personenverkehrs tätig werden können, um die Erbringung von Dienstleistungen von allgemeinem Interesse zu gewährleisten, die unter anderem zahlreicher, sicherer, höherwertig oder preisgünstiger sind als diejenigen, die das freie Spiel des Marktes ermöglicht hätte.
[2]Hierzu wird in dieser Verordnung festgelegt, unter welchen Bedingungen die zuständigen Behörden den Betreibern eines öffentlichen Dienstes eine Ausgleichsleistung für die ihnen durch die Erfüllung der gemeinwirtschaftlichen Verpflichtungen verursachten Kosten und/oder ausschließliche Rechte im Gegenzug für die Erfüllung solcher Verpflichtungen gewähren, wenn sie ihnen gemeinwirtschaftliche Verpflichtungen auferlegen oder entsprechende Aufträge vergeben.

(2) [1]Diese Verordnung gilt für den innerstaatlichen und grenzüberschreitenden Personenverkehr mit der Eisenbahn und andere Arten des Schienenverkehrs sowie auf der Straße, mit Ausnahme von Verkehrsdiensten, die hauptsächlich aus Gründen historischen Interesses oder zu touristischen Zwecken betrieben werden. [2]Die Mitgliedstaaten können diese Verordnung auf den öffentlichen Personenverkehr auf Binnenschifffahrtswegen und, unbeschadet der Verordnung (EWG) Nr. 3577/92 des Rates vom 7. Dezember 1992 zur Anwendung des Grundsatzes des freien Dienstleistungsverkehrs auf den Seeverkehr zwischen den Mitgliedsstaaten (Seekabotage)(1) auf das Meer innerhalb der Hoheitsgewässer anwenden.
[3]Vorbehaltlich der Zustimmung der zuständigen Behörden der Mitgliedstaaten, in deren Hoheitsgebiet die Dienstleistungen erbracht werden, dürfen sich gemeinwirtschaftliche Verpflichtungen auf öffentliche Verkehrsdienste auf grenzüberschreitender Ebene erstrecken, einschließlich jener, die örtliche und regionale Verkehrsbedürfnisse erfüllen.

(3) Diese Verordnung gilt nicht für öffentliche Baukonzessionen im Sinne von Artikel 1 Absatz 3 Buchstabe a der Richtlinie 2004/17/EG oder im Sinne von Artikel 1 Absatz 3 der Richtlinie 2004/18/EG.

Schrifttum:
Felger, Anmerkung zu EuGH: Gemischter Dienstleistungsauftrag für multimodalen Personenverkehr, EuZW 2024, 35 ff.; *Linke/Jürschik*, Analog trifft digital – Neuigkeiten bei den rechtlichen Rahmenbedingungen zum Ride- und Carsharing, NVZ 2018, 496 ff.

Übersicht

A. Vorbemerkungen

1 Art. 1 VO 1370 enthält in Absatz 1 den Zweck der VO 1370. Absatz 2 des Art. 1 VO 1370 regelt den Anwendungsbereich der VO 1370 und Absatz 3 schließlich die Ausnahmen vom Anwendungsbereich. Der UAbs. 2 des Art. 1 Abs. 2 VO 1370 wurde mit der VO 2016/2338 eingefügt und gilt seit dem 24.12.2017.

B. Verordnungszweck (Art. 1 Abs. 1 VO 1370)

2 Art. 1 Abs. 1 UAbs. 1 VO 1370 enthält die Zielsetzung des europäischen Normgebers, nämlich festzulegen, wie unter Einhaltung des Gemeinschaftsrechts öffentliche Personenverkehrsdienste gewährleistet werden können, die bestimmte Gemeinwohl orientierte Anforderungen erfüllen und deshalb ohne staatlichen Eingriff am Markt nicht beschafft werden können. Solche Anforderungen sollen nach Art. 1 Abs. 1 UAbs. 1 VO 1370 zum Beispiel gegeben sein, wenn die öffentlichen Verkehrsdienste zahlreicher, sicherer, höherwertig oder preisgünstiger sind als diejenigen, die das freie Spiel des Marktes ermöglicht hätte. „**Zahlreicher**" bezieht sich dabei auf die Taktfrequenz bzw. die Verkehrsbedienung zu Schwachverkehrszeiten, also die Quantität.[1] „**Sicherer**" meint ein geringeres Risiko für die Fahrgäste und Dritte, z. B. durch besondere Vorkehrungen oder durch spezielle technische Anforderungen an die eingesetzten Fahrzeuge (Sicherheitssysteme) oder die Infrastruktur.[2] „**Höherwertig**" sind Verkehrsdienste, die besondere Qualitätsanforderungen erfüllen müssen (z. B. Sauberkeit, Ausbildung der Zugbegleiter, Erbringung von Serviceleistungen), den Komfort erhöhen und damit den öffentlichen Personenverkehr attraktiver gestalten.[3] „**Preisgünstiger**" sind öffentliche Personenverkehrsdienste regelmäßig dann, wenn die Fahrpreise begrenzt oder Fahrpreise für bestimmte Personengruppen (Tarife) vorgegeben werden.[4] Die Einhaltung der jeweiligen Anforderung ist die Erfüllung der auferlegten gemeinwirtschaftlichen Verpflichtungen, für die die VO 1370 eine „Gegenleistung" ermöglicht.

3 Die VO 1370 legt fest, „unter welchen Bedingungen" die zuständige Behörde dem Betreiber der Verkehrsdienste eine Gegenleistung für die Nachteile, die auf die gemeinwirtschaftliche Verpflichtung zurückgehen, gewähren darf (Art. 1 Abs. 1 UAbs. 2 VO 1370). Als „Gegenleistung" sieht die VO 1370 nur Ausgleichsleistungen und die Gewährung von ausschließlichen Rechten vor (vgl. Art. 3 Abs. 1 VO 1370). Mittel zur Gewährung von Ausgleichsleistungen und ausschließlichen Rechten sind der öffentliche Dienstleistungsauftrag (Art. 2 lit. i), Art. 3 Abs. 1 VO 1370), der nur unter Beachtung des Vergaberechtsregimes der VO 1370 an den Betreiber vergeben werden darf, und ausnahmsweise die allgemeine Vorschrift (Art. 2 lit. l), Art. 3 Abs. 2 VO 1370). Allgemeine Vorschriften

---

1 *Berschin*, in: Münchener Kommentar Wettbewerbsrecht, Band 4, Art. 1 VO 1370/2007, Rn. 2; *Kaufmann/Linke*, in: *Linke*, Art. 1 VO 1370, Rn. 26; *Zuck*, in: *Ziekow/Völlink*, Art. 1 VO 1370, Rn. 2.

2 *Kaufmann/Linke*, in: *Linke*, Art. 1 VO 1370, Rn. 27.

3 *Berschin*, in: Münchener Kommentar Wettbewerbsrecht, Band 4, Art. 1 VO 1370/2007, Rn. 2; *Kaufmann/Linke*, in: *Linke*, Art. 1 VO 1370, Rn. 28.

4 *Kaufmann/Linke*, in: *Linke*, Art. 1 VO 1370, Rn. 29 f.

ermöglichen indes nur bestimmte gemeinwirtschaftliche Verpflichtungen (Höchsttarife) festzusetzen und die „Gegenleistung" können nicht ausschließliche Rechte sein (vgl. Art. 3 Abs. 2 VO 1370).

C. Geltungsbereich (Art. 1 Abs. 2 VO 1370)

Nach Art. 1 Abs. 2 Satz 1 VO 1370 gilt die VO 1370 für den **innerstaatlichen und grenzüberschreitenden Personenverkehr** mit der Eisenbahn und anderen Arten des Schienenverkehrs sowie auf der Straße. Erfasst ist räumlich also der Personen**land**verkehr, der ausschließlich innerhalb eines Staates („**innerstaatlich**") und auch teilweise außerhalb des eigenen Staatsgebietes („**grenzüberschreitend**") erbracht wird.[5] Die VO 1370 erfasst damit nicht nur den Personen**nah**verkehr.[6] Der mit der Änderungsverordnung 2016/2338 eingefügte UAbs. 2 des Art. 1 Abs. 2 VO 1370 stellt dazu klar, dass auch gemeinwirtschaftliche Verpflichtungen grenzüberschreitend festgelegt werden können. Dies dient der Sicherstellung der Qualität, Transparenz, Effizienz und Leistungsfähigkeit der öffentlichen Schienenpersonenverkehrsdienste.[7] Die Festlegung von gemeinwirtschaftlichen Verpflichtungen für diese Verkehre ist aber zur Wahrung der Hoheitsbefugnisse von der Zustimmung derjenigen zuständigen Behörde abhängig, in deren Gebiet die Dienstleistungen erbracht werden. 4

In sachlicher Hinsicht erfasst sind zunächst die Verkehrsmittel „**Eisenbahn und andere Arten des Schienenverkehrs**". Andere „Arten des Schienenverkehrs" sind Untergrund- und Straßenbahnen sowie Tram-Trains[8] und Magnetschwebebahnen.[9] Maßgeblich für die Einordnung des Schienenverkehrs ist die Verwendung einer „festen Spur" bzw. der Spurbindung.[10] Der **Straßenpersonenverkehr** zeichnet sich demgegenüber durch die fortlaufende Verwendung der Straßeninfrastruktur aus, so dass typischerweise Omnibusse und Oberleitungsomnibusse darunter fallen.[11] Nicht erfasst ist der Gelegenheitsverkehr mit Straßenfahrzeugen[12] (z. B. Taxi) oder der private Personenverkehr[13]. 5

---

5 *Kaufmann/Linke*, in: *Linke*, Art. 1 VO 1370, Rn. 41; *Zuck*, in: *Ziekow/Völlink*, Art. 1 VO 1370, Rn. 9; *Knauff*, in: *Immenga/Mestmäcker*, Wettbewerbsrecht, Band 5, Art. 1 VO 1370/2007, Rn. 58.

6 *Hübner*, in: *Willenbruch/Wieddekind/Hübner*, Art. 1 VO 1370, Rn. 7; *Saxinger*, in: *Saxinger/Winnes*, Art. 1 Abs. 2 VO 1370, Rn. 6 [Stand: Jan. 2015]; *Knauff*, in: *Immenga/Mestmäcker*, Wettbewerbsrecht, Band 5, Art. 1 VO 1370/2007, Rn. 57.

7 Vgl. Erwägungsgrund 5 der VO 2016/2338.

8 Obwohl Tram-Trains auch die Eisenbahninfrastruktur nutzen, sollen sie aufgrund ihrer besonderen Merkmale nach Auffassung der Kommission den „anderen schienengestützten Verkehrsträgern" zugeordnet werden, vgl. Ziff. 2.5.3.5. der Mitteilung der Kommission v. 26.6.2023 (2023/C 222/01), S. 20 und schon zuvor Ziff. 2.3.5. der Mitteilung der Kommission v. 29.3.2014 (2014/C 92/01), S. 12.

9 *Saxinger*, in: *Saxinger/Winnes*, Art. 1 Abs. 2 VO 1370, Rn. 12 [Stand: Dez. 2012]; *Knauff*, in: *Immenga/Mestmäcker*, Wettbewerbsrecht, Band 5, Art. 1 VO 1370/2007, Rn. 63.

10 *Berschin*, in: Münchener Kommentar Wettbewerbsrecht, Art. 1 VO 1370/2007, Rn. 16; *Kaufmann/Linke*, in: *Linke*, Art. 1 VO 1370, Rn. 41.

11 *Kaufmann/Linke*, in: *Linke*, Art. 1 VO 1370, Rn. 42.

12 Vgl. *Hübner*, in: *Willenbruch/Wieddekind/Hübner*, Art. 1 VO 1370, Rn. 7.

13 *Saxinger*, in: *Saxinger/Winnes*, Art. 1 Abs. 2 VO 1370, Rn. 9 [Stand: Jan. 2015].

5a Die VO 1370 ist grundsätzlich nicht auf **Güterverkehr** anwendbar, weil es sich nicht um „öffentlichen Personenverkehr" handelt.[14] Insofern fällt auch der Mittransport von Waren in Bussen oder Straßenbahnen nicht unter die VO 1370 („**ÖPNV-Warenverkehr**"). Bei Finanzierungsbedarf besteht insofern nur die Möglichkeit, tatbestandlich eine Beihilfe z. B. über das „Altmark-Trans"-Urteil des *EuGH*[15] auszuschließen, die Warentransporte als „**Dienstleistungen von allgemeinem wirtschaftlichem Interesse**" (DAWI) einzustufen und eine Finanzierung über Art. 106 AEUV (z. B. mit einer „DAWI-Betrauung" i. S. d. DAWI-Beschlusses[16]) sicherzustellen oder die Ausgleichsleistung nach Art. 108 Abs. 3 AEUV bei der Kommission anzumelden. Güterverkehrsdienste können indes nur dann als DAWI eingestuft werden, wenn der Mitgliedstaat nachweist, dass ein „echter Bedarf an solchen Dienstleitungen besteht, der vom Markt nicht oder nicht ausreichend gedeckt wird".[17]

5b Anders als Warenverkehrsdienste können „Dienste auf Abruf" (sog. **On-Demand-Verkehre**) in den Anwendungsbereich der VO 1370 fallen und damit auch **Gegenstand eines öffentlichen Dienstleistungsauftrages** sein. Erforderlich ist nur, dass sie die Anforderungen von Art. 2 lit. a) VO 1370 erfüllen, also von allgemeinem wirtschaftlichem Interesse sind und ihre Erbringung für die Allgemeinheit diskriminierungsfrei und fortlaufend erbracht werden.[18] Unter On-Demand-Verkehren in diesem Sinne versteht die Kommission Dienste auf Abruf, die regelmäßig durch Straßenfahrzeuge erbracht werden, die von den Fahrgästen mittels elektronischer Kommunikationsmittel („App-basiert") gebucht werden können und die vom Betreiber an festgelegten Haltestellen oder an regulären Linienstellen aufgenommen bzw. abgesetzt werden.[19] Dagegen unterfällt die bloße **Vermittlung von Verkehrsleistungen** (mittels Smartphone-Applikation) nicht dem Anwendungsbereich der VO 1370.[20] Nimmt der Unternehmer jedoch einen starken Einfluss auf die Leistung, bspw. durch Vorgaben über die Qualität der Fahrzeuge und Fahrer oder über den Preis, beurteilt der EuGH dies als „integrale[n] Bestandteil einer Gesamtdienstleistung, [die als] „Verkehrsdienstleistung" i. S. v. Art. 2 II Buchst. d der RL 2006/123 einzustufen [ist]."[21] In diesen Konstellationen gilt folglich auch das Regime der VO 1370.[22]

5c Was die Anwendung der VO 1370 auf „**Seilbahnen**" anbelangt, so gilt Folgendes: Die VO 1370/2007 ist auf „andere Arten des Schienenverkehrs" anwendbar und

14 Ziff. 2.1.4. der Mitteilung der Kommission v. 26.6.2023 (2023/C 222/01), S. 5. Vgl. Erwägungsgrund 11 der VO 1370/2007 und *Saxinger*, in: *Saxinger/Winnes*, Art. 1 Abs. 2 VO 1370, Rn. 7 (Stand: Jan. 2015).

15 *EuGH*, 24.7.2003, Rs. C-280/00 – *Altmark Trans.*

16 Beschluss der Kommission vom 20.12.2011 über die Anwendung von Artikel 106 Abs. 2 AEUV auf staatliche Beihilfen in Form von Ausgleichsleistungen zugunsten bestimmter Unternehmen, die mit der Erbringung von Dienstleistungen von allgemeinem wirtschaftlichem Interesse betraut sind (Bekanntgegeben unter Aktenzeichen K(2011) 9380, 2012/21/EU).

17 Ziff. 2.1.4. der Mitteilung der Kommission v. 26.6.2023 (2023/C 222/01), S. 5.

18 Ziff. 2.1.6. der Mitteilung der Kommission v. 26.6.2023 (2023/C 222/01), S. 6.

19 Ziff. 2.1.6. der Mitteilung der Kommission v. 26.6.2023 (2023/C 222/01), S. 6.

20 *Knauff*, in: *Immenga/Mestmäcker*, Wettbewerbsrecht, Band 5, Art. 1 VO 1370/2007, Rn. 76.

21 EuGH, 20.12.2017, Rs. C-434/15, Rn. 40. Vgl. *Linke/Jürschik*, NVZ 2018, 496 (498).

22 *Knauff*, in: *Immenga/Mestmäcker*, Wettbewerbsrecht, Band 5, Art. 1 VO 1370/2007, Rn. 77.

schließt deshalb auch **schienengebundene Standseilbahnen** ein, weil eine feste Spurbindung bzw. ständiger Straßen- oder Gleiskontakt besteht. Bahnen mit Spurbindung wie **Magnetschwebebahnen**[23], **Zahnradbahn** oder **Standseilbahnen** sind in den Anwendungsbereich der VO 1370 einbezogen,[24] soweit sie auf einem Fahrweg mit einer oder mehreren Schienen bewegt werden.[25] Verkehre mit solchen Seilbahnen werden deshalb von der Praxis als Schienenverkehr in öffentliche Dienstleistungsaufträge einbezogen.[26] Nicht an Schienen gebundene, **„echte" Seilbahnen (mit Gondeln in der Luft)** fallen hingegen nicht in den Anwendungsbereich der VO 1370.[27] Das betrifft auch **Seilschwebebahnen** i. S. d. Legaldefinition in Art. 3 Nr. 7 VO 2016/424[28].[29] Denn danach sind Seilschwebebahnen Seilbahnen, deren Fahrzeuge von einem oder mehreren Seilen getragen und bewegt werden. Diese Legaldefinition übersieht die Kommission, wenn sie in ihrer Mitteilung v. 26.6.2023[30] „Seilschwebebahnen" im Anwendungsbereich der VO 1370 sieht. In der Sache kommt die Kommission aber zu keinem anderen Ergebnis als der *EuGH*[31], weil beide „Gleiskontakt" als Anwendungsvoraussetzung annehmen.

Von der Anwendung der VO 1370 ausgenommen sollen Verkehre sein, die hauptsächlich aus **Gründen historischen Interesses oder zu touristischen Zwecken** betrieben werden. Denn nach Erwägungsgrund 13 der VO 1370 steht bei diesen Verkehren nicht die Erbringung öffentlicher Personenverkehrsdienste im Mittelpunkt. Kriterien für die Abgrenzung können sich aus dem Charakter als Freizeitangebot, die Verwendung von historischen Fahrzeugen[32] und Infrastruktur, unregelmäßiger Betrieb, begrenzte Kapazitäten sowie der Betrieb zu anderen Zwecken als der Befriedigung von Verkehrsinteressen ergeben.[33] 6

Die VO 1370 überlässt es ferner den Mitgliedstaaten, die VO 1370 auf den öffentlichen Personenverkehr auf **Binnenschifffahrtswegen** und auf dem **Meer innerhalb der Hoheitsgewässer** anzuwenden (Art. 1 Abs. 2 Satz 2 VO 1370). Aus Rechtssicherheitsgründen empfiehlt die Kommission den Mitgliedstaaten, die Anwendung der VO 1370 auf Binnenschifffahrtswege bzw. dem Meer innerhalb der Hoheitsgewässer durch einen **verbindlichen Rechtsakt** (z. B. Gesetz, Runderlass oder Rechtsverordnung) transparent zu machen.[34] Ohne einen entspre- 7

23 *Knauff*, in: *Immenga/Mestmäcker*, Wettbewerbsrecht, Band 5, Art. 1 VO 1370/2007, Rn. 63.
24 Ziff. 2.1.6. der Mitteilung der Kommission v. 26.6.2023 (2023/C 222/01), S. 6; *Saxinger*, in: *Saxinger/Winnes*, Art. 1 Abs. 2 VO 1370, Rn. 12 (Stand: Dez. 2012).
25 *EuGH*, 19.10.2023, Rs. C-186/22, Rn. 25 ff.
26 *Felger*, EuZW 2024, 35 ff.
27 Vgl. *Kaufmann/Linke*, in: *Linke*, Art. 1 VO 1370; Rn. 41; *Knauff*, in: *Immenga/Mestmäcker*, Wettbewerbsrecht, Band 5, Verkehrsbeihilfen, Art. 1 VO 1370/2007, Rn. 78, 79; Kommissionsentscheidung v. 27.6.2012, SA.34056 (2012/N), Rn. 49 – *Cable Car for London*.
28 Verordnung (EU) 2016/424 des europäischen Parlaments und des vom 9. März 2016 über Seilbahnen und zur Aufhebung der Richtlinie 2000/9/EG.
29 *EuGH*, 19.10.2023, Rs. C-186/22, Rn. 26.
30 Ziff. 2.1.6. der Mitteilung der Kommission vom 26.6.2023 (2023/C 222/01), S. 6.
31 *EuGH*, 19.10.2023, Rs. C-186/22, Rn. 26. Vgl. auch *Felger*, EuZW 2024, 35 ff.
32 *Knauff*, in: *Immenga/Mestmäcker*, Wettbewerbsrecht, Band 5, Art. 1 VO 1370/2007, Rn. 73.
33 *Kaufmann/Linke*, in: *Linke*, Art. 1 VO 1370, Rn. 44, 45.
34 Ziff. 2.1.2. der Mitteilung der Kommission v. 26.6.2023 (2023/C 222/01), S. 4; *Knauff*, in: *Immenga/Mestmäcker*, Wettbewerbsrecht, Band 5, Art. 1 VO 1370/2007, Rn. 65.

chenden Anwendungsbeschluss erfolgt die (beihilferechtskonforme) Finanzierung der Binnenschifffahrt unmittelbar durch Art. 93 AEUV.[35] Nimmt man den Wortlaut ernst, trifft der Mitgliedsstaat den Anwendungsbeschluss und nicht die zuständige Behörde; es sind insofern keine „Splitterlösungen" in einem Mitgliedstaat möglich. Die Anwendung der VO auf Gewässer in einem Mitgliedstaat bietet sich an, wenn die Schiffsverkehre in ein ÖPNV-Netz eingebunden sind (z. B. bei Katamaran-Verkehren).[36] Unabhängig von der Entscheidung eines Mitgliedstaates für die Anwendung der Verordnung auf Binnenschifffahrtswege ist die Frage, ob bestimmte Verkehre auf dem Wasser nach dem nationalen Recht (z. B. nach § 2 Abs. 1 ÖPNVG BW) als „ÖPNV" eingestuft werden können; das kann gerade bei Fährbetrieben[37] der Fall sein.

D. Baukonzessionen (Art. 1 Abs. 3 VO 1370)

8 Nach Art. 1 Abs. 3 VO 1370 ist die Verordnung nicht auf Baukonzessionen i. S. d. Vergaberichtlinien anzuwenden. Baukonzessionen für öffentliche Verkehrsdienste mit der Eisenbahn, anderen schienengebundenen Verkehrsträgern oder auf der Straße – was regelmäßig die Infrastruktur betreffen wird[38] – sollen ausschließlich nach Maßgabe der Vergaberichtlinien bzw. der Konzessionsrichtlinie 2014/23/EU vergeben werden.[39]

9 Art. 1 Abs. 3 VO 1370 verweist für die Begriffsbestimmung der „Baukonzession" auf die Legaldefinition in den Vergaberichtlinien 2004/17-18/EG. Nach dem Inkrafttreten des Richtlinienpakets zur Modernisierung des Vergaberechts[40] am 17.4.2014 ist der Verweis überholt. Für die Begriffsbestimmung ist nun **Art. 5 Abs. 1 lit. a) der Konzessionsrichtlinie 2014/23/EU**[41] maßgeblich, es handelt sich um eine „dynamische Verweisung" auf die jeweils gültigen Vergaberichtlinien.[42] Enthält ein Auftrag sowohl bauliche Elemente als auch Verkehrsdienstleistungen, ist die Einordnung nach dem **Schwerpunkt der Leistung** (etwa gemessen am jeweiligen Auftragswert) zu bestimmen.[43]

10 Die Regelung zur Baukonzession verdeutlicht, dass die VO 1370 **für isolierte Infrastrukturmaßnahmen** (z. B. Bauaufträge zur Instandhaltung der Infrastruk-

35 Ziff. 2.1.2. der Mitteilung der Kommission v. 26.6.2023 (2023/C 222/01), S. 4.

36 *Knauff*, in: *Immenga/Mestmäcker*, Wettbewerbsrecht, Band 5, Verkehrsbeihilfen, Art. 1 VO 1370/2007, Rn. 65.

37 Beispiele sind z. B. in Sachsen die Elbfähren (außer Kurort Rathen) und in Hamburg die Hafenfähren.

38 *Kaufmann/Linke*, in: *Linke*, Art. 1 VO 1370, Rn. 47.

39 Ziff. 2.1.1. der Mitteilung der Kommission v. 26.6.2023 (2023/C 222/01), S. 4; schon bisher: Ziff. 2.1.1. der Mitteilung der Kommission v. 29.3.2014 (2014/C 92/01), S. 2.

40 Richtlinien 2014/23-25/EU.

41 Die Richtlinienvorschrift wird mit § 105 Abs. 1 Nr. 1 GWB umgesetzt.

42 Vgl. *EuGH*, 20.9.2018, Rs. C-518/17, Rn. 43, 47; Schlussanträge *GA Sánchez-Bordona* v.13.9.2018, Rs. C-266/17, C-267/17, Rn. 29; Ziff. 2.1.1. der Mitteilung der Kommission v. 26.6.2023 (2023/C 222/01), S. 3 und schon bisher Ziff. 2.1.1. der Mitteilung der Kommission v. 29.3.2014 (2014/C 92/01), S. 2; *Linke/Prieß*, in: *Linke*, Art. 5 VO 1370, Rn. 23a; *Knauff*, in: *Immenga/Mestmäcker*, Wettbewerbsrecht, Band 5, Art. 1 VO 1370/2007, Rn. 81.

43 *Hübner*, in: *Willenbruch/Wieddekind/Hübner*, Art. 1 VO 1370, Rn. 10 und § 110 Abs. 1 Satz 2 GWB.

tur; Infrastrukturbaumaßnahmen) **nicht gilt**. Die VO 1370 gilt ausweislich ihres Anwendungsbereichs in Art. 1 Abs. 1 VO 1370 und Art. 2 lit. a) VO 1370 nur für „öffentlichen Personenverkehr“. Aus der Begriffsbestimmung des „öffentlichen Personenverkehrs“ (Art. 2 lit. a) VO 1370) wird deutlich, dass die Verordnung nur Personenbeförderungsdienstleitungen von allgemeinem wirtschaftlichem Interesse erfasst, keine Aufträge ohne Beförderungskomponente. Anders gewendet: Nur ein Auftrag mit Beförderungsleistung ist ein Auftrag i. S. d. VO 1370. Der Begriff der Beförderungsleistung wird eng ausgelegt. Erfasst wird nur die „Erbringung von Personenbeförderungsdienstleistungen“ im engeren Sinn. Deshalb sind keine der eigentlichen Beförderungsleistung vorgelagerten „Hilfstätigkeiten“ wie der Betrieb der Infrastruktur und andere ortsfeste Einrichtungen des öffentlichen Personenverkehrs erfasst. Vom Anwendungsbereich der Verordnung ausgenommen sind insofern auch die „Errichtung der ortsfesten Infrastruktur“ sowie die weitergehende Beauftragung von baulichen Leistungen zur Errichtung der für öffentliche Personenverkehrsdienste notwendigen Infrastruktur (Verkehrswege oder Verkehrsbauten). Isolierte Infrastrukturmaßnahmen fallen damit (nur) in den Anwendungsbereich der Vergaberichtlinien; die beihilferechtliche Legalisierungswirkung der Verordnung (Art. 9 Abs. 1 VO 1370) gilt nicht. Davon unabhängig stellt die VO 1370 aber klar, dass Infrastrukturmaßnahmen Teil von öffentlichen Dienstleistungsaufträgen mit Beförderungskomponente sein können (vgl. Art. 4 Abs. 1 lit. c) VO 1370); dann greift auch die beihilferechtliche Legalisierungswirkung (Art. 9 Abs. 1 VO 1370).

Artikel 2 VO 1370 Begriffsbestimmungen

Im Sinne dieser Verordnung bezeichnet der Ausdruck

a) „öffentlicher Personenverkehr“ Personenbeförderungsleistungen von allgemeinem, wirtschaftlichem Interesse, die für die Allgemeinheit diskriminierungsfrei und fortlaufend erbracht werden;

b) „zuständige Behörde“ jede Behörde oder Gruppe von Behörden eines oder mehrere Mitgliedstaaten, die zur Intervention im öffentlichen Personenverkehr in einem bestimmten geografischen Gebiet befugt ist, oder jede mit einer derartigen Befugnis ausgestattete Einrichtung;

c) „zuständige örtliche Behörde“ jede zuständige Behörde, deren geografischer Zuständigkeitsbereich sich nicht auf das gesamte Staatsgebiert erstreckt;

d) „Betreiber eines öffentlichen Dienstes“ jedes privat- oder öffentlich-rechtliche Unternehmen oder jede Gruppe von privat- oder öffentlich-rechtlichen Unternehmen, das/die öffentliche Personenverkehrsdienste betreibt, oder eine öffentliche Einrichtung, die öffentliche Personenverkehrsdienste durchführt;

e) „gemeinwirtschaftliche Verpflichtung“ eine von der zuständigen Behörde festgelegte oder bestimmte Anforderung im Hinblick auf die Sicherstellung von im allgemeinen Interesse liegenden öffentlichen Personenverkehrsdiensten, die der Betreiber unter Berücksichtigung seines eigenen wirtschaftlichen Interesses nicht oder nicht im gleichen Umfang oder nicht zu den gleichen Bedingungen ohne Gegenleistung übernommen hätte;

f) „ausschließliches Recht“ ein Recht, das einen Betreiber eines öffentlichen Dienstes berechtigt, bestimmte öffentliche Personenverkehrsdienste auf

einer bestimmten Strecke oder in einem bestimmten Streckennetz oder Gebiet unter Ausschluss aller anderen solchen Betreiber zu erbringen;

g) „Ausgleichsleistung für gemeinwirtschaftliche Verpflichtungen" jeden Vorteil, insbesondere finanzieller Art, der mittelbar oder unmittelbar von einer zuständigen Behörde aus öffentlichen Mitteln während des Zeitraums der Erfüllung einer gemeinwirtschaftlichen Verpflichtung oder in Verbindung mit diesem Zeitraum gewährt wird;

h) „Direktvergabe" die Vergabe eines öffentlichen Dienstleistungsauftrags an einen bestimmten Betreiber eines öffentlichen Dienstes ohne Durchführung eines vorherigen wettbewerblichen Vergabeverfahrens;

i) „öffentlicher Dienstleistungsauftrag" einen oder mehrere rechtsverbindliche Akte, die die Übereinkunft zwischen einer zuständigen Behörde und einem Betreiber eines öffentlichen Dienstes bekunden, diesen Betreiber eines öffentlichen Dienstes mit der Verwaltung und Erbringung von öffentlichen Personenverkehrsdiensten zu betrauen, die gemeinwirtschaftlichen Verpflichtungen unterliegen; gemäß der jeweiligen Rechtsordnung der Mitgliedstaaten können diese rechtsverbindlichen Akte auch in einer Entscheidung der zuständigen Behörde bestehen:

- **die die Form eines Gesetzes oder einer Verwaltungsregelung für den Einzelfall haben kann oder**
- **die Bedingungen enthält, unter denen die zuständige Behörde diese Dienstleistungen selbst erbringt oder einen internen Betreiber mit der Erbringung dieser Dienstleistungen betraut;**

j) „interner Betreiber" eine rechtlich getrennte Einheit, über die eine zuständige örtliche Behörde – oder im Falle einer Gruppe von Behörden wenigstens eine zuständige örtliche Behörde – eine Kontrolle ausübt, die der Kontrolle über ihre eigenen Dienststellen entspricht;

k) „Wert" den Wert eines Verkehrsdienstes, einer Strecke, eines öffentlichen Dienstleistungsauftrags oder einer Ausgleichsregelung des öffentlichen Personenverkehrs, der den Gesamteinnahmen – ohne Mehrwertsteuer – des Betreibers oder der Betreiber eines öffentlichen Dienstes entspricht, einschließlich der Ausgleichsleistung der Behörden gleich welcher Art und aller Einnahmen aus dem Fahrscheinverkauf, die nicht an die betroffene zuständige Behörde abgeführt werden;

l) „allgemeine Vorschrift" eine Maßnahme, die diskriminierungsfrei für alle öffentlichen Personenverkehrsdienste derselben Art in einem bestimmten geografischen Gebiet, das im Zuständigkeitsbereich einer zuständigen Behörde liegt, gilt;

m) „integrierte öffentliche Personenverkehrsdienste" Beförderungsleistungen, die innerhalb eines festgelegten geografischen Gebiets im Verbund erbracht werden und für die ein einziger Informationsdienst, eine einzige Fahrausweisregelung und ein einziger Fahrplan besteht;

aa) „öffentliche Schienenpersonenverkehrsdienste" den öffentlichen Schienenpersonenverkehr mit Ausnahme des Personenverkehrs auf anderen schienengestützten Verkehrsträgern wie Untergrund- oder Straßenbahnen.

Schrifttum:

Antweiler, Schluss mit der Marktverdrängung durch Direktvergaben im ÖPNV, NZBau 2016, 521 ff.; *Antweiler*, Neue Entwicklungen bei der Vergabe und Finanzierung von Verkehrsverträgen, VergabeR 2018, 211 ff.; *Batzil*, Bündelung von Buslinien, Der Nahverkehr 11/2009, 19 ff.; *Dembach/Wittig*, Unsichere Zeiten für Direktvergaben?, Der Nahverkehr

12/2017, 11 ff.; *Deuster*, Endspurt zur VO (EG) 1370: Handlungsbedarf für die Liniengenehmigung (Teil 1), IR 2009, 202 ff.; *Diemon-Wies*, Die Vergabe von Busdienstleistungen im ÖPNV nach der VO (EG) 1370/2007, dem GWB oder dem PBefG?, VergabeR 2014, 305 ff.; *Hagenbruch*, Anwendbarkeit der VO Nr. 1370/2007 auf die Direktvergabe in Form von Verwaltungsakten und gesellschaftsrechtlichen Weisungen, EuZW 2020, 1019 ff.; *Heinze*, Wettbewerb um Busliniengenehmigungen unter der VO (EG) 1370/2007, DVBl 2011, 534 ff.; *Jürschik/Stützel*, EuGH: Beihilferecht: Zulässigkeit wirtschaftlicher Betätigung des Staates als Unternehmen, EuzW2022, 419 ff.; *Jürschik-Grau/Lenz*, Umbruch bei Verkehrsvergaben? Die neuen Auslegungsleitlinien zur VO 1370/2007, EuZW 2023, 829 ff.; *Jürschik/Felger*, EuGH: Verkehrsrecht: Ausgleichspflicht bei unentgeltlicher Beförderung bestimmter Fahrgastgruppen, mit Anmerkung; *Jürschik/Felger*, EuZW 2022, 1055 ff.; *Jürschik/Ott*: PBefG-Linienverkehrsgenehmigungen als ausschließliches Recht nach § 14 IV Nr. 2 Buchst. c VgV?, EuZW 2021, 708 ff.; *Jürschik*, Keine Anwendung der §§ 134 f. GWB auf ÖPNV-Direktvergaben – Anmerkung zu OLG Jena, NZBau 2020, 63 ff.; *Kirch*, Die Direktvergabe an einen internen Betreiber nach der VO 1370, V+T 2011, 355 ff.; *Knauff*, Allgemeine Vorschriften im ÖPNV – zugleich Besprechung von BVerwG, Urteil v. 10.10.2019, 10 C 3.19, GewArch 2020, 321 ff.; *Knauff*, Der Vorrang eigenwirtschaftlicher Verkehre im ÖPNV auf Grundlage des novellierten Personenbeförderungsgesetzes, GewArch 2013/7-8, 283 ff.; *Knauff*, Neues zur Inhouse-Vergabe, EuZW 2014, 486 ff.; *Kühling*, Ausschreibungspflichten im SPNV nach dem BGH-Beschluss vom 8.2.2011, IR 2011, 101 ff.; *Lenz/Jürschik/Felger*, Deutschlandticket – Großer Wurf oder 49 Probleme?, Der Nahverkehr 7+8/2023, 49 ff.; *Lenz/Jürschik*, Von der Herausnahme aus dem Anwendungsbereich der VO (EG) Nr. 1370/2007 und zurück, EuZW 2021, 59 ff.; *Lenz/Jürschik*, Inhouse-Vergaben nach Zuständigkeitsübertragungen im ÖPNV, zugleich Besprechung von EuGH, Urt. v. 18.6.2020 (C-328/19), EuZW 2020, 1030 ff.; *Lenz/Jürschik*, Voraussetzungen für die Bildung einer „Gruppe von Behörden" im Sinne der VO (EG) Nr. 1370/2007, NZBau 2018, 519 ff.; *Lenz/Jürschik*, Wie der EuGH entscheiden sollte, Der Nahverkehr 3/2018, 44 ff.; *Linke*, Die staatliche Finanzierung öffentlicher Personenverkehrsdienste, EuZW 2014, 766 ff.; *Linke*, Die staatliche Finanzierung öffentlicher Personenverkehrsdienste, EuZW 2014, 766 ff.; *Linke*, Ausgleich für Pflicht zur unentgeltlichen Beförderung bestimmter Fahrgastgruppen – Lux Express Estonia, mit Anmerkung Linke, NVwZ 2022, 1715 ff.; *Linke*, VG Minden: Zur Höhe des angemessenen Gewinns im Rahmen allgemeiner Vorschriften zum Ausgleich von Höchsttarifen im öffentlichen Personenverkehr, IR 2014, 262 ff.; *Linke/Jürschik*, Veröffentlichungspflicht auch bei Zeitnot?, Der Nahverkehr 3/2021, 29 ff.; *Mutschler-Siebert/Dorschfeldt*, Anmerkung zu OLG Düsseldorf, Beschl. v. 3.5.2017 – VII-Verg 17/16, VergabeR 2018, 50 ff.; *Nettesheim*, Das neue Dienstleistungsrecht des ÖPNV – Die Verordnung (EG) Nr. 1370/2007, NVwZ 2009, 1449 ff.; *Oebbecke*, Der öffentliche Dienstleistungsauftrag nach der VO (EG) Nr. 1370/2007, NVwZ 2019, 1724 ff.; *Otting/Olgemöller*, Ausgleich gemeinwirtschaftlicher Verpflichtungen durch allgemeine Vorschriften, GewArch 2012/11, 436 ff.; *Roling*, Der Vorrang unternehmerischer Initiative im öffentlichen Personennahverkehr, DVBl 2010, 1213 ff.; *Schieferdecker*, Die Rechtsgrundlage zum Erlass allgemeiner Vorschriften im Sinne von Art. 3 Abs. 2 der Verordnung (EG) 1370/2007, GewArch 2014, 6 ff.; *Schimanek*, EuGH-Vorlage: Zulässigkeit der Direktvergabe von öffentlichen Personennahverkehrsdiensten an interne Betreiber, jurisPR-VergR 10/2017, Anm. 2; *Schmitz/Winkelhüsener*, Der öffentliche Personennahverkehr im Übergang zur VO 1370/2007: Vergaberechtliche Handlungsoptionen und deren beihilferechtliche Konsequenzen, EuZW 2011, 52 ff.; *Weber/Pelizäus*, Die Gruppe von Behörden als Instrument bei Direktvergaben, Der Nahverkehr 6/2012, 23 ff.; *Wittig/Schimanek*, Sondervergaberecht für Verkehrsdienstleistungen – Die neue EU-Verordnung über öffentliche Personenverkehrsdienste auf Schiene und Straße, NZBau 2008, 224 ff.; *Winter/Woll/Gleichner*, EU-Kommission veröffentlicht Leitlinien zur Verordnung 1370, Der Nahverkehr 5/2014, 7 ff.; *Zeiselmair*, Die neue EU-Nahverkehrsverordnung und ihre Auswirkungen, Der Nahverkehr 7-8/2008, 21 ff.; *Ziekow*, Inhouse-Geschäft und öffentlich-öffentliche Kooperationen: Neues vom europäischen Vergaberecht?, NZBau 2015, 258 ff.

Übersicht Rn.

A. Vorbemerkungen

1 Art. 2 VO 1370 enthält Legaldefinitionen der wichtigsten Begriffe der VO 1370. Dies soll die Rechtssicherheit erhöhen und die Rechtsanwendung vereinfachen.[1] Mehrere der Begriffe sind schon durch das europäische Primärrecht geprägt bzw. determiniert (z. B. die „Dienstleistung von allgemeinem wirtschaftlichem Interesse").[2]

B. Legaldefinitionen

I. Öffentlicher Personenverkehr (Art. 2 lit. a) VO 1370)

2 Die Personenbeförderungsleistungen i. S. d. VO 1370 umfassen den **Personenverkehr** auf dem Land; der Binnenschifffahrtsverkehr, der Seeverkehr und der Güterverkehr sind ausgenommen (vgl. Art. 1 Abs. 2 VO 1370). Umfasst ist die gesamte Wertschöpfungskette, die zur Erstellung der Verkehrsdienste erforderlich ist; umfasst sind z.B. auch Vertriebsdienstleistungen, Fahrbetrieb, Wartungsleistungen, Logistik, Kundenservice, Verwaltungsdienstleistungen.[3] Die Personenbeförderungsleistungen müssen von **allgemeinem wirtschaftlichem Interesse** sein. Ge-

1 *Kaufmann/Linke*, in: *Linke*, Art. 2 VO 1370, Rn. 1.
2 *Kaufmann/Linke*, in: *Linke*, Art. 2 VO 1370, Rn. 2.
3 *Kaufmann/Linke*, in: *Linke*, Art. 2 VO 1370, Rn. 5a; *Knauff*, in: *Immenga/Mestmäcker*, Wettbewerbsrecht, Band 5, Art. 2 VO 1370/2007, Rn. 86.

meint sind „Dienstleistungen von allgemeinem wirtschaftlichem Interesse" (DAWI) i. S. d. Art. 106 Abs. 2 AEUV.[4] Zwar ist die Definition der DAWI den Mitgliedstaaten überlassen, die Kommission geht aber davon aus, dass es sich um Tätigkeiten handelt, „die dem Allgemeinwohl dienen und ohne staatliche Eingriffe am Markt überhaupt nicht oder in Bezug auf Qualität, Sicherheit, Bezahlbarkeit, Gleichbehandlung oder universaler Zugang nur zu anderen Standards durchgeführt würden".[5] Der öffentliche Personenverkehr ist dementsprechend eine Sonderform der DAWI.

Die Personenbeförderungsleistung ist im Interesse der **Allgemeinheit**, wenn sie der Öffentlichkeit zur Verfügung steht, es sich also nicht um Individualverkehr oder Verkehre für bestimmte Personengruppen handelt (z. B. Werksverkehr, ungeöffneter Schülerverkehr).[6] Regelmäßig wird auch die Kapazität des Verkehrsmittels darüber Aufschluss geben, ob es der Allgemeinheit offen steht.[7] **Diskriminierungsfrei** ist die Beförderungsleistung, wenn sie jedermann offen steht und der Zugang z. B. durch (sachlich begründetet) Beförderungsbedingungen geregelt wird.[8] Das **Tatbestandsmerkmal „fortlaufend"** dient der Abgrenzung zum Gelegenheitsverkehr. Fortlaufend bezeichnet eine regelmäßige Verkehrsbedienung, wie sie bei dem Betrieb bestimmter Linien aufgrund von Fahrplänen gegeben ist.[9] 3

II. Zuständige Behörde (Art. 2 lit. b) VO 1370)

Die zuständige Behörde bzw. Gruppe von Behörden wird in Art. 2 lit. b) VO 1370 über ihre Befugnis zur Intervention im öffentlichen Personenverkehr in einem bestimmten geografischen Gebiet definiert. Die **„Interventionsbefugnis"** ist ein Recht zur Einflussnahme[10] und richtet sich nach nationalem Recht.[11] Aus der VO 1370 ergibt sich, dass auch die Gewährung von Ausgleichsleistungen oder ausschließlichen Rechten umfasst sein kann (vgl. Art. 3 Abs. 1 VO 1370).[12] Der Begriff **„Behörde"** ist autonom auszulegen; gemeint ist jede befugte „Einrichtung", aber nicht zwangsläufig eine Behörde im verwaltungsrechtlichen 4

---

4 *Hübner*, in: *Willenbruch/Wieddekind/Hübner*, Art. 2 VO 1370, Rn. 2; *Knauff*, in: *Immenga/Mestmäcker*, Wettbewerbsrecht, Band 5, Art. 2 VO 1370/2007, Rn. 87.

5 Vgl. Leitfaden zur Anwendung der Vorschriften der Europäischen Union über staatliche Beihilfen, öffentliche Aufträge und den Binnenmarkt auf Dienstleistungen von allgemeinem wirtschaftlichem Interesse und insbesondere auf Sozialdienstleistungen von allgemeinem Interesse v. 29.4.2013 (SWD (2013) 53 final/2, S. 20) und Erwägungsgrund 5 der VO 1370.

6 *Hübner*, in: *Willenbruch/Wieddekind/Hübner*, Art. 2 VO 1370, Rn. 4; *Kaufmann/Linke*, in: *Linke*, Art. 2 VO 1370, Rn. 7.

7 *Kaufmann/Linke*, in: *Linke*, Art. 2 VO 1370, Rn. 7; ähnlich *Berschin*, in: Münchener Kommentar Wettbewerbsrecht, Band 4, Art. 2 VO 1370/2007, Rn. 5.

8 *Berschin*, in: Münchener Kommentar Wettbewerbsrecht, Band 4, Art. 2 VO 1370/2007, Rn. 6.

9 *Kaufmann/Linke*, in: *Linke*, Art. 2 VO 1370, Rn. 8; *Winnes*, in: *Saxinger/Winnes*, Art. 2 lit. a VO 1370, Rn. 6 (Stand: Dez. 2012).

10 *Knauff*, in: *Immenga/Mestmäcker*, Wettbewerbsrecht, Band 5, Art. 2 VO 1370/2007, Rn. 92.

11 *Kaufmann/Linke*, in: *Linke*, Art. 2 VO 1370, Rn. 9, 10; *Winnes*, in: *Saxinger/Winnes*, Art. 2 lit. b VO 1370, Rn. 3 (Stand: Jul. 2013); *OLG Düsseldorf*, 19.2.2020, VII-Verg 26/17, Rn. 32.

12 *Hübner*, in: *Willenbruch/Wieddekind/Hübner*, Art. 2 VO 1370, Rn. 10.

Sinne.[13] Neben einer einzelnen Behörde kann auch eine „**Gruppe von Behörden**" handeln. Die Gruppe von Behörden führt zur Erweiterung des relevanten Gebiets, in dem z. B. der interne Betreiber (Art. 5 Abs. 2 VO 1370) tätig sein darf.[14] Die Frage, ob es sich um eine Gruppe oder nur eine Behörde handelt, ist besonders für die Kontrolle i. S. d. Art. 5 Abs. 2 VO 1370 bedeutsam.[15] Für die mögliche **Gruppenbildung** macht die VO 1370 keine Vorgaben; die Gruppe kann schon durch gemeinschaftliches Handeln zuständiger Behörden entstehen.[16] Für die Gruppenbildung ist auch **kein fester Zusammenschluss („Institutionalisierung")** erforderlich,[17] aber möglich (z. B. durch Zweckverband).[18] Bilden mehrere zuständige Behörden aber einen festen Zusammenschluss – ggf. mit einer eigenen Rechtspersönlichkeit – ist nach der Literatur zu untersuchen, ob es sich nach wie vor um eine Gruppe handelt bzw. ob die Aufgaben bei den Mitgliedern verbleiben oder ob die Aufgaben vollständig auf diese Einheit übertragen worden sind.[19] In letzterem Fall handelt es sich nach dieser Auffassung nicht um eine Gruppe zuständiger Behörden mit Interventionsbefugnis, sondern um (nur) eine zuständige Behörde.[20] Die *VK Bremen* hat dies indes anders bewertet und auch bei einem festen Zusammenschluss, bei dem die Gruppenmitglieder ihre Zuständigkeit im ÖPNV auf den Zusammenschluss (Zweckverband) übertragen haben, eine „Gruppe von Behörden" angenommen.[21] Neben der vollständigen Aufgabenübertragung auf eine Gruppe, sind auch Konstellationen denkbar, in denen die Gruppenmitglieder ihre Befugnis zur Intervention **nur für bestimmte Aufgaben** (z. B. Festlegung der Tarife oder Beförderungsbedingungen) auf eine Gruppe von Behörden (z. B. Zweckverband)

---

13 *Kaufmann/Linke*, in: *Linke*, Art. 2 VO 1370, Rn. 9.

14 *Dembach/Wittig*, Der Nahverkehr 12/2017, 11 (11); *VK Rheinland*, 29.4.2016, VK VOL 30/2015, S. 17; *OLG Düsseldorf*, 12.10.2016, VI-U (Kart) 2/16, Rn. 68.

15 *OLG Düsseldorf*, 3.5.2017, VII-Verg 17/16, VII-Verg 18/16, Rn. 20; *VK Rheinland*, 29.4.2016, VK VOL 30/2015; vgl. auch *Weber/Pelizäus*, Der Nahverkehr 6/2012, 23 (24).

16 *Weber/Pelizäus*, Der Nahverkehr 6/2012, 23 (24); *Lenz/Jürschik*, NZBau 9/2018, 519 (520); *Winnes*, in: *Saxinger/Winnes*, Art. 2 lit. b VO 1370, Rn. 23a (Stand: Jun. 2016); *VK Rheinland*, 3.5.2016, VK VOL 27/2015, siehe aber Rechtsprechungsänderung für NRW: *VK Rheinland*, 4.1.2019, VK K 34/18-L, S. 25); *VK Bremen*, 30.9.2016, 16 VK 4/16 und 16 VK 5/16.

17 *OLG Düsseldorf*, 16.10.2019, VII-Verg 43/18; *Kaufmann/Linke*, in: *Linke*, Art. 2 VO 1370/2007, Rn. 11; *Lenz/Jürschik*, NZBau 9/2018, 519 (520); *Weber/Pelizäus*, Der Nahverkehr 6/2012, 23 (24); *Winnes*, in: *Saxinger/Winnes*, Art. 2 lit. b 1370, Rn. 23a (Stand: Jun. 2016); *VK Rheinland*, 3.5.2016, VK VOL 27/2015 mit Rechtsprechungsänderung für NRW durch *VK Rheinland*, 4.1.2019, VK K 34/18-L, S. 25; *Knauff*, in: *Immenga/Mestmäcker*, Wettbewerbsrecht, Band 5, Art. 2 VO 1370/2007, Rn. 91. A.A. *Antweiler*, VergabeR 2018, 211 (219); *VK Westfalen*, 19.6.2018, VK 1-10/18 (aufgehoben durch *OLG Düsseldorf*, 16.10.2019, VII-Verg 43/18 – *Ruhrbahn*), vgl. dazu *Lenz/Jürschik*, NZBau 9/2018, 519 ff.

18 *VK Bremen*, 30.9.2016, 16 VK 4/16, *Antweiler*, NZBau 2016, 521 (522).

19 Vgl. *Weber/Pelizäus*, Der Nahverkehr 6/2012, 23 (24); *Winnes*, in: *Saxinger/Winnes*, Art. 2 lit. b VO 1370, Rn. 23a (Stand: Jun. 2016).

20 *Winnes*, in: *Saxinger/Winnes*, Art. 2 lit. b VO 1370, Rn. 23a (Stand: Jun. 2016). Offen: *VK Rheinland*, 3.5.2016, VK VOL 27/2015.

21 *VK Bremen*, 30.9.2016, 16 VK 4/16 und 16 VK 5/16 zum Zweckverband Bremen-Niedersachsen (ZVBN).

übertragen; das ist grundsätzlich zulässig.[22] Denn aus dem Wortlaut der VO 1370/2007 ergibt sich nicht, dass die Interventionsbefugnis bei einer Behörde gebündelt sein müsste. Die Formulierung der Definition der zuständigen Behörde in Art. 2 lit. b) VO 1370 ist vielmehr bewusst weich, um den ganz unterschiedlichen Verwaltungsstrukturen in den Mitgliedstaaten Rechnung tragen zu können. Systematisch spricht auch die von der Verordnung eröffnete Möglichkeit, eine Gruppe zuständiger Behörden zu bilden (vgl. Art. 2 lit. b) VO 1370), gegen ein Aufteilungsverbot.[23] Die Gruppenmitglieder verlieren damit durch eine Aufteilung der Interventionsbefugnisse nicht ihren Status als zuständige Behörde. Eine Übertragung der Interventionsbefugnis zur Vergabe öffentlicher Aufträge auf die Gruppe kann im Einzelfall aber nach dem Landesrecht erforderlich sein, wenn die Gruppe den Auftrag auch vergeben soll.[24]

Die Intervention im öffentlichen Verkehr durch **öffentlichen Dienstleistungsauftrag** oder **allgemeine Vorschrift** darf grundsätzlich **nur die „zuständige“ Behörde** vornehmen. Das bedeutet, dass bei Verkehren, die in das Zuständigkeitsgebiet einer anderen zuständigen Behörde führen, die **„Vergabezuständigkeit“** an sich an der Gemarkungsgrenze endet. Das gilt ausweislich des klaren Wortlauts auch für **„abgehende Linien“** oder **„sonstige Teildienste“** i. S. d. Art. 5 Abs. 2 VO 1370. Sollen solche Verkehre in einen öffentlichen Dienstleistungsauftrag oder einer allgemeinen Vorschrift einbezogen werden, ist die **Zuständigkeit** im Vorfeld[25] herzustellen. In Deutschland kann das regelmäßig im Rahmen einer **„Aufgaben- bzw. Zuständigkeitsübertragung“** z. B. in Form einer öffentlich-rechtlichen Vereinbarung nach den **Landesgesetzen über die kommunale Zusammenarbeit**[26] erfolgen. Das führt dann dazu, dass das „fremde Gebiet“ zum Zuständigkeitsgebiet bzw. die übernehmende Behörde zur „zuständigen Behörde“ wird. Für **Inhouse-Vergaben** hat der *EuGH* dabei klargestellt, dass die Vergabe für das gesamte Zuständigkeitsgebiet nach einer Zuständigkeitsübertragung möglich ist, also insbesondere die Verkehre dann auf Veranlassung des Auftraggebers erfolgen und damit in die 80 %-Quote einbezogen werden können.[27] 4a

22 *BGH*, 12.11.2019, XIII ZB 120/19, Rn. 25; *OLG Düsseldorf*, 16.10.2019, VII-Verg 43/18; *OLG Düsseldorf*, 3.5.2017, VII-Verg 17/16, VII-Verg 18/16, Rn. 19; *OLG Düsseldorf*, 3.5.2017, II-Verg 51/16, Rn. 13; Schlussanträge *GA Sánchez-Bordona* v. 13.9.2018, Rs. C-266/17, C-267/17, Rn. 46; *Lenz/Jürschik*, Der Nahverkehr 3/2018, 44 (45 f.); *Schimanek*, jurisPR-VergR 10/2017, Anm. 2; *Mutschler-Siebert/Dorschfeldt*, VergabeR 2018, 50 (51); *Knauff*, in: *Immenga/Mestmäcker*, Wettbewerbsrecht, Band 5, Art. 2 VO 1370/2007, Rn. 93. Der *EuGH* hat die gestellten Vorlagefragen dazu nicht beantwortet und sich deshalb nicht gegenteilig positioniert: *EuGH*, 21.3.2019, Rs. C-267/17 und Rs. C-266/17, Rn. 82.

23 *Lenz/Jürschik*, Der Nahverkehr 3/2018, 44 (45 f.).

24 *VK Rheinland*, 4.1.2019, VK K 34/18-L, S. 18 ff. (zu § 5 Abs. 3a ÖPNVG NRW).

25 Bei öffentlichen Dienstleistungsaufträgen muss die Zuständigkeit vor der Veröffentlichung nach Art. 7 Abs. 2 VO 1370 erfolgen (vgl. Wortlaut „zuständige Behörde“). Vgl. die Kommentierung zu Art. 7 VO 1370 und zu Art. 5 Abs. 2 VO 1370.

26 Vgl. z. B. für den Freistaat Bayern das Gesetz über die kommunale Zusammenarbeit (KommZG, GVBl. S. 555; 1995, S. 98) oder für Baden-Württemberg das Gesetz über kommunale Zusammenarbeit (GKZ, GBl. S. 137, 142).

27 *EuGH*, 18.6.2020, Rs. C-328/19, Rn. 75 – *Porin kaupunki/Porin Linjat Oy.* Vgl. dazu *Lenz/Jürschik*, EuZW 2020, 1030 f.

5 Für den ÖPNV in Deutschland richtet sich die Frage danach, wer zuständige Behörde ist, nach dem Landesrecht (§ 1 Abs. 2 RegG); die Behörde soll mit dem Aufgabenträger identisch sein (vgl. § 8a Abs. 1 Satz 2 PBefG). Aufgabenträger für den **ÖPNV** sind regelmäßig die Landkreise und kreisfreien Städte.[28] Ausnahmsweise sind dies auch die Region oder der Großraum,[29] im Falle von Stadtstaaten auch das Land[30] bzw. die Stadtgemeinden.[31] Im Bereich des **SPNV** sind die zuständigen Aufgabenträger regelmäßig die Länder bzw. Regionen,[32] selten auch Verbände[33].

III. Zuständige örtliche Behörde (Art. 2 lit. c) VO 1370)

6 Die zuständige örtliche Behörde unterscheidet sich von der zuständigen Behörde nach Art. 2 lit. b) VO 1370 durch **die örtliche Eingrenzung** bzw. die Beschränkung der Zuständigkeit auf ein Gebiet, das nicht dem gesamten Staatsgebiet entspricht. Die **Interventionsbefugnis** ist mithin örtlich **begrenzt.**[34] Die zuständige örtliche Behörde ist bei der Direktvergabe an einen internen Betreiber (Art. 5 Abs. 2 VO 1370) von Bedeutung. Denn nur die örtlich zuständige Behörde bzw. Gruppe von Behörden darf einen öffentlichen Dienstleistungsauftrag direkt an einen internen Betreiber vergeben. Dies soll der in räumlicher Sicht umfassenden Verhinderung von Wettbewerb vorbeugen.

IV. Betreiber eines öffentlichen Dienstes (Art. 2 lit. d) VO 1370)

7 Der Betreiber eines öffentlichen Dienstes ist diejenige Einheit, die die öffentlichen Personenverkehrsdienste i. S. d. Art. 2 lit. a) VO 1370 erbringt. Die Rechtsform ist nicht von Bedeutung. Erfasst werden private oder öffentlich-rechtliche Unternehmen oder jede Gruppe von diesen Unternehmen. Maßgeblich ist der **Unternehmensbegriff** des europäischen Wettbewerbsrechts (z. B. Art. 107, 101 AEUV).[35] Ein Unternehmen ist danach eine selbstständige wirtschaftlich tätige Einheit unabhängig von ihrer Rechtsform und Finanzierung; entscheidend ist die wirtschaftliche Tätigkeit, „die darin besteht, Güter oder Dienstleistungen auf einem bestimmten Markt anzubieten."[36] Auch eine **öffentliche Einrichtung** kann Betreiber sein, näm-

---

28 Vgl. § 6 Abs. 1 ÖPNVG Baden-Württemberg; § 5 Abs. 1 NVG Rheinland-Pfalz; § 3 Abs. 3 ÖPNVG Brandenburg.

29 Vgl. § 4 Abs. 1 Nr. 1 NNVG Niedersachsen.

30 § 27 Abs. 1 MobG Berlin.

31 § 6 Abs. 1 Nr. 2 ÖPNVG Bremen: Die Aufgabe wird nach § 6 Abs. 2 Nr. 2 für die Stadtgemeinde Bremen durch die Senatorin für Klimaschutz, Umwelt, Mobilität, Stadtentwicklung und Wohnungsbau, für die Stadtgemeinde Bremerhaven durch den Magistrat der Stadt Bremerhaven wahrgenommen.

32 Vgl. z. B. § 4 Abs. 1 Nr. 2 NNVG Niedersachsen; § 6 Abs. 2 ÖPNVG Baden-Württemberg, § 6 Abs. 2 NVG Rheinland-Pfalz, § 3 Abs. 1 ÖPNVG Brandenburg.

33 Vgl. etwa den „Verband Region Stuttgart" gem. § 6 Abs. 3 ÖPNVG BW i. V. m. § 4 Gesetz über die Errichtung des Verbands Region Stuttgart (GVRS) vom 7.2.1994; § 5 Abs. 3 ÖPNVG Nordrhein-Westfalen: Zweckverbände in Nordrhein-Westfalen: Zweckverband Rhein-Ruhr, AöR, Zweckverband Nahverkehr Rheinland, Zweckverband Nahverkehr Westfalen-Lippe.

34 *Kaufmann/Linke*, in: *Linke*, Art. 2 VO 1370, Rn. 14; *Zuck*, in: *Ziekow/Völlink*, Art. 2 VO 1370, Rn. 6.

35 *Hübner*, in: *Willenbruch/Wieddekind/Hübner*, Art. 2 VO 1370, Rn. 16.

36 *EuGH*, 18.6.1998, Rs. C-35/96; vgl. *Bungenberg*, in: *Birnstiel/Bungenberg/Heinrich*, Kap. 1, Rn. 28 ff.

lich, wenn sie öffentliche Personenverkehrsdienste selbst erbringt und es sich mangels Marktumfeld nicht um ein Unternehmen handelt.[37]

V. Gemeinwirtschaftliche Verpflichtung (Art. 2 lit. e) VO 1370)

Für die Erbringung gemeinwirtschaftlicher Verpflichtungen sieht die VO 1370 die Gewährung von Ausgleichsleistungen und/oder ausschließlichen Rechten als Kompensation vor (Art. 3 Abs. 1). Es handelt sich insofern um ein zentrales Element der VO 1370.[38] Als gemeinwirtschaftliche Verpflichtungen werden **Anforderungen an die Verkehrsdienstleistung** verstanden, die von der zuständigen Behörde bestimmt bzw. festgelegt werden und die dazu führen, dass die Verkehrsleistung auf diese Weise nicht oder **nicht zu gleichen Standards am Markt erhalten** werden kann (vgl. Art. 1 Abs. 1 VO 1370).[39] Mit den Anforderungen verfolgt die Behörde allgemeine Interessen bzw. „Interessen der Gesellschaft als Ganzes" (Umweltschutz, Versorgungssicherheit, Qualitätsstandards, Verkehre zu günstigen Preisen etc.).[40] Das Begriffsverständnis der „gemeinwirtschaftlichen Verpflichtung" deckt sich im Wesentlichen mit dem der Dienstleistungen von allgemeinem wirtschaftlichem Interesse (DAWI) i. S. d. Art. 106 Abs. 2 AEUV.[41] Die gemeinwirtschaftliche Verpflichtung können Gegenstand eines öffentlichen Dienstleistungsauftrags oder allgemeiner Vorschriften sein (vgl. Art. 3 Abs. 1 und 2 VO 1370). Unterschiede zwischen den Instrumenten öffentlicher Dienstleistungsauftrag und allgemeine Vorschrift ergeben sich mit Blick auf die gemeinwirtschaftlichen Verpflichtungen aber daraus, dass bei allgemeinen Vorschriften nur die Festsetzung von Höchsttarifen als gemeinwirtschaftliche Verpflichtung erfolgen kann.[42] 8

Die **Festlegung** der Anforderungen an die zu erbringenden öffentlichen Personenverkehrsdienste erfolgt durch die zuständige Behörde. Dies entspricht der Handhabe im Bereich der DAWI,[43] wonach die Mitgliedstaaten bei der Definition der DAWI weitgehend frei sind. Eine Überprüfung findet entsprechend 9

---

37 *Hübner*, in: *Willenbruch/Wieddekind/Hübner*, Art. 2 VO 1370, Rn. 18.

38 Vgl. zur Bedeutung: *Kaufmann/Linke*, in: *Linke*, Art. 2 VO 1370, Rn. 20; *Hübner*, in: *Willenbruch/Wieddekind/Hübner*, Art. 2 VO 1370, Rn. 19.

39 Vgl. *Berschin*, in: Münchener Kommentar Wettbewerbsrecht, Band 4, Art. 2 VO 1370/2007, Rn. 20.

40 Vgl. Ziff. 2.2.3. der Mitteilung der Kommission v. 26.6.2023 (2023/C 222/01), S. 7 und schon bisher Ziff. 2.2.5. der Mitteilung der Kommission v. 29.3.2014 (2014/C 92/01), S. 6 und 7.

41 *Kaufmann/Linke*, in: *Linke*, Art. 2 VO 1370, Rn. 20; Ziff. 2.2.3. der Mitteilung der Kommission v. 26.6.2023 (2023/C 222/01), S. 7 und schon bisher Ziff. 2.2.5. der Mitteilung der Kommission v. 29.3.2014 (2014/C 92/01), S. 6.

42 *VG Augsburg*, 24.3.2015, Au 3 K 13.2063, Au 3 K 14.34, Rn. 137; *Linke/Lübbig*, in: *Linke*, Art. 3 VO 1370/2007, Rn. 10b; *Erdmann*, BRZ 2018, 51 (51); *Berschin*, in: Münchener Kommentar, Band 4, Art. 3 VO 1370/2007, Rn. 9; *Otting/Olgemöller*, GewArch 2012, 436; *Ritschny/Schnell*, Der Nahverkehr 12/2007, 46 (47); Ziff. 2.2.2. der Mitteilung der Kommission v. 26.6.2023 (2023/C 222/01), S. 7 und zuvor Ziff. 2.2.3. der Mitteilung der Kommission v. 29.3.2014 (2014/C 92/01), S. 5 sowie Standpunkt des Landes Baden-Württemberg in LT-Drs. 16/2231 v. 20.6.2017, S. 29. Vgl. im Übrigen die Kommentierung zu Art. 3 Abs. 2 VO 1370.

43 *Hübner*, in: *Willenbruch/Wieddekind/Hübner*, Art. 2 VO 1370, Rn. 21.

nur auf offenkundige Ermessensfehler statt.[44] Beispiele für Anforderungen sind Fahrpreisbindungen für bestimmte Personengruppen, Tarife, Qualitäts- und Umweltstandards, Fahrplanbestimmungen, Anforderungen an die Häufigkeit der Verkehre (Taktdichte), Bedienung kleinerer Zwischenhaltestellen oder wirtschaftlich evtl. nicht attraktiven Zielpunkten, Bereitstellung eines Verkehrsangebots zu Schwachverkehrszeiten (früher Morgen, später Abend) und die Erbringung bestimmter Verkehre selbst.[45] Die gemeinwirtschaftlichen Verpflichtungen sind nach Art. 2a VO 1370 außerdem zu **spezifizieren**; die Spezifikation für öffentliche Dienstleistungen muss dabei mit den politischen Zielen, die die Mitgliedstaaten in Strategiepapieren festlegen, im Einklang stehen.[46]

9a Die Kommission geht unter Verweis auf die Rechtsprechung der Unionsgerichte[47] davon aus, dass gemeinwirtschaftliche Verpflichtungen nur dann festgelegt werden „sollen", wenn auch ein **tatsächlicher Bedarf an gemeinwirtschaftlichen Verpflichtungen bzw. an den geplanten öffentlichen Verkehrsdiensten** besteht.[48] Das soll mittels **Marktanalyse** geklärt werden, die drei Dinge umfassen muss. Erstens, ob eine Nachfrage seitens der Nutzer besteht; dabei soll insbesondere auch eine „ex-ante-Bewertung" erfolgen, z. B. indem die Erwartungen der Nutzer an die Dienste auf Basis historischer Daten, durch repräsentative Umfragen oder öffentliche Konstellation festgestellt wird.[49] Zweitens, ob die Nachfrage auch ohne gemeinwirtschaftliche Verpflichtungen befriedigt werden kann (kann die Nachfrage schon ohne eine von den zuständigen Behörden festgelegte Verpflichtung befriedigt werden?). Und drittens muss jedenfalls der Bedarf unter größtmöglicher Wahrung der Grundfreiheiten gedeckt werden; das umfasst die Frage, ob alternative Maßnahmen in Betracht kommen, etwa eine allgemeine Regel für Höchsttarife vorzuschreiben, anstatt einen öffentlichen Dienstleistungsauftrag an nur einen Betreiber zu vergeben.[50] Eine Marktanalyse soll aber auch nur dann erforderlich sein, wenn das Unionsrecht oder das nationale Recht einen freien Zugang zu der Dienstleistung eingeführt hat. Es dürfte geboten sein, die Analyse schon im Rahmen der Nahverkehrsplanung bzw. der Aufstellung von Nahverkehrsplänen vorzunehmen.[51]

44 Vgl. Rn. 46 der Mitteilung der Kommission über die Anwendung der Beihilfevorschriften der Europäischen Union auf Ausgleichsleistungen für die Erbringung von Dienstleistungen von allgemeinem wirtschaftlichem Interesse vom 11.1.2012, (2012/C 8/92) und Ziff. 2.2.3. der Mitteilung der Kommission v. 26.6.2023 (2023/C 222/01), S. 7.

45 *Kaufmann/Linke*, in: *Linke*, Art. 2 VO 1370, Rn. 21a und Ziff. 2.2.3. der Mitteilung der Kommission v. 26.6.2023 (2023/C 222/01), S. 7 bzw. zuvor Ziff. 2.2.5. der Mitteilung der Kommission v. 29.3.2014 (2014/C 92/01), S. 6.

46 Vgl. die Kommentierung zu Art. 2a VO 1370.

47 Z.B. *EuG*, 1.3.2017, Rs. T-454/13, Rn. 134 – *SNCM/Kommission*.

48 Ziff. 2.2.3. der Mitteilung der Kommission v. 26.6.2023 (2023/C 222/01), ab S. 8.

49 Ziff. 2.2.3. der Mitteilung der Kommission v. 26.6.2023 (2023/C 222/01), ab S. 8.

50 Ziff. 2.2.3. der Mitteilung der Kommission v. 26.6.2023 (2023/C 222/01), ab S. 8.

51 *Jürschik-Grau/Lenz*, EuzW 2023, 829 (830).

VI. Ausschließliches Recht (Art. 2 lit. f) VO 1370)

Das ausschließliche Recht soll einem Betreiber die Erbringung bestimmter Verkehrsdienste auf einem bestimmten Marktsegment (Strecke, Gebiet oder Streckennetz) **unter Ausschluss von Konkurrenz** ermöglichen.[52] Der Begriff ist primärrechtlich an den des Art. 106 Abs. 1 AEUV angelehnt.[53] Die Gewährung des ausschließlichen Rechts erfolgt „für" die Erbringung einer gemeinwirtschaftlichen Verpflichtung und nur im Rahmen eines öffentlichen Dienstleistungsauftrags (Art. 3 Abs. 1 VO 1370 und § 8a Abs. 8 PBefG), also als **Ausgleichsleistung** für bestimmte gemeinwirtschaftliche Verpflichtungen. In dem öffentlichen Dienstleistungsauftrag sind Art und Umfang der Ausschließlichkeit dazustellen (Art. 4 Abs. 1 lit. b) ii) VO 1370), die Ausschließlichkeit kann also unterschiedlich intensiv („graduell") sein. Die Ausschließlichkeit ist nach Auffassung der Kommission genau zu definieren und „darf nicht über das hinausgehen, was für den erforderlichen wirtschaftlichen Schutz für die betreffende Dienstleistung erforderlich" ist.[54] Ausschließliche Rechte können im Übrigen auch erteilt werden, wenn ein öffentlicher Dienstleistungsauftrag über öffentliche Personenverkehrsdienste **„inhouse"** nach Art. 5 Abs. 1 Satz 2 VO 1370 i. V. m. Art. 12 Abs. 1 RL 2014/24/EU bzw. § 108 GWB vergeben wird, weil es sich um öffentliche Dienstleistungsaufträge im Sinne der Verordnung handelt und auf solche Auftragsvergaben nur die Absätze 2 bis 6 des Art. 5 VO 1370 nicht anwendbar sind.[55] **10**

Im Bereich der **Eisenbahnen** ist die Möglichkeit der **Gewährung ausschließlicher Rechte** mit dem Recht der Eisenbahnunternehmen auf **Zugang zur Infrastruktur** zur Erbringung allgemein zugänglicher Dienste auf den Inlandsmärkten der Mitgliedstaaten (Art. 10 RL 2012/34/EU, in Deutschland umgesetzt in § 10 Eisenbahnregulierungsgesetz [ERegG]) **in Einklang zu bringen.**[56] Konkret bedeutet das, dass die zuständigen Behörden ausschließliche Rechte gewähren dürfen, sie dürfen dabei aber nicht das Recht anderer Eisenbahnverkehrsbetreiber auf Zugang zur betreffenden Eisenbahninfrastruktur für die Erbringung von Schienenpersonenverkehrsdiensten beschränken (Ausnahme öffentliche Dienstleistungsaufträge im Anwendungsbereich des Art. 11 Abs. 5 RL 2012/34/EU [best. Wettbewerbsvergaben ohne Ausgleichsleistung]). Eine Beschränkung soll nach Auffassung der Kommission indes möglich sein, wenn anderenfalls das wirtschaftliche Gleichgewicht des öffentlichen Dienstleistungsauftrags gem. Art. 11 (Einschränkung des Zugangsrechts und des Rechts, Fahrgäste aufzuneh- **10a**

---

52 Ziff. 2.2.3. der Mitteilung der Kommission v. 26.6.2023 (2023/C 222/01), S. 7 und schon zuvor Ziff. 2.2.6. der Mitteilung der Kommission v. 29.3.2014 (2014/C 92/01), S. 7.

53 *Saxinger*, in: *Saxinger/Winnes*, Art. 2 lit. f) VO 1370, Rn. 6 (Stand: Jan. 2015).

54 Ziff. 2.2.4. der Mitteilung der Kommission v. 26.6.2023 (2023/C 222/01), S. 10 und schon bisher Ziff. 2.2.6. der Mitteilung der Kommission v. 29.3.2014 (2014/C 92/01), S. 7 und Erwägungsgrund 8 der VO 1370.

55 Vgl. *OLG Düsseldorf*, 4.3.2020, VII-Verg 11/18; *OLG Düsseldorf*, 4.3.2020, VII-Verg 10/18.

56 Ziff. 2.2.4. der Mitteilung der Kommission v. 26.6.2023 (2023/C 222/01), S. 10.

men und abzusetzen)[57], 11a (Hochgeschwindigkeits-Personenverkehrsdienste)[58] RL 2012/34/EU gefährdet würde.[59] Die Frage, ob das wirtschaftliche Gleichgewicht eines öffentlichen Dienstleistungsauftrags gefährdet würde, wird nach Art. 11 Abs. 2 RL 2012/34/EU von der bzw. den in Art. 55 RL 2012/34/EU genannten Regulierungsstelle(n) anhand einer objektiven wirtschaftlichen Analyse auf der Grundlage vorab festgelegter Kriterien beurteilt. Gemäß Art. 6 der Durchführungsverordnung (EU) 2018/1795 der Kommission ist zur Prüfung des wirtschaftlichen Gleichgewichts der monetäre Wert des ausschließlichen Rechts zu berücksichtigen.[60]

10b Vereinzelt wird vertreten, dass im Zusammenhang mit **Direktvergaben an interne Betreiber** die Gewährung eines zu **weitgefassten** ausschließlichen Rechts **ermessensfehlerhaft** sei (Ermessensmissbrauch).[61] Das soll der Fall sein, wenn die Gewährung des ausschließlichen Rechts mit dem Ziel der Verdrängung privater Konkurrenz erfolgt und es deshalb zu einem Eingriff in die Berufsfreiheit der (privater) Konkurrenzunternehmen aus Art. 12 Abs. 1 GG kommt.[62] Gegeben sei das in Fällen, in denen ein Aufgabenträger sämtliche ÖPNV-Leistungen in seinem Gebiet direkt an einen (internen) ÖPNV-Betreiber vergibt und die Verkehre mit einem ausschließlichen Recht belegt. Die Überlegung ist zwar nachvollziehbar, aber im Ergebnis nicht überzeugend. Zum einen sieht die dem nationalen Recht auf jeder Stufe vorgehenden europäischen VO 1370 (vgl. Art. 4 Abs. 3 EUV, effet utile) eine entsprechende Einschränkung bei der Gewährung eines ausschließlichen Rechts nicht vor. Zum anderen sieht auch das nationale Recht gleich an mehreren Stellen vor, dass die Berufsfreiheit verfassungskonform bei der Erbringung von ÖPNV-Verkehren eingeschränkt werden kann (Schranke des Art. 12 Abs. 1 GG): Das Personenbeförderungsrecht erlaubt mit § 8a Abs. 2 Satz 4 PBefG über die Gesamtleistungsbildung die Bündelung (aller) Verkehre eines Aufgabenträgers bei der Vergabe öffentlicher Dienstleistungsaufträge, um „Rosinenpickerei" zu vermeiden und damit den

---

57 Art. 11 Abs. 1 RL 2012/34/EU: „Die Mitgliedstaaten können das in Artikel 10 Absatz 2 festgelegte Recht auf Zugang zu Personenverkehrsdiensten zwischen einem Abfahrts- und einem Bestimmungsort einschränken, wenn dieselbe Strecke oder eine Alternativstrecke Gegenstand eines oder mehrerer öffentlicher Dienstleistungsaufträge ist, sofern die Ausübung dieses Rechts das wirtschaftliche Gleichgewicht des bzw. der betreffenden öffentlichen Dienstleistungsauftrags bzw. Dienstleistungsaufträge gefährden würde."

58 Art. 11a Abs. 1 RL 2012/34/EU: „Um den Markt für Hochgeschwindigkeits-Personenverkehrsdienste weiterzuentwickeln, die optimale Nutzung der vorhandenen Infrastruktur zu fördern und die Wettbewerbsfähigkeit von Hochgeschwindigkeits-Personenverkehrsdiensten zu stärken, was den Fahrgästen zugutekommen wird, darf unbeschadet des Artikels 11 Absatz 5 die Ausübung des Rechts auf Zugang gemäß Artikel 10 in Bezug auf Hochgeschwindigkeits-Personenverkehrsdienste nur den Anforderungen unterliegen, die von der Regulierungsstelle gemäß diesem Artikel festgelegt werden."

59 Ziff. 2.2.4. der Mitteilung der Kommission v. 26.6.2023 (2023/C 222/01), S. 10.

60 Ziff. 2.2.4. der Mitteilung der Kommission v. 26.6.2023 (2023/C 222/01), S. 10.

61 *Knauff*, in: *Immenga/Mestmäcker*, Wettbewerbsrecht, Band 5, Art. 4 VO 1370/2007, Rn. 222. Vgl. dazu auch die Entscheidung des *OLG Jena*, 12.6.2019, 2 Verg 1/18, Rn. 32, an der Prof. Dr. Knauff mitgewirkt hat.

62 *Knauff*, in: *Immenga/Mestmäcker*, Wettbewerbsrecht, Band 5, Art. 4 VO 1370/2007, Rn. 222.

Haushalt zu entlasten. Genehmigungsrechtlich führt die zulässige[63] Vergabe einer Gesamtleistung dazu, dass ein Antrag auf die Genehmigung einer Teilleistung durch einen Wettbewerber schon im Vergabeprozess abzulehnen ist (§ 13 Abs. 2a PBefG). Genehmigungsrechtlich sind die Verkehre im Übrigen über das Parallelbedienungsverbot (§ 13 Abs. 2 Nr. 3 lit. a) PBefG) und dem Verbot des Herauslösens bestimmter Verkehre aus einem vorhandenen Verkehrsnetz oder aus einem im Nahverkehrsplan festgelegten Linienbündel (§ 13 Abs. 2 Nr. 3 lit. d) PBefG) geschützt. Diese Regelungen sollen (legitimes Ziel) sicherstellen, dass es zu keiner „Kanibalisierung" der Verkehre (ruinöser Wettbewerb) kommt, der die Versorgung der Bevölkerung mit Verkehr beeinträchtigen könnte. Freilich kann die Gewährung eines ausschließlichen Rechts mit der Zielsetzung der Verdrängung (aller) privater Konkurrenz ermessensmissbräuchlich sein, dies gilt aber nicht, wenn Ziele wie die Aufrechterhaltung des ÖPNV und die Vermeidung einer Kanibalisierung mit der Gewährung des ausschließlichen Rechts verbunden werden.

Ob es sich auch bei den **PBefG-Genehmigungen** nach §§ 12 ff. PBefG um ein **ausschließliches Recht handelt**, ist umstritten.[64] Grundsätzlich werden behördliche Genehmigungen[65] und insbesondere auch personenbeförderungsrechtliche Genehmigungen[66] als ausschließliche Rechte (auch i. S. d. § 14 Abs. 4 Nr. 2 Buchst. c) VgV) anerkannt. Auch die Kommission scheint derart ausgestaltete Genehmigungen als ausschließliches Recht zu bewerten.[67] Für die PBefG-Genehmigung ist das auch richtig, weil eine PBefG-Genehmigung eine wettbewerbsausschließende Wirkung hat. Das ergibt sich in erster Linie aus dem im PBefG 2013 fortgeltenden[68] Verbot der „Doppel- oder Parallelbedienung"[69]. Das Parallelbedienungsverbot besagt, dass es im Allgemeinen zur Wahrung öffentlicher Verkehrsinteressen gemäß § 13 Abs. 2 Satz 1 Nr. 3 PBefG gehört, dass nicht mehreren Unternehmen für denselben Verkehr parallel zueinander eine Linienverkehrsgenehmigung erteilt wird. **11**

---

63 Vgl. aber zur Zusammenfassung von defizitären und ertragsreichen Verkehren unter Beachtung der Auffassung der Kommission die Kommentierung zu Art. 2a VO 1370.

64 **Dafür:** *BayVGH*, 16.8.2012, 11 CS 12.1607, Rn. 62 f.; *VG Augsburg*, 24.3.2015, Au 3 K 13.2063, Au 3 K 14.34, Rn. 112; *VG Halle*, 25.10.2010, 7A 1/10; *VK Münster*, 29.5.2013, VK 5/13; *Jürschik/Ott*, EuZW 2021, 708 ff.; *Deuster*, IR 2009, 202 (203 f.); *Heinze*, DVBl 2011, 534 (536); *Linke*, EuZW 2014, 776 (769); *Nettesheim*, NVwZ 2009, 1449 (1450) und wohl *Diemon-Wies*, VergabeR 2014, 305 (306 f.); *Niemann*, in: *Saxinger/Winnes*, Art. 2 lit. g) VO 1370, Rn. 6 (Stand: Dez. 2012); *Wittig/Schimanek*, NZBau 2008, 224 (224); wohl auch *Kaufmann/Linke*, in: *Linke*, Art. 2 VO 1370, Rn. 30 ff.
Dagegen: *OLG Düsseldorf*, 2.3.2011, Verg 48/10, Rn. 50 – *Münsterlandkreise* (allerdings nicht zur Begrifflichkeit der VO 1370); *Batzil*, Der Nahverkehr 11/2009, 19 (20 f.); *Hübner*, in: *Willenbruch/Wieddekind/Hübner*, Art. 2 VO 1370, Rn. 28; *Roling*, DVBl 2010, 1213 (1219); *Zeiselmair*, Der Nahverkehr 7-8/2008, 21 f.

65 *OLG Frankfurt*, 30.8.2011, 11 Verg 3/11, Rn. 74; *Völlink*, in: *Ziekow/Völlink*, § 14 VgV, Rn. 57; *Pünder*, in: *Pünder/Schellenberg*, § 14 VgV, Rn. 66; *Dörn*, in: Beck'scher Vergaberechtskommentar, § 14 VgV, Rn. 44.

66 Vgl. *Kaelble*, in: *Müller/Wrede*, § 14 VgV, Rn. 194.

67 Vgl. Ziff. 2.2.4. der Mitteilung der Kommission v. 26.6.2023 (2023/C 222/01), S. 10 und schon zuvor Ziff. 2.2.6. der Mitteilung der Kommission v. 29.3.2014 (2014/C 92/01), S. 7 und *Fehling*, in: *Heinze/Fehling/Fiedler*, § 8a PBefG, Rn. 112; *Linke*, EuZW 2014, 766 (769).

68 *VG Münster*, 6.3.2015, 10 K 2747/13.

69 *VG Halle*, 25.10.2010, 7A 1/10. In diese Richtung *VK Münster*, 29.5.2013, VK 5/13, Rn. 99. A.A.: *Kaufmann/Linke*, in: *Linke*, Art. 2 VO 1370, Rn. 30.

Das soll jedenfalls dann gelten, wenn davon auszugehen ist, dass eine annährend kostendeckende Bedienung der Linie nur durch einen Unternehmer erfolgen kann und eine Konkurrenz zu einem ruinösen Wettbewerb führen muss.[70] Das folgt außerdem aus dem Ausgestaltungsrecht in § 13 Abs. 2 Nr. 3 Buchst. c) PBefG. Nach § 13 Abs. 2 Nr. 3 Buchst. c) PBefG ist die Genehmigung zu versagen, wenn durch den beantragten Verkehr die öffentlichen Verkehrsinteressen beeinträchtigt werden, weil die für die Bedienung dieses Verkehrs vorhandenen Unternehmen bereit sind, die notwendigen Ausgestaltungen des Verkehrs innerhalb einer von der Genehmigungsbehörde festzusetzenden Frist und unter den Voraussetzungen des § 8 Abs. 3 PBefG selbst durchzuführen. Die Genehmigung führt insofern während ihrer Geltungsdauer zu einer Alleinstellung des Genehmigungsinhabers. Dieser Sichtweise steht nicht entgegen, dass die zwischenzeitlich 15 Jahre zurückliegende Rechtsprechung der *Vergabekammer Baden-Württemberg*[71] das für „ausschließliche Rechte" i. S. d. (alten) Vergaberechts anders bewertet hatte. Denn die Rechtsprechung ist aufgrund der Einführung der VO 1370 überholt.[72]

VII. Ausgleichsleistung für gemeinwirtschaftliche Verpflichtung (Art. 2 lit. g) VO 1370)

12 Eine Ausgleichsleistung ist nach Art. 2 lit. g) VO 1370 jeder Vorteil, insbesondere finanzieller Art, der mittelbar oder unmittelbar von einer zuständigen Behörde[73] aus öffentlichen Mitteln während des Zeitraums der Erfüllung einer gemeinwirtschaftlichen Verpflichtung[74] oder in Verbindung mit diesem Zeitraum gewährt wird. Die Ausgleichsleistung darf entweder im Rahmen eines öffentlichen Dienstleistungsauftrags (Art. 3 Abs. 1 VO 1370) oder in den Grenzen des Art. 3 Abs. 2 und 3 VO 1370 aufgrund allgemeiner Vorschrift gewährt werden.[75]

13 Unter den bewusst weitgefassten **Begriff des finanziellen Vorteils** fallen Zuschüsse (z. B. für Einnahmeausfälle aufgrund Tarifbindung für bestimmte Personengruppen), aber auch andere finanzielle Vorteile, wie Darlehen oder Bürgschaften.[76] Der Ausgleich erfolgt im Sinne einer „Gegenleistung" für die gemeinwirtschaftliche Verpflichtung,[77] auch wenn kein Anspruch auf den (Voll-)Ausgleich besteht.[78] Der Ausgleich darf den finanziellen Nettoeffekt nicht überschreiten (vgl. Art. 6 Abs. 1 VO 1370).[79] Der Ausgleich muss im Vor-

---

70 Vgl. *BVerwG*, 24.6.2010, 3 C 14/09, Rn. 15.

71 *VK Baden-Württemberg*, 14.3.2005, 1 VK 5/05, Rn. 89 ff.

72 Vgl. im Einzelnen *Jürschik/Ott*, EuZW 2021, 708 ff.

73 Vgl. die Kommentierung zu Art. 2 lit. b) VO 1370.

74 Vgl. die Kommentierung zu Art. 2 lit. e) VO 1370.

75 Vgl. die Kommentierung zu Art. 3 VO 1370.

76 *Hübner*, in: *Willenbruch/Wieddekind/Hübner*, Art. 2 VO 1370, Rn. 30 (Zuschüsse); *Niemann*, in: *Saxinger/Winnes*, Art. 2 lit. g) VO 1370, Rn. 4; *Kaufmann/Linke*, in: *Linke*, Art. 2 VO 1370, Rn. 33.

77 *Kaufmann/Linke*, in: *Linke*, Art. 2 VO 1370, Rn. 33.

78 Für öffentliche Dienstleistungsaufträge: *EuGH*, 21.12.2023, Rs. C-421/22, Rn. 44. Anders für Allgemeine Vorschriften: *EuGH*, 8.9.2022, Rs. C-614/20, Rn. 52 – *Lux Express Estonia*.

79 Vgl. Ziff. 2.6.3. der Mitteilung der Kommission v. 26.6.2023 (2023/C 222/01), S. 23 und schon zuvor Ziff. 2.4.2. der Mitteilung der Kommission v. 29.3.2014 (2014/C 92/01), S. 14; *EuGH*, 8.9.2022, Rs. C-614/20, Rn. 75.

hinein durch die Festlegung von Parametern (Art. 4 Abs. 1 lit. b) VO 1370) bestimmt werden; bei der Festlegung der Parameter haben die zuständigen Behörden einen Beurteilungsspielraum.[80] Die Vorgaben der VO 1370 zur Ausgleichsleistung erlauben es indes nicht, dass die Höhe der Ausgleichsleistung unter den Vorbehalt des Haushalts gestellt wird.[81] Art. 2 lit. g) VO 1370 stellt ferner klar, dass die Ausgleichsleistung in einem zeitlichen Zusammenhang mit der Erfüllung der gemeinwirtschaftlichen Verpflichtung stehen muss. Die Ausgleichsleistung muss „mittelbar oder unmittelbar" von einer zuständigen Behörde aus öffentlichen Mitteln erfolgen. Dabei ist es ausreichend, wenn die Ausgleichsleistung der zuständigen Behörde zuzurechnen ist.[82] Insofern sind auch Förderungen von dritter Seite Ausgleichsleistungen der zuständigen Behörde, wenn die Förderung mit den durch die zuständige Behörde gewährten Ausgleichsleistungen verrechnet wird; es handelt sich dann um eine „vorab gewährte Ausgleichsleistung" der zuständigen Behörde („Vorschuss").[83] Eine Belastung des öffentlichen Haushalts ist nicht erforderlich.[84]

VIII. Direktvergabe (Art. 2 lit. h) VO 1370)

Bei der Direktvergabe handelt es sich nach Art. 2 lit. h) VO 1370 um die Vergabe eines öffentlichen Dienstleistungsauftrags (Art. 2 lit. i) VO 1370) an einen bestimmten Betreiber eines öffentlichen Dienstes **ohne Durchführung eines wettbewerblichen Vergabeverfahrens**. Ein wettbewerbliches Vergabeverfahren nach Art. 5 Abs. 3 VO 1370 muss nicht eingehalten werden, wenn ein Direktvergabetatbestand zur Anwendung kommt. Dabei liegt es im Ermessen der zuständigen Behörde, ob ein wettbewerbliches Verfahren oder eine Direktvergabe durchgeführt wird. Die Direktvergabetatbestände der VO 1370 (Art. 5 Abs. 2, 3a, 4, 4a, 4b, 5 und 6 VO 1370) sind abschließend. **14**

Bei der Durchführung der Direktvergabe sind insbesondere auch die Art. 4 und Art. 6 Abs. 1 Satz 2 VO 1370 einzuhalten. Die Ausgleichsleistung unterliegt den Bestimmungen des Anhangs der VO 1370 (Art. 6 Abs. 1 Satz 2 VO 1370). Verfahrensrechtlich sind – außer im Fall des Art. 5 Abs. 5 VO 1370 und im Falle von Dringlichkeitsvergaben nach allgemeinem Vergaberecht (in Deutschland z.B. § 14 Abs. 4 Nr. 3 VgV)[85] – die Bekanntmachungspflichten nach Art. 7 VO 1370 zu beachten. Die Vorinformation nach Art. 7 Abs. 2 VO 1370 muss mindestens ein Jahr vor der Direktvergabe erfolgen. In Deutschland sind mit der Vorinformation weitere Informationen anzugeben (vgl. § 8 Abs. 2 PBefG, § 12 Abs. 6 **15**

---

80 *EuGH*, 21.12.2023, Rs. C-421/22, Rn. 44; *EuGH*, 25.1.2024, Rs. C-390/22, Rn. 39 ff.

81 *EuGH*, 25.1.2024, Rs. C-390/22, Rn. 39 ff.

82 *Kaufmann/Linke*, in: *Linke*, Art. 2 VO 1370, Rn. 34.

83 Eine entsprechende Förderung hat die Kommission in dem Fall „Tschechische Busse" als zulässig angesehen, weil die Empfänger der Förderung keine höhere Ausgleichsleistung erhalten haben, als ihnen nach ihrem Vertrag zugestanden hätte. Ebenso Kommissionsentscheidung N 350/07 v. 16.4.2008, 2008/C 140/01, S. 2 – *Autobus Porizeni*; Kommissionsentscheidung SA.26763 v. 2.2.2017, Rn. 107, 217 – *Busverkehrsunternehmen Île-de-France*.

84 A.A: *Kaufmann/Linke*, in: *Linke*, Art. 2 VO 1370, Rn. 34.

85 Ziff. 2.5.3.4. der Mitteilung der Kommission v. 26.6.2023 (2023/C 222/01), S. 19; *Lenz/Jürschik-Grau*, EuZW 2023, 829 (830). Schon zuvor: *Linke/Jürschik*, Der Nahverkehr 3/2021, 29 (30).

PBefG), um die Präklusionswirkung eigenwirtschaftlicher Anträge nach § 12 Abs. 6 PBefG (sicher) eintreten zu lassen.

IX. Öffentlicher Dienstleistungsauftrag (Art. 2 lit. i) VO 1370)

16 Art. 2 lit. i) VO 1370 definiert den öffentlichen Dienstleistungsauftrag i. S. d. VO 1370 und legt dabei eine **sehr weite Definition** an, um den unterschiedlichen Rechtssystemen der Mitgliedstaaten Rechnung zu tragen. Nach der Legaldefinition handelt es sich um einen oder mehrere rechtsverbindlichen Akte, die die Übereinkunft zwischen einer zuständigen Behörde[86] und einem Betreiber eines öffentlichen Dienstes[87] bekunden, diesen Betreiber mit der Verwaltung und Erbringung von öffentlichen Personenverkehrsdiensten zu betrauen, die gemeinwirtschaftlichen Verpflichtungen[88] unterliegen. Die Definition erfasst einseitige Akte, wie Verwaltungsakte oder Gesetze, zweiseitige Übereinkünfte zwischen zuständiger Behörde und Betreiber sowie Mischformen[89].

17 Die Definition des öffentlichen Dienstleistungsauftrags i. S. d. VO 1370 unterscheidet sich in wesentlichen Punkten von der Definition des öffentlichen Dienstleistungsauftrags der allgemeinen Vergaberichtlinien.[90] Zunächst erfasst der Dienstleistungsauftrag i. S. d. VO 1370 auch **einseitige Akte**, wie das **Gesetz** oder die **„Verwaltungsregelung für den Einzelfall"** (vgl. Art. 2 lit. i) erster Spiegelstrich VO 1370).[91] Solche Akte, z. B. **Verwaltungsakte** i. S. d. § 35 (L)VwVfG (z. B. Finanzierungsbescheide), unterfallen nicht den allgemeinen Vergaberichtlinien, aber unter die VO 1370.[92] Auch eine Kombination aus einem Akt, mit dem dem Betreiber die Leistungserbringung übertragen wird, und einem Verwaltungsakt, der z. B. die Leistungsbeschreibung den Ausgleichsmechanismus enthält, kann ein öffentlicher Dienstleistungsauftrag sein.[93] Einseitige Akte, die nicht den Vergaberichtlinien unterfallen sollen, sind nach Auffassung des *OLG Jena* auch **gesellschaftsrechtliche Weisungen**.[94] Das hat das *OLG Düsseldorf*[95] unter Verweis auf den „funktionalen Auftragsbegriff" indes anders bewertet und den *BGH*[96] im Wege der Divergenzvorlage angerufen. Auf die Abgrenzung

---

86 Vgl. die Kommentierung zu Art. 2 lit. b) VO 1370.

87 Vgl. die Kommentierung zu Art. 2 lit. d) VO 1370.

88 Vgl. die Kommentierung zu Art. 2 lit. e) VO 1370.

89 Die Kommission sieht auch in einer Kombination aus einem allgemeinem Rechtsakt und einem Verwaltungsakt einen öffentlichen Dienstleistungsauftrag i. S. d. VO 1370, vgl. Ziff. 2.2.1. der Mitteilung der Kommission v. 26.6.2023 (2023/C 222/01), S. 6 und schon zuvor Ziff. 2.2.1. der Mitteilung der Kommission v. 29.3.2014 (2014/C 92/01), S. 5.

90 Vgl. *Hübner*, in: *Willenbruch/Wieddekind/Hübner*, Art. 2 VO 1370, Rn. 35; *Kaufmann/Linke*, in: *Linke*, Art. 2 VO 1370, Rn. 40; *Saxinger*, in: *Saxinger/Winnes*, Art. 2 lit. i) VO 1370, Rn. 19 (Stand: Jan. 2015); *Kirch*, V+T 2011, 355 (355).

91 Ziff. 2.2.1. der Mitteilung der Kommission v. 26.6.2023 (2023/C 222/01), S. 6; *Oebbecke*, NVwZ 2019, 1724 (1725).

92 Vgl. *OLG Düsseldorf*, 16.10.2019, VII-Verg 43/18 – *Ruhrbahn*; *Kirch*, V+T 2011, 355 (355); *Oebbecke*, NVwZ 2019, 1724 (1727 f.); *Hagenbruch*, EuZW 2020, 1019 (1023).

93 Ziff. 2.2.1. der Mitteilung der Kommission v. 26.6.2023 (2023/C 222/01), S. 6.

94 *OLG Jena*, 12.6.2019, 2 Verg 1/18. Vgl. dazu *Jürschik*, NZBau 2020, 63 (64).

95 *OLG Düsseldorf*, 3.7.2019, VII Verg 51/16. Vgl. dazu *Oebbecke*, NVwZ 2019, 1724 (1726).

96 *BGH*, 12.11.2019, XIII ZB 120/19.

kommt es an, weil die Vergaberichtlinien zweiseitige Rechtsverhältnisse bzw. einen entgeltlichen Vertrag erfordern.[97] Fehlt es an dieser Zweiseitigkeit, dann greift jedenfalls nach Auffassung des *OLG Jena* die Sperrwirkung der Vergaberichtlinien im Bereich der Busse und Straßenbahnen (Art. 5 Abs. 1 Satz 2 VO 1370) nicht und es ist das Vergaberegime der Verordnung anwendbar.[98] Der *BGH* hat indes dieser Sichtweise eine Absage erteilt: Der in Art. 5 Abs. 1 Satz 2 VO 1370 angeordnete **Vorrang der Vergaberichtlinien** erfasse auch Direktvergaben, die nicht durch Vertrag, sondern durch einen rechtsverbindlichen (einseitigen) Akt wie beispielsweise Gesellschafterbeschlüsse oder durch gesellschaftsrechtliche Weisung erfolgen, weil Wesensmerkmal der Direktvergabe ist, dass es an einer „vertragstypischen Gleichordnung" von Betreiber und zuständiger Behörde fehle.[99] Weiter unterfällt auch die **Entscheidung**, die Bedingungen enthält, unter denen die zuständige Behörde die Dienstleistungen **selbst erbringt**, oder den **internen Betreiber mit der Erbringung betraut**, unter den Begriff des öffentlichen Dienstleistungsauftrags der VO 1370 (vgl. Art. 2 lit. i) zweiter Spiegelstrich). Auch die „Selbsterbringung" unterfällt mangels gegenseitigen Vertrags zwischen zwei unterschiedlichen Rechtspersönlichkeiten nicht der Definition des öffentlichen Dienstleistungsauftrags i. S. d. Vergaberichtlinien, aber der Definition der VO 1370.[100] Ein weiterer Unterschied liegt darin, dass der Dienstleistungsauftrag i. S. d. VO 1370 auch **Dienstleistungskonzessionen** erfasst (vgl. Art. 5 Abs. 1 Satz 2 VO 1370).[101] Dienstleistungskonzessionen unterfallen nach den alten Vergaberichtlinien 2004/17-18/EG[102] sowie den Richtlinien 2014/24-25/EU nicht dem jeweiligen Vergaberechtsregime der genannten Richtlinien.[103]

Die Kommission äußert sich in ihren Auslegungsleitlinien aus dem Jahr 2023 dahingehend, dass sie die **Vergabe öffentlicher Dienstleistungsaufträge** (generell) nur noch **unter bestimmen Voraussetzungen** zulassen will.[104] Eine der Voraussetzungen ist, dass ein tatsächlicher **Bedarf an gemeinwirtschaftlichen Verpflichtungen** besteht.[105] Die Kommission ist dabei so zu verstehen, dass eine **Marktanalyse** drei Dinge klären muss (vgl. auch Rn. 9a). Erstens, ob eine Nachfrage seitens der Nutzer besteht. Zweitens, ob die Nachfrage auch ohne gemeinwirtschaftliche Verpflichtungen (heißt: ohne öffentlicher Dienstleistungs- 17a

97 Vgl. Art. 2 Abs. 1 Nr. 5 Richtlinie 2014/24/EU und Art. 2 Nr. 1 Richtlinie 2014/25/EU.

98 *OLG Jena*, 12.6.2019, 2 Verg 1/18. Vgl. dazu *Jürschik*, NZBau 2020, 63 (64); *Oebbecke*, NVwZ 2019, 1724 (1725).

99 *BGH*, 12.11.2019, XIII ZB 120/19, Rn. 31 – *Heinsberg*. A.A. *Hagenbruch*, EuZW 2020, 1019 (1023).

100 Vgl. *Dreher*, in: *Immenga/Mestmäcker*, § 99 GWB, Rn. 106 zu dem Vergaberecht basierend auf den Richtlinien 2004/17-18/EG. Dieses Grundverständnis behalten die Vergaberichtlinien 2014/24-25/EU bei, vgl. die Definition des öffentlichen Auftrags in Art. 2 Abs. 1 Nr. 5 Richtlinie 2014/24/EU und Erwägungsgrund 32 der Richtlinie 2014/24/EU.

101 Ziff. 2.2.1. der Mitteilung der Kommission v. 26.6.2023 (2023/C 222/01), S. 6; (zuvor) Ziff. 2.2.1. der Mitteilung der Kommission v. 29.3.2014 (2014/C 92/01), S. 5; *OLG München*, 22.6.2011, Verg 6/11 – *Stadtbusverkehr Lindau*; *OLG Düsseldorf*, 2.3.2011, Verg 48/10 – *Münsterlandkreise*; *Hübner*, in: *Willenbruch/Wieddekind/Hübner*, Art. 2 VO 1370, Rn. 36; *Kirch*, V+T 2011, 355 (355).

102 Vgl. Art. 18 SKR 2004/17/EG, Art. 17 VKR 2004/18/EG.

103 Vgl. die Regelung durch Konzessionsrichtlinie 2014/23/EU.

104 Ziff. 2.2.3. der Mitteilung der Kommission v. 26.6.2023 (2023/C 222/01), ab S. 7.

105 Ziff. 2.2.3. der Mitteilung der Kommission v. 26.6.2023 (2023/C 222/01), ab S. 8.

auftrag) befriedigt werden kann. Und drittens muss jedenfalls der Bedarf unter größtmöglicher Wahrung der Grundfreiheiten gedeckt werden. Eine Marktanalyse soll aber auch nur dann erforderlich sein, wenn das Unionsrecht oder das nationale Recht einen freien Zugang zu der Dienstleistung eingeführt hat. Daran wird man im Eisenbahnbereich in Deutschland zweifeln können. Anders ist das aber im ÖPNV-Bereich. Im ÖPNV in Deutschland läge es an sich nahe, die Marktanalyse dort mit dem „Vorrang der Eigenwirtschaftlichkeit" i. S.d § 8 Abs. 4 Satz 1 PBefG zu beantworten: Wird auf die Frist zur Abgabe eines eigenwirtschaftlichen Angebots (§ 12 Abs. 6 PBefG) nach der Veröffentlichung der Vorabbekanntmachung eines öffentlichen Dienstleistungsauftrags kein Angebot abgegeben, spricht das für ein Marktversagen. Das berücksichtigt indes nicht die geforderte „Nachfrage seitens der Nutzer"[106]. Deshalb dürfte es geboten sein, die Analyse schon im Rahmen der Nahverkehrsplanung bzw. der Aufstellung von Nahverkehrsplänen vorzunehmen.[107]

X. Interner Betreiber (Art. 2 lit. j) VO 1370)

18 Nach Art. 2 lit. j) VO 1370 handelt es sich bei dem internen Betreiber um eine rechtlich getrennte Einheit, über die eine zuständige örtliche Behörde – oder im Fall einer Gruppe von Behörden wenigstens eine zuständige örtliche Behörde – eine Kontrolle ausübt, die der Kontrolle über ihre eigenen Dienststellen entspricht. Der Begriff des internen Betreibers ist für die Direktvergabe nach Art. 5 Abs. 2 VO 1370 von Bedeutung. Die Definition erinnert an die Inhouse-Rechtsprechung[108] des *EuGH*. Die Ausgestaltung des „Inhouse-Verhältnisses" des Art. 5 Abs. 2 VO 1370 unterscheidet sich aber in vielen Punkten von den Inhouse-Voraussetzungen der Rechtsprechung zum allgemeinen Vergaberecht.[109] Als wichtigste Unterschiede sind etwa die (ausreichende) Kontrolle nur einer Behörde bei einer Gruppe von Behörden (Art. 5 Abs. 2 VO 1370, sog. Gruppenprivileg) oder die Möglichkeit einer privaten Beteiligung am internen Betreiber (Art. 5 Abs. 2 lit. a) VO 1370) zu nennen.[110] Denn der *EuGH* geht bei einer Mehrzahl von Auftraggebern von dem Prinzip der „gemeinsamen Kontrolle" aus,[111] was die Vergaberichtlinien zur Modernisierung des Vergaberechts grundsätzlich beibehalten.[112] Zudem ist die private Beteiligung bei der Inhouse-Vergabe nach der Rechtsprechung des *EuGH* unzulässig.[113] Umgekehrt kennt das allgemeine Vergaberecht auch keine Restriktion der Unterauftragsvergabe („Eigenerbringungsquote"), wie sie Art. 5 Abs. 2 lit. e) VO 1370 vorsieht.[114]

---

106 Ziff. 2.2.3. der Mitteilung der Kommission v. 26.6.2023 (2023/C 222/01), S. 8.

107 *Jürschik-Grau/Lenz*, EuzW 2023, 829 (830).

108 Vgl. *EuGH*, 18.11.1999, Rs. C-107/98 – *Teckal*.

109 *Hübner*, in: *Willenbruch/Wieddekind/Hübner*, Art. 2 VO 1370, Rn. 38; *Knauff*, EuZW 2014, 486 (490); *Kühling*, IR 2011, 101 (103).

110 Vgl. im Übrigen die Kommentierung zu Art. 5 Abs. 2 VO 1370.

111 *EuGH*, 29.11.2012, Rs. C-182/11, C-183/11, Rn. 30 – *Econord*.

112 *Ziekow*, NZBau 2015, 258 (262); *Knauff*, EuZW 2014, 486 (488).

113 *EuGH*, 11.1.2005, Rs. C-26/03, Rn. 49 f. – *Stadt Halle*; 4.6.2006, Rs. C-410/04, Rn. 31 f. – *ANAV*; 8.4.2008, Rs. C-337/05, Rn. 38 ff.; 10.9.2009, Rs. C-573/07; 15.10.2009, Rs. C-196/08, Rn. 53.

114 *EuGH*, 18.3.2004, Rs. C-314/01, Rn. 43; *VK Südbayern*, 5.6.2015, Z3-3-3194-1-20-03/15, Rn. 31; *VK Bund*, 30.8.2013, VK 2-70/13, Rn. 94; *Linke/Prieß*, in: *Linke*, Art. 4 VO 1370, Rn. 95.

XI. Wert (Art. 2 lit. k) VO 1370)

19 Art. 2 lit. k) VO 1370 gibt vor, wie der „Wert" eines Verkehrsdienstes, einer Strecke, eines öffentlichen Dienstleistungsauftrags oder einer Ausgleichsleistung des öffentlichen Personenverkehrs zu berechnen ist. Danach ist der Wert die Summe[115] der Gesamteinnahmen – ohne MwSt – des Betreibers oder der Betreiber eines öffentlichen Dienstes einschließlich der Ausgleichsleistung gleich welcher Art (Art. 2 lit. g) VO 1370). Zu den Gesamteinnahmen zählen nicht nur die Ausgleichsleistung (Zuschuss) und die (einbehaltenen) Einnahmen aus dem Fahrscheinverkauf, sondern alle Einnahmen, die „im Zusammenhang"[116] mit der Erbringung der öffentlichen Dienstleistung stehen, wie beispielsweise Werbeeinnahmen, Verkauf von Reiseverpflegung (Catering), Entgelte für Serviceleistungen etc.[117]

XII. Allgemeine Vorschrift (Art. 2 lit. l) VO 1370)

20 Bei der allgemeinen Vorschrift handelt es sich nach Art. 2 lit. l) VO 1370 um eine Maßnahme, die diskriminierungsfrei für alle öffentlichen Personenverkehrsdienste derselben Art in einem bestimmten geografischen Gebiet, das im Zuständigkeitsbereich einer zuständigen Behörde liegt (dieses aber nicht ganz abdecken muss)[118], gilt. Bei der allgemeinen Vorschrift handelt es sich um ein alternatives Gestaltungselement zur Gewährung von Ausgleichsleistungen, allerdings nur für die Festsetzung von Höchsttarifen (vgl. Art. 3 Abs. 2 VO 1370).[119]

21 Im Unterschied zum öffentlichen Dienstleistungsauftrag wird die Ausgleichsleistung nicht durch Einzelakt, sondern diskriminierungsfrei allen Betreibern im Anwendungsbereich der allgemeinen Vorschrift gewährt.[120] In die Ausgleichsleistung kann ein angemessener Gewinn einbezogen werden. Eine allgemeine Vorschrift kann u. a. Gesetz, Erlass oder Regulierungsmaßnahme sein.[121] Als Gestaltungsvarianten kommen in Deutschland die Allgemeinverfügung (§ 35 Satz 2 Alt. 3 LVwVfG) oder Satzung in Betracht.[122] Die Kommission hielt zumindest in den „alten" Auslegungsleitlinien aus dem Jahr 2014 auch eine allgemeine Vorschrift „in Verträgen zwischen den zuständigen Behörden und den Betreibern öffentlicher Dienste" für möglich,[123] was die Abgrenzung zum öffentlichen Dienstleistungsauftrag erschwert.[124] Denkbar sind wegen der erforderlichen All-

---

115 Vgl. *Kaufmann/Linke*, in: *Linke*, Art. 2 VO 1370, Rn. 58.

116 Ziff. 2.4.2. der Mitteilung der Kommission v. 29.3.2014 (2014/C 92/01), S. 15.

117 *Hübner*, in: *Willenbruch/Wieddekind/Hübner*, Art. 2 VO 1370, Rn. 41 (Werbeeinnahmen); *Kaufmann/Linke*, in: *Linke*, Art. 2 VO 1370, Rn. 58; *Niemann*, in: *Saxiner/Winnes*, Art. 2 lit. k) VO 1370, Rn. 2 (Stand: Dez. 2012).

118 Ziff. 2.2.2. der Mitteilung der Kommission v. 26.6.2023 (2023/C 222/01), S. 6.

119 Ziff. 2.2.2. der Mitteilung der Kommission v. 26.6.2023 (2023/C 222/01), S. 7; *Otting/Olgemöller*, GewArch 2012, 436 (437); *Schmitz/Winkelhüsener*, EuZW 2011, 52 (53); *Knauff*, Gewa 2020, 321 (324).

120 *Linke*, EuZW 2014, 766 (770).

121 Ziff. 2.2.2. der Mitteilung der Kommission v. 26.6.2023 (2023/C 222/01), S. 7. Zur allgemeinen Vorschrift als Gesetz, vgl. *EuGH*, 8.9.2022, Rs. C-614/20, Rn. 61 ff. – *Lux Express Estonia*.

122 *Schieferdecker*, GewArch 2014, 6 (8 ff.).

123 Ziff. 2.2.2. der Mitteilung der Kommission v. 29.3.2014 (2014/C 92/01), S. 5.

124 *Linke*, EuzW 2014, 766 (770).

gemeingültigkeit aber multilaterale Verträge.[125] **Rechtsgrundlage** für den Erlass allgemeiner Vorschriften ist nicht Art. 3 Abs. 1 VO 1370, sondern in Deutschland ergibt sich diese im Anwendungsbereich des PBefG vielmehr aus § 8a Abs. 1 Satz 2 PBefG.

21a Bei allgemeinen Vorschriften gilt das **Überkompensationsverbot**; die nach Art. 6 Abs. 1 VO 1370 zwingende Anwendung des Anhangs soll das sicherstellen.[126] Die herrschende Meinung in Deutschland ging ursprünglich davon aus, dass eine allgemeine Vorschrift keinen **Anspruch auf Vollkompensation** gewährt.[127] Diese Sichtweise wurde auch dadurch gestützt, dass im Rahmen der ÄnderungsVO 2016/2338 ein „Unterkompensationsverbot" erwogen und verworfen wurde.[128] Der *EuGH* hat ein Unterkompensationsverbot zuletzt aber in seiner „**Lux Express Estonia**"-Entscheidung bei allgemeinen Vorschriften angedeutet.[129] Auch die Kommission lässt sich in ihren Auslegungsleitlinien aus dem Jahr 2023 so verstehen, dass es eine Verpflichtung geben soll, den Betreibern eine angemessene Ausgleichsleistung für gemeinwirtschaftliche Verpflichtungen zu gewähren.[130] Inhaltlich geht die Kommission dabei über die Auslegungsleitlinien aus dem Jahr 2014[131] hinaus; sie weist daraufhin, dass eine „Unterfinanzierung" zur Verschlechterung der Dienstleistungsqualität führen wird. Außerdem würden Bieter sich bei unauskömmlichen Ausgleichsleistungen nicht mehr am Vergabeverfahren beteiligen. Das geht stark in Richtung „Vollkompensation".[132]

21b Die Kommission lässt sich in ihren Auslegungsleitlinien vom 26.6.2023 so verstehen, dass sie die **Vergabe öffentlicher Dienstleistungsaufträge** generell nur dann zulassen will, **wenn das „verhältnismäßig"** ist.[133] Das leitet sie aus Art. 2a Abs. 1 VO 1370 ab. Konkret bedeutet das, dass die zuständige Behörde das mildeste Mittel anwenden muss. Bezogen auf die VO 1370 geht die Kommission davon aus, dass **bei reinen Tarifmaßnahmen allgemeine Vorschriften das mildeste Mittel** sind,[134] also einer Vergabe öffentlicher Dienstleistungsaufträge vorgehe. Das ist nicht überzeugend. Zwar bietet sich für Tarifmaßnahmen regelmäßig das Instrument der allgemeinen Vorschriften an, „verhältnismäßiger" ist das aber nicht. Bei der Diskussion um Ausgleichszahlungen im Ausbildungsverkehr ist in Deutschland, insbesondere in Niedersachsen, ein Wahlrecht praktiziert

---

125 *Winter/Woll/Gleichner*, Der Nahverkehr 5/2014, 7 (8).

126 Vgl. auch *Knauff*, Gewa 2020, 321 (324).

127 *VG Minden*, 10.9.2014, 7 K 2436/12 mit Anmerkung *Linke*, IR 2014, 262 f.

128 Entwurf einer legislativen Entschließung des Europäischen Parlaments zu dem Vorschlag für eine Verordnung des Europäischen Parlaments und des Rates zur Änderung der VO (EG) Nr. 1370/2007 hinsichtlich der Eröffnung des Marktes für inländische Schienenpersonenverkehrsdienste, 26.2.2014, (COM[2013]0028) – C7-0024/2013 – 2013/0028 (COD)), Standpunkt des Europäischen Parlaments festgelegt in erster Lesung vom 26.2.2014, EP-Dok. P/_TA (2014)0148 endg., Abänderung 10. Siehe auch *Linke*, NVwZ 2022, 1715 (1721).

129 *EuGH*, 8.9.2022, Rs. C-614/20, Rn. 61 ff. – *Lux Express Estonia*. Siehe auch *Jürschik/Felger*, EuZW 2022, 1055 (1061) und *Lenz/Jürschik/Felger*, Der Nahverkehr 7+8/2023, 49 (50).

130 Ziff. 2.6.8. der Mitteilung der Kommission v. 26.6.2023 (2023/C 222/01), S. 25.

131 Ziff. 2.4.8. der Mitteilung der Kommission v. 29.3.2014 (2014/C 92/01), S. 18.

132 Vgl. *Jürschik-Grau/Lenz*, EuZW 2023, 829 (831).

133 Ziff. 2.2.3. der Mitteilung der Kommission v. 26.6.2023 (2023/C 222/01), S. 9.

134 Ziff. 2.2.3. der Mitteilung der Kommission v. 26.6.2023 (2023/C 222/01), S. 9.

worden. Diese Handhabung hat sich trotz Anrufung sowohl des *EuG* wie des *EuGH* im Ergebnis durchgesetzt.[135] Ein Vorrangverhältnis ergibt sich auch nicht aus der maßgeblichen Regelung in Art. 3 Abs. 2 VO 1370, die den Behörden ein Wahlrecht zwischen öffentlichem Dienstleistungsauftrag und allgemeiner Vorschrift einräumt.[136] Jedenfalls bedeuten die Aussagen, die die Kommission in den Auslegungsleitlinien aus dem Jahr 2023 trifft, dass bei anderen gemeinwirtschaftlichen Verpflichtungen (z. B. in Bezug auf Qualität, Sicherheit, Häufigkeit, Nachhaltigkeit etc.), die nicht Gegenstand allgemeiner Vorschriften sein können,[137] kein Vorrang allgemeiner Vorschriften besteht und die Kommission das auch nicht annimmt.

XIII. Integrierte öffentliche Personenverkehrsdienste (Art. 2 lit. m) VO 1370)

Nach Art. 2 lit. m) VO 1370 sind „integrierte Beförderungsleistungen" Beförderungsleistungen, die innerhalb eines festgelegten geografischen Gebiets im Verbund erbracht werden und für die ein einziger Informationsdienst, eine einzige Fahrausweisregelung oder ein einziger Fahrplan besteht. Typischer Anwendungsbereich für „integrierte öffentliche Personenverkehrsdienste" sind in Deutschland die Verkehrsverbünde.[138] Für den Fahrgast werden mit einer Fahrkarte im Verbundgebiet alle Leistungen unter gemeinsamen Management „aus einer Hand" angeboten. Die Begrifflichkeit „im Verbund" i. S. d. Art. 2 lit. m) VO 1370 ist aber nicht im Sinne einer Einschränkung als „in einem Verbund" zu lesen. Beschrieben werden soll vielmehr eine Kooperation, sodass integrierte öffentliche Personenverkehrsdienste auch vorliegen können, wenn eine Linie durch mehrere Verkehrsverbünde verläuft. Dies wird am Beispiel der Tram-Train-Verkehre in Karlsruhe deutlich, für die die Kommission dieses Verständnis bestätigt hat. 22

XIV. Öffentliche Schienenpersonenverkehrsdienste (Art. 2 lit. aa) VO 1370)

Die Definition der öffentlichen Schienenpersonenverkehrsdienste ist mit dem 4. Eisenbahnpaket (VO 2016/2338) in Art. 2 VO 1370 aufgenommen worden.[139] Danach umfassen die öffentlichen Schienenpersonenverkehrsdienste den gesamten öffentlichen Schienenpersonenverkehr. Ausgenommen ist aber – aufgrund der rechtlichen Sonderstellung im Vergaberegime der VO 1370 – der Verkehr auf „anderen schienengestützten Verkehrsträgern wie Untergrund- oder Straßen- 23

---

135 Vgl. *EuGH*, 24.3.2022, Rs. C-666/20P, EuZW 2022, 419 ff. und dazu *Jürschik/Stützel*, EuZW 2022, 424 ff. sowie *EuG*, 5.10.2020, Rs. T-583/18, EuZW 2021, 84 ff. und dazu *Lenz/Jürschik*, EuZW 2021, 59 ff.

136 *BVerwG*, 10.10.2019, 10 C 3.19, Rn. 27 „gleichrangig nebeneinander", „Wahlrecht". Vgl. dazu *Knauff*, GewArch 2020, 321 (322 f.).

137 Vgl. Wortlaut des Art. 3 Abs. 2 VO 1370. Siehe auch *VG Augsburg*, 24.3.2015, Au 3 K 13.2063, Au 3 K 14.34, Rn. 137; *Linke/Lübbig*, in: *Linke*, VO (EG) Nr. 1370/2007, Art. 3 VO 1370/2007, Rn. 10b; Ziff. 2.2.2. der Mitteilung der Kommission v. 26.6.2023 (2023/C 222/01), S. 7.

138 *Hübner*, in: *Willenbruch/Wieddekind/Hübner*, Art. 2 VO 1370, Rn. 45; *Kaufmann/Linke*, in: *Linke*, Art. 2 VO 1370, Rn. 65.

139 Die Regelung trat am 24.12.2017 in Kraft, vgl. Art. 2 VO 2016/2338.

bahnen". Die Definition stellt damit klar, dass der „öffentliche Schienenpersonenverkehr" **nur den Eisenbahnbereich** meint. Die Definition der öffentlichen Schienenpersonenverkehrsdienste ist insbesondere für die Regelungen von Bedeutung, die durch die VO 2016/2338 in die VO 1370 aufgenommen wurden (z. B. Art. 5 Abs. 4a, 4b, 6a VO 1370).

Artikel 2a VO 1370 Spezifikation der gemeinwirtschaftlichen Verpflichtungen

(1) [1]Die zuständige Behörde legt Spezifikationen der gemeinwirtschaftlichen Verpflichtungen für die Erbringung öffentlicher Personenverkehrsdienste und den Anwendungsbereich dieser gemeinwirtschaftlichen Verpflichtungen gemäß Artikel 2 Buchstabe e fest. [2]Dies schließt die Möglichkeit ein, kostendeckende Dienste mit nicht kostendeckenden Diensten zusammenzufassen.
[3]Bei der Festlegung dieser Spezifikationen und ihres Anwendungsbereichs trägt die zuständige Behörde dem Grundsatz der Verhältnismäßigkeit im Einklang mit dem Unionsrecht gebührend Rechnung.
[4]Diese Spezifikationen müssen mit den politischen Zielen, die in den Strategiepapieren für den öffentlichen Verkehr in den Mitgliedstaaten aufgeführt sind, im Einklang stehen.
[5]Inhalt und Format der Strategiepapiere für den öffentlichen Verkehr und die Verfahren für die Konsultation der einschlägigen Interessengruppen werden nach Maßgabe der nationalen Rechtsvorschriften festgelegt.

(2) Mit den Spezifikationen gemeinwirtschaftlicher Verpflichtungen und der entsprechenden Ausgleichsleistung für finanzielle Nettoauswirkungen gemeinwirtschaftlicher Verpflichtungen sollen
a) die Ziele der Politik für den öffentlichen Verkehr auf kostenwirksame Weise erreicht werden und
b) die finanzielle Nachhaltigkeit der Erbringung öffentlicher Personenverkehrsdienste gemäß den in der Politik für den öffentlichen Verkehr festgelegten Anforderungen langfristig gesichert werden.

Schrifttum:

Hübner, Anmerkung zum Beschluss des OLG Koblenz vom 25.3.2015 (Verg 11/14) – Zur Abgrenzung eines Dienstleistungsauftrages von einer Dienstleistungskonzession im Sinne des Art. 5 Abs. 4 der Verordnung (EG) Nr. 1370/2007, VergabeR 2015, 572 ff.; *Jürschik-Grau/Lenz*, Umbruch bei Verkehrsvergaben? Die neuen Auslegungsleitlinien zur VO 1370/2007, EuZW 2023, 829 ff.; *Jürschik/Felger*, EuGH: Verkehrsrecht: Ausgleichspflicht bei unentgeltlicher Beförderung bestimmter Fahrgastgruppen, mit Anmerkung Jürschik/Felger, EuZW 2022, 1055 ff.; *Knauff*, Neuerungen im EU-Verkehrsmarktrecht – Änderungen der Personenverkehrsdienstleistungsverordnung (EG) Nr. 1370/2007 durch die Verordnung (EU) 2016/2338, N&R 1/2018, 26 ff.; *Lenz/Jürschik/Felger*, Deutschlandticket – Großer Wurf oder 49 Probleme?, Der Nahverkehr 7+8/2023, 49 ff.; *Linke*, Marktöffnung im öffentlichen Schienenpersonenverkehr NZBau 2017, 331 ff.; *Saxinger*, Die Novellierung der Verordnung (GG) Nr. 1370/2007 und ihre Auswirkungen auf den straßengebundenen ÖPNV, GewArch 2017, 463 ff.

Übersicht

A. Vorbemerkungen

Art. 2a VO 1370 ist Teil des 4. Eisenbahnpakets und wurde durch die Änderungsverordnung 2016/2338 in die VO 1370 eingeführt. Art. 2a Abs. 1 VO 1370 gibt der zuständigen Behörde vor, Spezifikationen der gemeinwirtschaftlichen Verpflichtungen i. S. d. Art. 2 lit. e) VO 1370 festzulegen und regelt, welche Anforderungen die Spezifikationen erfüllen müssen. Der Absatz 2 des Art. 2a VO 1370 enthält eine (vermeintliche) „Soll"-Vorschrift. Es wird vorgegeben, welche Ziele mit den Spezifikationen gemeinwirtschaftlicher Verpflichtungen erreicht werden sollen. Die Vorschrift gilt seit dem 24.12.2017.[1] Sie wird maßgeblich durch das Verständnis der Kommission in ihren Auslegungsleitlinien vom 26.6.2023 geprägt.[2] 1

B. Festlegung von Spezifikationen (Art. 2a Abs. 1 VO 1370)

Art. 2a Abs. 1 VO 1370 begründet eine Verpflichtung der zuständigen Behörden, „Spezifikationen der gemeinwirtschaftlichen Verpflichtungen" sowie die Reichweite des Anwendungsbereichs festzulegen. Gemeint sein dürfte eine **Auflistung der (gemeinwirtschaftlichen) Anforderungen** an den öffentlichen Personenverkehr.[3] Nach dem Willen des Verordnungsgebers sollen die Spezifikationen – soweit möglich – **positive Netzwerkeffekte** herbeiführen (z. B. Verbesserung der Dienstleistungsqualität, des sozialen und territorialen Zusammenhalts oder der Gesamteffizienz des Verkehrssystems, vgl. Rn. 2b).[4] Offen ist dabei, ob die Spezifikation der gemeinwirtschaftlichen Verpflichtungen i. S. d. Legaldefinition des Art. 2 lit. e) VO 1370 als gesonderter Rechtsakt zu verstehen ist oder ob es sich dabei um einen Vorbereitungsakt für die Vergabe eines öffentlichen Dienstleistungsauftrages handelt (Art „Leistungsbeschreibung für gemeinwirtschaftliche Verpflichtungen"). Dafür, dass letzteres gemeint sein dürfte, spricht, dass die spezifizierten gemeinwirtschaftlichen Verpflichtungen obligatorischer Inhalt des öffentlichen Dienstleistungsauftrags (vgl. Art. 4 Abs. 1 VO 1370 i. d. F. der VO 2016/2338) sind und es insofern ausreichen dürfte, die Spezifikationen in Vorbereitung der Vergabe (z. B. in der **Vorabbekanntmachung oder im Nahverkehrsplan**)[5] festzulegen und im Rahmen des öffentlichen Dienstleistungsauftrages wiederzugeben. Dabei dürfte eine undifferenzierte Auferlegung von gemeinwirtschaftlichen Verpflichtungen nicht ausreichen, vielmehr sind die Anforderungen an Qualität, Bedienhäufigkeit etc. genau festzulegen.[6] **Beispiele für Spezifikationen** sind die Vorgabe eines bestimmten Betriebskonzepts, Anforderungen an die einzusetzenden Fahrzeuge, Qualitätsstandards (Pünktlichkeit, Sauberkeit, Bedienhäufigkeit, Beschwerdemanagement, Fahrgastinformation, Serviceleistungen etc.), Infrastrukturvorgaben (z. B. Instandhaltung, Ausstattung der Wartemöglichkeiten und 2

1 Vgl. Art. 2 VO 2016/2338.
2 Ziff. 2.2.3. der Mitteilung der Kommission v. 26.6.2023 (2023/C 222/01), S. 7 ff.
3 *Zuck*, in: *Ziekow/Völlink*, Art. 2a VO 1370, Rn. 5.
4 Vgl. Erwägungsgrund 8 der VO 2016/2338.
5 Vgl. *Zuck*, in: *Ziekow/Völlink*, Art. 2a VO 1370, Rn. 6.
6 *Linke*, NZBau 2017, 331 (332).

Haltestellen), Tarifvorgaben und Sozialstandards (Arbeitnehmerrechte, Sozialeinrichtungen, Tariftreue etc.).[7]

2a Art. 2a Abs. 1 UAbs. 1 Satz 2 VO 1370 stellt im Übrigen klar, dass **kostendeckende und nicht kostendeckende Dienste** zusammengefasst werden können, also gemeinsam in einem öffentlichen Dienstleistungsauftrag vergeben werden können. Eine Zusammenfassung ist damit beispielsweise von Schwach- und Starkverkehrszeiten[8] sowie Verkehren auf dem Land und in Ballungsgebieten denkbar. Ziel ist es, öffentliche Gelder effizient zu verwenden (keine „Rosinenpickerei").[9]

2b Abweichend von dem Wortlaut bzw. der Intention des Verordnungsgebers will die Kommission die **Zusammenfassung von kostendeckenden und nicht kostendeckenden Diensten** (z. B. zu einem **Netz**) in einem öffentlichen Dienstleistungsauftrag nur **„in begründeten Fällen"** erlauben und zwar, wenn dies **„notwendig und verhältnismäßig"** ist.[10] Das soll etwa gegeben sein, wenn „positive Netzwerkeffekte" herbeigeführt werden, etwa weil ein „kohärentes Verkehrssystem, insbesondere auf geografischer Ebene", damit gewährleistet wird.[11] Vor diesem Hintergrund dürfte es geboten sein, den „begründeten Fall" in der Vergabedokumentation oder vorbereitend im Nahverkehrsplan darzulegen, wenn in den Vorabbekanntmachungen Verkehre zu einer **Gesamtleistung** (§ 8a Abs. 2 Satz 4 PBefG) verbunden werden sollen, was zur Schonung der öffentlichen Kassen regelmäßig gewollt ist.[12]

3 Bei der Festlegung der Spezifikationen muss einerseits der **Grundsatz der Verhältnismäßigkeit** gewahrt sein (UAbs. 2) und andererseits den **politischen Zielen**[13] **der Mitgliedstaaten** für den öffentlichen Personenverkehr (UAbs. 3) entsprochen werden. Die Verhältnismäßigkeit soll sicherstellen, dass Interventionen im öffentlichen Personenverkehr (z. B. durch Ausgleichsgewährungen, Gewährung von ausschließlichen Rechten) auf ein Mindestmaß beschränkt bleiben.[14] Die Verhältnismäßigkeit kann besonders unter dem Gesichtspunkt der Erforderlichkeit der Spezifikationen zur Erreichung der (politischen) Ziele bedeutsam werden. Wie bisher muss den zuständigen Behörden aber ein weiter Ermessensspielraum bei der Festlegung der gemeinwirtschaftlichen Verpflichtungen zukommen, um den örtlichen Verkehrsbedürfnissen und politischen Zielen entsprechen zu können. Die **politischen Ziele** sind in den **Strategiepapieren** niederzulegen, bei deren Inhalt, Form und Erstellung die Mitgliedstaaten weitge-

---

7 Vgl. die Aufzählung in *Linke*, in: *Linke*, Art. 2a VO 1370, Rn. 11.

8 Auch *Linke*, in: *Linke*, Art. 2a VO 1370, Rn. 12. Vor der Klarstellung mit der VO 2016/2338 war die Zulässigkeit noch unklar, vgl. *Hübner*, VergabeR 2015, 572 (573). Angedeutet *OLG Koblenz*, 25.3.2015, Verg 11/14, Rn. 44.

9 *Linke*, NZBau 2017, 331 (332); *Saxinger*, GewArch 2017, 463 (464).

10 Ziff. 2.2.3. der Mitteilung der Kommission v. 26.6.2023 (2023/C 222/01), S. 9.

11 Ziff. 2.2.3. der Mitteilung der Kommission v. 26.6.2023 (2023/C 222/01), S. 9.

12 *Jürschik-Grau/Lenz*, EuZW 2023, 829 (832).

13 Vgl. Erwägungsgrund 7 der VO 2016/2338.

14 *Linke*, in: *Linke*, Art. 2a VO 1370, Rn. 14.

hend freie Hand haben.[15] Die Ziele der Politik für den öffentlichen Verkehr umfassen beispielsweise die territoriale Anbindung, einschließlich grenzüberschreitende Verbindungen, die Entwicklung eines nachhaltigen Verkehrs und die Mittel zur Zielerreichung bei der Einbindung verschiedener Verkehrsträger („verkehrsträgerübergreifende" Planung).[16] Vorgesehen ist eine Konsultation der „einschlägigen Interessengruppen", wie z. B. Fahrgastvereinigungen, Infrastrukturbetreiber, Arbeitnehmerverbände sowie Verkehrsunternehmen.[17] Dabei haben die **Mitgliedstaaten** ebenfalls große Spielräume.[18] Die Tatsache, dass Art. 2a VO 1370 auf den „Mitgliedstaat" abstellt, legt zwar nah, dass nicht die **„zuständige Behörde"** gemeint ist. Mit Blick auf die Autonomie der Mitgliedstaaten bei ihrer internen Organisation ist aber nicht ausgeschlossen, dass eine Identität zwischen „Mitgliedstaat" und „zuständige Behörde" besteht bzw. sich aus der Ausgestaltung der nationalen Zuständigkeiten ergibt.[19] In Deutschland bestehen solche Strategiepapiere im Wesentlichen schon bisher mit den **Nahverkehrsplänen** i. S. d. § 8 Abs. 3 Satz 2 PBefG.[20] Das wird teilweise zwar deshalb in Zweifel gezogen, weil es an einer (außen-)rechtlichen Verbindlichkeit der Nahverkehrspläne fehle.[21] Was die Rechtsqualität der Nahverkehrspläne angelangt, ist das zwar richtig. Die VO 1370 gibt mit Art. 2a aber gerade keine bestimmte Form oder Rechtsnatur bei den Strategiepapieren vor, sondern überlässt das ausdrücklich den Mitgliedstaaten („Maßgabe der nationalen Rechtsvorschriften"), wobei der Begriff „Rechtsvorschrift" europarechtlich autonom auszulegen ist und nicht im Sinne des nationalen Rechts zu verstehen ist. Darüber hinaus kommt es zu einer faktischen (Rechts-)Verbindlichkeit der Nahverkehrspläne im ÖPNV, weil die Einhaltung der Nahverkehrspläne (mit) darüber entscheidet, ob eine Genehmigung erteilt werden darf oder nicht (vgl. § 13 Abs. 2a PBefG). Eine Anpassung des nationalen Rechts würde etwaige Zweifel indes beseitigen.

Aus dem **Grundsatz der Verhältnismäßigkeit** (UAbs. 2) leitet die Kommission verschiedene Weiterungen ab.[22] So sollen die zuständigen Behörden vor der Festlegung von Spezifikationen für gemeinwirtschaftliche Verpflichtungen prüfen, ob ein **tatsächlicher Bedarf** an den geplanten öffentlichen Verkehrsdiensten besteht.[23] Dazu soll eine Marktanalyse durchgeführt werden. Die Kommission ist dabei so zu verstehen, dass eine **Marktanalyse** drei Dinge klären muss (vgl. auch Rn. 9a). Erstens, ob 3a

15 „Große Spielräume", vgl. Ziff. 2.2.3. der Mitteilung der Kommission v. 26.6.2023 (2023/C 222/01), S. 8.

16 Ziff. 2.2.3. der Mitteilung der Kommission v. 26.6.2023 (2023/C 222/01), S. 8.

17 Vgl. die Begründung der Kommission für den Vorschlag einer Verordnung v. 31.1.2013, Ziff. 3.2., S. 6 und Erwägungsgrund 10 der VO 2016/2338.

18 Ziff. 2.2.3. der Mitteilung der Kommission v. 26.6.2023 (2023/C 222/01), S. 8.

19 *Knauff*, in: *Immenga/Mestmäcker*, Wettbewerbsrecht, Band 5, Art. 2a VO 1370/2007, Rn. 170.

20 *Knauff*, N&R 1/2018, 26 (29); *Linke*, NZBau 2017, 331 (332 f.); *Saxinger*, GewArch 2017, 463 (465); *Zuck*, in: *Ziekow/Völlink*, Art. 2a VO 1370, Rn. 22. Kritisch: *Linke*, in: *Linke*, Art. 2a VO 1370, Rn. 19. A.A. wohl *OLG Jena*, 12.6.2019, 2 Verg 1/18, S. 17 des Beschlussabdrucks wegen des „regional begrenzten Charakters" von Nahverkehrsplänen und insofern auch *Knauff*, in: *Immenga/Mestmäcker*, Wettbewerbsrecht, Band 5, Art. 2a VO 1370/2007, Rn. 178 (an der Entscheidung des *OLG Jena* beteiligt).

21 *Knauff*, in: *Immenga/Mestmäcker*, Wettbewerbsrecht, Band 5, Art. 2a VO 1370/2007, Rn. 178.

22 Vgl. im Einzelnen *Jürschik-Grau/Lenz*, EuzW 2023, 829 (829).

23 Ziff. 2.2.3. der Mitteilung der Kommission v. 26.6.2023 (2023/C 222/01), S. 8.

eine Nachfrage seitens der Nutzer besteht. Zweitens, ob die Nachfrage auch ohne gemeinwirtschaftliche Verpflichtungen (heißt: ohne öffentlichen Dienstleistungsauftrag) befriedigt werden kann. Und drittens muss jedenfalls der Bedarf unter größtmöglicher Wahrung der Grundfreiheiten gedeckt werden. Eine Marktanalyse soll aber auch nur dann erforderlich sein, wenn das Unionsrecht oder das nationale Recht einen freien Zugang zu der Dienstleistung eingeführt hat (vgl. die Kommentierung zu Art. 2 lit. i) VO 1370). Aus dem Grundsatz der Verhältnismäßigkeit (UAbs. 2) leitet die Kommission darüber hinaus ab, dass die zuständige Behörde das **mildeste Mittel anwenden** muss. Bezogen auf die VO 1370 geht die Kommission davon aus, dass **bei reinen Tarifmaßnahmen allgemeine Vorschriften das mildeste Mittel** sind,[24] also einer Vergabe öffentlicher Dienstleistungsaufträge vorgehe (vgl. die Kommentierung zu Art. 2 lit. l) VO 1370).

C. Zielsetzung (Art. 2a Abs. 2 VO 1370)

4 Der Absatz 2 des Art. 2a VO 1370 gibt vor, welche **Ziele** mit den Spezifikationen gemeinwirtschaftlicher Verpflichtungen und den dafür gewährten Ausgleichsleistungen erreicht werden „sollen" (gemeint sein dürfte nach einem Vergleich mit anderen Sprachfassungen der VO 1370 „müssen")[25]. Dies ist einmal die Erreichung der (politischen) Ziele auf **kostenwirksame Weise** (Art. 2a Abs. 2 lit. a) VO 1370), was die Wirtschaftlichkeit der Verkehre meint. Zum anderen ist dies die langfristige **Sicherung der finanziellen Nachhaltigkeit** der Erbringung öffentlicher Personenverkehrsdienste (Art. 2a Abs. 2 lit. b) VO 1370). Mit letzterem soll eine ausreichende Finanzausstattung erreicht werden. Im Verfahren zur Änderung der VO 1370 durch die ÄnderungsVO 2016/2338 ist dabei ein ausdrückliches **Unterkompensationsverbot** diskutiert und verworfen worden.[26] Dementsprechend finden sich im Wortlaut keine Hinweise auf ein Unterkompensationsverbot. Der *EuGH*[27] hat aber jedenfalls bei allgemeinen Vorschriften, nicht bei öffentlichen Dienstleistungsaufträgen,[28] ein Unterkompensationsverbot angedeutet und auch die Aussagen der Kommission in den Auslegungsleitlinien zur VO 1370 vom 26.6.2023[29] gehen in diese Richtung.[30]

---

24 Ziff. 2.2.3. der Mitteilung der Kommission v. 26.6.2023 (2023/C 222/01), S. 9.

25 Vgl. *Linke*, in: *Linke*, Art. 2a VO 1370, Rn. 22.

26 Entwurf einer legislativen Entschließung des Europäischen Parlaments zu dem Vorschlag für eine Verordnung des Europäischen Parlaments und des Rates zur Änderung der VO (EG) Nr. 1370/2007 hinsichtlich der Eröffnung des Marktes für inländische Schienenpersonenverkehrsdienste, 26.2.2014, (COM[2013]0028) – C7-0024/2013 – 2013/0028 (COD)), Standpunkt des Europäischen Parlaments festgelegt in erster Lesung vom 26.2.2014, EP-Dok. P/_TA (2014)0148 endg., Abänderung 10. Vgl. auch *Linke*, in: *Linke*, Art. 2a VO 1370, Rn. 26; *Linke*, NZBau 2017, 331 (333).

27 *EuGH*, 8.9.2022, Rs. C-614/20, Rn. 61 ff. – *Lux Express Estonia*. Siehe auch *Jürschik/Felger*, EuZW 2022, 1055 (1061) und *Lenz/Jürschik/Felger*, Der Nahverkehr 7+8/2023, 49 (50).

28 *EuGH*, 21.12.2023, Rs. C-421/22, Rn. 44.

29 Ziff. 2.6.8. der Mitteilung der Kommission v. 26.6.2023 (2023/C 222/01), S. 25.

30 *Jürschik-Grau/Lenz*, EuzW 2023, 829 (831).

Artikel 3 VO 1370 Öffentliche Dienstleistungsaufträge und allgemeine Vorschriften

(1) Gewährt eine zuständige Behörde dem ausgewählten Betreiber ausschließliche Rechte und/oder Ausgleichsleistungen gleich welcher Art für die Erfüllung gemeinwirtschaftlicher Verpflichtungen, so erfolgt dies im Rahmen eines öffentlichen Dienstleistungsauftrags.

(2) [1]Abweichend von Absatz 1 können gemeinwirtschaftliche Verpflichtungen zur Festsetzung von Höchsttarifen für alle Fahrgäste oder bestimmte Gruppen von Fahrgästen auch Gegenstand allgemeiner Vorschriften sein. [2]Die zuständige Behörde gewährt den Betreibern eines öffentlichen Dienstes gemäß den in den Artikeln 4 und 6 und im Anhang festgelegten Grundsätzen eine Ausgleichsleistung für die – positiven oder negativen – finanziellen Auswirkungen auf die Kosten und Einnahmen, die auf die Erfüllung der in den allgemeinen Vorschriften festgelegten tariflichen Verpflichtungen zurückzuführen sind; dabei vermeidet sie eine übermäßige Ausgleichsleistung. [3]Dies gilt ungeachtet des Rechts der zuständigen Behörden, gemeinwirtschaftliche Verpflichtungen zur Festsetzung von Höchsttarifen in öffentliche Dienstleistungsaufträge aufzunehmen.

(3) [1]Unbeschadet der Artikel 73, 86, 87 und 88 des Vertrags können die Mitgliedstaaten allgemeine Vorschriften über die finanzielle Abgeltung von gemeinwirtschaftlichen Verpflichtungen, die dazu dienen, Höchsttarife für Schüler, Studenten, Auszubildende und Personen mit eingeschränkter Mobilität festzulegen, aus dem Anwendungsbereich dieser Verordnung ausnehmen. [2]Diese allgemeinen Vorschriften sind nach Artikel 88 des Vertrags mitzuteilen. [3]Jede Mitteilung enthält vollständige Informationen über die Maßnahme, insbesondere Einzelheiten zur Berechnungsmethode.

Schrifttum:

Diemon-Wies, Die Vergabe von Busdienstleistungen im ÖPNV nach der VO (EG) 1370/2007, dem GWB oder dem PBefG?, VergabeR 2014, 305 ff.; *Erdmann*, Gewährleistung des öffentlichen Personennahverkehrs durch allgemeine Vorschriften nach Art. 3 Abs. 2 Verordnung (EG) 1370/2007, BRZ 2018, 51 ff.; *Faber*, Zwingt das PBefG zu einer allgemeinen Vorschrift?, IR 2014, 249 ff.; *Jürschik/Stützel*, EuGH: Beihilferecht: Zulässigkeit wirtschaftlicher Betätigung des Staates als Unternehmen, EuzW2022, 419 ff.; *Jürschik/Felger*, EuGH: Verkehrsrecht: Ausgleichspflicht bei unentgeltlicher Beförderung bestimmter Fahrgastgruppen, mit Anmerkung *Jürschik/Felger*, EuZW 2022, 1055 ff.; *Jürschik/Ott*: PBefG-Linienverkehrsgenehmigungen als ausschließliches Recht nach § 14 IV Nr. 2 Buchst. c VgV?, EuZW 2021, 708 ff.; *Knauff*, Allgemeine Vorschriften im ÖPNV – zugleich Besprechung von BVerwG, Urteil v. 10.10.2019, 10 C 3.19, GewArch 2020, 321 ff.; *Knauff*, Defizitausgleich und öffentliche Verkehrsinteressen im ÖPNV, GewArch 2014, 157 ff.; *Knauff*, Der Vorrang eigenwirtschaftlicher Verkehre im ÖPNV auf Grundlage des novellierten Personenbeförderungsgesetzes, GewArch 2013/7-8, 283 ff.; *Lenz/Jürschik/Felger*, Deutschlandticket – Großer Wurf oder 49 Probleme?, Der Nahverkehr 7+8/2023, 49 ff.; *Lenz/Jürschik-Grau*, Umbruch bei Verkehrsvergaben? Die neuen Auslegungsleitlinien zur VO 1370/2007, EuZW 2023, 829 ff., *Lenz/Jürschik*, Von der Herausnahme aus dem Anwendungsbereich der VO (EG) Nr. 1370/2007 und zurück, EuZW 2021, 59 ff.; *Linke*, Ausgleich für Pflicht zur unentgeltlichen Beförderung bestimmter Fahrgastgruppen – Lux Express Estonia, mit Anmerkung Linke, NVwZ 2022, 1715 ff.; *Linke*, Die staatliche Finanzierung öffentlicher Personenverkehrsdienste, EuZW 2014, 766 ff.; *Linke*, VG Minden: Zur Höhe des angemessenen Gewinns im Rahmen allgemeiner Vorschriften zum Ausgleich von Höchsttarifen im öffentlichen Personenverkehr, IR 2014, 262 ff.; *Otting/Olgemöller*, Ausgleich gemeinwirtschaftlicher Verpflichtungen durch allgemeine Vorschriften, GewArch 2012/11, 436 ff.; *Ritschny/Schnell*, Vorbereitung und Ausgestaltung von allgemeinen Vorschriften, Der Nahverkehr 12/2017, 46 ff.; *Schieferdecker*, Die Rechtsgrundlage zum Erlass allgemeiner Vorschriften im Sinne von Art. 3 Abs. 2 der Verordnung (EG) 1370/2007, GewArch 2014, 6 ff.; *Schmitz/Winkelhüsener*, Der öffentliche Personennahverkehr im Übergang zur VO Absatz 1370/2007: Vergaberechtliche Handlungsoptionen und deren beihilferechtliche Konsequenzen, EuZW 2011, 52 ff.; *Winter/Woll/Gleichner*, EU-Kommission veröffentlicht Leitlinien zur Verordnung 1370, Der Nahverkehr 5/2014, 7 ff.; *Winnes*, 6 Jahre neues Personenbeförderungsgesetz – eine Zwischenbilanz, DVBl 2019, 969 ff.; *Winnes*, Die Allgemeine Vorschrift als Steuerungs- und Finanzierungsinstrument im ÖPNV, KommP spezial 2013, 96 ff.; *Wittig/Schimanek*, Sondervergaberecht für Verkehrsdienstleistungen – Die neue EU-Verordnung über öffentliche Personenverkehrsdienste auf Schiene und Straße, NZBau 2008, 224 ff.

Übersicht Rn.

A. Vorbemerkungen

1 Art. 3 Abs. 1 VO 1370 enthält den Grundsatz, wonach Ausgleichsleistungen „gleich welcher Art" und ausschließliche Rechte i. S. d. Art. 2 lit. f) VO 1370 nur im Rahmen eines öffentlichen Dienstleistungsauftrags zu gewähren sind. Gleichzeitig wird in den Absätzen 2 und 3 des Art. 3 VO 1370 mit dem Ausgleich aufgrund allgemeiner Vorschriften ein enger Rahmen für alternative Gestaltungsweisen gesteckt. Ausgleichsleistungen aufgrund allgemeiner Vorschriften haben den Vorteil, dass kein Vergabeverfahren i.S d. VO 1370 durchgeführt werden muss.

B. Gewährung ausschließlicher Rechte und Ausgleichsleistungen (Art. 3 Abs. 1 VO 1370)

2 Art. 3 Abs. 1 VO 1370 statuiert den Grundsatz, dass ausschließliche Rechte[1] und Ausgleichsleistungen[2] gleich welcher Art für die Erfüllung gemeinwirtschaftlicher Verpflichtungen nur im Rahmen eines öffentlichen Dienstleistungsauftrags[3] gewährt werden dürfen. Neben der Festlegung des „Ob" im öffentlichen Dienstleistungsauftrag sind auch die Parameter, anhand deren gegebenenfalls die Ausgleichsleistung berechnet wird, und die Art und der Umfang der gegebenenfalls gewährten Ausschließlichkeit obligatorischer Inhalt des öffentlichen Dienstleistungsauftrags (vgl. Art. 4 Abs. 1 lit. b) VO 1370); bei der Festlegung der Parameter haben die zuständigen Behörden einen Beurteilungsspielraum.[4]

---

1 Vgl. die Kommentierung zu Art. 2 lit. f) VO 1370, Rn. 10, 11.
2 Vgl. die Kommentierung zu Art. 2 lit. g) VO 1370, Rn. 12, 13.
3 Vgl. die Kommentierung zu Art. 2 lit. i) VO 1370, Rn. 16, 17.
4 *EuGH*, 21.12.2023, Rs. C-421/22, Rn. 44; *EuGH*, 25.1.2024, Rs. C-390/22, Rn. 39 ff.

Für das ausschließliche Recht im Anwendungsbereich des PBefG ergibt sich die Regelung im öffentlichen Dienstleistungsauftrag im Übrigen auch aus § 8a Abs. 8 Satz 1 PBefG. Bei der **PBefG-Genehmigung** nach §§ 12 ff. PBefG handelt es sich nach umstrittener Auffassung um ein ausschließliches Recht.[5] **3**

Vereinzelt wird vertreten, dass im Zusammenhang mit Direktvergaben an interne Betreiber die Gewährung eines zu **weitgefassten** ausschließlichen Rechts **ermessensfehlerhaft** sei (**Ermessensmissbrauch**).[6] Das soll der Fall sein, wenn die Gewährung des ausschließlichen Rechts mit dem Ziel der Verdrängung privater Konkurrenz erfolgt und es deshalb zu einem Eingriff in die Berufsfreiheit der (privater) Konkurrenzunternehmen aus Art. 12 Abs. 1 GG kommt.[7] Die Überlegung ist zwar nachvollziehbar, aber im Ergebnis mit Blick auf den Vorrang des Europarechts (Art. 4 Abs. 3 EUV) und dem nationalen Genehmigungsrecht als Schranke des Art. 12 GG nicht überzeugend.[8] **3a**

Im Bereich der **Eisenbahnen** ist die Möglichkeit der **Gewährung ausschließlicher Rechte** mit dem Recht der Eisenbahnunternehmen auf **Zugang zur Infrastruktur** zur Erbringung allgemein zugänglicher Dienste auf den Inlandsmärkten der Mitgliedstaaten (Art. 10 RL 2012/34/EU, in Deutschland umgesetzt in § ERegG) **in Einklang zu bringen**.[9] Konkret bedeutet das, dass die zuständigen Behörden ausschließliche Rechte gewähren dürfen, sie dürfen dabei aber nicht das Recht anderer Eisenbahnverkehrsbetreiber auf Zugang zur betreffenden Eisenbahninfrastruktur für die Erbringung von Schienenpersonenverkehrsdiensten beschränken (Ausnahme öffentliche Dienstleistungsaufträge im Anwendungsbereich des Art. 11 Abs. 5 RL 2012/34/EU [best. Wettbewerbsvergaben ohne Ausgleichsleistung]).[10] **3b**

C. Allgemeine Vorschriften (Art. 3 Abs. 2 VO 1370)

Von der grundsätzlichen Vorgabe einer Regelung im Rahmen eines öffentlichen Dienstleistungsauftrags nach Art. 3 Abs. 1 VO 1370 macht Art. 3 Abs. 2 eine Ausnahme (vgl. Wortlaut „Abweichend von Absatz 1“).[11] Danach können gemein- **4**

5 Dafür: *Jürschik/Ott*, EuZW 2021, 708 ff.; *Linke*, EuZW 2014, 776 (769); *Wittig/Schimanek*, NZBau 2008, 224 (224) und wohl *Kaufmann/Linke*, in: *Linke*, Art. 2 VO 1370/2007, Rn. 30 ff.; *Diemon-Wies*, VergabeR 2014, 305 (306 f.). Ziff. 2.2.4. der Mitteilung der Kommission v. 26.6.2023 (2023/C 222/01) und schon zuvor Ziff. 2.2.6. der Mitteilung der Kommission v. 29.3.2014 (2014/C 92/01), S. 7. Dagegen: *OLG Düsseldorf*, 2.3.2011, Verg 48/10 – *Münsterlandkreise*; *VK Baden-Württemberg*, 14.3.2005, 1 VK 5/05, Rn. 91 ff.; *Hübner*, in: *Willenbruch/Wieddekind/Hübner*, Art. 2 VO 1370, Rn. 28; Offen: *VK Münster*, 29.5.2013, VK 5/13. Vgl. auch Kommentierung zu Art. 2 lit. f) VO 1370, Rn. 11.

6 *Knauff*, in: *Immenga/Mestmäcker*, Wettbewerbsrecht, Band 5, Art. 4 VO 1370/2007, Rn. 222. Vgl. dazu auch die Entscheidung des *OLG Jena*, 12.6.2019, 2 Verg 1/18, Rn. 32, an der Prof. Dr. Knauff mitgewirkt hat.

7 *Knauff*, in: *Immenga/Mestmäcker*, Wettbewerbsrecht, Band 5, Art. 4 VO 1370/2007, Rn. 222.

8 Vgl. die Kommentierung zu Art. 2 lit. f) VO 1370.

9 Ziff. 2.2.4. der Mitteilung der Kommission v. 26.6.2023 (2023/C 222/01), S. 10.

10 Vgl. im Einzelnen die Kommentierung zu Art. 2 lit. f) VO 1370 und Ziff. 2.2.4. der Mitteilung der Kommission v. 26.6.2023 (2023/C 222/01), S. 10.

11 *Otting/Olgemöller*, GewArch 2012, 436 (437); *Schieferdecker*, GewArch 2014, 6 (7); *Schmitz/Winkelhüsener*, EuZW 2011, 52 (53).

wirtschaftliche Verpflichtungen zur Festsetzung von Höchsttarifen für alle Fahrgäste oder bestimmte Gruppen von Fahrgästen auch Gegenstand allgemeiner Vorschriften i. S. d. Art. 2 lit. l) VO 1370[12] sein. Mit anderen Worten bedeutet dies, dass ein Aufgabenträger in seinem Zuständigkeitsbereich oder Teilen seines Zuständigkeitsbereichs[13] die Verkehrsunternehmen zur Einhaltung bestimmter Höchsttarife verpflichten und dafür einen Ausgleich (inkl. angemessenen Gewinns)[14] auf der Grundlage der allgemeinen Vorschrift „nach den Grundsätzen der Gleichbehandlung und der Allgemeingültigkeit“[15] gewähren kann.[16] Höchsttarife in diesem Sinne sind beispielsweise vergünstigte Fahrkarten im Ausbildungsverkehr („Schüler- oder Studententarife“), Sozialtickets, Senioren- und/oder Behindertentarife.[17] Auch das „Deutschlandticket“ stellt ein Höchsttarif dar, der ausweislich der Muster-Richtlinien des Bundes[18] auch mit allgemeiner Vorschrift ausgeglichen werden kann.[19] In der Festlegung bestimmter Höchsttarife besteht der Unterschied zum öffentlichen Dienstleistungsauftrag: Mit der allgemeinen Vorschrift können **nur Ausgleichsleistungen für die Einhaltung von Höchsttarifen** gewährt werden, nicht aber sonstige Ausgleichsleistungen (ausschließliche Rechte).[20] Damit wird dem **Regel-Ausnahme-Verhältnis** zwischen öffentlichen Dienstleistungsaufträgen (Regel, vgl. Art. 3 Abs. 1 VO 1370) und allgemeinen Vorschriften (Ausnahme, vgl. § 3 Abs. 2 VO 1370) Rechnung getragen.

4a Eine allgemeine Vorschrift kann u. a. **Gesetz**[21], **Erlass oder Regulierungsmaßnahme** sein.[22] Als Gestaltungsvarianten kommen in Deutschland die **Allgemeinverfügung** (§ 35 Satz 2 Alt. 3 LVwVfG) oder **Satzung** in Betracht.[23] Die Kommission hielt zumindest in den „alten“ Auslegungsleitlinien aus dem Jahr 2014 auch eine allgemeine Vorschrift „in Verträgen zwischen den zuständigen

---

12 Vgl. die Kommentierung zu Art. 2 lit. l) VO 1370, Rn. 20, 21.

13 Ziff. 2.2.2. der Mitteilung der Kommission v. 26.6.2023 (2023/C 222/01), S. 6.

14 Dabei muss aber Überkompensation vermieden werden; ein Anspruch auf „Vollkompensation“ besteht nicht, vgl. *VG Minden*, 10.9.2014, 7 K 2436/12 mit Anmerkung *Linke*, IR 2014, 262 f.

15 Ziff. 2.2.3. der Mitteilung der Kommission v. 29.3.2014 (2014/C 92/01), S. 5.

16 *Ritschny/Schnell*, Der Nahverkehr 12/2007, 46 (47).

17 *Erdmann*, BZR 2018, 51 (51); *Winnes*, KommP spezial 2013, 96 (96).

18 Muster-Richtlinien – Richtlinien über die Gewährung von Billigkeitsleistungen zum Ausgleich nicht gedeckter Ausgaben im öffentlichen Personennahverkehr im Zusammenhang mit dem Deutschlandticket im Jahr 2023 vom 20.3.2023, unter II. 5.4.1. bis 5.5.4. Die Richtlinien bestehen aus „I. Hinweise und Erläuterungen“ und „II. Musterrichtlinien“ in Form eines Runderlass-Musters.

19 Vgl. auch *Lenz/Jürschik/Felger*, Der Nahverkehr 7+8/2023, 49 (49, 50).

20 Vgl. im Einzelnen *VG Augsburg*, 24.3.2015, Au 3 K 13.2063, Au 3 K 14.34, Rn. 137; *Linke/Lübbig*, in: *Linke*, Art. 3 VO 1370/2007, Rn. 10b; *Erdmann*, BRZ 2018, 51 (51); *Berschin*, in: Münchener Kommentar, Band 4, Art. 3 VO 1370/2007, Rn. 9; *Otting/Olgemöller*, GewArch 2012, 436; *Winnes*, DVBl 2019, 969 (973); *Ritschny/Schnell*, Der Nahverkehr 12/2007, 46 (47); *Knauff*, GewArch 2020, 321 (324); Ziff. 2.2.2. der Mitteilung der Kommission v. 26.6.2023 (2023/C 222/01), S. 6 und schon bisher Ziff. 2.2.3. der Mitteilung der Kommission v. 29.3.2014 (2014/C 92/01), S. 5 und Standpunkt des Landes Baden-Württemberg in LT-Drucks. 16/2231 v. 20.6.2017, S. 29.

21 Vgl. *EuGH*, 8.9.2022, Rs. C-614/20, Rn. 61 ff. – *Lux Express Estonia*.

22 Ziff. 2.2.2. der Mitteilung der Kommission v. 26.6.2023 (2023/C 222/01), S. 7.

23 *Schieferdecker*, GewArch 2014, 6 (8 ff.).

Behörden und den Betreibern öffentlicher Dienste" (multilaterale Verträge) für möglich.[24] Das dürfte nach wie vor zutreffend sein.

Zuständige Behörden haben ausweislich des Wortlauts des Art. 3 Abs. 2 VO 1370 („auch") die Wahl zwischen allgemeinen Vorschriften und öffentlichen Dienstleistungsaufträgen; **einen Anspruch auf Erlass einer allgemeinen Vorschrift gibt es** demnach **nicht**, auch nicht unter dem in Deutschland geltenden Grundsatz des **„Vorrangs der Eigenwirtschaftlichkeit"** (§ 8 Abs. 4 Satz 1 PBefG).[25] Ausgleichsleistungen auf der Grundlage allgemeiner Vorschriften stehen der **Eigenwirtschaftlichkeit** nach der Dogmatik des PBefG nicht entgegen (vgl. § 8 Abs. 4 Satz 2 PBefG).[26] Allgemeine Vorschriften sind deshalb ein beliebtes Mittel bei eigenwirtschaftlichen Betreibern und zuständigen Behörden, um Ausgleichsleistungen zu gewähren, ohne die Eigenwirtschaftlichkeit und die damit verbundene unternehmerische Freiheiten zu beeinträchtigten. **5**

Bei allgemeinen Vorschriften gilt ein **Überkompensationsverbot**;[27] der Anhang zur VO 1370 ist wegen Art. 6 Abs. 1 VO 1370 zwingend anzuwenden. Die herrschende Meinung in Deutschland ging ursprünglich davon aus, dass eine allgemeine Vorschrift keinen **Anspruch auf Vollkompensation** gewährt.[28] Diese Sichtweise wurde auch dadurch gestützt, dass im Rahmen der ÄnderungsVO 2016/2338 ein „Unterkompensationsverbot" erwogen und verworfen wurde.[29] Der *EuGH* hat ein Unterkompensationsverbot aber in seiner **„Lux Express Estonia"**-Entscheidung bei allgemeinen Vorschriften angedeutet.[30] Auch die Kommission lässt sich in ihren Auslegungsleitlinien aus dem Jahr 2023 so verstehen, dass es eine Verpflichtung geben soll, den Betreibern eine angemessene Aus- **5a**

---

24 Ziff. 2.2.2. der Mitteilung der Kommission v. 29.3.2014 (2014/C 92/01), S. 5, wobei die Kommission diese Sichtweise in den Auslegungsleitlinien vom 26.6.2023 nicht wiederholt, vgl. Ziff. 2.2.2. der Mitteilung der Kommission v. 26.6.2023 (2023/C 222/01), S. 6 f.; *Winter/Woll/Gleichner*, Der Nahverkehr 5/2014, 7 (8).

25 Klarstellung: *BverwG*, 10.10.2019, 10 C 3.19. Auch *Knauff*, GewArch 2020, 321 (322 f.). Zuvor schon: *VG Oldenburg*, 27.2.2018, 7 A 83/17, Rn. 41; *VG Saarlouis*, 27.11.2017, 5 K 1223/16, Rn. 59 f.; *OVG Nordrhein-Westfalen*, 25.8.2016, 13 A 788/15, Rn. 73; *VG Stade*, 30.6.2016, 1 A 1432/14, Rn. 71; *VG Schleswig*, 22.11.2016, 3 A 351/15, Rn. 39 ff.; *OVG Nordrhein-Westfalen*, 24.11.2015, 13 A 2227/14, Rn. 24, 48; *OVG Nordrhein-Westfalen*, 24.11.2015, 13 A 2239/14, Rn. 27 ff., 51 ff.; *VG Augsburg*, 24.3.2015, Au 3 K 13.2063, Rn. 110; *VG Augsburg*, 24.3.2015, Au 3 K 15.79, Rn. 32 ff.; *VG Münster*, 24.10.2014, 10 K 2076/12, Rn. 14; *Zuck*, in: *Ziekow/Völlink*, Art. 3 VO 1370, Rn. 7; *Knauff*, GewArch 2014, 157 (158); *Faber*, IR 2014, 249 (250 f.).

26 *Linke/Lübbig*, in: *Linke*, VO (EG) 1370/2007, Art. 3 VO 1370/2007, Rn. 10a; *Erdmann*, BRZ 2018, 51 (52).

27 *Knauff*, GewArch 2020, 321 (324).

28 *VG Minden*, 10.9.2014, 7 K 2436/12 mit Anmerkung *Linke*, IR 2014, 262 f.

29 Entwurf einer legislativen Entschließung des Europäischen Parlaments zu dem Vorschlag für eine Verordnung des Europäischen Parlaments und des Rates zur Änderung der VO (EG) Nr. 1370/2007 hinsichtlich der Eröffnung des Marktes für inländische Schienenpersonenverkehrsdienste, 26.2.2014, (COM[2013]0028) – C7-0024/2013 – 2013/0028 (COD)), Standpunkt des Europäischen Parlaments festgelegt in erster Lesung vom 26.2.2014, EP-Dok. P/_TA (2014)0148 endg., Abänderung 10. Siehe auch *Linke*, NVwZ 2022, 1715 (1721).

30 *EuGH*, 8.9.2022, Rs. C-614/20, Rn. 61 ff. – *Lux Express Estonia*. Siehe auch *Jürschik/Felger*, EuZW 2022, 1055 (1061) und *Lenz/Jürschik/Felger*, Der Nahverkehr 7+8/2023, 49 (50). Vgl. *EuGH*, 21.12.2023, Rs. C-421/22.

gleichsleistung für gemeinwirtschaftliche Verpflichtungen zu gewähren.[31] Inhaltlich geht die Kommission dabei über die Auslegungsleitlinien aus dem Jahr 2014[32] hinaus; sie weist daraufhin, dass eine „Unterfinanzierung" zur Verschlechterung der Dienstleistungsqualität führen wird. Das geht stark in Richtung „Vollkompensationsgebot".[33]

5b Die Kommission lässt sich in ihren Auslegungsleitlinien vom 26.6.2023 so verstehen, dass **bei reinen Tarifmaßnahmen ein Vorrangverhältnis allgemeiner Vorschriften vor öffentlichen Dienstleistungsaufträgen** bestehen soll. Das begründet die Kommission damit, dass allgemeine Vorschriften gegenüber der Vergabe eines Auftrags das **mildeste Mittel** seien.[34] Das leitet sie aus Art. 2a Abs. 1 VO 1370 ab (Verhältnismäßigkeit). Konkret bedeutet das, dass die zuständige Behörde das mildeste Mittel (allgemeine Vorschrift bei reinen Tarifabsenkungen) anwenden muss. Das ist nicht überzeugend. Zwar bietet sich für Tarifmaßnahmen regelmäßig das Instrument der allgemeinen Vorschriften an, „verhältnismäßiger" ist das aber nicht. Bei der Diskussion um Ausgleichszahlungen im Ausbildungsverkehr ist in Deutschland, insbesondere in Niedersachsen, ein Wahlrecht praktiziert worden. Diese Handhabung hat sich trotz Anrufung sowohl des *EuG* wie des *EuGH* im Ergebnis durchgesetzt.[35] Ein Vorrangverhältnis ergibt sich auch nicht aus der maßgeblichen Regelung in Art. 3 Abs. 2 VO 1370 (vgl. Rn. 5). Jedenfalls bedeuten die Haltung der Kommission, dass bei anderen gemeinwirtschaftlichen Verpflichtungen (z. B. in Bezug auf Qualität, Sicherheit, Häufigkeit, Nachhaltigkeit etc.), die nicht Gegenstand allgemeiner Vorschriften sein können,[36] kein Vorrang allgemeiner Vorschriften besteht und die Kommission das auch nicht annimmt.

D. Herausnahme aus dem Anwendungsbereich (Art. 3 Abs. 3 VO 1370)

6 Nach Art. 3 Abs. 3 VO 1370 können die Mitgliedstaaten allgemeine Vorschriften über die finanzielle Abgeltung von gemeinwirtschaftlichen Verpflichtungen, die dazu dienen, Höchsttarife für bestimmte, abschließend genannte[37] Personengruppen (Schüler, Studenten, Auszubildende und Personen mit eingeschränkter Mobilität) festzulegen, aus dem Anwendungsbereich der VO 1370 herausnehmen. Geschieht dies, dann erfolgt die Gewährung der Ausgleichsleistung nicht im Rahmen der Art. 4 und Art. 6 VO 1370 bzw. dem Anhang zur VO 1370. Folge ist, dass die Ausgleichsleistung nicht als mit dem Binnenmarkt vereinbar gilt

---

31 Ziff. 2.6.8. der Auslegungsleitlinien v. 26.6.2023, S. 25.

32 Ziff. 2.4.8. der Mitteilung der Kommission v. 29.3.2014, S. 18.

33 Vgl. *Jürschik-Grau/Lenz*, EuZW 2023, 829 (831).

34 Ziff. 2.2.3. der Auslegungsleitlinien v. 26.6.2023, S. 9.

35 Vgl. *EuGH*, 24.3.2022, Rs. C-666/20P, EuZW 2022, 419 ff. und dazu *Jürschik/Stützel*, EuZW 2022, 424 ff. sowie *EuG*, 5.10.2020, Rs. T-583/18, EuZW 2021, 84 ff. und dazu *Lenz/Jürschik*, EuZW 2021, 59 ff.

36 Vgl. Wortlaut des Art. 3 Abs. 2 VO 1370. Siehe auch *VG Augsburg*, 24.3.2015, Au 3 K 13.2063, Au 3 K 14.34, Rn. 137; *Linke/Lübbig*, in: *Linke*, Art. 3 VO 1370, Rn. 10b; Ziff. 2.2.2. der Auslegungsleitlinien v. 26.6.2023, S. 7.

37 *Hübner*, in: *Willenbruch/Wieddekind/Hübner*, Art. 3 VO 1370, Rn. 9; *Erdmann*, BRZ 2018, 51 (52).

(vgl. Art. 9 Abs. 1 Satz 2 VO 1370). Vielmehr ist die Ausgleichsleistung an dem europäischen Beihilferecht bzw. den Art. 93, 106, 107 und 108 AEUV zu messen, soweit tatbestandlich eine Beihilfe nicht z. B. mit der Rechtsprechung des EuGH in der Sache „Altmark Trans“[38] ausgeschlossen werden kann.[39] Dies bedeutet, dass insbesondere eine Notifizierung nach Art. 108 Abs. 3 AEUV (Anmeldung bei der Kommission) durchzuführen ist, wenn es sich um eine Beihilfe handelt.[40] Das stellt Art. 3 Abs. 3 Satz 2 VO 1370 klar. Art. 3 Abs. 3 Satz 3 VO 1370 weist schließlich auf die Informationspflichten im Notifizierungsverfahren hin.

Artikel 4 VO 1370 Obligatorischer Inhalt öffentlicher Dienstleistungsaufträge und allgemeiner Vorschriften

(1) [1]In den öffentlichen Dienstleistungsaufträgen und den allgemeinen Vorschriften

a) sind die vom Betreiber eines öffentlichen Dienstes zu erfüllenden gemeinwirtschaftlichen Verpflichtungen, die in dieser Verordnung definiert und gemäß Artikel 2a dieser Verordnung spezifiziert sind, und die betreffenden geografischen Geltungsbereiche klar festzulegen;

b) sind zuvor in objektiver und transparenter Weise aufzustellen:

i) die Parameter, anhand deren gegebenenfalls die Ausgleichsleistung berechnet wird, und

ii) die Art und der Umfang der gegebenenfalls gewährten Ausschließlichkeit; dabei ist eine übermäßige Ausgleichsleistung zu vermeiden.

[2]Bei öffentlichen Dienstleistungsaufträgen, die nicht gemäß Artikel 5 Absatz 1, Absatz 3 oder Absatz 3b vergeben werden, werden diese Parameter so bestimmt, dass die Ausgleichsleistung den Betrag nicht übersteigen kann, der erforderlich ist, um die finanziellen Nettoauswirkungen auf die Kosten und Einnahmen zu decken, die auf die Erfüllung der gemeinwirtschaftlichen Verpflichtungen zurückzuführen sind, wobei die vom Betreiber eines öffentlichen Dienstes erzielten und einbehaltenen Einnahmen und ein angemessener Gewinn berücksichtigt werden;

c) sind die Durchführungsvorschriften für die Aufteilung der Kosten, die mit der Erbringung von Dienstleistungen in Verbindung stehen, festzulegen. [3]Diese Kosten können insbesondere Personalkosten, Energiekosten, Infrastrukturkosten, Wartungs- und Instandsetzungskosten für Fahrzeuge des öffentlichen Personenverkehrs, das Rollmaterial und für den Betrieb der Personenverkehrsdienste erforderliche Anlagen sowie die Fixkosten und eine angemessene Kapitalrendite umfassen.

(2) In den öffentlichen Dienstleistungsaufträgen und den allgemeinen Vorschriften sind die Durchführungsvorschriften für die Aufteilung der Einnahmen aus dem Fahrscheinverkauf festzulegen, die entweder beim Betreiber eines öffentlichen Dienstes verbleiben, an die zuständige Behörde übergehen oder unter ihnen aufgeteilt werden.

---

38 *EuGH*, 24.7.2003, Rs. C-280/00 – *Altmark Trans.*

39 Ziff. 2.2.2. der Mitteilung der Kommission v. 26.6.2023 (2023/C 222/01), S. 7.

40 Ziff. 2.2.2. der Mitteilung der Kommission v. 26.6.2023 (2023/C 222/01), S. 7 und schon zuvor Ziff. 2.2.4. der Mitteilung der Kommission v. 29.3.2014 (2014/C 92/01), S. 6. Siehe auch *Erdmann*, BRZ 2018, 51 (52); *Berschin*, in: Münchener Kommentar, Band 4, Art. 3 VO 1370/2007, Rn. 21.

(3) [1]Die öffentlichen Dienstleistungsaufträge sind befristet und haben eine Laufzeit von höchstens zehn Jahren für Busverkehrsdienste und von höchstens 15 Jahren für Personenverkehrsdienste mit der Eisenbahn oder anderen schienengestützten Verkehrsträgern. [2]Die Laufzeit von öffentlichen Dienstleistungsaufträgen, die mehrere Verkehrsträger umfassen, ist auf 15 Jahre beschränkt, wenn der Verkehr mit der Eisenbahn oder anderen schienengestützten Verkehrsträgern mehr als 50 % des Werts der betreffenden Verkehrsdienste ausmacht.

(4) [1]Falls erforderlich kann die Laufzeit des öffentlichen Dienstleistungsauftrags unter Berücksichtigung der Amortisierungsdauer der Wirtschaftsgüter um höchstens 50 % verlängert werden, wenn der Betreiber eines öffentlichen Dienstes einen wesentlichen Anteil der für die Erbringung der Personenverkehrsdienste, die Gegenstand des öffentlichen Dienstleistungsauftrags sind, insgesamt erforderlichen Wirtschaftsgüter bereitstellt und diese vorwiegend an die Personenverkehrsdienste gebunden sind, die von dem Auftrag erfasst werden.
[2]Falls dies durch die Kosten, die aus der besonderen geografischen Lage entstehen, gerechtfertigt ist, kann die Laufzeit der in Absatz 3 beschriebenen öffentlichen Dienstleistungsaufträge in den Gebieten in äußerster Randlage um höchstens 50 % verlängert werden.
[3]Falls dies durch die Abschreibung von Kapital in Verbindung mit außergewöhnlichen Investitionen in Infrastruktur, Rollmaterial oder Fahrzeuge gerechtfertigt ist und der öffentliche Dienstleistungsauftrag in einem fairen wettbewerblichen Vergabeverfahren vergeben wurde, kann ein öffentlicher Dienstleistungsauftrag eine längere Laufzeit haben. [4]Zur Gewährleistung der Transparenz in diesem Fall muss die zuständige Behörde der Kommission innerhalb von einem Jahr nach Abschluss des Vertrags den öffentlichen Dienstleistungsauftrag und die Elemente, die seine längere Laufzeit rechtfertigen, übermitteln.

(4a) Bei der Ausführung von öffentlichen Dienstleistungsaufträgen halten Betreiber eines öffentlichen Dienstes die nach dem Unionsrecht, dem nationalen Recht oder Tarifverträgen geltenden sozial- und arbeitsrechtlichen Verpflichtungen ein.

(4b) Die Richtlinie 2001/23/EG findet Anwendung auf den Wechsel des Betreibers eines öffentlichen Dienstes, wenn ein solcher Wechsel einen Unternehmensübergang im Sinne jener Richtlinie darstellt.

(5) [1]Unbeschadet des nationalen Rechts und des Gemeinschaftsrechts, einschließlich Tarifverträge zwischen den Sozialpartnern, kann die zuständige Behörde den ausgewählten Betreiber eines öffentlichen Dienstes verpflichten, den Arbeitnehmern, die zuvor zur Erbringung der Dienste eingestellt wurden, die Rechte zu gewähren, auf die sie Anspruch hätten, wenn ein Übergang im Sinne der Richtlinie 2001/23/EG erfolgt wäre. [2]Verpflichtet die zuständige Behörde die Betreiber eines öffentlichen Dienstes, bestimmte Sozialstandards einzuhalten, so werden in den Unterlagen des wettbewerblichen Vergabeverfahrens und den öffentlichen Dienstleistungsaufträgen die betreffenden Arbeitnehmer aufgeführt und transparente Angaben zu ihren vertraglichen Rechten und zu den Bedingungen gemacht, unter denen sie als in einem Verhältnis zu den betreffenden Diensten stehend gelten.

(6) [1]Verpflichtet die zuständige Behörde die Betreiber eines öffentlichen Dienstes im Einklang mit nationalem Recht dazu, bestimmte Qualitäts- und Sozialstandards einzuhalten, oder stellt sie soziale und qualitative Kriterien auf, so

werden diese Standards und Kriterien in die Unterlagen des wettbewerblichen Vergabeverfahrens und die öffentlichen Dienstleistungsaufträge aufgenommen. [2]Derartige Unterlagen des wettbewerblichen Vergabeverfahrens und öffentliche Dienstleistungsaufträge müssen gegebenenfalls auch Angaben zu den Rechten und Pflichten in Bezug auf die Übernahme von Personal, das vom vorherigen Betreiber eingestellt worden war, enthalten, unter gleichzeitiger Wahrung der Richtlinie 2001/23/EG.

(7) [1]In den Unterlagen des wettbewerblichen Vergabeverfahrens und den öffentlichen Dienstleistungsaufträgen ist transparent anzugeben, ob und in welchem Umfang eine Vergabe von Unteraufträgen in Frage kommt. [2]Werden Unteraufträge vergeben, so ist der mit der Verwaltung und Erbringung von öffentlichen Personenverkehrsdiensten nach Maßgabe dieser Verordnung betraute Betreiber verpflichtet, einen bedeutenden Teil der öffentlichen Personenverkehrsdienste selbst zu erbringen. [3]Ein öffentlicher Dienstleistungsauftrag, der gleichzeitig Planung, Aufbau und Betrieb öffentlicher Personenverkehrsdienste umfasst, kann eine vollständige Übertragung des Betriebs dieser Dienste an Unterauftragnehmer vorsehen. [4]Im öffentlichen Dienstleistungsauftrag werden entsprechend dem nationalen Recht und dem Gemeinschaftsrecht die für eine Vergabe von Unteraufträgen geltenden Bedingungen festgelegt.

(8) [1]Öffentliche Dienstleistungsaufträge müssen den Betreiber verpflichten, der zuständigen Behörde alle für die Vergabe der öffentlichen Dienstleistungsaufträge wesentlichen Informationen zur Verfügung zu stellen; hierbei ist der legitime Schutz vertraulicher Geschäftsinformationen zu gewährleisten. [2]Die zuständigen Behörden stellen allen interessierten Parteien relevante Informationen für die Vorbereitung eines Angebots im Rahmen eines wettbewerblichen Vergabeverfahrens zur Verfügung und gewährleisten dabei den legitimen Schutz vertraulicher Geschäftsinformationen. [3]Dazu gehören Informationen über Fahrgastnachfrage, Tarife, Kosten und Einnahmen im Zusammenhang mit den öffentlichen Personenverkehrsdiensten, die Gegenstand des wettbewerblichen Vergabeverfahrens sind, sowie Einzelheiten der Infrastrukturspezifikationen, die für den Betrieb der erforderlichen Fahrzeuge bzw. des erforderlichen Rollmaterials relevant sind, um interessierten Parteien die Abfassung fundierter Geschäftspläne zu ermöglichen. [4]Die Schieneninfrastrukturbetreiber unterstützen die zuständigen Behörden bei der Bereitstellung aller einschlägigen Infrastrukturspezifikationen. [5]Die Nichteinhaltung der oben genannten Bestimmungen ist Gegenstand einer rechtlichen Überprüfung im Sinne von Artikel 5 Absatz 7.

Schrifttum:
Barth/von Bar, Eigenerbringung als vergaberechtliche Anforderung im ÖPNV, NZBau 2021, 504 ff.; *Bundschuh/Jürschik*, Eigenerbringungsquote nach VO 1370, Der Nahverkehr 9/2014, 46 ff.; *Burgi*, Nachunternehmerschaft und wettbewerbliche Untervergabe, NZBau 2010, 593 ff.; *Jürschik/Bücke*, Tariftreue in Baden-Württemberg nur ein stumpfes Schwert?, VBlBW 5/2020, 6 ff.; *Jürschik/Bücke*: Betreiberwechsel immer auch ein Betriebsübergang im ÖPNV?, EuZW 2020, 615 ff.; *Knauff*, Neuerungen im EU-Verkehrsmarktrecht – Änderungen der Personenverkehrsdienstleistungsverordnung (EG) Nr. 1370/2007 durch die Verordnung (EU) 2016/2338), NZR 1/2018, 26 ff.; *Jürschik/Felger*, Die „kleine" Eigenerbringungsquote – Wie erfüllt man die Quote nach Art. 4 Abs. 7 VO 1370/2007?, Der Nahverkehr 7+8/2022, 38 ff.; *Jürschik-Grau/Lenz*, Umbruch bei Verkehrsvergaben? Die neuen Auslegungsleitlinien zur VO 1370/2007, EuZW 2023, 829 ff.; *Lenz/Rademacher*, Bus-

liniengenehmigungen für 22,5 Jahre möglich, Der Nahverkehr 11/2015, 35 ff.; *Linke*, Die staatliche Finanzierung öffentlicher Personenverkehrsdienste, EuZW 2014, 766 ff.; *Linke*, VG Minden: Zur Höhe des angemessenen Gewinns im Rahmen allgemeiner Vorschriften zum Ausgleich von Höchsttarifen im öffentlichen Personenverkehr, IR 2014, 262 ff.; *Linke*, Die Vergabe von Subunternehmerleistungen im öffentlichen Personenverkehr, NZBau 2012, 338 ff.; *Saxinger*, Die Novellierung der Verordnung (EG) Nr. 1370/2007 und ihre Auswirkungen auf den straßengebundenen ÖPNV, GewArch 2017, 463 ff.

Übersicht

A. Vorbemerkungen

1 Art. 4 Abs. 1 und Abs. 2 VO 1370 enthalten Angaben zum obligatorischen Inhalt eines öffentlichen Dienstleistungsauftrags bzw. einer allgemeinen Vorschrift. Auch die Regel- und Höchstlaufzeit eines öffentlichen Dienstleistungsauftrags wird von Art. 4 mit den Absätzen 3 und 4 vorgegeben. Die weiteren Absätze des Art. 4 VO 1370 beinhalten insbesondere Regelungen zu Sozialstandards. Nach Absatz 4a müssen die Bertreiber sozial- und arbeitsrechtliche Verpflichtungen einhalten und Abs. 4b ordnet die Anwendbarkeit der Richtlinie 2001/23/EG auf den Betreiberwechsel an. Die Absätze 5 und 6 enthalten ferner Hinweise zur Festlegung von Sozial- und Qualitätsstandards. Mit Art. 4 Abs. 7 VO 1370 werden Vorgaben für die Unterauftragsvergabe gemacht, die vom allgemeinen Vergaberecht abweichen. Der Absatz 8 des Art. 4 VO 1370 enthält schließlich eine Vorgabe an die zuständigen Behörden, den Betreiber zur Preisgabe bestimmter Informationen zu verpflichten.

Die Absätze 1 und 6 des Art. 4 VO 1370 wurden durch die VO 2016/2338 geändert und die Absätze 4a, 4b und 8 in die VO 1370 aufgenommen. Die geänderten bzw. eingeführten Regelungen traten am 24.12.2017 in Kraft (vgl. Art. 2 VO 2016/2338). 2

B. Obligatorischer Inhalt (Art. 4 Abs. 1 VO 1370)

Art. 4 Abs. 1 lit. a) bis c) VO 1370 gibt den obligatorischen Inhalt öffentlicher Dienstleistungsaufträge und allgemeiner Vorschriften vor. Nach Art. 4 Abs. 1 lit. a) VO 1370 sind die spezifizierten **gemeinwirtschaftlichen Verpflichtungen**, also die Anforderungen an die Personenverkehrsdienste (Art. 2 lit. e) VO 1370 i. V. m. Art. 2a VO 1370) oder den Betreiber (z. B. Häufigkeit und Qualität der Dienste, Bereitstellung der Dienste zu Schwachverkehrszeiten und Schwachverkehrsgebieten, tarifliche Verpflichtungen)[1] und das geographische Gebiet klar zu definieren. Nach Art. 4 Abs. 1 lit. b) VO 1370 ist auch die „Gegenleistung" für die Erfüllung der gemeinwirtschaftlichen Verpflichtungen im Vorhinein festzulegen. Es sind die **Parameter**, anhand deren im Falle der **Gewährung die Ausgleichsleistung** berechnet wird und die **Art und der Umfang der ggf. gewährten ausschließlichen Rechte** (Art. 2 lit. f) VO 1370) objektiv und transparent anzugeben. Unter „Parameter" wird die Grundlage für die zukünftige Berechnung des Ausgleichs verstanden,[2] also die Zuweisung der Kosten zu einer bestimmten gemeinwirtschaftlichen Verpflichtung. Bei der Festlegung der Parameter haben die zuständigen Behörden einen Beurteilungsspielraum.[3] Bei Direktvergaben ist der Beurteilungsspielraum indes durch die Regelungen der VO 1370 begrenzt; so ist es nicht zulässig, z.B. die Höhe der Ausgleichsleistung unter einen Haushaltsvorbehalt zu stellen.[4] Eine **Überkompensation** ist dabei in jedem Fall zu vermeiden (Art. 4 Abs. 1 VO 1370). Daraus leitet die Kommission ab, dass das **Überkompensationsverbot sowohl für wettbewerbliche Vergaben als auch für Direktvergaben** gilt und auch beide Verfahrensarten in der Vertragsphase **Überkompensationskontrollen** bzw. regelmäßig nachträgliche Kontrollen erfordern.[5] Dabei soll es den zuständigen Behörden aber freistehen, die Häufigkeit und den Umfang von Überkompensationskontrollen in Abhängigkeit von Laufzeit und Komplexität des Auftrags festzulegen.[6] Bei Direktvergaben ist für die Ausgleichsleistungen der Anhang der VO 1370 zu beachten (Art. 6 Abs. 1 Satz 2) und die Parameter sind so zu bestimmen, dass die Ausgleichsleistung nicht den Betrag übersteigen kann, der erforderlich ist, um die finanziellen 3

---

1 Ziff. 2.2.3. der Mitteilung der Kommission v. 26.6.2023 (2023/C 222/01), S. 7 und schon bisher Ziff. 2.2.5. der Mitteilung der Kommission v. 29.3.2014 (2014/C 92/01), S. 6.

2 Vgl. Leitfaden zur Anwendung der Vorschriften der Europäischen Union über staatliche Beihilfen, öffentliche Aufträge und den Binnenmarkt auf Dienstleistungen von allgemeinem wirtschaftlichem Interesse und insbesondere auf Sozialdienstleistungen von allgemeinem Interesse v. 29.4.2013 (SWD (2013) 53 final/2), Ziff. 116, S. 70.

3 *EuGH*, 21.12.2023, Rs. C-421/22, Rn. 44; *EuGH*, 25.1.2024, Rs. C-390/22, Rn. 39.

4 *EuGH*, 25.1.2024, Rs. C-390/22, Rn. 45.

5 Vgl. Ziff. 2.6.3. der Mitteilung der Kommission v. 26.6.2023 (2023/C 222/01), S. 23. Kritisch: *Jürschik-Grau/Lenz*, EuZW 2023, 829 (831 f.). Vgl. die Kommentierung zu Art. 6 Abs. 1 VO 1370.

6 Ziff. 2.6.3. der Mitteilung der Kommission v. 26.6.2023 (2023/C 222/01), S. 23.

Nettoauswirkungen auf die Kosten und Einnahmen zu decken, die auf die Erfüllung der gemeinwirtschaftlichen Verpflichtungen zurückzuführen sind. Dabei sind aber die erzielten und einbehaltenen Einnahmen und ein angemessener Gewinn zu berücksichtigen (Art. 4 Abs. 1 lit. b) UAbs. 2). Die Regelung führt die Rechtsprechung des *EuGH* in der Sache *„Altmark-Trans“*[7] fort. Nach Art. 4 Abs. 1 lit. c) VO 1370 sind schließlich auch **„Durchführungsvorschriften“** für die Aufteilung der Kosten festzulegen. Gemeint ist eine Aufschlüsselung bzw. Zuweisung der Kosten. Dabei gibt die Vorschrift einen Hinweis darauf, **welche Kosten ausgleichsfähig sind**, nämlich solche, die mit der Erbringung der Verkehrsdienstleistungen „in Verbindung“ stehen. Die Kommission sieht für den Grad der „Verbindung“ vor, dass solche Kosten ausgleichsfähig sind, „die unmittelbar mit der Erbringung der öffentlichen Dienstleistung in Zusammenhang stehen“ (z. B. Gehälter der Zugführer, Fahrstrom, Wartung des Rollmaterials, allgemeine Kosten (Management-, Verwaltungskosten)).[8] Aus der Durchführungsvorschrift leitet der EuGH ab, dass bei öffentlichen Dienstleistungsaufträgen kein generelles „Unterkompensationsverbot“ gilt.[9] Das gilt jedenfalls bei im Wettbewerb vergebenen Verfahren, bei denen ein etwaiges Risiko in dem Angebotspreis einkalkuliert werden kann.[10]

C. Festlegung von Durchführungsvorschriften (Art. 4 Abs. 2 VO 1370)

4 Art. 4 Abs. 2 VO 1370 legt fest, dass sich aus dem öffentlichen Dienstleistungsauftrag – oder aus der allgemeinen Vorschrift – ergeben muss, wie die Aufteilung der Einnahmen aus dem Fahrscheinverkauf zwischen Auftraggeber und Betreiber erfolgt (Durchführungsvorschrift). Erforderlich ist damit eine klare und transparente **Aufteilung des Erlöses aus dem Beförderungsentgelt im Vorhinein durch einen Verteilungsschlüssel oder Verteilungsparameter.**[11] Die VO 1370 erlaubt eine Aufteilung dahingehend, dass die Einnahmen beim Betreiber verbleiben, an den Aufgabenträger abgeführt werden oder eine Aufteilung zwischen Betreiber und Aufgabenträger stattfindet.

D. Regellaufzeit eines öffentlichen Dienstleistungsauftrags (Art. 4 Abs. 3 VO 1370)

5 Art. 4 Abs. 3 Satz 1 VO 1370 legt für öffentliche Dienstleistungsaufträge Regellaufzeiten fest, die einerseits die Amortisation und andererseits den Wettbewerb

---

7 *EuGH*, 24.7.2003, Rs. C-280/00 – *Altmark Trans.*

8 Ziff. 2.4.2. der Mitteilung der Kommission v. 29.3.2014 (2014/C 92/01), S. 14. Dass die Kommission ihre Hinweise zu den ausgleichsfähigen Kosten in den Auslegungsleitlinien vom 26.6.2023 (2023/C 222/01) nicht wiederholt hat, ändert an der Richtigkeit der Einordnung nichts. Eine inhaltliche Aussage ist mit der „Nichtübernahme“ nicht verbunden.

9 *EuGH*, 21.12.2023, Rs. C-421/22, Rn. 44.

10 *EuGH*, 21.12.2023, Rs. C-421/22, Rn. 56.

11 *Linke/Kaufmann*, in: *Linke*, Art. 4 VO 1370, Rn. 30 f.

berücksichtigen.[12] Für Busverkehre ist die Laufzeit auf 10 Jahre, für Eisenbahn- oder andere schienengestützte („spurgebundene") Verkehre auf 15 Jahre begrenzt. Für öffentliche Dienstleistungsaufträge, die mehrere Verkehrsträger umfassen, beträgt die Höchstregellaufzeit 15 Jahre, wenn der Verkehr mit Schienenfahrzeugen mehr als 50 % des Werts der betreffenden Verkehrsdienste (Art. 2 lit. k) VO 1370) ausmacht.

Von der (Regel-)Laufzeit öffentlicher Dienstleistungsaufträge ist die sog. **Rüstzeit** bzw. der **Mobilisierungszeitraum** zu unterscheiden. Für die Laufzeit wird auf den Beginn öffentlicher Dienstleistungsaufträge abgestellt.[13] Die Rüstzeit bzw. der Mobilisierungszeitraum hingegen betrifft die Vorbereitungszeit des Betreibers vor dem Beginn des öffentlichen Dienstleistungsauftrags (zwischen Auftragsvergabe und Betriebsbeginn). Gemeint ist die Phase, die u. a. für die Beschaffung von Fahrzeugen, Einstellung von Personal, Erstellung von Infrastrukturen, Erarbeitung von Umlaufplänen und Abläufen etc. gebraucht wird. Die Kommission geht davon aus, dass solche Phasen regelmäßig dem Betriebsbeginn vorausgehen müssen und von einigen Wochen bis zu mehreren Jahren dauern können, wenn z. B. die Beschaffung neuer Fahrzeuge für die geforderten Dienste erforderlich ist. Die nationalen Nachprüfungsinstanzen sind beim Thema „Rüstzeit" bisher zurückhaltend.[14] **5a**

E. Höchstlaufzeit eines öffentlichen Dienstleistungsauftrags (Art. 4 Abs. 4 VO 1370)

I. Amortisationsdauer (Art. 4 Abs. 4 UAbs. 1 VO 1370)

Die Regellaufzeit des Art. 4 Abs. 3 VO 1370 kann „falls erforderlich" nach Art. 4 **6**
Abs. 4 Satz 1 VO 1370 unter Berücksichtigung der Amortisierungsdauer der Wirtschaftsgüter (z. B. Rollmaterial, Wartungseinrichtungen, Infrastruktur etc.)[15] um höchstens 50 % verlängert werden. Erforderlich ist die Verlängerung unter **Berücksichtigung der Amortisationsdauer**, wenn das Investitionsvolumen ein Ausmaß annimmt, dass ein wirtschaftlich sinnvolles Tätigwerden im Rahmen der Regellaufzeit nicht ermöglicht. Dies ist z. B. dann der Fall, wenn die Abschreibung über die gesamte Laufzeit des öffentlichen Dienstleistungsauftrags oder sogar darüber hinaus andauert.[16] Voraussetzung ist, dass der Betreiber einen **wesentlichen Anteil** der Wirtschaftsgüter bereitstellt, die für die Erbringung der Personenverkehrsdienste des öffentlichen Dienstleistungsauftrags insgesamt erforderlich sind. Ein „wesentlicher Anteil" soll bei 20 bis 30 % der eingebrachten Wirtschaftsgüter[17] oder bei 33 % des Werts in Bezug auf die gesamten bereit-

---

12 *Hübner*, in: *Willenbruch/Wieddekind/Hübner*, Art. 4 VO 1370, Rn. 7, 8; *Linke/Kaufmann*, in: *Linke*, Art. 4 VO 1370, Rn. 33.

13 Ziff. 2.2.5. der Mitteilung der Kommission v. 26.6.2023 (2023/C 222/01), S. 10.

14 Vgl. *OLG Karlsruhe*, 4.12.2020, 15 Verg 8/20, Rn. 34.

15 Ziff. 2.2.5. der Mitteilung der Kommission v. 26.6.2023 (2023/C 222/01), S. 11 und schon zuvor Ziff. 2.2.7. der Mitteilung der Kommission v. 29.3.2014 (2014/C 92/01), S. 8.

16 *Linke/Kaufmann*, in: *Linke*, Art. 4 VO 1370, Rn. 41.

17 *Faber*, in: *Saxinger/Winnes*, Art. 4 Abs. 4 VO 1370, Rn. 7 (Stand: Dez. 2012); *Linke/Kaufmann*, in: *Linke*, Art. 4 VO 1370, Rn. 44.

gestellten Wirtschaftsgüter[18] der insgesamt im Rahmen des öffentlichen Dienstleistungsauftrags verwendeten Wirtschaftsgüter gegeben sein. Die Kommission stellt auf eine außergewöhnlich lange Amortisationsdauer ab; sie ist bei der Möglichkeit der Verlängerung restriktiv.[19] Die bereitgestellten Wirtschaftsgüter müssen **vorwiegend an die Personenverkehrsdienste gebunden** sein, die von dem Auftrag erfasst sind. Eine vorwiegende Bindung der Wirtschaftsgüter ist gegeben, wenn das jeweilige Wirtschaftsgut zu mehr als 50 % des Gesamteinsatzes in dem betroffenen öffentlichen Dienstleistungsauftrag eingesetzt wird. Entscheidend ist, dass der Betreiber die Wirtschaftsgüter kaum für andere Leistungen einsetzen kann, da diese etwa aufgrund besonderer geographischer Gegebenheiten, technischer Anforderungen oder auch vertraglicher Verpflichtungen an die Verkehrsdienste gebunden sind, die vom öffentlichen Dienstleistungsauftrag abgedeckt werden.[20] Dies ist etwa bei der Bindung an ein bestimmtes Netz gegeben. Zur Bemessung des 50 %-Anteils können dabei Einsatzstunden oder Wagenkilometer herangezogen werden.[21]

6a Eine **Verlängerung der Regellaufzeiten** bis zur maximalen Laufzeit aufgrund von erheblichen Investitionen bzw. deren Amortisierungsdauer soll nach Auffassung der Kommission **auch noch während der Laufzeit eines öffentlichen Dienstleistungsauftrags** möglich sein.[22] Das soll aber nur unter bestimmten Bedingungen möglich sein und zwar dann, wenn die Beschaffung neuer Fahrzeuge sachlich gerechtfertigt ist (z. B. aus technischen Gründen) und ohne eine Verlängerung eine sinnvolle Amortisierung der Investition nicht möglich wäre. Weitere Voraussetzung ist, dass auf die Möglichkeit und die Bedingung einer solchen Verlängerung schon in den Ausschreibungsunterlagen und dem Vertrag hingewiesen wird.[23] Mit anderen Worten hält die Kommission das bei „Optionen" i. S. d. § 132 Abs. 2 Nr. 1 GWB für möglich. Das ist auch folgerichtig, weil es sich in einem solchen Fall nicht um eine „wesentliche Vertragsänderung" handelt, die zur Neuausschreibung zwingen würde.[24]

6b Eine **Verlängerung der Regellaufzeit um bis zu 50 %** auf 15 Jahre ist auch bei der (Direkt-)**Vergabe von Busverkehren** möglich. Das kommt z. B. bei einer Umrüstung auf Elektromobilität bzw. bei der **Beschaffung von Elektrobussen** in Betracht. Nach Schätzung des Verbandes Deutscher Verkehrsunternehmen (VDV) ist der Investitionsbedarf bei der Umstellung auf eine E-Busflotte (bei Ladeinfrastruktur im Depot) ungefähr dreimal so hoch wie bei konventionellen Bussen.[25] Die Abschreibungsdauer für Elektrobusse ist deshalb länger als bei konventionellen Bussen. Die Abschreibungsdauer beträgt mindestens zehn

---

18 *Faber*, in: *Saxinger/Winnes*, Art. 4 Abs. 4 VO 1370, Rn. 7 (Stand: Dez. 2012).

19 Vgl. Ziff. 2.2.5. der Mitteilung der Kommission v. 26.6.2023 (2023/C 222/01), S. 11 und zuvor Ziffer 2.2.7. der Mitteilung der Kommission v. 29.3.2014 (2014/C 92/01), S. 8.

20 *Linke*, in: *Linke*, Art. 4 VO 1370, Rn. 45.

21 *Faber*, in: *Saxinger/Winnes*, Art. 4 Abs. 4 VO 1370, Rn. 9 (Stand: Dez. 2012).

22 Ziff. 2.2.5. der Mitteilung der Kommission v. 26.6.2023 (2023/C 222/01), S. 11.

23 Ziff. 2.2.5. der Mitteilung der Kommission v. 26.6.2023 (2023/C 222/01), S. 11.

24 Vgl. *Jürschik-Grau/Lenz*, EuZW 2023, 829 (832).

25 Vgl. Folie 5 der VDV-Präsentation „Pressekonferenz zur VDV-Elektrobuskonferenz und Fachmesse ElekBu 4.2.2020", abrufbar unter https://www.vdv.de/200204-charts-pressegespraech-zwischenbilanz-e-busse.pdfx.

Jahre, wird in der Praxis aber überwiegend mit 12 Jahren angesetzt;[26] nach sechs Jahren sind die Batterien zu tauschen, was insgesamt zu einer längeren Einsatzdauer der E-Busse im Vergleich zu konventionellen Dieselbussen führt.[27] Gerade diese Abschreibungsdauern für E-Busse führen in der jüngeren (Direkt-)Vergabepraxis von Busverkehren dazu, dass die Laufzeit auf 15 Jahre verlängert wird.[28] Für eine etwaige Laufzeitverlängerung über 10 Jahre hinaus ist die Abschreibungsdauer **konventioneller Dieselbusse** indes nicht geeignet.[29] Denn für Dieselbusse beträgt der Abschreibungszeitraum gemäß Afa-Tabelle regelmäßig neun Jahre[30] bzw. nur sechs bzw. sieben Jahre.[31] Die regelmäßige Abschreibungsdauer weitergehender **Ladeinfrastruktur** (insb. Ladesäulen) ist allenfalls bedingt geeignet, um eine Laufzeitverlängerung zu begründen; die regelmäßige Abschreibungsdauer von Ladesäulen beträgt ca. 6 bis 10 Jahre.[32] Auch die **Umrüstung oder der Bau von Betriebshöfen** kann allenfalls ausnahmsweise eine Laufzeitverlängerung begründen. Denn es ist schon fraglich, ob Betriebshöfe einen wesentlichen Teil der erforderlichen Wirtschaftsgüter ausmachen. Zudem sind Betriebshöfe nicht unmittelbar an die Erbringung der gemeinwirtschaftlichen Verkehrsleistung gebunden (= Verwendung zu mehr als 50 % des Gesamteinsatzes im öffentlichen Dienstleistungsauftrag), sondern regelmäßig für alle Verkehrsleistungen im Einzugsbereich offen.[33] Das ist aber dann anders, wenn der Betreiber die Wirtschaftsgüter (Betriebshöfe) kaum für andere Leistungen einsetzen kann, weil diese etwa aufgrund besonderer geographischer Gegebenheiten, technischer Anforderungen oder auch vertraglicher Verpflichtungen an die Verkehrsdienste gebunden sind, die vom jeweiligen öffentlichen Dienstleistungsauftrag abgedeckt werden.[34]

Eine **Laufzeitverlängerung** kommt im Übrigen nicht nur bei „neuen" bzw. zukünftigen Investitionen in Betracht. Auch **beschaffte und noch nicht vollständig abgeschriebene Wirtschaftsgüter** können eine Laufzeitverlängerung rechtfertigen. Denn weder der Wortlaut noch der Sinn und Zweck des Art. 4 Abs. 4 VO 1370 verlangen neue Investitionen. Auch Investitionen, die sich in einem anderen Vertrag z. B. aufgrund dessen Laufzeit noch nicht vollständig amortisiert haben, können eine Verlängerung der Laufzeit rechtfertigen.[35] Allerdings können dann höchstens noch die Anschaffungskosten bezogen auf den Zeitwert der Wirtschaftsgüter Berücksichtigung finden. Wenn die Wirtschaftsgüter aus einem 6c

26 Vgl. etwa Fraunhofer, Städteübergreifendes Konzept für elektrisch angetriebene Busse in Thüringer Mittelstädten, S. 61 f.

27 Vgl. Folie 5 der Präsentation „Pressekonferenz zur VDV-Elektrobuskonferenz und Fachmesse ElekBu 4.2.2020".

28 Vgl. die Vorabbekanntmachungen Abl. EU Nr. 2023/S 129-411640 (Landkreis Hameln-Pyrmont), 2023/S 163-512340 (Stadt Völklingen), 2023/S 030-086429 (Stadt Göttingen).

29 *Berschin*, in: Münchener Kommentar, Band 4, Art. 4 VO 1370/2007, Rn. 21.

30 Bundesministerium der Finanzen, AfA-Tabelle für die allgemein verwendbaren Anlagegüter.

31 Ziff. 16.2.4. und AfA-Tabelle des Bundesministeriums für Finanzen für den Wirtschaftszweig „Personen- und Güterbeförderung", Az. IV A 8-S 1551-9/98.

32 Vgl. etwa den Erlass betr. Betriebsgewöhnliche Nutzungsdauer von Ladeinfrastruktur für E-Mobilität vom 15.3.2021 des FM Thüringen, S. 1551 – 65- 25.11; 53840/2021 (DStR S. 1308).

33 *Berschin*, in: Münchener Kommentar, Band 4, Art. 4 VO 1370/2007, Rn. 21.

34 *Linke*, in: *Linke*, Art. 4 VO 1370, Rn. 45.

35 *Linke*, in: *Linke*, Art. 4 VO 1370, Rn. 41.

Bestandsvertrag stammen, sind also frühere Abschreibungen auf die Amortisierungsdauer anzurechnen.[36]

6d Die **Höchstlaufzeit** eines öffentlichen Dienstleistungsauftrags mit gemischten Verkehren von 22,5 Jahren kann **genehmigungsrechtlich** sowohl für Busverkehre als auch für Verkehre mit Straßen-/Stadtbahnen nachvollzogen werden.[37] Das gilt auch für die maximale Laufzeit von 15 Jahren bei öffentlichen Dienstleistungsaufträgen, die nur Busverkehre zum Gegenstand haben. Anders als der Wortlaut zur Genehmigungslaufzeit bei Straßenbahnen (§ 16 Abs. 1 PBefG), verweist die Regelung zu den Genehmigungen für Busverkehre zwar nicht auf Art. 4 Abs. 4 VO 1370. Die Regelung erweckt damit den Eindruck, dass ein öffentlicher Dienstleistungsauftrag zwar 15 (nur Bus) bzw. 22,5 (Misch-Auftrag) Jahre gelten kann, nicht aber die dazugehörigen Busverkehrsgenehmigungen. Das war aber im Gesetzgebungsverfahren nicht gewollt. Gewollt war ausweislich der Gesetzesbegründung vielmehr, dass die „Geltungsdauer der Genehmigung für einen Straßenbahn- und Obusverkehr **sowie (der) Linienverkehr mit Kraftfahrzeugen** (…) mit Rücksicht auf die nach Artikel 4 Abs. 3 und 4 der Verordnung (EG) Nr. 1370/2007 möglichen Laufzeiten eines öffentlichen Dienstleistungsauftrages angepasst“ wird.[38] Eine Unterscheidung bei den Laufzeiten von Straßenbahn- und Busverkehrsgenehmigungen war vom Gesetzgeber also nicht gewollt; gewollt war eine „Anpassung“ der Laufzeiten von Auftrag und Genehmigung (sog. Harmonisierung). Das spricht dafür, dass die **Ausgestaltung des § 16 Abs. 2 PBefG ein redaktionelles Versehen** war. Zu diesem Ergebnis führen auch die Auslegung nach Sinn und Zweck der Regelung sowie die historische Auslegung. Der Sinn und Zweck sowie das „historisch Gewollte“ ergeben sich aus der schon dargestellten Gesetzgebungsgeschichte, die einen Gleichlauf der Dauer von Genehmigung und Auftrag bezweckte. Dieser Zweck lässt sich auch direkt aus § 16 Abs. 2 Satz 4 PBefG entnehmen, wonach die Genehmigungslaufzeit jedenfalls nicht länger als der Auftrag sein darf. Die Bundesregierung als Gesetzesinitiatorin des PBefG 2013, das die Laufzeitregelung in § 16 Abs. 2 PBefG eingebracht hat, hat sich ausdrücklich mit dem Wettbewerb um Busverkehre befasst und diesen erst nach Auslaufen eines öffentlichen Dienstleistungsauftrags zulassen wollen.[39] Das PBefG sichert den Auftrags-Betreiber genehmigungsrechtlich insofern auch ab; es kann während der Laufzeit eines öffentlichen Dienstleistungsauftrags kein anderes Unternehmen die Genehmigung erhalten (§ 13 Abs. 2 Satz 1 Nr. 3 Buchst. d) PBefG (Herauslösung aus Verkehrsnetz) und § 13 Abs. 2 Satz 1 Nr. 2 PBefG (ausschließliches Recht)). Auch deshalb müssen Genehmigungen die maximalen Laufzeiten öffentlicher Dienstleistungsaufträge in Deutschland von 15 (Busverkehre) bzw. 22,5 Jahren (Mischverkehre) nachvollziehen können. Der Bund hat im Übrigen die redaktionelle Korrektur des § 16 Abs. 2 PBefG angekündigt und das vorgenannte Verständnis bestätigt.

---

36 *Faber*, in: *Saxinger/Winnes*, Art. 4 Abs. 4 VO 1370/2007, Rn. 8 (Stand: Dez. 2012); *Linke*, in: *Linke*, Art. 4 VO 1370, Rn. 41.

37 Vgl. trotz des redaktionell fehlerhaften § 16 Abs. 2 PBefG: *Lenz/Rademacher*, Der Nahverkehr 11/2015, 35 ff.

38 BT-Drucks. 17/8233, S. 16.

39 Entwurf der Bundesregierung, BR-Drucks. 462/11, S. 34; gleichlautend BT-Drucks. 17/8233, S. 16.

II. Geographische Lage (Art. 4 Abs. 4 UAbs. 2 VO 1370)

Nach Art. 4 Abs. 4 UAbs. 2 VO 1370 kommt eine Laufzeitverlängerung um höchstens 50 % auch dann in Betracht, wenn dies durch die Kosten, die aus der besonderen geografischen Lage entstehen, gerechtfertigt ist. Gemeint sind Verkehrsleistungen in **Gebieten äußerster Randlage** (i. S. d. Art. 349 AEUV[40]), die sich durch Abgelegenheit, große Entfernungen zu Ballungsgebieten sowie geringe Bevölkerungsdichte auszeichnen und die Verkehrsdienste deshalb mit besonderen Kosten verbunden sind.[41] 7

III. Vergabe in fairen, wettbewerblichen Verfahren (Art. 4 Abs. 4 UAbs. 3 VO 1370)

Art. 4 Abs. 4 UAbs. 3 VO 1370 enthält schließlich eine noch über die in UAbs. 1 und 2 hinausgehende Verlängerungsoption für öffentliche Dienstleistungsaufträge. Danach kann eine noch längere Laufzeit gewährt werden, falls dies durch die Abschreibung von Kapital in Verbindung mit **außergewöhnlichen** – also das Normmaß signifikant überschreitenden – **Investitionen** in Infrastruktur, Rollmaterial oder Fahrzeuge gerechtfertigt ist, die Abschreibung also über den gesamten Vertragszeitraum andauert. Denkbar ist dies etwa bei erheblichen Investitionen in neue oder besondere Infrastruktur (z. B. Tunnel oder Brücken).[42] Weitere Voraussetzung ist, dass der Auftrag in einem fairen wettbewerblichen Vergabeverfahren vergeben wurde und die zuständige Behörde der Mitteilungsverpflichtung an die Kommission nachkommt. 8

F. Sozial- und arbeitsrechtliche Verpflichtungen (Art. 4 Abs. 4a VO 1370)

Der Absatz 4a des Art. 4 VO 1370 ist durch die VO 2016/2338 in die VO 1370 aufgenommen worden und stellt klar, dass die Betreiber in Ausführung eines öffentlichen Dienstleistungsauftrages die sozial- und arbeitsrechtlichen Verpflichtungen einhalten müssen. Es handelt sich um eine Präzisierung gegenüber der schon bisher geltenden Rechtslage.[43] Gemeint sind die sozial- und arbeitsrechtlichen Anforderungen, die in dem Mitgliedstaat gelten, in dem der öffentliche Dienstleistungsauftrag erteilt wurde.[44] Diese Anforderungen können sich aus den geltenden Rechts- und Verwaltungsvorschriften, Beschlüssen und Tarifverträgen ergeben.[45] In Deutschland sind dies beispielsweise die Vergabe- und Tariftreuegesetze der Länder oder die repräsentativen Tarifverträge. Die Einhaltung der sozial- und arbeitsrechtlichen Verpflichtung sollte von der zuständigen 9

40 Vgl. Erwägungsgrund 15 VO 1370.
41 *Linke/Kaufmann*, in: *Linke*, Art. 4 VO 1370, Rn. 46.
42 *Linke/Kaufmann*, in: *Linke*, Art. 4 VO 1370, Rn. 48.
43 *Saxinger*, GewArch 2017, 463 (465); *Knauff*, NZR 1/2018, 26 (29).
44 Vgl. Erwägungsgrund 13 der VO 2016/2338.
45 Vgl. Erwägungsgrund 13 der VO 2016/2338.

Behörde durch eine entsprechende Regelung in den öffentlichen Dienstleistungsaufträgen sichergestellt werden.

G. Betreiberwechsel (Art. 4 Abs. 4b VO 1370)

10 Art. 4 Abs. 4b VO 1370 ist mit der VO 2016/2338 in die VO 1370 aufgenommen worden und stellt die Anwendbarkeit der Richtlinie 2001/23/EG auf den Betreiberwechsel klar; die Regelung dient dabei nur der Präzisierung der schon zuvor geltenden Rechtslage.[46] Voraussetzung der Anwendung der Richtlinie ist, dass der Betreiberwechsel ein Unternehmensübergang i. S. d. Richtlinie 2001/23/EG ist. Daher muss es sich also um einen Vorgang handeln, bei dem die tatsächliche Herrschaft über den Betrieb bzw. Betriebsteil unter Wahrung der Identität der Wirtschaftseinheit von einer natürlichen oder juristischen Person auf eine andere übergeht.[47] Ein Unternehmensübergang in dem Sinne kann gerade bei einem Betreiberwechsel in Folge einer Ausschreibung anzunehmen sein, etwa dann, wenn z. B. Sacheinlagen wie Fahrzeuge (z. B. Linienbusse) in erheblichem Umfang vom bisherigen Bertreiber auf den neuen Betreiber übertragen werden.[48] Nach den Erwägungsgründen ist außerdem Voraussetzung der Anwendbarkeit der Richtlinie 2001/23/EG, dass der Mitgliedstaat die Übernahme des Personals vom neuen Betreiber verlangt.[49] Im Eisenbahnbereich ist dies im Wesentlichen wegen § 131 Abs. 3 GWB ohnehin der Fall. Im Busbereich fehlt es in Deutschland jedenfalls derzeit an einer entsprechenden Verpflichtung der Behörden, die Übernahme des Personals im Falle des Betreiberwechsels zu verlangen.[50] Auf die Möglichkeit, den Personalübergang bei Betreiberwechseln vorzugeben, weisen indes viele **Landesvergabe- und Tariftreuegesetze** hin.[51]

10a Im Übrigen können die zuständigen Behörden den Betreibern selbst dann vorschreiben, dass die zur Erbringung der Dienste eingestellten Arbeitnehmer mit den Rechten übernommen werden, auf die sei bei Anwendung der Richtlinie 2001/23/EG bzw. bei Vorliegen eines Betriebsübergangs Anspruch gehabt hätten, wenn kein Übergang i. S. d. Richtlinie 2001/23/EU vorliegt (vgl. die Kommentierung zu Art. 4 Abs. 5 VO 1370).[52]

H. Sozialstandards (Art. 4 Abs. 5 VO 1370)

11 Nach Art. 4 Abs. 5 Satz 1 VO 1370 kann die zuständige Behörde (Ermessen) den ausgewählten Betreiber eines öffentlichen Dienstes verpflichten, den Arbeitneh-

46 *Saxinger*, GewArch 2017, 463 (466); *Knauff*, NZR 1/2018, 26 (29).

47 Vgl. *Fuchs*, in: Beck'scher Onlinekommentar Bamberger/Roth, 41. Edition, Stand: 1.11.2016, § 613a BGB, Rn. 15.

48 Vgl. *EuGH*, 27.2.2020, C-298/18; Ziff. 2.3. der Mitteilung der Kommission v. 26.6.2023 (2023/C 222/01), S. 12. Siehe auch *Jürschik/Bücke*, EuZW 2020, 615 (615 ff.).

49 Vgl. Erwägungsgrund 14 der VO 2016/2338.

50 Vgl. die Kommentierung zu § 131 GWB, Rn. 2. Vgl. *Saxinger*, GewArch 2017, 463 (466).

51 Vgl. *Jürschik/Bücke*, VBlBW 5/2020, 6 (7 f.).

52 Ziff. 2.3. der Mitteilung der Kommission v. 26.6.2023 (2023/C 222/01), S. 12.

mern, die zuvor zur Erbringung der Dienste eingestellt wurden, die Rechte zu gewähren, auf die sie Anspruch gehabt hätten, wenn ein Übergang i. S. d. Richtlinie 2001/23/EG (umgesetzt durch § 613a BGB) erfolgt wäre. Das bedeutet, dass die zuständigen Behörden den Betreibern vorschreiben können, dass die zur Erbringung der Dienste eingestellten Arbeitnehmer mit den Rechten übernommen werden, auf die sei bei Anwendung der Richtlinie 2001/23/EG bzw. bei Vorliegen eines Betriebsübergangs Anspruch gehabt hätten, selbst wenn kein Übergang i. S. d. Richtlinie 2001/23/EU vorliegt.[53] Dies stellt nun auch § 131 Abs. 3 GWB für den Eisenbahnbereich klar und übernimmt eine entsprechende Ermächtigung der zuständigen Behörden in das GWB-Vergaberecht.[54] Der Anwendung des Art. 4 Abs. 5 VO 1370/2007 steht in Deutschland kein nationales Recht entgegen.[55]

I. Qualitäts- und Sozialstandards (Art. 4 Abs. 6 VO 1370/2007)

Art. 4 Abs. 6 VO 1370 stellt klar, dass eine zuständige Behörde einen Betreiber zur **Einhaltung von bestimmten Qualitäts- und Sozialstandards** verpflichten kann. **Qualitätsstandards** spielen besonders bei gemeinwirtschaftlichen Verpflichtungen als Schlüsselbegriff der VO 1370[56] eine maßgebliche Rolle, weil die Leistungen gerade deshalb nicht am Markt zu gleichen Bedingungen erbracht werden können (vgl. Art. 1 Abs. 1 VO 1370). Qualitätsstandards können sich z. B. aus Anforderungen an den Umweltschutz, Fahrgastrechte oder Anforderungen an die Sicherheit ergeben.[57] **Sozialstandards** können sich z. B. aus der Einhaltung von Mindestarbeitsbedingungen, Arbeitnehmerrechten bzw. Tarifverträgen oder der Gewährung der Rechte i. S. d. Richtlinie 2001/23/EG (Betreiberwechsel) ergeben. Sozialstandards können sich insofern auch aus einer Tarifvereinbarung auf Unternehmensebene oder einer Tarifvereinbarung für das betreffende Marktsegment ergeben.[58] Beispiele für Sozialstandards sind etwa die Verfügbarkeit sozialer und sanitärer Einrichtungen (z. B. auch Toilettenanlagen, Aufenthaltsräume, Kantinen), die regelmäßige und kontinuierliche Schulung oder Ausbildung des Personals (z. B. Fahrschule zur Ausbildung der Fahrererlaubnisklassen oder Weiterbildungen nach Berufskraftfahrer-Qualifikations-Gesetz), Hilfsangebote für das Personal (z. B. betriebliche psychologische Erstbetreuung bei Personenschäden bzw. Unfällen), Förderpläne für Frauen sowie für ältere Arbeitnehmer und Menschen mit Behinderungen sowie Arbeitsplatz- und Sicherheitsvorschriften.[59] Die zuständige Behörde kann die Geltung bestimmter bzw. dieser Sozial- und Qualitätsstandards vorgeben (z. B. Tarifverträge) oder die einzuhaltenden sozialen und qualitativen Kriterien selbst aufstellen. Verpflichtet die zuständige Behörde die Betreiber zu bestimmten Qualitäts- und Sozialstandards, so müssen diese in die Vergabeunterlagen bei wettbewerblichen Vergabe- 12

53 Ziff. 2.3. der Mitteilung der Kommission v. 26.6.2023 (2023/C 222/01), S. 12.
54 Vgl. die amtliche Begründung zu § 131 GWB, BT-Drucks. 18/6281, S. 115.
55 Vgl. die amtliche Begründung zu § 131 GWB, BT-Drucks. 18/6281, S. 115.
56 Vgl. die Kommentierung zu Art. 2 lit. e) VO 1370.
57 Vgl. Erwägungsgrund 17 der VO 1370.
58 Ziff. 2.3. der Mitteilung der Kommission v. 26.6.2023 (2023/C 222/01), S. 12.
59 Vgl. 2.3. der Mitteilung der Kommission v. 26.6.2023 (2023/C 222/01), S. 13.

fahren und in die öffentlichen Dienstleistungsaufträge aufgenommen werden; der zukünftige Betreiber muss eindeutig erkennen können, dass er zur Einhaltung von Sozial- bzw. Qualitätsstandards verpflichtet wird.[60] Die Unterlagen müssen außerdem Angaben zu den Rechten und Pflichten in Bezug auf die Übernahme des Personals des vorherigen Betreibers enthalten, wenn die Übernahme angeordnet wurde bzw. die Rechte der Richtlinie 2001/23/EG (§ 613a BGB) einzuhalten sind.

J. Unterauftragsvergabe (Art. 4 Abs. 7 VO 1370)

13 Sowohl in den Unterlagen des wettbewerblichen Vergabeverfahrens als auch in dem öffentlichen Dienstleistungsauftrag ist transparent anzugeben, ob und in welchem Umfang eine Vergabe von Unteraufträgen in Frage kommt (Art. 4 Abs. 7 Satz 1 VO 1370). Im Gegensatz zu dem allgemeinen Vergaberecht, bei dem die Unterauftragsvergabe nicht eingeschränkt werden kann,[61] liegt es im Ermessen der zuständigen Behörde, ob sie die Unterauftragsvergabe zulässt. Wenn die Unterauftragsvergabe zulässig ist, ist der der Unterauftragsvergabe zugängliche Anteil prozentual in einer **ausdrücklichen Regelung im öffentlichen Dienstleistungsauftrag** anzugeben.[62] Die zuständige Behörde kann sich insofern auch dafür entscheiden, die **Unterauftragsvergabe** nicht zuzulassen oder umgekehrt dem Betreiber einen Mindestanteil vorgeben, den der Betreiber an Unterauftragnehmer vergeben muss.[63] Bei wettbewerblichen Verfahren nach Art. 5 Abs. 3 VO 1370 sollte aus Transparenzgründen schon in der Bekanntmachung auf die (Un-)Zulässigkeit der Unterauftragsvergabe hingewiesen werden, Art. 4 Abs. 7 Satz 1 VO 1370 lässt dem Wortlaut nach jedoch einen Hinweis in den Vergabeunterlagen genügen („Unterlagen des wettbewerblichen Vergabeverfahrens").[64]

14 Nach Art. 4 Abs. 7 Satz 2 VO 1370 ist der Betreiber bei der Unterauftragsvergabe verpflichtet, „einen bedeutenden Teil der öffentlichen Personenverkehrsdienste" selbst zu erbringen. Was ein **„bedeutender Teil"** ist, legt die VO 1370 nicht fest. Die zuständigen Behörden haben insofern ein weites Ermessen.[65] Dem Betreiber muss aber jedenfalls ein substantieller Teil zur Eigenerbringung verbleiben.[66] Die hierzu vertretene Spanne reicht von **20 % und 40 %**.[67] Es muss sich jedenfalls um „weniger" handeln, als von Art. 5 Abs. 2 lit. e) VO 1370 mit dem „über-

---

60 Vgl. die Begründung der Kommission v. 4.2.2013, COM(2013) 28 final, S. 6.

61 Vgl. *EuGH*, 18.3.2004, C-314/01, Rn. 43; *VK Südbayern*, 5.6.2015, Z3-3-3194-1-20-03/15, Rn. 31; *VK Bund*, 30.8.2013, VK 2-70/13, Rn. 94; *Linke/Prieß*, in: *Linke*, Art. 4 VO 1370, Rn. 95.

62 Vgl. zu Art. 5 Abs. 2 lit. e) VO 1370: *OLG München*, 22.6.2011, Verg 6/11, Rn. 67 – *Stadtbusverkehr Lindau*.

63 Ziff. 2.2.6. der Mitteilung der Kommission v. 26.6.2023 (2023/C 222/01), S. 12.

64 Vgl. Bekanntmachungspflichten in § 8b Abs. 2 Nr. 1 bis 4 PBefG.

65 *EuGH*, 27.10.2016, C-292/15, Rn. 51; *OLG Düsseldorf*, 19.2.2020, Verg 26/17, Rn. 73. Vgl. *Zuck*, in: *Ziekow/Völlink*, Art. 4 VO 1370, Rn. 48.

66 *OLG Düsseldorf*, 19.2.2020, Verg 26/17, Rn. 73; *Berschin*, in: Münchener Kommentar Wettbewerbsrecht, Art. 4 VO 1370, Rn. 37.

67 20–30 %: *OLG Düsseldorf*, 19.2.2020, VII Verg 26/17, Rn. 73; *VK Rheinland*, 19.9.2017, VK VOL 12/17; *Linke/Prieß*, in: *Linke*, Art. 4 VO 1370, Rn. 93; *Berschin*, in: Münchener Kommentar Wettbewerbsrecht, Art. 4 VO 1370/2007, Rn. 38; 25–40 %: *Schmitz/Winkelhüsener*, EuZW 2011, 52, 56.

wiegenden Teil“[68] verlangt wird. Im Entwurf der Auslegungsleitlinien vom Oktober 2012[69] hatte die Kommission für den „bedeutenden Teil“ noch einen Wert von „mindestens 1/3 der Verkehrsdienste“ angegeben. Auch wenn die Auslegungsleitlinien dies nicht übernommen haben, so kann der Wert als Auslegungshilfe herangezogen werden.[70] Der „bedeutende Teil“ ist nicht als „Obergrenze“ zu verstehen; es steht den Auftraggebern frei, die Unterauftragsvergabe über den „bedeutenden Teil“ hinaus zu begrenzen.[71] Als Referenz für den prozentualen Anteil werden der „Wert“ nach Art. 2 Buchst. k) VO 1370 (**Gesamteinnahmen ohne Mehrwertsteuer**),[72] die Fahrplan-,[73] die Platz- oder auch **Nutzwagenkilometer** herangezogen,[74] weniger die **Personenkilometer.**[75] Wird bei der Vergabe eine Gesamtleistung nach § 8a Abs. 2 Satz 4 PBefG gebildet, kommt es auf den bedeutenden Teil der Gesamtleistung an.

Gegen die Eigenerbringungsquote laufen nur solche Unteraufträge, die sich auf die „**Erbringung**“ der öffentlichen Personenverkehrsdienste beziehen. Aus der Auslegung anhand des Wortlauts, der Entstehungsgeschichte und dem Sinn und Zweck der Eigenerbringungsquote folgt, dass es sich um die **operativen Fahrleistungen mit Fahrzeugen und Personal des Betreibers sowie die dazu notwendige übergeordnete Organisationsstruktur** (z. B. **Leitstelle**) handelt.[76] Das Wort „erbringen“ deutet darauf hin, dass die öffentlichen Personenverkehrsdienste „zu bringen“ sind, also die Beförderung anzubieten ist. Für die Beförderung sind in erster Linie Fahrzeuge und Fahrpersonal erforderlich. Außerdem kann auch die für die Fahrbetriebsleistung notwendige Organisationsstruktur, wie Leitstelle und Sicherheitsverantwortliche, zu den Kernfunktionen eines funktionierenden öffentlichen Personennahverkehrs gezählt werden.[77] Dem Wortlaut nach fallen diese Dinge also in die originäre „Eigenerbringung“. Dafür spricht auch die Entstehungsgeschichte. Das Europäische Parlament sah den Einsatz von Fahrzeugen und Mitarbeitern durch den Betreiber als wichtigen Punkt an, um die Gefahren im Zusammenhang 14a

68 Die Spanne reicht in Literatur und Rechtsprechung von „jedenfalls mehr als 50 %“ bis 66 %, vgl. *VK Rheinland*, 19.9.2017, VK VOL 12/17 (mind. 51 %) und *Bundschuh/Jürschik*, Der Nahverkehr, 9/2014, 46 (47 f.). Vgl. Ziff. 2.2.6. der Mitteilung der Kommission v. 26.6.2023 (2023/C 222/01), S. 12 und schon zuvor Ziff. 2.2.9. der Mitteilung der Kommission v. 29.3.2014 (2014/C 92/01), S. 9; *Eichhorn*, in: *Saxinger/Winnes*, 5 Abs. 2 VO 1370, Rn. 53 f. (Stand: Juli 2017); *Linke/Pünder*, in: *Linke*, Art. 5, Rn. 131.

69 „Non-Paper“ der Kommission vom Oktober 2012, S. 9.

70 *Bundschuh/Jürschik*, Der Nahverkehr 9/2014, 46 (48).

71 *EuGH*, 27.10.2016, Rs. C-292/15, Rn. 57 – *Hörmann Reisen;* Schlussanträge vom 28.6.2016, Rs. C-292/15, Rn. 42 – *Hörmann Reisen.*

72 So die Kommission, vgl. Ziff. 2.2.6. der Mitteilung der Kommission v. 26.6.2023 (2023/C 222/01), S. 12.

73 *EuGH*, 27.10.2016, Rs. C-292/15, Rn. 55 – *Hörmann Reisen*; Ziff. 2.2.6. der Mitteilung der Kommission v. 26.6.2023 (2023/C 222/01), S. 12.

74 Vgl. *OLG Düsseldorf*, 19.2.2022, VII-Verg 26/17, Rn. 73 (Wert, Personenkilometer); „Non-Paper“ der Kommission vom 2.12.2021, Ziff. 2.2.6: Fahrplankilometer bzw. „timetable kilometres“ mit Verweis auf den *EuGH*, 27.10.2016, Rs. C-292/15, Rn. 55 – *Hörmann Reisen.*

75 *Saxinger*, in: *Saxinger/Winnes*, Art. 4 Abs. 7 VO 1370/2007, Rn. 41 (Stand: Jan. 2015); *Jürschik/Felger*, Der Nahverkehr 7+8/2022, 38 (38).

76 *Jürschik/Felger*, Der Nahverkehr 7+8/2022, 38 (38).

77 Vgl. *Linke/Prieß*, in: *Linke*, Art. 4 VO 1370, Rn. 83.

mit einer unbeschränkten Unterauftragsvergabe einzudämmen.[78] Der Befund deckt sich auch mit dem Sinn und Zweck der Eigenerbringung. Mit der Eigenerbringungsquote sollte der Einfluss der zuständigen Behörde auf die Verkehre und damit auf die Sozial- und Qualitätsstandards sichergestellt werden.[79] Erforderlich sein soll aber nicht unbedingt, dass **Fahrbetriebsleistungen** selbst erbracht werden müssen, solange die Eigenleistung einen **spezifischen Bezug zu dem öffentlichen Verkehrsdienst** aufweist und nicht bloße Hilfsfunktion hat; gemeint sind Leitungen von wesentlicher Bedeutung für den Verkehrsdienst.[80] Einen spezifischen Bezug kann man bei Leistungen in der Betriebsorganisation, der Wartung oder technischen Unterstützung annehmen. Beispiele dafür sind der Betrieb der Leitstelle, die Vorhaltung des Betriebshofs, die Verwaltung zentraler Dienste, das Marketing und der Vertrieb der Verkehrsleistung sowie zentrale Steuerungsaufgaben wie die Leitung des Einsatzbetriebs der eingesetzten Verkehrsmittel.[81] Nicht gegen die Eigenerbringungsquote laufen umgekehrt also an Dritte vergebene Verwaltungstätigkeiten (Betrieb von Ticketcentern zum Fahrscheinkauf oder die Verwaltung des Personals).[82]

14aa Welche **Personal- und Sachmittel** erforderlich sind, um die „kleine" **Eigenerbringungsquote** nach Art. 4 Abs. 7 Satz 2 VO einzuhalten, gibt die VO 1370 nicht vor. Maßgeblich für die Eigenerbringungsquote sind in erster Linie die Personal- und Sachmittel für die operative Fahrleistung. Das betrifft vorrangig das Fahrpersonal sowie das Personal der übergeordneten Organisationsstruktur (Leitstelle, Sicherheitsverantwortliche, Betriebsleiter etc.).[83] Ein Drittel dieses Personals muss ein Betreiber vorhalten, um die Eigenerbringungsquote sicher einzuhalten. Es soll sich dabei schon dann um „eigenes Personal" handeln, wenn das Personal „entliehen" ist[84] und der Betreiber das Weisungsrecht hält.[85] Was Betriebsmittel wie Busse, Betriebshöfe, Werkstätten, Tank- und Ladeinfrastruktur anbelangt, so sind diese Sachmittel eng mit der operativen Fahrleistung verknüpft und deshalb für die Eigenerbringungsquote relevant. Ein Betreiber muss insofern zur Einhaltung der Eigenerbringungsquote einen Teil dieser Sachmittel selbst vorhalten oder auf Ressourcen im Konzern (Rn. 14c) zurückgreifen.

14b Auch die Verkehre einer **100 %-igen Tochtergesellschaft des Betreibers**, die in einem Inhouse-Verhältnis zum Betreiber steht, gelten als Verkehre des Betrei-

---

78 Europäisches Parlament, Empfehlung für die zweite Lesung, A6-0131/2007, endgültig vom 4.4.2007, S. 20 f.

79 *Linke/Prieß*, in: *Linke*, Art. 4 VO 1370, Rn. 94; Europäisches Parlament, Empfehlung für die zweite Lesung, A6-0131/2007, endgültig vom 4.4.2007, S. 20.

80 Vgl. *OLG Düsseldorf*, 19.2.2020, Verg 26/17, Rn. 73; *OLG Düsseldorf*, 19.2.2020, VII-Verg 2/19; *Bayreuther/Kaufmann/Linke/Lübbig/Prieß*, in: *Linke*, Art. 4 VO 1370, Rn. 82; *Otting/Olgemöller/Tresselt*, in: *Gabriel/Krohn/Neun*, 3. Aufl. 2021, Kap. 13 § 70, Rn. 65.

81 Vgl. *OLG Düsseldorf*, 19.2.2020, Verg 26/17, Rn. 74; *OLG Düsseldorf*, 19.2.2020, VII-Verg 2/19.

82 *Saxinger*, in: *Saxinger/Winnes*, Art. 4 Abs. 7 VO 1370/2007, Rn. 35 (Stand: Jan. 2015).

83 *Jürschik/Felger*, Der Nahverkehr 7+8/2022, 38 (38).

84 Vgl. *OLG Koblenz*, 26.10.2005, 1 Verg 4/05, Rn. 110.

85 *Linke/Prieß*, in: *Linke*, Art. 4 VO 1370, Rn. 85.

bers.[86] Diese „**Tochterverkehre**" sind folglich in die Eigenerbringungsquote des Art. 4 Abs. 7 VO 1370 bzw. in den selbst zu erbringenden „bedeutenden Teil" einzurechnen. Das folgt aus einer teleologischen Reduktion des Begriffs des Unterauftrags („Inhouse-Gedanke"); der Betreiber und seine Tochtergesellschaft können als Einheit betrachtet werden. Auf die formaljuristische Verselbstständigung kommt es nicht an.

Von vornherein außerhalb der „Fremdleistungsquote" und damit unschädlich ist die Beauftragung von Dritten mit Leistungen, die **keine „Unteraufträge" im Sinne des Art. 4 Abs. 7 Satz 2 VO 1370** sind. Leistungen, die nicht als Unterauftrag gelten, sind von vornherein für die Eigenerbringungsquote unerheblich. Keine Unteraufträge, die gegen die Eigenerbringungsquote laufen, sind **Lieferleistungen, die Voraussetzung für die Verkehrsproduktion** sind. Darunter fallen u. a. der **Kauf**, die **Miete** oder das **Leasing der Fahrzeuge** sowie der **Einkauf von Energie und Treibstoffen.**[87] Auch keine Unteraufträge liegen vor, wenn auf die **Ressourcen von Tochter-** (Rn. 14b) bzw. **Konzernunternehmen** zurückgegriffen wird.[88] Für die Unschädlichkeit der Ressourcen von Konzernunternehmen gibt es zwei Argumente. Erstens soll es sich bei den Ressourcen um solche handeln, die in den Betrieb des Betreibers integriert und deshalb nicht „fremd" sind.[89] Zweitens soll sich das aus den Wertungen ergeben, die das *OLG Düsseldorf* zu Art. 4 Abs. 7 VO 1370 für Gesellschaften aufgestellt hat, an denen der Betreiber (geringfügig) beteiligt ist.[90] Das *OLG Düsseldorf* hat angenommen, dass im Wege einer teleologischen Reduktion die Leistungen wegen der gesellschaftsrechtlichen Beteiligung des Betreibers keine Fremdleistungen sind. Das soll sich aus dem Sinn und Zweck der Eigenerbringungsquote ergeben, wonach negative Auswirkungen auf bestehende Sozial- und Qualitätsstandards sowie Wettbewerbsverzerrungen verhindert werden sollten. Diese Argumentation lässt sich auch auf Schwester- bzw. Konzerngesellschaften übertragen. Denn dem Zweck der Eigenerbringungsquote ist genügt, wenn eine Einflussnahme auf die Verkehre über eine gemeinsame Muttergesellschaft stattfindet.[91] Ein „Grenzfall" sind **Reparatur- und Wartungsarbeiten.** Diese fallen nicht sicher aus der Kategorie der Unteraufträge heraus. Teilweise wird angenommen, dass es sich auch dabei um eine Voraussetzung der Verkehrserbringung handelt, die für die Eigenerbringungsquote keine Rolle spielt.[92] Andere hingegen qualifizieren die Wartung als Teil des Personenverkehrsdienstes, sodass der Einkauf dieser Leistungen gegen die Eigenerbringungsquote läuft.[93] Auch das *OLG Düsseldorf* stuft diese 14c

---

86 Vgl. *OLG Düsseldorf*, 19.2.2020, Verg 2/19. Vgl. zur übertragbaren Rechtsprechung zu Art. 5 Abs. 2 Buchst. e) VO 1370: *OLG Düsseldorf*, 3.7.2019, VII-Verg 51/16; *OLG Düsseldorf*, 3.5.2017, VII-Verg 51/16, Rn. 14; *OLG Düsseldorf*, 7.3.2018, VII-Verg 26/17, Rn. 24; Schlussanträge *GA Sánchez-Bordona* v. 13.9.2018, Rs. C-266/17 und Rs. C-267/17, Rn. 69. Vgl. im Übrigen die Kommentierung zu Art. 5 Abs. 2 lit. 2 e) VO 1370.

87 *Saxinger*, in: *Saxinger/Winnes*, Art. 4 Abs. 7 VO 1370/2007, Rn. 24 (Stand: Dez. 2012); ebenso *Linke/Prieß*, in: *Linke*, Art. 4 VO 1370, Rn. 83; *Jürschik/Felger*, Der Nahverkehr 7+8/2022, 38 (38).

88 Vgl. *Linke/Prieß*, in: *Linke*, Art. 4 VO 1370, Rn. 86; *Barth/von Bar*, NZBau 2021, 504 (506).

89 *Linke/Prieß*, in: *Linke*, Art. 4 VO 1370, Rn. 86.

90 *OLG Düsseldorf*, 19.2.2020, VII Verg 2/19, Rn. 80 f.

91 Vgl. *Barth/von Bar*, NZBau 2021, 504 (506).

92 Vgl. *Saxinger*, in: *Saxinger/Winnes*, Art. 4 Abs. 7 VO 1370/2007, Rn. 24 (Stand: Dez. 2012).

93 *Linke/Prieß*, in: *Linke*, Art. 4 VO 1370, Rn. 83.

Tätigkeiten als maßgeblich ein.[94] Für Werkstätten bzw. Werkstattpersonal dürfte wiederum aber auch die Argumentation greifen, wonach auf Ressourcen von Konzernunternehmen oder einer Holding zurückgegriffen werden kann, ohne dass es sich um eine Untervergabe handelt. Denn wie bei den sonstigen Betriebsmitteln wird dem Sinn und Zweck der Eigenerbringung (Einfluss auf die Qualität) Rechnung getragen, wenn der Aufgabenträger nicht nur über den Betreiber die Qualität der Betriebsmittel sicherstellen kann, sondern das selbst in der Hand hat.[95]

15 Art. 4 Abs. 7 Satz 3 VO 1370 macht eine Ausnahme von der Beschränkung der Unterauftragsvergabe. Danach kann eine vollständige Übertragung des Betriebs „dieser Dienste" an Unterauftragnehmer vorgesehen werden. Voraussetzung ist aber, dass der öffentliche Dienstleistungsauftrag eine Betrauung des Betreibers mit **Planung, Aufbau und Betrieb** vorsieht und die vollständige Unterauftragsvergabe ausdrücklich durch eine Regelung erlaubt.[96] **Planung und Aufbau** umfassen die Bestimmung der Zahl der Linien, ihre Streckenführung und den Takt der diese Linien befahrenden Busse.[97] Der **Betrieb** dagegen ist die tägliche Umsetzung von Planung und Aufbau und umfasst schon aufgrund der zeitlichen Komponente regelmäßig den größten Teil der Leistung.[98] Selbst wenn die Unterauftragsvergabe aber zulässig ist, so können nur die (Personenverkehrs-)Dienste untervergeben werden,[99] nicht aber die Planung und der Aufbau.[100]

15a Die Regelung zur Unterauftragsvergabe in Art. 4 Abs. 7 VO 1370 ist **bei allen (Direkt-)Vergabeverfahren nach der Vorordnung** (z.B. Art. 5 Abs. 3, Abs. 5 VO 1370) und nach **den Vergaberichtlinien** („Art. 5 Abs. 1 Satz 2 VO 1370-Vergaben") zu beachten. Für Vergabeverfahren im Bereich der **Busse und Straßenbahnen**, die nach dem Verfahren der Vergaberichtlinien vergeben werden, hat der *EuGH* das ausdrücklich klargestellt.[101] Die Anwendbarkeit des Art. 4 Abs. 7 VO 1370 ergibt sich aus Art. 5 Abs. 1 Satz 3 VO 1370, wonach nur „die Absätze 2 bis 6 des vorliegenden Artikels [5]" nicht anzuwenden sind, wenn Aufträge nach den Vergaberichtlinien vergeben werden; im Übrigen bleibt die Verordnung anwendbar. Art. 4 Abs. 7 VO 1370 ist deshalb auch anwendbar, wenn öffentliche Dienstleistungsaufträge im Bereich der Busse und Straßenbahnen als **Inhouse-Geschäft nach den Vergaberichtlinien** (in Deutschland: § 108 GWB) vergeben werden.

---

94 *OLG Düsseldorf*, 19.2.2020, VII-Verg 2/19, Rn. 78.

95 *Jürschik/Felger*, Der Nahverkehr 7+8/2022, 38 (39).

96 Vgl. Wortlaut „vorsehen" und *Linke/Prieß*, in: *Linke*, Art. 4 VO 1370, Rn. 96; *Saxinger*, in: *Saxinger/Winnes*, Art. 4 Abs. 7 VO 1370, Rn. 47 (Stand: Jan. 2015).

97 *VK Rheinland*, 19.9.2017, VK VOL 12/17.

98 *VK Rheinland*, 19.9.2017, VK VOL 12/17.

99 Vgl. *Linke/Prieß*, in: *Linke*, Art. 4 VO 1370, Rn. 96 mit Verweis auf den Wortlaut und *Zuck*, in: *Ziekow/Völlink*, Art. 4 VO 1370, Rn. 47, der in der Planung und dem Aufbau schon den bedeutenden Teil sieht.

100 A.A. *Saxinger*, in: *Saxinger/Winnes*, Art. 4 Abs. 7 VO 1370, Rn. 47 (Stand: Jan. 2015).

101 *EuGH*, Urt. v. 27.10.2016, Rs. C-292/15, Rn. 48 – *Hörmann Reisen.* Bestätigt: *EuGH*, Urt. v. 20.9.2018, Rs. C-518/17, Rn. 47.

K. Zurverfügungstellung von Informationen (Art. 4 Abs. 8 VO 1370)

Art. 4 Abs. 8 VO 1370 wurde durch die VO 2016/2338 in die VO 1370 eingefügt. 16
Die Regelung soll **Wettbewerb ermöglichen**, indem einerseits die zuständige Behörde Informationen vom (Bestands-)Betreiber erhält und diese Informationen andererseits an potentielle Betreiber weitergeben muss. Der Informationszugang soll dadurch erreicht werden, dass die zuständige Behörde den Betreiber durch eine Vorschrift im öffentlichen Dienstleistungsauftrag verpflichtet, diejenigen **Informationen** zu übermitteln, **die für die Vergabe eines neuen öffentlichen Dienstleistungsauftrags relevant sind.** Fehlt eine entsprechende Verpflichtung, sind die öffentlichen Dienstleistungsaufträge nach Auffassung der Kommission entsprechend zu ändern und eine Verpflichtung aufzunehmen.[102] Was die relevanten Daten anbelangt, sind operationelle, technische und finanzielle Daten, die die Ausarbeitung eines fundierten Angebotes erlauben.[103] Als Beispiele für solche Informationen nennt Art. 4 Abs. 8 Satz 3 VO 1370 die Fahrgastnachfrage, Tarife, Kosten und Einnahmen im Zusammenhang mit den ausgeschriebenen Verkehren sowie Einzelheiten der Infrastrukturspezifikationen. Die Aufzählung ist nicht abschließend (vgl. Wortlaut „dazu gehören"); die zuständigen Behörden haben insofern zu prüfen, welche Informationen zusätzlich erforderlich sind, wobei Aspekte wie die Merkmale des zu vergebenden Auftrags (z. B. Brutto- oder Nettovertrag) zu berücksichtigen sind.[104] In Betracht kommen insofern auch Informationen zum Fahrgastpotential, Stark-/Schwachverkehrszeiten, den Haltestellen oder der Linienführung. Regelmäßig relevant sein dürften darüber hinaus auch die Wartungsunterlagen von Fahrzeugen, die der neue Betreiber übernehmen muss oder kann.[105] Potentielle Betreiber sollen dadurch in die Lage versetzt werden, sich am Wettbewerb zu beteiligen.[106] Aus der Zielsetzung wird deutlich, dass der (Bestands-)Betreiber keine Informationen preisgeben muss, die seine eigene Angebotskalkulation offenlegen. Das stellt auch Art. 4 Abs. 8 Satz 1 HS VO 1370 klar, wonach der **Schutz der vertraulichen Geschäftsinformationen** des aktuellen Betreibers zu gewährleisten ist.[107] Der Schutz ist, was der Wortlaut klarstellt, nicht nur auf Geschäftsgeheimnisse beschränkt, sondern erstreckt sich auf alle „vertraulichen Geschäftsinformationen".

Die Informationen, die die zuständige Behörde von ihrem Betreiber erhält und 17
die für die Erarbeitung eines Angebotes maßgeblich sind, hat die zuständige Behörde **allen interessierten Betreibern bzw. potentiellen Bietern** im Rahmen eines wettbewerblichen Verfahrens **zur Verfügung zu stellen**. Damit werden – vergleichbar zum allgemeinen Vergaberecht[108] – Informationsvorsprünge zugunsten des Wettbewerbs ausgeglichen. Die Verpflichtung zur Mitteilung der Informationen erstreckt sich aber nur auf die vorhandenen Informationen; die

---

102 Ziff. 2.4.2. der Mitteilung der Kommission v. 26.6.2023 (2023/C 222/01), S. 13.

103 Vgl. die Begründung der Kommission v. 4.2.2013, COM(2013) 28 final, S. 6.

104 Siehe auch Ziff. 2.4.2. der Mitteilung der Kommission v. 26.6.2023 (2023/C 222/01), S. 14.

105 Ziff. 2.4.2. der Mitteilung der Kommission v. 26.6.2023 (2023/C 222/01), S. 14.

106 *Knauff*, NZR 1/2018, 26 (29); *Saxinger*, GewArch 2017, 463 (466).

107 Vgl. Erwägungsgrund 15 der VO 2016/2338.

108 Vgl. *VK Bund*, 16.7.2013, VK 3-47/13; *Knauff*, NZR 1/2018, 26 (29).

Behörde ist nicht verpflichtet, zusätzliche bzw. noch nicht bestehende Informationen zu erstellen und diese den Interessenten bereitzustellen.[109] Die Bereitstellung der Informationen unterliegt der **Nachprüfung** (vgl. Art. 4 Abs. 8 Satz 5 VO 1370).[110]

Artikel 5 VO 1370 Vergabe öffentlicher Dienstleistungsaufträge

(1) [1]Öffentliche Dienstleistungsaufträge werden nach Maßgabe dieser Verordnung vergeben. [2]Dienstleistungsaufträge oder öffentliche Dienstleistungsaufträge gemäß der Definition in den Richtlinien 2004/17/EG oder 2004/18/EG für öffentliche Personenverkehrsdienste mit Bussen und Straßenbahnen werden jedoch gemäß den in jenen Richtlinien vorgesehenen Verfahren vergeben, sofern die Aufträge nicht die Form von Dienstleistungskonzessionen im Sinne jener Richtlinien annehmen. [3]Werden Aufträge nach den Richtlinien 2004/17/EG oder 2004/18/EG vergeben, so sind die Absätze 2 bis 6 des vorliegenden Artikels nicht anwendbar.

(2) [1]Sofern dies nicht nach nationalem Recht untersagt ist, kann jede zuständige örtliche Behörde – unabhängig davon, ob es sich dabei um eine einzelne Behörde oder eine Gruppe von Behörden handelt, die integrierte öffentliche Personenverkehrsdienste anbietet – entscheiden, selbst öffentliche Personenverkehrsdienste zu erbringen oder öffentliche Dienstleistungsaufträge direkt an eine rechtlich getrennte Einheit zu vergeben, über die die zuständige örtliche Behörde – oder im Falle einer Gruppe von Behörden wenigstens eine zuständige örtliche Behörde – eine Kontrolle ausübt, die der Kontrolle über ihre eigenen Dienststellen entspricht.
[2]Im Falle öffentlicher Schienenpersonenverkehrsdienste kann die im ersten Unterabsatz genannte Gruppe von Behörden ausschließlich aus zuständigen örtlichen Behörden bestehen, deren geografischer Zuständigkeitsbereich sich nicht auf das gesamte Staatsgebiet erstreckt. [3]Der in Unterabsatz 1 genannte öffentliche Personenverkehrsdienst oder öffentliche Dienstleistungsauftrag darf nur den Verkehrsbedarf städtischer Ballungsräume und ländlicher Gebiete oder beides decken.
[4]Fasst eine zuständige örtliche Behörde diesen Beschluss, so gilt Folgendes:

a) [1]Um festzustellen, ob die zuständige örtliche Behörde diese Kontrolle ausübt, sind Faktoren zu berücksichtigen, wie der Umfang der Vertretung in Verwaltungs-, Leitungs- oder Aufsichtsgremien, diesbezügliche Bestimmungen in der Satzung, Eigentumsrechte, tatsächlicher Einfluss auf und tatsächliche Kontrolle über strategische Entscheidungen und einzelne Managemententscheidungen. [2]Im Einklang mit dem Gemeinschaftsrecht ist zur Feststellung, dass eine Kontrolle im Sinne dieses Absatzes gegeben ist, – insbesondere bei öffentlich-privaten Partnerschaften – nicht zwingend erforderlich, dass die zuständige Behörde zu 100 % Eigentümer ist, sofern ein beherrschender öffentlicher Einfluss besteht und aufgrund anderer Kriterien festgestellt werden kann, dass eine Kontrolle ausgeübt wird.

b) Die Voraussetzung für die Anwendung dieses Absatzes ist, dass der interne Betreiber und jede andere Einheit, auf die dieser Betreiber einen auch nur geringfügigen Einfluss ausübt, ihre öffentlichen Personenver-

109 Vgl. Erwägungsgrund 16 der VO 2016/2338.
110 Vgl. auch *Saxinger*, GewArch 2017, 463 (466).

kehrsdienste innerhalb des Zuständigkeitsgebiets der zuständigen örtlichen Behörde ausführen – ungeachtet der abgehenden Linien oder sonstiger Teildienste, die in das Zuständigkeitsgebiet benachbarter zuständiger örtlicher Behörden führen, und nicht an außerhalb des Zuständigkeitsgebiets der zuständigen örtlichen Behörde organisierten wettbewerblichen Vergabeverfahren für die Erbringung von öffentlichen Personenverkehrsdiensten teilnehmen.

c) Ungeachtet des Buchstabens b kann ein interner Betreiber frühestens zwei Jahre vor Ablauf des direkt an ihn vergebenen Auftrags an fairen wettbewerblichen Vergabeverfahren teilnehmen, sofern endgültig beschlossen wurde, die öffentlichen Personenverkehrsdienste, die Gegenstand des Auftrags des internen Betreibers sind, im Rahmen eines fairen wettbewerblichen Vergabeverfahrens zu vergeben und der interne Betreiber nicht Auftragnehmer anderer direkt vergebener öffentlicher Dienstleistungsaufträge ist.

d) Gibt es keine zuständige örtliche Behörde, so gelten die Buchstaben a, b und c für die nationalen Behörden in Bezug auf ein geografisches Gebiet, das sich nicht auf das gesamte Staatsgebiet erstreckt, sofern der interne Betreiber nicht an wettbewerblichen Vergabeverfahren für die Erbringung von öffentlichen Personenverkehrsdiensten teilnimmt, die außerhalb des Gebiets, für das der öffentliche Dienstleistungsauftrag erteilt wurde, organisiert werden.

e) Kommt eine Unterauftragsvergabe nach Artikel 4 Absatz 7 in Frage, so ist der interne Betreiber verpflichtet, den überwiegenden Teil des öffentlichen Personenverkehrsdienstes selbst zu erbringen.

(3) [1]Werden die Dienste Dritter, die keine internen Betreiber sind, in Anspruch genommen, so müssen die zuständigen Behörden die öffentlichen Dienstleistungsaufträge außer in den in den Absätzen 3a, 4, 4a, 4b, 5 und 6 vorgesehenen Fällen im Wege eines wettbewerblichen Vergabeverfahrens vergeben. [2]Das für die wettbewerbliche Vergabe angewandte Verfahren muss allen Betreibern offenstehen, fair sein und den Grundsätzen der Transparenz und Nichtdiskriminierung genügen. [3]Nach Abgabe der Angebote und einer eventuellen Vorauswahl können in diesem Verfahren unter Einhaltung dieser Grundsätze Verhandlungen geführt werden, um festzulegen, wie der Besonderheit oder Komplexität der Anforderungen am besten Rechnung zu tragen ist.

(3a) [1]Sofern dies nicht nach nationalem Recht untersagt ist, kann bei öffentlichen Dienstleistungsaufträgen für öffentliche Schienenpersonenverkehrsdienste, die im Wege eines wettbewerblichen Vergabeverfahrens vergeben werden, die zuständige Behörde entscheiden, vorübergehend neue Aufträge direkt zu vergeben, wenn sie der Auffassung ist, dass die direkte Vergabe durch außergewöhnliche Umstände gerechtfertigt ist. [2]Derartige außergewöhnliche Umstände umfassen auch Fälle, in denen

- eine Reihe wettbewerblicher Vergabeverfahren bereits von der zuständigen Behörde oder anderen zuständigen Behörden durchgeführt werden, die die Zahl und die Qualität der Angebote beeinträchtigen könnten, welche voraussichtlich eingehen, wenn der Auftrag im Wege eines wettbewerblichen Vergabeverfahrens vergeben würde, oder
- Änderungen am Umfang eines oder mehrerer öffentlicher Dienstleistungsaufträge erforderlich sind, um die Erbringung öffentlicher Dienste zu optimieren.

[3]Die zuständige Behörde erlässt eine mit Gründen versehene Entscheidung und unterrichtet die Kommission unverzüglich hiervon.

[4]Die Laufzeit der gemäß diesem Absatz vergebenen Aufträge muss in einem angemessenen Verhältnis zu dem jeweiligen außergewöhnlichen Umstand stehen und darf in keinem Fall fünf Jahre überschreiten.
[5]Die zuständige Behörde veröffentlicht solche Aufträge, wobei sie den legitimen Schutz vertraulicher Geschäftsinformationen und geschäftlicher Interessen berücksichtigt.
[6]Der nachfolgende Auftrag für dieselben gemeinwirtschaftlichen Verpflichtungen wird nicht auf der Grundlage dieser Bestimmung vergeben.

(3b) [1]Bei der Anwendung von Absatz 3 können die zuständigen Behörden die Anwendung des folgenden Verfahrens beschließen:
Die zuständigen Behörden können die von ihnen beabsichtigte Vergabe eines öffentlichen Dienstleistungsauftrags für öffentliche Schienenpersonenverkehrsdienste durch Veröffentlichung einer Bekanntmachung im Amtsblatt der Europäischen Union bekannt geben.
[2]Diese Bekanntmachung muss eine ausführliche Beschreibung der Dienstleistungen, die Gegenstand des zu vergebenden Auftrags sind, sowie Angaben zur Art und Laufzeit des Auftrags enthalten.
[3]Die Betreiber können ihr Interesse innerhalb einer von der zuständigen Behörde festgesetzten Frist bekunden, die mindestens 60 Tage ab Veröffentlichung der Bekanntmachung betragen muss.
[4]Wenn nach Ablauf dieser Frist

a) nur ein Betreiber Interesse bekundet hat, an dem Verfahren zur Vergabe des öffentlichen Dienstleistungsauftrags teilzunehmen,
b) dieser Betreiber ordnungsgemäß nachgewiesen hat, dass er tatsächlich in der Lage sein wird, die Verkehrsdienstleistung unter Einhaltung der im öffentlichen Dienstleistungsauftrag festgelegten Verpflichtungen zu erbringen,
c) der mangelnde Wettbewerb nicht das Ergebnis einer künstlichen Einschränkung der Parameter der Auftragsvergabe ist und
d) keine vernünftige Alternative besteht,

können die zuständigen Behörden mit diesem Betreiber Verhandlungen aufnehmen, um den Auftrag ohne weitere Veröffentlichung eines offenen Verfahrens zu vergeben.

(4) [1]Sofern dies nicht nach nationalem Recht untersagt ist, kann die zuständige Behörde entscheiden, öffentliche Dienstleistungsaufträge direkt zu vergeben, wenn

a) ihr Jahresdurchschnittswert auf weniger als 1 000 000 EUR bzw. – im Fall eines öffentlichen Dienstleistungsauftrags, der öffentliche Schienenpersonenverkehrsdienste beinhaltet – weniger als 7 500 000 EUR geschätzt wird oder
b) sie eine jährliche öffentliche Personenverkehrsleistung von weniger als 300 000 km bzw. – im Fall eines öffentlichen Dienstleistungsauftrags, der öffentliche Schienenpersonenverkehrsdienste beinhaltet – von weniger als 500 000 km aufweisen.

[2]Im Falle von öffentlichen Dienstleistungsaufträgen, die direkt an kleine oder mittlere Unternehmen vergeben werden, die nicht mehr als 23 Straßenfahrzeuge betreiben, können diese Schwellen entweder auf einen geschätzten Jahresdurchschnittswert von weniger als 2 000 000 EUR oder auf eine jährliche öffentliche Personenverkehrsleistung von weniger als 600 000 km erhöht werden.

(4a) [1]Sofern dies nicht nach nationalem Recht untersagt ist, kann die zuständige Behörde entscheiden, öffentliche Dienstleistungsaufträge für öffentliche Schienenpersonenverkehrsdienste direkt zu vergeben, wenn

a) ihres Erachtens die Direktvergabe aufgrund der jeweiligen strukturellen und geografischen Merkmale des Marktes und des betreffenden Netzes, und insbesondere der Größe, Nachfragemerkmale, Netzkomplexität, technischen und geografischen Abgeschnitten- bzw. Abgeschiedenheit sowie der von dem Auftrag abgedeckten Dienste gerechtfertigt ist und

b) ein derartiger Auftrag zu einer Verbesserung der Qualität der Dienste oder der Kosteneffizienz oder beidem im Vergleich zu dem zuvor vergebenen öffentlichen Dienstleistungsauftrag führen würde.

[2]Auf dieser Grundlage veröffentlicht die zuständige Behörde eine mit Gründen versehene Entscheidung und unterrichtet die Kommission innerhalb eines Monats nach der Veröffentlichung hiervon. [3]Die zuständige Behörde kann die Vergabe des Auftrags fortsetzen.

[4]Bei den Mitgliedstaaten, bei denen am 24. Dezember 2017 das maximale jährliche Verkehrsaufkommen weniger als 23 Mio. Zugkilometer beträgt und auf nationaler Ebene nur eine zuständige Behörde und nur ein Dienstleistungsauftrag für öffentliche Personenverkehrsdienste besteht, der das gesamte Netz umfasst, wird davon ausgegangen, dass sie die Bedingungen gemäß Buchstabe a erfüllen. [5]Wenn eine zuständige Behörde aus einem dieser Mitgliedstaaten beschließt, einen öffentlichen Dienstleistungsauftrag direkt zu vergeben, so unterrichtet der betreffende Mitgliedstaat die Kommission hiervon. [6]Das Vereinigte Königreich kann beschließen, diesen Unterabsatz auf Nordirland anzuwenden.

[7]Wenn die zuständige Behörde beschließt, einen öffentlichen Dienstleistungsauftrag direkt zu vergeben, legt sie messbare, transparente und überprüfbare Leistungsanforderungen fest. Diese Anforderungen werden in den Auftrag aufgenommen.

[8]Die Leistungsanforderungen erstrecken sich insbesondere auf folgende Aspekte: Pünktlichkeit der Dienste, Frequenz des Zugbetriebs, Qualität des Rollmaterials und Personenbeförderungskapazität.

[9]Der Auftrag muss spezifische Leistungsindikatoren beinhalten, die der zuständigen Behörde regelmäßige Bewertungen ermöglichen. [10]Der Auftrag muss außerdem wirksame und abschreckende Maßnahmen beinhalten, die zu verhängen sind, wenn das Eisenbahnunternehmen die Leistungsanforderungen nicht erfüllt.

[11]Die zuständige Behörde führt regelmäßig Bewertungen durch, ob das Eisenbahnunternehmen seine Ziele hinsichtlich der Erfüllung der im Auftrag festgelegten Leistungsanforderungen erreicht hat, und gibt ihre Erkenntnisse öffentlich bekannt. [12]Diese regelmäßigen Bewertungen finden mindestens alle fünf Jahre statt. [13]Die zuständige Behörde ergreift rechtzeitig angemessene Maßnahmen, einschließlich der Verhängung wirksamer und abschreckender Vertragsstrafen, falls die erforderlichen Verbesserungen bei der Qualität der Dienste oder der Kosteneffizienz oder beidem nicht verwirklicht werden. [14]Die zuständige Behörde kann den nach dieser Bestimmung vergebenen Auftrag jederzeit ganz oder teilweise aussetzen oder kündigen, wenn der Betreiber die Leistungsanforderungen nicht erfüllt.

(4b) [1]Sofern dies nicht nach nationalem Recht untersagt ist, kann die zuständige Behörde entscheiden, öffentliche Dienstleistungsaufträge für öffentliche Schienenpersonenverkehrsdienste direkt zu vergeben, wenn diese nur den Betrieb von Schienenpersonenverkehrsdiensten durch einen Betreiber betref-

fen, der gleichzeitig die gesamte Eisenbahninfrastruktur, auf der die Dienstleistungen erbracht werden, oder den größten Teil davon verwaltet, wenn diese Eisenbahninfrastruktur gemäß Artikel 2 Absatz 3 Buchstabe a oder b der Richtlinie 2012/34/EU des Europäischen Parlaments und des Rates[1] von der Anwendung der Artikel 7, 7a, 7b, 7c, 7d, 8 und 13 sowie des Kapitels IV jener Richtlinie ausgenommen ist.
[2]Abweichend von Artikel 4 Absatz 3 darf die Laufzeit der gemäß diesem Absatz und gemäß Absatz 4a direkt vergebenen Aufträge zehn Jahre nicht überschreiten, es sei denn, Artikel 4 Absatz 4 findet Anwendung.
[3]Die gemäß diesem Absatz und gemäß Absatz 4a vergebenen Aufträge werden veröffentlicht, wobei der legitime Schutz vertraulicher Geschäftsinformationen und geschäftlicher Interessen zu berücksichtigen ist.

(5) [1]Die zuständige Behörde kann im Fall einer Unterbrechung des Verkehrsdienstes oder bei unmittelbarer Gefahr des Eintretens einer solchen Situation Notmaßnahmen ergreifen.
[2]Die Notmaßnahmen bestehen in der Direktvergabe oder einer förmlichen Vereinbarung über die Ausweitung eines öffentlichen Dienstleistungsauftrags oder einer Auflage, bestimmte gemeinwirtschaftliche Verpflichtungen zu übernehmen. [3]Der Betreiber eines öffentlichen Dienstes hat das Recht, gegen den Beschluss zur Auferlegung der Übernahme bestimmter gemeinwirtschaftlicher Verpflichtungen Widerspruch einzulegen. [4]Der Zeitraum, für den ein öffentlicher Dienstleistungsauftrag als Notmaßnahme vergeben, ausgeweitet oder dessen Übernahme auferlegt wird, darf zwei Jahre nicht überschreiten.

(6) [1]Sofern dies nicht nach nationalem Recht untersagt ist, können die zuständigen Behörden entscheiden, öffentliche Dienstleistungsaufträge im Eisenbahnverkehr – mit Ausnahme anderer schienengestützter Verkehrsträger wie Untergrund- oder Straßenbahnen – direkt zu vergeben. [2]Abweichend von Artikel 4 Absatz 3 haben diese Aufträge eine Höchstlaufzeit von zehn Jahren, soweit nicht Artikel 4 Absatz 4 anzuwenden ist.

(6a) [1]Um den Wettbewerb zwischen den Eisenbahnunternehmen zu steigern, können die zuständigen Behörden entscheiden, dass Aufträge für öffentliche Schienenpersonenverkehrsdienste, die Teile desselben Netzes oder Streckenpakets betreffen, an unterschiedliche Eisenbahnunternehmen zu vergeben sind. [2]Zu diesem Zweck können die zuständigen Behörden vor Beginn des wettbewerblichen Vergabeverfahrens entscheiden, die Zahl der Aufträge zu begrenzen, die an ein und dasselbe Eisenbahnunternehmen vergeben werden.

(7) [1]Die Mitgliedstaaten treffen die erforderlichen Maßnahmen, um sicherzustellen, dass die gemäß den Absätzen 2 bis 6 getroffenen Entscheidungen wirksam und rasch auf Antrag einer Person überprüft werden können, die ein Interesse daran hat bzw. hatte, einen bestimmten Auftrag zu erhalten, und die angibt, durch einen Verstoß dieser Entscheidungen gegen Gemeinschaftsrecht oder nationale Vorschriften zur Durchführung des Gemeinschaftsrechts geschädigt zu sein oder geschädigt werden zu können.
[2]Für Fälle gemäß den Absätzen 4a und 4b beinhalten diese Maßnahmen die Möglichkeit, eine Bewertung der von der zuständigen Behörde getroffenen und mit Gründen versehenen Entscheidung durch eine von dem betreffenden Mitgliedstaat benannte unabhängige Stelle zu verlangen. [3]Das Ergebnis dieser

---

1 Richtlinie 2012/34/EU des Europäischen Parlaments und des Rates vom 21. November 2012 zur Schaffung eines einheitlichen europäischen Eisenbahnraums (ABl. L 343 vom 14.12.2012, S. 32).

Bewertung wird im Einklang mit nationalem Recht öffentlich zugänglich gemacht.
[4]Sind die für die Nachprüfungsverfahren zuständigen Stellen keine Gerichte, so sind ihre Entscheidungen stets schriftlich zu begründen. [5]In einem solchem Fall ist ferner zu gewährleisten, dass Beschwerden aufgrund rechtswidriger Handlungen der Nachprüfungsstellen oder aufgrund fehlerhafter Ausübung der diesen übertragenen Befugnisse der gerichtlichen Überprüfung oder der Überprüfung durch andere Stellen, die Gerichte im Sinne von Artikel 234 des Vertrags und unabhängig von der vertragsschließenden Behörde und der Nachprüfungsstellen sind, unterzogen werden können.

Schrifttum:
Antweiler, Allgemeines Vergaberecht und sektorspezifisches Sondervergaberecht im ÖPNV, NZBau 2019, 289 ff.; *Antweiler*, Neue Entwicklungen bei der Vergabe und Finanzierung von Verkehrsverträgen, VergabeR 2018, 211 ff.; *Binder/Jürschik*, Was bedeutet das Vergaberechtsmodernisierungsgesetz für die Direktvergabe nach VO 1370/2007?, Der Nahverkehr 4/2016, 37 ff.; *Bundschuh/Jürschik*, Eigenerbringungsquote nach VO 1370, Der Nahverkehr 9/2014, 46 ff.; *Bungenberg*, Schwerpunkte der Vergaberechtspraxis (Teil I), WuW 9/2010, 890 ff.; *Burgi*, Nachunternehmerschaft und wettbewerbliche Untervergabe, NZBau 2010, 593 ff.; *Dembach/Wittig*, Unsichere Zeiten für Direktvergaben?, Der Nahverkehr 12/2017, 11 ff.; *Deuster/Ristelhuber*, Direktvergaben an kommunale Aktiengesellschaften, VergabeR 2/2018, 99 ff.; *Deuster/Michaels*, Direktvergaben nach der Verordnung (EG) Nr. 1370/2007 an eigenes kommunales Verkehrsunternehmen im Vergabenachprüfungsverfahren, NZBau 2011, 340 ff.; *Diemon-Wies*, Die Vergabe von Busdienstleistungen im ÖPNV nach der VO (EG) 1370/2007, dem GWB oder dem PBefG?, VergabeR 2014, 305 ff.; *Haberkamm/Przybilla*, Tagungsbericht Speyerer Europarechtstage; Aktuelle Fragen des Europäischen Beihilferechts (28.-29.9.2009), KommJur 2010 Heft 1,15; *Hagenbruch*, Anwendbarkeit der VO Nr. 1370/2007 auf die Direktvergabe in Form von Verwaltungsakten und gesellschaftsrechtlichen Weisungen, EuZW 2020, 1019 ff.; *Hübner*, Anmerkung zum Beschluss des OLG Koblenz vom 25.3.2015 (Verg 11/14), VergabeR 2015, 572 ff.; *Hübner*, Neue Vergaberegeln für den ÖPNV unter der Verordnung (EG) Nr. 1370/2007, VergabeR 2009, 363 ff.; *Jürschik-Grau/Lenz*, Umbruch bei Verkehrsvergaben? Die neuen Auslegungsleitlinien zur VO 1370/2007, EuZW 2023, 829 ff.; *Jürschik*, Keine Anwendung der §§ 134 f. GWB auf ÖPNV-Direktvergaben – Anmerkung zu OLG Jena, NZBau 2020, 63 ff.; *Jürschik*, Betriebsrisiko im Fokus – Neues zum Anwendungsbereich der VO 1370/2007 im Bereich von Bussen und Straßenbahnen, Der Nahverkehr 9/2015, 52 ff.; *Kirch*, Die Direktvergabe an einen internen Betreiber nach der VO 1370, V+T 2011, 355 ff.; *Knauff*, Vergaberecht: Ausschreibungspflicht bei Auftragsvergabe für Busverkehr, EuZW 2019, 388 ff.; *Knauff*, Neuerungen im EU-Verkehrsmarktrecht – Änderungen der Personenverkehrsdienstleistungsverordnung (EG) Nr. 1370/2007 durch die Verordnung (EU) 2016/2338, N&R 1/2018, 26 ff.; *Knauff*, Möglichkeiten der Direktvergabe im ÖPNV (Schiene und Straße), NZBau 2012, 65; *Knauff*, Das wettbewerbliche Vergabeverfahren nach Art. 5 III Verordnung (EG) Nr. 1370/2007 i. V. mit § 8b PBefG-E, NZBau 2011, 655; *Knauff*, Die Beauftragung von Verkehrsleistungen im ÖPNV: Direktvergabe versus wettbewerbliches Vergabeverfahren, DVBl 2014, 692 ff.; *Knauff*, Der Vorrang eigenwirtschaftlicher Verkehre im ÖPNV auf Grundlage des novellierten Personenbeförderungsgesetzes, GewArch 2013/7-8, 283 ff.; *Knauff*, Defizitausgleich und öffentliche Verkehrsinteressen in ÖPNV, GewArch 2014/4, 157 ff.; *Lenz/Jürschik*, Können U-Bahnverkehre zusammen mit Bus- und Straßenbahn-verkehren nach der VO 1370/2007 vergeben werden?, Der Nahverkehr 7+8/2019, 32 ff.; *Lenz/Jürschik*, Erleichterung wettbewerbsfreier ÖPNV-Vergaben durch EuGH-Grundsatzentscheidungen, NZBau 2019, 629 ff.; *Lenz/Jürschik*, Wie der EuGH entscheiden sollte, Der Nahverkehr 3/2018, 44 ff.; *Lenz/Jürschik*, Zulässigkeit der Inhouse-Vergabe im ÖPNV – Busverkehr und -vergabe Heinsberg, NVwZ 2020, 335 ff.; *Lenz/Jürschik*, Sind Kettennotmaßnahmen von mehr als

zwei Jahren zulässig?, Der Nahverkehr 1+2/2023, 40 ff.; *Lenz/Jürschik*, Neues im Bereich der Busse und Straßenbahnen: Vorrang der VO 1370/2007 vor den Vergaberichtlinien, NZBau 4/2017, 205 ff.; *Lenz/Jürschik*, Inhouse-Vergaben nach Zuständigkeitsübertragungen im ÖPNV, zugleich Besprechung von EuGH, Urt. v. 18.6.2020 (C-328/19), EuZW 2020, 1030 ff.; *Linke/Jürschik*, Veröffentlichungspflicht auch bei Zeitnot?, Der Nahverkehr 3/2021, 29 ff.; *Linke*, Die staatliche Finanzierung öffentlicher Personenverkehrsdienste – Interpretationsansätze der Kommission im Rahmen neuer Auslegungsleitlinien, EuZW 2014, 766 ff.; *Linke*, Die Notfalldirektvergabe nach Art. 5 Abs. 5 Verordnung (EG) Nr. 1370/2007 im öffentlichen Personenverkehr – oder: vergaberechtliche Grenzen von Ausnahmetatbeständen, VergabeR 2019, 739 ff.; *Linke*, Die Direktvergabe öffentlicher Dienstleistungsaufträge im öffentlichen Personenverkehr unterhalb bestimmter Schwellenwerte nach der Verordnung (EG) Nr. 1370/2007, V+T 2012, 223 ff.; *Linke*, Marktöffnung im öffentlichen Schienenpersonenverkehr, NZBau 2017, 331 ff.; *Linke*, Die Vergabe von Subunternehmerleistungen im öffentlichen Personenverkehr, NZBau 2012, 338 ff.; *Mutschler-Siebert/Queisner*, Sinn und Zweck der Vergabereife und ihre Bedeutung für das Beschaffungswesen, NZBau 2014, 535; *Mutschler-Siebert/Dorschfeldt*, Anm. zu OLG Düsseldorf, Beschl. v. 3.5.2017 – VII-Verg 17/16, VergabeR 2018, 50 ff.; *Nettesheim*, Das neue Dienstleistungsrecht des ÖPNV – Die Verordnung (EG) Nr. 1370/2007, NVwZ 2009, 1449 ff.; *Oebbecke*, Der öffentliche Dienstleistungsauftrag nach der VO (EG) Nr. 1370/2007, NVwZ 2019, 1724 ff.; *Polster*, Die Zukunft der (Direkt-)Vergabe von SPNV-Aufträgen, NZBau 2011, 209 ff.; *Prieß*, Vergaberechtliche Deregulierung und (Re-)Regulierung in der Wirtschaftskrise, WiVerw 2010/1, 24 ff.; *Pünder*, Die Vergabe von Dienstleistungsaufträgen im Eisenbahnverkehr, EuR 2010, 774 ff.; *Schäffer*, Stadtbusverkehr in Schwachlastzeiten: Dienstleistungsauftrag oder -konzession?; VPR 2015, 133; *Schieferdecker*, Die Rechtsgrundlage zum Erlass allgemeiner Vorschriften im Sinne von Art. 3 Abs. 2 der Verordnung (EG) 1370/2007, GewArch 2014/1, 6 ff.; *Schimanek*, EuGH-Vorlage: Zulässigkeit der Direktvergabe von öffentlichen Personennahverkehrsdiensten an interne Betreiber, jurisPR-VergR 10/2017, Anm. 2; *Schwandt/Neumüller*, EuGH: Art 5 II der VO (EG) Nr. 1370/2007 auf Direktvergabe von Verträgen über öffentliche Personenverkehrsdienste mit Bussen, die nicht die Form von Dienstleistungskonzessionen i. S. d. RL 2004/17/EG und 2004/18/EG annehmen, nicht anwendbar, IR 9/2919, 233 ff.; *Schmitz/Winkelhüsener*, Der Öffentliche Personennahverkehr im Übergang zur VO 1370/2007: Vergaberechtliche Handlungsoptionen und deren beihilferechtliche Konsequenzen, EuZW 2011, 52 ff.; *Schröder*, Inhalt, Gestaltung und Praxisfragen des wettbewerblichen Vergabeverfahrens nach der neuen europäischen ÖPNV-Verordnung, NVwZ 2008, 1288 ff.; *Thomas*, Anmerkung zum Urteil des EuGH vom 21. März 2019, N&R 2019, 187 ff.; *Wachinger*, Direktvergabe und Wettbewerb im Busverkehr nach der novellierten EU-Marktöffnungsverordnung, IR 2007, 267 ff.; *Wagner-Cardenal/Dierkes*, Die Direktvergabe von öffentlichen Personenverkehrsdiensten, NZBau 2014, 738 ff.; *Winnes/Schwarz/Mietzsch*, Zu den Auswirkungen der VO 1370/07 für den öffentlichen Nahverkehr in Deutschland, EuR 2009, 290 ff.; *Winnes*, Öffentliche Auftragsvergabe im ÖPNV, VergabeR 2009, 712 ff.; *Winter/Woll/Gleichner*, EU-Kommission veröffentlicht Leitlinien zur Verordnung 1370, Der Nahverkehr 9/2014, 7 ff.

Übersicht

A. Vorbemerkungen

Art. 5 VO 1370 bildet das vergaberechtliche Herz der VO 1370 und enthält das Vergaberegime der VO 1370. Art. 5 VO 1370 gibt abschließend vor, wie ein öffentlicher Dienstleistungsauftrag an einen Betreiber vergeben werden kann. Dabei grenzt Art. 5 Abs. 1 VO 1370 den Anwendungsbereich der VO 1370 zu den Vergaberichtlinien ab. Absatz 2 enthält mit der Vergabe an einen internen Betreiber einen speziellen Inhouse-Tatbestand für den öffentlichen Personenverkehr, der dem allgemeinen Inhouse-Geschäft vorgeht.[2] Art. 5 Abs. 3 VO 1370 sieht ein wettbewerbliches Vergabeverfahren vor, wenn im Einzelfall kein Direktvergabe- 1

2 *OLG Frankfurt*, 30.1.2014, 11 Verg 15/13, Rn. 57 – *Stadtbusverkehr*; *OLG München*, 22.6.2011, Verg 6/11, Rn. 71 – *Stadtbusverkehr Lindau; Kirch*, V+T 2011, 355 (356). Vgl. die amtliche Begründung zu § 131 GWB, BT-Drucks. 18/6281, S. 114.

tatbestand angewendet werden kann oder soll. Art. 5 Abs. 3a VO 1370 enthält einen besonderen Direktvergabetatbestand für den Eisenbahnbereich, um auf außergewöhnliche Umstände reagieren zu können. Der Absatz 3b des Art. 5 VO 1370 enthält ein vereinfachtes Verfahren für wettbewerbliche Vergabeverfahren für öffentliche Schienenpersonenverkehrsdienste. Art. 5 Abs. 4 VO 1370 gibt den Behörden für kleine Aufträge einen Direktvergabetatbestand an die Hand (Bagatellbeschaffung). Die Absätze 4a und 4b sehen unter dem Vorbehalt des nationalen Rechts besondere Direktvergabetatbestände für den Eisenbahnbereich vor. Der Absatz 5 des Art. 5 VO 1370 enthält für die Unterbrechung oder die bevorstehende Unterbrechung der Verkehrsdienste abschließende Notmaßnahmen (sog. Notvergabe). Mit Art. 5 Abs. 6 VO 1370 besteht ein weiterer Direktvergabetatbestand im Bereich des Eisenbahnverkehrs. Der Absatz 6a des Art. 5 VO 1370 sieht Maßnahmen zur Wettbewerbssteigerung im Bereich der Eisenbahnen vor. Art. 5 Abs. 7 VO 1370 regelt die Überprüfbarkeit von Vergabeentscheidungen nach Art. 5 Abs. 2 bis 6 VO 1370.

2 Art. 5 VO 1370 hat durch die VO 2016/2338 weitreichende Änderungen erfahren. Die Absätze 3a, 3b, 4a, 4b und 6a wurden in Art. 5 VO 1370 eingeführt und die (schon zuvor bestehenden) Absätze 2, 3, 4, 5 und 7 wurden teilweise weitgehend geändert. Die Änderungen der VO 2016/2338 traten am 24.12.2017 in Kraft. Für Art. 5 VO 1370 sind aber die **Übergangsvorschriften** des Art. 8 VO 1370 zu beachten.

B. Vergabe öffentlicher Dienstleistungsaufträge (Art. 5 Abs. 1 VO 1370)

I. Anwendungsbereich: Öffentliche Dienstleistungsaufträge i. S. d. VO 1370

3 Nach Art. 5 Abs. 1 Satz 1 VO 1370 werden öffentliche Dienstleistungsaufträge nach Maßgabe „dieser Verordnung“ vergeben. Der Dienstleistungsauftrag i. S. d. VO 1370, der in Art. 2 lit. i) VO 1370 legaldefiniert ist, unterscheidet sich von dem öffentlichen Dienstleistungsbegriff der Vergaberichtlinien. Zu den Unterschieden zählen, dass einseitige Akte, die Selbsterbringung und Dienstleistungskonzessionen unter den Begriff des öffentlichen Dienstleistungsauftrags i. S. d. Verordnung fallen.[3]

4 Die VO 1370 soll nach der Bewertung des Bundesgesetzgebers in Deutschland nur für **gemeinwirtschaftliche Verkehre** gelten. Das PBefG sieht mit §§ 8 Abs. 4 Satz 1, 8a Abs. 1 Satz 1 PBefG den Vorrang **eigenwirtschaftlicher Verkehrsdienstleistungen** vor. Danach ist die Vergabe eines öffentlichen Dienstleistungsauftrags nach VO 1370 nur zulässig, „soweit“ eine ausreichende Verkehrsbedienung für eine Gesamtleistung nach § 8a Abs. 2 Satz 4 PBefG oder für eine Teilleistung nicht eigenwirtschaftlich möglich ist (Grundsatz des **Vorrangs der Eigenwirtschaftlichkeit**). § 8 Abs. 4 Satz 2 PBefG enthält eine Legaldefinition der Eigenwirtschaftlichkeit. Der Vorrang der Eigenwirtschaftlichkeit war zeit-

---

3 Vgl. die Kommentierung zu Art. 2 lit. i) VO 1370, Rn. 17.

weise politisch durch eine Gesetzesinitiative unter Druck,[4] etwaige Bestrebungen zur Änderung konnten sich bislang aber nicht durchsetzen.[5] Aus dem Vorrang der Eigenwirtschaftlichkeit im Anwendungsbereich des PBefG soll folgen, dass ein Vergabeverfahren nach VO 1370 erst durchgeführt werden kann, wenn der Vorrang eigenwirtschaftlicher Verkehre geklärt ist,[6] die rechtlichen und tatsächlichen Voraussetzungen für eine Vergabe vorliegen[7] und damit „Vergabereife" hergestellt wird.[8] Verfahrensrechtlich gewährleistet dies die Antragsfrist nach § 12 Abs. 6 PBefG.[9] Unter dem Gesichtspunkt der „**fehlenden Vergabereife**" kommt eine Antragsbefugnis vor den Vergabekammern aber nur dann in Betracht, wenn die 3-Montats-Frist des § 12 Abs. 6 PBefG nicht in Lauf gesetzt wurde und sich das auf das Vergabeverfahren auswirkt.[10] Im Übrigen sind die Genehmigungsbehörden für die Überprüfung genehmigungsrechtlicher Fragestellungen zuständig, nicht die Vergabenachprüfungsinstanzen.[11] In die Zuständigkeit der Genehmigungsbehörden gehört auch die Überprüfung der Frage, ob eine veröffentlichte Vorabbekanntmachung trotz formaler oder inhaltlicher Mängel geeignet ist, die Drei-Monats-Frist für eigenwirtschaftliche Anträge nach § 12 Abs. 6 PBefG auszulösen.[12] Außerhalb des „Vorrangs der Eigenwirtschaftlichkeit" kommt der Vergabereife als Verpflichtung der zuständigen Behörden bzw. Aufgabenträgern, vor dem Vergabebeginn die tatsächlichen und rechtlichen Anforderungen zur Durchführung des Leistungsaustausches herzustellen,[13] jedenfalls bei Direktvergaben nach der Rechtsprechung des *OLG Düsseldorf* keine bieterschützende Wirkung zu.[14]

---

4 BR-Drucks. 741/16 v. 7.12.2016.

5 Vgl. *Knauff*, GewArch 2013, 283 (287).

6 *Diemon-Wies*, VergabeR 2014, 305 (307); *Linke*, in: *Saxinger/Winnes*, § 12 PBefG, Rn. 44 (Stand: Okt. 2013) und angedeutet in: *OLG Düsseldorf*, 2.3.2011, Verg 48/10, Rn. 125 – *Münsterlandkreise; Schmitz/Winkelhüsener*, EuZW 2011, 52 (55).

7 *OLG Düsseldorf*, 19.2.2020, Verg 26/17, Rn. 52; *OLG Düsseldorf*, 19.12.2019, VII-Verg 16/16, Rn. 59; *OLG Düsseldorf*, 18.12.2014, VII-Verg 39/14, Rn. 18; *Hirsch/Kaelble*, in: *Müller-Wrede*, § 15 VgV, Rn. 15; *Kruse/Hirsch/Kaelble*, in: *Müller-Wrede*, SektVO, § 14 SektVO, Rn. 22.

8 *OLG Frankfurt*, 24.1.2017, 11 Verg 1/16, Rn. 45; *OLG Düsseldorf*, 2.3.2011, Verg 48/10, Rn. 125 – *Münsterlandkreise; VK Münster*, 29.5.2013, VK 5/13, Rn. 89 ff.; *Diemon-Wies*, VergabeR 2014, 305 (307).

9 BVerwG, 1.6.2023, 8 C 3.22, Rn. 22; vgl. *VK Münster*, 29.5.2013, VK 5/13, Rn. 89 ff.; *Diemon-Wies*, VergabeR 2014, 305 (307); *Knauff*, GewArch 2013, 283 (287); *Linke*, in: *Saxinger/Winnes*, § 12 PBefG, Rn. 43 (Stand: Okt. 2013). Über die Vergabereife kann dies berücksichtigt werden, obwohl die §§ 8 Abs. 4 Satz 1, 8a Abs. 1 Satz 1 PBefG keine vergaberechtlichen Vorschriften sind, vgl. *OLG Naumburg*, 17.1.2014, 2 Verg 6/13, Rn. 19 f.; *OLG Rostock*, 4.7.2012, 17 Verg 3/12, Rn. 60; *OLG Düsseldorf*, 2.3.2011, Verg 48/10, Rn. 125 – *Münsterlandkreise*.

10 *OLG Frankfurt*, 24.1.2017, 11 Verg 1/16, Rn. 50.

11 *OLG Frankfurt*, 24.1.2017, 11 Verg 1/16, Rn. 57; *OLG Sachsen-Anhalt*, 17.1.2014, 2 Verg 6/13, Rn. 20; *OLG Rostock*, 4.7.2012, 17 Verg 3/12, Rn. 60 ff.; *OLG Düsseldorf*, 2.3.2011, Verg 48/10, Rn. 125.

12 *OLG Düsseldorf*, 4.3.2020, VII-Verg 10/18; *OLG Düsseldorf*, 4.3.2020, VII-Verg 11/18; *OLG Frankfurt*, 24.1.2017, 11 Verg 1/16, Rn. 57.

13 Vgl. *OLG Düsseldorf*, 19.2.2020, Verg 26/17, Rn. 52; *OLG Düsseldorf*, 19.9.2018 VII-Verg 17/18; OLG Düsseldorf, 18.12.2014, VII-Verg 39/14, Rn. 18.

14 *OLG Düsseldorf*, 4.3.2020, VII-Verg 10/18, S. 16 des Beschlussabdrucks; *OLG Düsseldorf*, 4.3.2020, VII-Verg 11/18, S. 13 des Beschlussabdrucks; *OLG Düsseldorf*, 19.2.2020, Verg 26/17, Rn. 52; *OLG Düsseldorf*, 19.2.2020, VII-Verg 27/17, S. 9 f. des Beschlussabdrucks; *OLG Düsseldorf*, 19.2.2020, VII-Verg 1/19, S. 13 des Beschlussabdrucks; *OLG Düsseldorf*, 19.12.2019, VII-Verg 16/16; *OLG Düsseldorf*, 19.2.2020, VII-Verg 2/19.

4a Auch im Rahmen des Vergaberegimes der VO 1370 gilt, dass **wesentliche Vertragsänderungen während der Laufzeit** öffentlicher Dienstleistungsaufträge zur **Neuausschreibungspflicht** (u. a. auch zur Wiedereinhaltung der Warte- und Jahresfrist nach Art. 7 Abs. 2 VO 1370) führen.[15] Zwar gibt es keine spezifische Regelung für Vertragsänderung während der Laufzeit in der VO 1370. Die Rechtsprechung des *EuGH*[16] zur wesentlichen Vertragsänderung ist aber anwendbar,[17] soweit nicht ohnehin die Regelung zur wesentlichen Vertragsänderung der Vergaberichtlinien gilt (in Deutschland § 132 GWB), weil das Vergaberecht der Vergaberichtlinien Anwendung findet (Art. 5 Abs. 1 Satz 2 VO 1370).[18] Ob das auch für öffentliche Dienstleistungsaufträge gilt, **die direkt und nicht in einem „wettbewerblichen Verfahren" vergeben wurden**, ist nach den Ausführungen der Kommission in ihren Auslegungsleitlinien vom 26.6.2023 zwar nicht ganz eindeutig,[19] dürfte im Ergebnis aber der Fall sein.[20] Um die beihilferechtliche Legalisierungswirkung der VO 1370 sicherzustellen,[21] sollten in den öffentlichen Dienstleistungsaufträgen deshalb „sicherheitshalber" Optionen aufgenommen werden, die der Rechtsprechung des *EuGH* bzw. der Regelung in den Vergaberichtlinien[22] (in Deutschland § 132 Abs. 2 Nr. 1 GWB) genügen und während der Laufzeit Änderungen vergaberechtskonform ermöglichen.

II. Ausnahme: Dienstleistungsaufträge gemäß der Vergaberichtlinien mit Bussen und Straßenbahnen

5 Das Vergaberegime der VO 1370 gilt uneingeschränkt für **Eisenbahnen** und **Untergrundbahnen.**[23] Anders ist das aber im Bereich der Busse und Straßenbahnen. Denn von der Vergab öffentlicher Dienstleistungsaufträge „nach Maßgabe dieser Verordnung" enthält Art. 5 Abs. 1 Satz 2 VO 1370 bzw. § 8a Abs. 2 Satz 1 PBefG eine Ausnahme. Danach werden Dienstleistungsaufträge oder öffentliche Dienstleistungsaufträge gemäß der Definition in den Vergaberichtlinien für öffentliche Personenverkehrsdienste mit Bussen und Straßenbahnen „gemäß den in jenen Richtlinien vorgesehenen Verfahren vergeben". Nachdem

---

15 Ziff. 2.5.5. der Mitteilung der Kommission v. 26.6.2023 (2023/C 222/01), S. 20 f. und zuvor Ziff. 2.3.6. der Mitteilung der Kommission v. 29.3.2014 (2014/C 92/01), S. 12 f.; *Jürschik-Grau/Lenz*, EuZW 2023, 829 (831).

16 *EuGH*, 18.9.2019, Rs. C-526/17, Rn. 58 ff.; 7.9.2016, Rs. C549/14, Rn. 28 ff. – *Finn Frogne*; 13.4.2010, Rs. C-91/08, Rn. 37 – *Wall*; EuGH, 19.6.2008, Rs. C454/06, Rn. 34 ff. – *pressetext.*

17 Ziff. 2.5.5. der Mitteilung der Kommission v. 26.6.2023 (2023/C 222/01), S. 20 f. und zuvor Ziff. 2.3.6. der Mitteilung der Kommission v. 29.3.2014 (2014/C 92/01), S. 12 f.

18 Ziff. 2.5.5. der Mitteilung der Kommission v. 26.6.2023 (2023/C 222/01), S. 20 f. und zuvor Ziff. 2.3.6. der Mitteilung der Kommission v. 29.3.2014 (2014/C 92/01), S. 12 f.

19 Ziff. 2.5.5. der Mitteilung der Kommission v. 26.6.2023 (2023/C 222/01), S. 21, vorletzter Absatz: Anwendung der vorgenannten Grundsätze für „Aufträge, die im Wege eines wettbewerblichen Vergabeverfahrens vergeben werden".

20 *Jürschik-Grau/Lenz*, EuZW 2023, 829 (831): vgl. die Kommentierung zu Art. 7 Abs. 2 VO 1370.

21 Verstöße gegen formelle Anforderungen der VO 1370 (z. B. Art. 7 Abs. 2 VO 1370) führen dazu, dass die beihilferechtliche Legalisierungswirkung entfällt und Zuschüsse (unzulässige) Beihilfen sein können, vgl. Kommissionsbeschluss v. 2.2.2017, SA.26763, Rn. 242 – *Région Île de France.*

22 Art. 43 Richtlinie 2014/23/EU, Art. 72 Richtlinie 2014/24/EU.

23 Ziff. 2.1.1. der Mitteilung der Kommission v. 26.6.2023 (2023/C 222/01), S. 3 und zuvor Ziff. 2.1.1. der Mitteilung der Kommission v. 29.3.2014 (2014/C 92/01), S. 3.

es sich bei der Verweisung auf die Richtlinien 2004/17 bzw. 18/EG um eine dynamische Verweisung handelt, sind nach Inkrafttreten die Richtlinien 2014/24 bzw. 25/EU gemeint, die die Vergaberichtlinien 2004/17 bzw. 18/EG ersetzt haben.[24] Aus Art. 5 Abs. 1 Satz 3 VO 1370 folgt, dass bei Vergaben im Bereich der Busse und Straßenbahnen nach Art. 5 Abs. 1 VO 1370 i. V. m. der Richtlinie 2014/24/EU bzw. 2014/25/EU nur die Absätze 2 bis 6 des Art. 5 VO 1370 nicht anzuwenden sind; die übrigen Vorschriften (insbesondere Art. 4 Abs. 7 VO 1370) bleiben anwendbar.[25] Dies hat der *EuGH* auf das Vorabentscheidungsersuchen der *VK Südbayern*[26] in der Sache *„Hörmann Reisen“*[27] und in seiner Entscheidung zum *„Salzburger Verkehrsverbund“*[28] klargestellt.[29] Der *BGH* hat sich dieser Sichtweise angeschlossen.[30]

III. Sonderfall Dienstleistungskonzessionen im Bereich der Busse und Straßenbahnen

Nach Art. 5 Abs. 1 Satz 2, 2. HS VO 1370 sollen Aufträge im Bereich der Busse und Straßenbahnen aber dem Anwendungsbereich der VO 1370 unterfallen, wenn sie **„die Form von Dienstleistungskonzessionen im Sinne jener Richtlinien“** annehmen. Dies ist nur konsequent, weil Dienstleistungskonzessionen nicht unter den Begriff des öffentlichen Auftrags der alten Vergaberichtlinien fallen[31] und die Richtlinie 2014/23/EU Konzessionen i. S. d. VO 1370 ausdrücklich aus ihrem Anwendungsbereich ausnimmt.[32] Dienstleistungskonzessionen sind nach der Legaldefinition der alten Vergaberichtlinien Verträge, die von öffentlichen Dienstleistungsaufträgen nur insoweit abweichen, als die Gegenleistung für die Erbringung der Dienstleistungen ausschließlich in dem Recht zur Nutzung der Dienstleistung oder in diesem Recht zuzüglich der Zahlung eines Preises besteht.[33] Nach der Rechtsprechung und der Richtlinie 2014/23/EU kommt es für die Abgrenzung von Dienstleistungsauftrag und Dienstleistungs- 6

---

24 *EuGH*, 20.9.2018, Rs. C-518/17, Rn. 43, 47; Schlussanträge *GA Sánchez-Bordona* v. 13.9.2018, Rs. C-266/17, C-267/17, Rn. 29; *VK Südbayern*, 5.6.2015, Z3-3-3194-1-20-03/15; *OLG Düsseldorf*, 16.10.2019, VII Verg 43/18 – *Ruhrbahn*; *Linke*, EuZW 2014, 766 (767); *Linke/Prieß*, in: *Linke*, Art. 5 VO 1370, Rn. 23a; vgl. Ziff. 2.1.1. der Mitteilung der Kommission v. 29.3.2014 (2014/C 92/01), S. 2 f. und Ziff. 2.1.1. der Mitteilung der Kommission v. 26.6.2023 (2023/C 222/01), S. 3.

25 *EuGH*, 20.9.2018, Rs. C-518/17, Rn. 47; *EuGH*, 27.10.2016, Rs. C-292/15, Rn. 48 – *Hörmann Reisen*; vgl. *Knauff*, EuZW 2019, 388 (392).

26 *VK Südbayern*, 5.6.2015, Z3-3-3194-1-20-03/15.

27 *EuGH*, 27.10.2016, Rs. C-292/15, Rn. 48 – *Hörmann Reisen* zu Art. 4 Abs. 7 VO 1370.

28 *EuGH*, 20.9.2018, Rs. C-518/17 – *Salzburger Verkehrsverbund*, Rn. 47. Vgl. *Antweiler*, NZBau 2019, 289 (290).

29 Schon bislang: *Zuck*, in: *Ziekow/Völlink*, Art. 4 VO 1370, Rn. 1; *Linke/Prieß*, in: *Linke*, Art. 4 VO 1370, Rn. 79a.

30 *BGH*, 12.11.2019, XIII ZB 120/19, Rn. 38, 61 – *Heinsberg*.

31 Vgl. Art. 18 SKR 2004/17/EG, Art. 17 VKR 2004/18/EG.

32 Konzessionsrichtlinie 2014/23/EU ist nach Art. 10 Abs. 3 auf Konzessionen i. S. d. VO 1370/2007 nicht anwendbar.

33 Vgl. Art. 1 Abs. 4 VKR 2004/18/EG.

konzession auf die Risikotragung an.[34] An der Definition der Dienstleistungskonzession durch die Konzessionsrichtlinie (Art. 5 Nr. 1 Satz 1 lit. b) Richtlinie 2014/23/EU) wird man sich auch im Rahmen der VO 1370 orientieren können.[35] Maßgeblich ist für den Begriff der Dienstleistungskonzession aber nur das Richtlinienrecht und nicht das nationale Umsetzungsrecht (in Deutschland § 105 Abs. 1 Nr. 2 GWB).[36] Für die Einordnung als Dienstleistungskonzession ist demnach maßgeblich, ob der Leistungserbringer bei der Verwertung der ihm übertragenen Leistung dergestalt den Risiken des Marktes ausgesetzt ist, dass er das damit einhergehende **Betriebsrisiko ganz oder zumindest zu einem wesentlichen Teil übernimmt.**[37] Übernommen werden muss nur ein wesentlicher Teil des vorhandenen, ggf. durch die öffentliche Ausgestaltung reduzierten Risikos.[38] Die Übernahme von **Risiken, die jedem Vertrag immanent sind** (z. B. mangelhafte Betriebsführung oder Beurteilungsfehler), **reicht** dabei **nicht** aus.[39] Ob das Betriebsrisiko noch bei dem Leistungserbringer liegt, lässt sich nur mit Schwierigkeiten feststellen, wenn neben dem Verwertungsrecht eine Ausgleichsleistung (Zuschuss) gewährt wird, die das Betriebsrisiko verringert (Mischform).[40] Die Risikoverringerung allein (durch **Zuschüsse** bzw. **Defizitausgleich**) schließt die Einordnung als Dienstleistungskonzession aber nicht grundsätzlich aus.[41] Erforderlich ist nur, dass der Leistungserbringer einen **Großteil des verbleibenden Risikos** trägt.[42] Das folgt schon aus der Legaldefinition der Dienstleistungskonzession in Art. 5 Nr. 1 Satz 1 lit. b) Richtlinie 2014/23/EU (in Deutschland: § 105 Abs. 1 Nr. 2 GWB), wonach eine Dienstleistungskonzession vorliegt, wenn die Gegenleistung für die Dienstleistung entweder allein in dem Recht zur Verwertung der Dienstleistungen oder in diesem Recht „zuzüglich einer Zahlung" besteht. Erforderlich ist dafür, dass

---

34 Art. 5 Nr. 1 Uabs. 3 Konzessionsrichtlinie 2014/23/EU gibt vor, wann das Betriebsrisiko vom Konzessionsnehmer als getragen „gilt". Vgl. *OLG Koblenz*, 10.7.2018, Verg 1/18, Rn. 40 ff.; vgl. *Knauff*, EuZW 2019, 388 (392).

35 Vgl. Ziff. 2.1.1. der Mitteilung der Kommission v. 26.6.2023 (2023/C 222/01), S. 3 und zuvor Ziff. 2.1.1. der Mitteilung der Kommission v. 29.3.2014 (2014/C 92/01), S. 2 f.; *Saxinger/Schröder*, in: *Saxinger/Winnes*, Art. 5 Abs. 1 VO 1370, Rn. 28a (Stand: Jan. 2015).

36 So auch: *OLG Düsseldorf*, 7.3.2018, VII-Verg 26/17, Rn. 21; *VK Thüringen*, 9.7.2018, 250-4003-4018/2018-E-P-004-IK, S. 31 f. des Beschlussabdrucks; *VK Niedersachsen*, 19.6.2018, VgK – 18/2018, Rn. 61.

37 *EuGH*, 10.11.2011, C-348/10, Rn. 50 ff. – *Norma-A*; BGH, 8.2.2011, X ZB 4/10, Rn. 32 ff. – *S-Bahn-Verkehr Rhein/Ruhr*; *OLG Koblenz*, 25.3.2015, Verg 11/14, Rn. 51; *VK Rheinland-Pfalz*, 14.12.2015, VK 1-14/15; *VK Ansbach*, 6.6.2020, RMF-SG21-3194-4-53, R. 99. Vgl. außerhalb des Verkehrssektors: *OLG Koblenz*, 10.7.2018, Verg 1/18, Rn. 40.

38 *EuGH*, 10.11.2011, C-348/10, Rn. 45 – *Norma-A*; *BGH*, 8.2.2011, X ZB 4/10, Rn. 35 – *S-Bahn-Verkehr Rhein/Ruhr*.

39 *OLG Düsseldorf*, 19.2.2020, VII-Verg 1/19, S. 15 des Beschlussabdrucks; *OLG Düsseldorf*, 19.2.2020, VII-Verg 2/19, S. 16 des Beschlussabdrucks.

40 Die Zwickmühle, die aus Parametrisierung nach VO 1370 und Beibehaltung des Betriebsrisikos entstehen kann, wird besonders deutlich bei *OLG Koblenz*, 25.3.2015, Verg 11/14, Rn. 45. Vgl. *Schäffer*, VPR 2015, 133; *Jürschik*, Der Nahverkehr 9/2015, 52 (53).

41 Vgl. *EuGH*, 10.11.2011, Rs. C-384/10, Rn. 50 – *Norma-A*; 10.9.2009, Rs. C-206/08, Rn. 80 – *WAZV Gotha*; *BGH*, 8.2.2011, X ZB 4/10, Rn. 36 – *S-Bahn-Verkehr Rhein/Ruhr*; *OLG Düsseldorf*, 21.7.2010, VII-Verg 19/10, Rn. 64; *OLG München*, 21.5.2008, Verg 5/08 – *SPNV Regensburg*; *OLG Karlsruhe*, 13.7.2005, 6 W 35/05.

42 *EuGH*, 10.11.2011, Rs. C-384/10, Rn. 50 – *Norma-A*; *Wollenschläger*, in: *Burgi/Dreher*, § 105 GWB, Rn. 83, 105; *Jürschik*, Der Nahverkehr 9/2015, 52 (53); *Linke/Prieß*, in: *Linke*, Art. 5 VO 1370, Rn. 51.

der bloße **Zuschusscharakter** einer zusätzlich gewährten Geldleistung nicht in den Hintergrund tritt („zuzüglich").[43] Teile der Rechtsprechung haben deshalb darauf abgestellt, ob der Zuschuss mehr (keine Dienstleistungskonzession) oder weniger (ggf. Dienstleistungskonzession) als 50 % der Gesamtkosten deckt.[44] Zwar soll es nach neueren Tendenzen bei der Beurteilung des Betriebsrisikos auf eine Gesamtbetrachtung und nicht starr darauf ankommen, ob mehr oder weniger als **50 % der Gesamtkosten** durch Zuschüsse gedeckt werden.[45] Die „50 %-Marke" bildet aber zumindest einen Indikator für die Frage, ob eine Dienstleistungskonzession überhaupt vorliegen kann. Bei Zuschüssen über 50 % wird man eine Dienstleistungskonzession verneinen müssen.[46] Das Bestehen eines **steuerlichen Querverbunds** steht der Einordnung eines öffentlichen Auftrags als Dienstleistungskonzessionen nicht von vornherein entgegen.[47] Der steuerliche Querverbund zeichnet sich dadurch aus, dass verschiedene Geschäftszweige (z. B. Energieversorgung und ÖPNV-Sparte) im Rahmen eines kommunalen Unternehmens zusammengefasst werden; es kommt zu einer Verrechnung von Gewinnen und Verlusten der unterschiedlichen Unternehmenssparten, was zu einer Senkung der Ertragssteuerbelastung insgesamt führt. Steuerliche Querverbünde, die die Verluste aus der ÖPNV-Sparte ausgleichen, sind aber nur dann für die Einordnung als Dienstleistungskonzession unschädlich, wenn die Leistungen aus dem Querverbund als Ausgleichsleistung angesehen werden, die mit anderen Ausgleichsleistungen verrechnet werden und nur bis zu einer bestimmten Höhe gewährt oder behalten werden dürfen.[48] Die Gestaltung des öffentlichen Dienstleistungsauftrags muss ausschließen, dass eine „Quersubventionierung" stattfindet.[49] Ein Indikator für die Risikotragung ist ferner das Einnahmenrisiko, das bei dem Leistungserbringer verbleiben muss.[50]

Der Anwendungsbereich der VO 1370 im Bereich der Busse und Straßenbahnen sollte nach bis ins Jahr 2019 verbreiteter Auffassung auch eröffnet sein, **7**

43 *OLG Frankfurt*, 10.11.2015, 11 Verg 8/15, Rn. 42; *BGH*, 8.2.2011, X ZB 4/10, Rn. 37 – *S-Bahn-Verkehr Rhein/Ruhr*; *OLG Karlsruhe*, 9.10.2012, 15 Verg 11/12.

44 Vgl. *BGH*, 8.2.2011, X ZB 4/10, Rn. 37; *OLG Düsseldorf*, 21.7.2010, Verg 19/10, Rn. 64; *OLG München*, 21.5.2008, Verg 5/08, Rn. 38; *OLG Karlsruhe*, 13.7.2005, 6 W 35/05, Rn. 16; *VK Thüringen*, 9.7.2018, 250-4003-4018/2018-E-P-004-IK, S. 31 des Beschlussabdrucks.

45 Vgl. *Wollenschläger*, in: *Buri/Dreher*, Rn. 106; *Dicks*, in: *Röwekamp/Kus/Portz/Prieß*, § 105 GWB, Rn. 31; *Thomas*, N&R 2019, 187 (189).

46 *Linke/Prieß*, in: *Linke*, Art. 5 VO 1370, Rn. 56; *Wagner-Cardenal/Dierks*, NZBau 2014, 738 (739).

47 *Linke/Prieß*, in: *Linke*, Art. 5 VO 1370, Rn. 60. A.A. wohl *OLG Düsseldorf*, 7.3.2018, VII-Verg 26/17, Rn. 21 und *VK Rheinland*, 29.7.2019, VK 16/19 (zu Beherrschungs- und Gewinnabführungsvertrag).

48 *Linke/Prieß*, in: *Linke*, Art. 5 VO 1370, Rn. 60. Vgl. *OLG Düsseldorf*, 7.3.2018, VII-Verg 26/17, Rn. 21, für einen Fall, in dem keine Restriktionen für den Verlustausgleich im Querverbund vorgesehen waren.

49 *OLG Düsseldorf*, 19.2.2020, VII-Verg 1/19, S. 16 des Beschlussabdrucks; *OLG Düsseldorf*, 19.2.2020, VII-Verg 2/19, S. 17 des Beschlussabdrucks.

50 *OLG Koblenz*, 25.3.2015, Verg 11/14; *OLG Frankfurt*, 10.11.2015, 11 Verg 8/15, Rn. 42; *Hübner*, in: *Willenbruch/Wieddekind/Hübner*, Art. 5 VO 1370, Rn. 41; *Hübner*, VergabeR 2015, 568 (573); *Jürschik*, Der Nahverkehr 9/2015, 52 (53).

wenn die sog. **Inhouse-Kriterien** vorliegen.[51] Dies wurde mit der Rechtsprechung des *EuGH*[52] begründet, wonach auch bei Vorliegen eines Inhouse-Geschäfts kein öffentlicher Dienstleistungsauftrag i. S. d. Vergaberichtlinien gegeben sei,[53] also wie im Falle der Dienstleistungskonzession die Vergaberichtlinien nicht anzuwenden seien und insofern auf die VO 1370 zurückgegriffen werden könnte.[54] Anderer Auffassung war insbesondere das *OLG Frankfurt*. Nach Auffassung des *OLG Frankfurt* ist die Verordnung abschließend (Dienstleistungskonzession). Diese Sichtweise hat zur Konsequenz, dass es eines Rückgriffs auf die VO 1370 nicht bedarf, wenn die Inhouse-Kriterien des allgemeinen Vergaberechts (§ 108 GWB) vorliegen.[55] Diese Auffassung wurde durch die Einführung des Art. 12 Richtlinie 2014/24/EU bzw. § 108 GWB gestützt. Denn nach § 108 Abs. 1 GWB bzw. Art. 12 Abs. 1 Richtlinie 2014/24/EU handelt es sich auch bei einer Inhouse-Vergabe um einen öffentlichen Auftrag im Sinne der Vergaberichtlinien.[56] Der *EuGH* hat auf die Vorlage des *OLG Düsseldorf*[57] die Frankfurter Sichtweise in zwei[58] Entscheidungen – einmal unter Geltung der alten und einmal unter Geltung der neuen Vergaberichtlinien – bestätigt.[59] Nach Auffassung des *EuGH* ist die Verordnung abschließend;[60] das Vorliegen der Inhouse-Kriterien führt danach nicht dazu, dass das Vergaberegime der VO 1370 im Bereich der Busse und Straßenbahnen anzuwenden wäre. Das bedeutet, dass den zuständigen Behörden zwei Möglichkeiten zustehen, um einen öffentlichen Dienstleistungsauftrag in Form eines zweiseitigen Vertrages direkt an das von ihnen kontrollierte Verkehrsunternehmen zu vergeben: Erstens im Rahmen des Vergaberegimes der VO 1370, wenn ein (zweiseitiger) Vertrag in Form einer Dienstleistungskonzession vergeben wird.[61] Und zweitens im Rah-

---

51 *OLG Düsseldorf*, 3.5.2017, VII-Verg 17/16, VII-Verg 18/16, Rn. 18; *OLG Schleswig*, 17.3.2017, 3 U 54/16, Rn. 96 ff.; *OLG Düsseldorf* (Kartellsenat), 12.10.2016, VI-U (Kart) 2/16, Rn. 63; *OLG München*, 31.3.2016, Verg 14/15, Rn. 149; *OLG München*, 22.6.2011, Verg 6/11 – *Stadtbusverkehr Lindau*; *OLG Düsseldorf*, 2.3.2011, Verg 48/10 – *Münsterlandkreise*; *OLG Rostock*, 4.7.2012, 17 Verg 3/12; *VK Rheinland*, 4.1.2019, VK K 34/18-L, S. 13; *VK Rheinland*, 20.4.2018, VK K 1/18-L; *VK Rheinland*, 3.5.2016, VK VOL 27/2015; *VK Rheinland*, 29.4.2016, VK VOL 30/2015; *Jürschik*, Der Nahverkehr 9/2015, 52 (53); *Schmitz/Winkelhüsener*, EuZW 2011, 52 (53); *Knauff*, DVBl 2014, 692 (692); *Schimanek*, jurisPR-VergR 10/2017, Anm. 2; *Mutschler-Siebert/Dorschfeldt*, VergabeR 2018, 50 (51). A.A.: *OLG Frankfurt*, 30.1.2014, Verg 14/13 – *Stadtbusverkehr; OLG Frankfurt*, 10.11.2015, 11 Verg 8/15 (Erfordernis Dienstleistungskonzession).

52 *EuGH*, 18.11.1999, Rs. C-107/98 – *Teckal*.

53 *OLG Düsseldorf* (Kartellsenat), 12.10.2016, VI-U (Kart) 2/16, Rn. 64; *OLG München*, 31.3.2016, Verg 14/15, Rn. 149.

54 Vgl. *OLG München*, 31.3.2016, Verg 14/15, Rn. 149 f.

55 *OLG Frankfurt*, 30.1.2014, Verg 15/13, Rn. 41, 42 – *Stadtbusverkehr; OLG Frankfurt*, 10.11.2015, 11 Verg 8/15.

56 Vgl. *Lenz/Jürschik*, NZBau 4/2017, 205; a. A.: *OLG Schleswig*, 17.3.2017, 3 U 54/16, Rn. 100.

57 *OLG Düsseldorf*, 3.5.2017, VII-Verg 17/16, VII-Verg 18/16; *OLG Düsseldorf*, 3.5.2017, VII-Verg 51/16; vgl. *Lenz/Jürschik*, Der Nahverkehr 3/2018, 44 (44).

58 Die Entscheidungen betreffen sowohl die Geltung der alten Vergaberichtlinien 2004/17-18/EG (*EuGH*, 21.3.2019, Rs. C-266/17 und Rs. C-267/17) als auch die neuen Vergaberichtlinien 2014/23-25/EU (*EuGH*, 8.5.2019, Rs. C-253/18).

59 Vgl. auch *Schwandt/Neumüller*, IR 9/2019, 233 (234).

60 *EuGH*, 21.3.2019, Rs. C-266/17 und Rs. C-267/17, Rn. 81. Bestätigt *EuGH*, 8.5.2019, Rs. C-253/18, Rn. 29; vgl. *Lenz/Jürschik*, NZBau 2019, 629 (630); *Thomas*, N&R 2019, 187 (188).

61 Vgl. *Lenz/Jürschik*, NZBau 2019, 629 (630).

men der Inhouse-Vergabe nach den Vergaberichtlinien, wenn es sich um keine Dienstleistungskonzession handelt.[62]

Darüber hinaus stellt sich die Frage, ob das Vergaberegime der Verordnung im Bereich der Busse und Straßenbahnen anwendbar ist, wenn kein öffentlicher Dienstleistungsauftrag nach der Definition der Vergaberichtlinien, aber nach der Definition der Verordnung (Art. 2 lit. i) VO 1370) vergeben wird. Nach Auffassung des *OLG Jena* soll das Vergaberegime der VO 1370 im Bereich der Busse und Straßenbahnen insofern auch **unabhängig von Dienstleistungskonzessionen** anwendbar sein, wenn der öffentliche Dienstleistungsauftrag durch **gesellschaftsrechtliche Weisung** vergeben wird.[63] Begründet wird das damit, dass Art. 5 Abs. 1 Satz 2 VO 1370 einen öffentlichen Dienstleistungsauftrag nach der Definition der Vergaberichtlinien voraussetzt, also einen zweiseitigen Vertrag.[64] Gesellschaftsrechtliche Weisungen sind nach dem Verständnis des *OLG Jena* keine zweiseitigen Verträge, sondern **einseitige Akte**. Sie fallen nach Auffassung des *OLG Jena* deshalb nicht unter die Definition öffentlicher Dienstleistungsaufträge der Vergaberichtlinien, sondern unter das Vergaberegime der Verordnung. Die Definition öffentlicher Dienstleistungsaufträge nach der Verordnung erfasst einseitige Akte.[65] Auf das Vorliegen einer Dienstleistungskonzession kommt es nach Auffassung des *OLG Jena* damit nicht an. Diese Sichtweise passt zwar zur Formulierung des *EuGH*, der darauf abstellt, dass Art. 5 Abs. 2 VO 1370 auf die „Direktvergabe von **Verträgen**“, die nicht die Form von Dienstleistungskonzessionen annehmen, nicht anwendbar ist.[66] Das *OLG Düsseldorf* teilt die Einschätzung des *OLG Jena* bei gesellschaftsrechtlichen Weisungen mit Verweis auf den im Vergaberecht geltenden „funktionalen Auftragsbegriff“ und dem faktischen Zustandekommen eines Vertrages aber nicht.[67] Das *OLG Düsseldorf* hat deshalb den *BGH*[68] im Wege der **Divergenzvorlage** angerufen.[69] Der *BGH* hat daraufhin zwar keinen „Vertrag“ durch die Weisung angenommen. Er geht aber davon aus, dass der in Art. 5 Abs. 1 Satz 2 VO 1370 angeordnete **Vorrang der Vergaberichtlinien** auch Direktvergaben erfasse, die nicht durch Vertrag, sondern durch einen rechtsverbindlichen (einseitigen) Akt wie beispielsweise Gesellschafterbeschlüsse oder durch gesellschaftsrechtliche Weisung erfolgen. Argument ist, dass es bei Direktvergaben typischerweise an einer „vertragstypischen Gleichordnung“ von Betreiber und zuständiger Behörde fehle.[70] Anders kann das deshalb allenfalls bei **Verwaltungsakten** sein. In seiner Ruhrbahn-Entscheidung hat beispielsweise das *OLG Düsseldorf* die Anwendbarkeit des Vergaberegimes der 7a

---

62 Vgl. *BGH*, 12.11.2019, XIII ZB 120/19, Rn. 31 – *Heinsberg*. Siehe auch *Knauff*, EuZW 2019, 388 (392); *Lenz/Jürschik*, NZBau 2019, 629 (630). A.A. *Antweiler*, NZBau 2019, 289 (290).

63 *OLG Jena*, 12.6.2019, 2 Verg 1/18, S. 11 des Beschlussabdrucks. Vgl. dazu *Jürschik*, NZBau 2020, 63 (64). Auch *Hagenbruch*, EuZW 2020, 1019 (1023).

64 Vgl. die Kommentierung zu Art. 2 lit. i) VO 1370.

65 *OLG Düsseldorf*, 16.10.2019, VII Verg 43/18 – *Ruhrbahn*; *OLG Jena*, 12.6.2019, 2 Verg 1/18, S. 11 des Beschlussabdrucks; *Oebbecke*, NVwZ 2019, 1724 (1725). Vgl. die Kommentierung zu Art. 2 lit. i) VO 1370.

66 Vgl. *EuGH*, 21.3.2019, Rs. C-266/17, Rs. C-267/17, Rn. 81.

67 *OLG Düsseldorf*, 3.7.2019, VII-Verg 51/16. A.A. *Oebbecke*, NVwZ 2019, 1724 (1726).

68 *BGH*, 12.11.2019, XIII ZB 120/19.

69 *OLG Düsseldorf*, 3.7.2019, VII Verg 51/16.

70 *BGH*, 12.11.2019, XIII ZB 120/19, Rn. 31 – *Heinsberg*. A.A. *Hagenbruch*, EuZW 2020, 1019 (1023).

VO 1370 angenommen, weil der öffentliche Dienstleistungsauftrag zwar nicht als Dienstleistungskonzession, aber als Verwaltungsakt (Finanzierungsbescheid) erteilt wurde.[71] Ob der *BGH* das auch so sehen würde, ist offen. Denn der *BGH* lässt sich in seiner „Heinsberg"-Entscheidung[72] durchaus so verstehen, dass er einseitige Akte in Direktvergabekonstellationen immer den Vergaberichtlinien zuordnen will.[73]

8 Zum Teil wird auch angenommen, dass die VO 1370 anzuwenden ist, wenn die **EU-Schwellenwerte** für die Anwendbarkeit des Kartellvergaberechts **im Bereich der Busse und Straßenbahnen nicht erreicht** werden.[74] Auch wenn im Bereich des öffentlichen Personenverkehrs mit erheblichen Auftragsvolumina dieser Fall ohnehin nur selten gegeben sein dürfte, so spricht gegen die Auffassung, dass die Schwellenwerte zwar eine Voraussetzung für die Anwendbarkeit des Vergaberechts sind, diese aber nichts über den Charakter als öffentlichen Dienstleistungsauftrag aussagen. Gerade darauf stellt Art. 5 Abs. 1 Satz 2 VO 1370 aber ab. Der *EuGH* hat klargestellt, dass die Verordnung in diesem Punkt abschließend ist.[75]

8a Unter Art. 5 Abs. 1 Satz 2 VO 1370 fallen nur **Straßenbahnen, nicht U-Bahnen.**[76] Die VO 1370 enthält zwar selbst keine ausdrückliche Definition von U-Bahnen und Straßenbahnen. Für die Begriffe kann auch nicht auf das Verständnis des PBefG (§ 4 Abs. 2 PBefG) zurückgegriffen werden. Die Begriffe sind vielmehr aus dem Europarecht heraus („autonom") auszulegen.[77] Das Europarecht enthält selbst zwar keine ausdrückliche Definition der Begriffe. Hinweise für die Auslegung der Begriffe geben aber die **„Central Product Classification"**[78] (CPC) der United Nations. Aus der Gegenüberstellung der einschlägigen Produktklassen der CPC[79] folgt, dass **Straßenbahnen** im Stadt- und Vorortverkehr die Straßeninfrastruktur nutzen, während **U-Bahnen** wie Eisenbahnen auf einem Schienennetz verkehren. U-Bahnen verkehren dabei vorwiegend unterirdisch. Dieses Verständnis deckt sich mit der überwiegenden Sichtweise in Deutschland, wonach U-Bahnen als **unabhängige Bahnen** auf einem eigenen, unabhängigen und kreuzungsfreien Schienennetz vorwiegend unterirdisch ver-

---

71 *OLG Düsseldorf*, 16.10.2019, VII Verg 43/18 – *Ruhrbahn*. Vgl. dazu auch *Oebbecke*, NVwZ 2019, 1724 (1727 f.).

72 *BGH*, 12.11.2019, XIII ZB 120/19, Rn. 31 – *Heinsberg*: „Dabei erfasst der in dieser Bestimmung angeordnete Vorrang des allgemeinen Vergaberechts (…) auch Direktvergaben, die nicht durch den Abschluss eines Vertrages, sondern durch einen anderen rechtsverbindlichen Akt erfolgen, etwa durch Gesellschafterbeschluss oder – wie im Streitfall – durch gesellschaftsrechtliche Weisung."

73 Vgl. *Lenz/Jürschik*, NVwZ 2020, 335 (336). A.A. *Hagenbruch*, EuZW 2020, 1019 (1023).

74 *Hübner*, in: *Willenbruch/Wieddekind/Hübner*, Art. 5 VO 1370, Rn. 47; *Schmitz/Winkelhüsener*, EuZW 2011, 52 (53).

75 *EuGH*, 21.3.2019, Rs. C-266/17 und Rs. C-267/17, Rn. 81 und *EuGH*, 8.5.2019, Rs. C-253/18, Rn. 29.

76 *Hübner*, in: *Willenbruch/Wieddekind/Hübner*, Art. 5 VO 1370, Rn. 32; *Zuck*, in: *Ziekow/Völlink*, Art. 5 VO 1370, Rn. 10; *Lenz/Jürschik*, Der Nahverkehr 7+8/2019, 32 (32 f.). A.A. insbesondere *Linke/Prieß*, in: *Linke*, Art. 5 VO 1370, Rn. 39a; *Knauff*, NZBau 2012, 65 (69).

77 *Linke/Prieß*, in: *Linke*, Art. 5 VO 1370, Rn. 37.

78 Central Product Classification, CPC, Version 1.1, United Nations, New York, 2002, SERIES M NO. 77, VER.1.1.

79 Ziff. 64311 „Urban and suburban scheduled road transport services of passengers" und Ziff. 64212 „Urban and suburban railway transport services of passengers".

kehren.[80] Für die Anwendung des Art. 5 Abs. 1 Satz 2 VO 1370 folgt daraus Folgendes: Zwar werden U-Bahnen und Straßenbahnen in der Verordnung an verschiedenen Stellen zusammen als „andere schienengestützte Verkehrsträger" genannt.[81] Art. 5 Abs. 1 Satz 2 VO 1370 nennt die U-Bahn aber nicht. U-Bahnen sollten nach den Hinweisen des *EuGH*[82] in anderem Zusammenhang zum Sinn und Zweck des Art. 5 Abs. 1 Satz 2 VO 1370 sowie der Entstehungsgeschichte auch nicht unter Art. 5 Abs. 1 Satz 2 VO 1370 fallen: Die Verordnung sollte ein Vergaberegime für Verkehre einführen, die nicht unter die alten Vergaberichtlinien fielen. Das sind Eisenbahnen und U-Bahnen einerseits sowie Busse und Straßenbahnen andererseits, soweit es sich um die Vergabe von Dienstleistungskonzessionen handelt.[83] Demnach gilt das Vergaberegime der VO 1370 für U-Bahnen unabhängig davon, ob es sich um eine Dienstleistungskonzession handelt.

Die **Unterscheidung zwischen U-Bahnen und Straßenbahnen** in der Verordnung **führt** aber **nicht** dazu, dass die Verkehre **getrennt vergeben** werden müssen. Ein entsprechender Trennungswille lässt sich in der Verordnung nicht nachweisen. Die Verordnung gibt durch mehrere Regelungen[84] vielmehr zu erkennen, dass eine gemeinsame Vergabe (sog. „**Mischauftrag**") möglich ist.[85] Das bestätigt auch die Kommission.[86] Was das **anwendbare Vergaberegime** anbelangt, geht die Kommission dabei von einem Nebeneinander der Anforderungen der VO 1370 (U-Bahnen, Eisenbahnen) und der Vergaberichtlinien 2014/24/EU oder Richtlinie 2014/25/EU (Busse, Straßenbahnen) aus.[87] Das bedeutet, dass die **Voraussetzungen beider Vergaberegime** einzuhalten sind.[88] Ebenso denkbar wäre es bis zu dieser Positionierung gewesen, das anwendbare Vergaberegime nach dem Schwerpunkt der Leistung zu bestimmen;[89] denn entsprechende Kollisionsregelungen kennt auch das allgemeine Vergaberecht der Vergaberichtlinien. 8b

C. Selbsterbringung und Direktvergabe an internen Betreiber (Art. 5 Abs. 2 VO 1370/2007)

Art. 5 Abs. 2 VO 1370 regelt die Selbsterbringung und die Vergabe an einen internen Betreiber. Wie im Allgemeinen Vergaberecht[90] steht es der zuständigen 9

80 Vgl. *Kramer*, in: *Saxinger/Winnes*, § 4 PBefG, Rn. 21 (Stand: Juni 2015); § 2 Abs. 2 Nr. 2 BOStrab.
81 Art. 2 lit. aa) VO 1370, Art. 5 Abs. 6 VO 1370, Erwägungsgrund 18 VO 1370.
82 *EuGH*, 21.3.2019, Rs. C-266/17, C-267/17, Rn. 70, 72.
83 Vgl. zu U-Bahnen und Eisenbahnen: Art. 5 und 32 der Richtlinie 2004/17/EG in Verbindung mit Anhang XVII Teil B Kategorie 18 und Art. 21 der Richtlinie 2004/18/EG in Verbindung mit ihrem Anhang II Teil B Kategorie 18. Zu Dienstleistungskonzessionen: Art. 17 Richtlinie 2004/18/EG, Art. 18 Richtlinie 2004/17/EG.
84 Vgl. die Legaldefinition öffentlicher Dienstleistungsaufträge in Art. 2 lit. i) VO 1370 (ein Akt oder mehrere Akte); Art. 4 Abs. 3 VO 1370 (Laufzeitverlängerung bei mehreren Verkehren).
85 Im Einzelnen: *Lenz/Jürschik*, Der Nahverkehr 7+8/2019, 32 (34).
86 Vgl. Ziff. 2.1.5. der Mitteilung der Kommission v. 26.6.2023 (2023/C 222/01), S. 5.
87 Ziff. 2.1.5. der Mitteilung der Kommission v. 26.6.2023 (2023/C 222/01), S. 5.
88 Schon bisher: *Lenz/Jürschik*, Der Nahverkehr 7+8/2019, 32 (34).
89 Vgl. *Lenz/Jürschik*, Der Nahverkehr 7+8/2019, 32 (34).
90 *Gurlit*, in: *Burgi/Dreher*, § 108 GWB, Rn. 3; *von Engelhardt/Kaelble*, in: *Müller-Wrede*, § 108 GWB, Rn. 14: „Eigengeschäfte". Vgl. auch *EuGH*, 11.1.2005, Rs. C-26/03 – *Stadt Halle*.

Behörde frei, öffentliche Personenverkehrsdienste selbst zu erbringen (Beschaffungsautonomie). Selbsterbringung im weiteren Sinne liegt auch vor, wenn die Verkehrsdienstleistungen durch eine rechtlich getrennte Einheit (internen Betreiber)[91] erbracht wird, über die die zuständige Behörde Kontrolle ausüben kann.[92] Der Tatbestand erinnert zwar an die von der Rechtsprechung des *EuGH*[93] aufgestellten und nun in § 108 Abs. 1 GWB normierten Anforderungen des allgemeinen vergaberechtlichen Inhouse-Geschäfts. Art. 5 Abs. 2 VO 1370 weicht aber in wesentlichen Aspekten[94] von den Voraussetzungen des allgemeinen Inhouse-Geschäfts ab und stellt damit einen **vorrangigen Spezialtatbestand** dar.[95]

10 Aus der Vorschrift selbst ergibt sich nicht, wann die Vorgaben des Art. 5 Abs. 2 VO 1370 und damit die Direktvergabefähigkeit gegeben sein müssen. Für den **maßgeblichen Zeitpunkt** kommen im Wesentlichen die Vorinformation nach Art. 7 Abs. 2 VO[96] 1370 und die eigentliche (Direkt-)Vergabe[97] in Betracht. Teilweise wird auch vertreten, dass jedenfalls einige Voraussetzungen wie das Bestehen und die Zuständigkeit der vergebenden Behörde schon zum Zeitpunkt der Vorinformation gegeben sein müssen.[98] Vermittelnd hat die *VK Rheinland* vorgeschlagen, die Direktvergabe als maßgeblichen Zeitpunkt anzusehen, wenn sich entweder die Tatsachengrundlage in der Zeit zwischen der Veröffentlichung und dem Wirksamwerden nicht ändert oder der öffentliche Auftraggeber im Rahmen eines Vergabenachprüfungsverfahrens die Tatsachen substantiiert vorträgt, die zum Zeitpunkt ihres Wirksamwerdens die Direktvergabe tragen sollen.[99] Richtig dürfte indes sein, auf den **Zeitpunkt der eigentlichen Vergabe** abzustellen,[100] weil die Identität des Auftragnehmers nicht zu den bekannt zu gebenden Mindestinformationen nach Art. 7 Abs. 2 VO 1370 gehört und es letztlich nur darauf ankommen kann, dass zum Zeitpunkt der Direktvergabe die Vorgaben des Art. 5

---

91 Vgl. die Kommentierung zu Art. 2 lit. j) VO 1370/2007, Rn. 18.

92 Zum allgemeinen Vergaberecht: *EuGH*, 8.5.2014, Rs. C-15/13, Rn. 25; *Ziekow*, in: *Ziekow/Völlink*, § 108 GWB, Rn. 8 f.; *Gurlit*, in: *Burgi/Dreher*, § 108 GWB, Rn. 8.

93 *EuGH*, 18.11.1999, Rs. C-107/98, Rn. 50 – *Teckal*; 13.10.2005, Rs. C-458/03, Rn. 58 – *Parking Brixen*; 8.5.2014, Rs. C-15/13, Rn. 25.

94 Vgl. die Kommentierung zu Art. 2 lit. j) VO 1370, Rn. 18.

95 *OLG Frankfurt*, 30.1.2014, 11 Verg 15/13, Rn. 57 – *Stadtbusverkehr*; *OLG München*, 22.6.2011, Verg 6/11, Rn. 71 – *Stadtbusverkehr Lindau.*; *Kirch*, V+T 2011, 355 (356). Vgl. die amtliche Begründung zu § 131 GWB, BT-Drucks. 18/6281, S. 114 f.

96 Aufgeworfen in: *OLG Düsseldorf*, 3.5.2017, VII-Verg 51/16, 4. Vorlagefrage.

97 Vgl. *OLG Düsseldorf*, 3.5.2017, VII-Verg 17/16, VII-Verg 18/16, Rn. 12; *OLG Düsseldorf*, 3.5.2017, VII-Verg 51/16; Rn. 18; *OLG Jena*, 12.6.2019, 2 Verg 1/18, S. 13 des Beschlussabdrucks; *OLG München*, 31.3.2016, Verg 14/15, Rn. 229. Auch *VK Rheinland*, 19.9.2017, VK VOL 12/17.

98 *VK Südbayern*, 15.10.2015, Z3-3-3194-1-37-06/15; vgl. *Lenz/Jürschik*, Der Nahverkehr 3/2018, 44 (44, 45).

99 *VK Rheinland*, 19.9.2017, VK VOL 12/17; *VK Rheinland*, 16.5.2017, VK VOL 58/16.

100 *OLG Düsseldorf*, 16.10.2019, VII Verg 43/18 – *Ruhrbahn*; *OLG Jena*, 12.6.2019, 2 Verg 1/18, S. 14 des Beschlussabdrucks, vgl. *Jürschik*, NZBau 2020, 63 (64); *OLG Düsseldorf*, 3.5.2017, VII-Verg 51/16, Rn. 15; Schlussanträge *GA Sánchez-Bordona* v. 13.9.2018, Rs. C-266/17 und Rs. C-267/17, Rn. 64–66. Auch *Fehling/Linke*, in: *Linke*, Art. 7 VO 1370, Rn. 51g; *Lenz/Jürschik*, Der Nahverkehr 3/2018, 44 (44, 45); *Dembach/Wittig*, Der Nahverkehr 12/2017, 11 (13); *Mutschler-Siebert/Dorschfeldt*, VergabeR 2018, 50 (52).

Abs. 2 VO 1370 eingehalten werden.[101] Umgekehrt muss schon zum **Zeitpunkt der Vorabbekanntmachung die Zuständigkeit der bekannt machenden Behörde** bestehen (vgl. Wortlaut des Art. 7 Abs. 2 VO 1370). Was die Einhaltung der Eigenerbringungsquote (Art. 5 Abs. 2 lit. e) VO 1370 bzw. Art. 4 Abs. 7 VO 1370) anbelangt, kann es ferner nur auf die **Betriebsaufnahme** als maßgeblichen Zeitpunkt ankommen, soweit für die **Einhaltung der Eigenerbringungsquote** noch Sachmittel (z. B. Busse) beschafft werden müssen. Das folgt erstens daraus, dass die Vorgaben zur Eigenerbringung an die tatsächliche Verkehrsbedienung („Personenverkehrsdienste selbst zu erbringen") anknüpfen. Zweitens folgt das daraus, dass die Kommission[102] Rüstzeiten zwischen Vergabe und Betriebsbeginn mit Blick auf Fahrzeugbeschaffungen für zwingend hält. Drittens wird kein Unternehmen Fahrzeuge beschaffen (wirtschaftliches Risiko), ohne den entsprechenden Auftrag innezuhaben. Es muss insofern auch deshalb auf den Betriebsbeginn ankommen, weil sich die Frage zum maßgeblichen Zeitpunkt auch bei der „kleinen Eigenerbringungsquote" in Art. 4 Abs. 7 Satz 2 VO 1370 stellt, der nicht nur für Direktvergaben nach Art. 5 Abs. 1 Satz 2 VO 1370 i. V. m. § 108 GWB gilt, sondern auch bei allen Verkehrswettbewerbsvergaben.

I. Vorbehalt nationalen Rechts

Art. 5 Abs. 2 VO 1370 steht unter dem Vorbehalt „entgegenstehenden nationalen Rechts". § 131 Abs. 2 Satz 1 GWB stellt klar, dass es für den Bereich des Eisenbahnverkehrs kein entgegenstehendes nationales Recht gibt. Für den Anwendungsbereich des PBefG ergibt sich dies aus § 8a Abs. 3 PBefG. Art. 5 Abs. 2 VO 1370 geht als Spezialtatbestand der allgemeinen Inhouse-Vergabe vor.[103] 11

II. Selbsterbringung oder Vergabe an internen Betreiber durch zuständige örtliche Behörde oder Gruppe von Behörden

Gemäß Art. 5 Abs. 2 VO 1370 können **zuständige örtliche Behörden** i. S. d. Art. 2 lit. c) VO 1370 oder Gruppen von Behörden entscheiden, Verkehrsdienste selbst zu erbringen oder direkt an einen internen Betreiber zu vergeben. Beide Varianten stellen öffentliche Dienstleistungsaufträge i. S. d. VO 1370 dar (vgl. Art. 2 lit. i), zweiter Spiegelstrich VO 1370).[104] Die **Selbsterbringung** kommt z. B. dann in Betracht, wenn die zuständige Behörde(n) einen Eigen- oder Regiebetrieb für die Erbringung von öffentlichen Personenverkehrsleistungen einsetzt und dieser keine eigene Rechtspersönlichkeit hat.[105] Der interne Betreiber als **rechtlich getrennte Einheit** i. S. d. Art. 2 lit. j) VO 1370 kann hingegen jede 12

---

101 *OLG Düsseldorf*, 3.5.2017, VII-Verg 17/16, VII-Verg 18/16; *OLG Düsseldorf*, 3.5.2017, VII-Verg 51/16, Rn. 15; Schlussanträge *GA Sánchez-Bordona* v. 13.9.2018, Rs. C-266/17 und Rs. C-267/17, Rn. 64–66; *Fehling/Linke*, in: *Linke*, Art. 7 VO 1370, Rn. 51g; *Lenz/Jürschik*, Der Nahverkehr, 3/2018, 44 (45); *Dembach/Wittig*, Der Nahverkehr 12/2017, 11 (13).

102 Ziff. 2.2.5. der Mitteilung der Kommission v. 26.6.2023 (2023/C 222/01), S. 11.

103 *OLG München*, 31.3.2016, Verg 14/15, Rn. 237. Vgl. auch *Binder/Jürschik*, Der Nahverkehr 4/2016, 37 (37 f.).

104 Vgl. die Kommentierung zu Art. 2 lit. i) VO 1370, Rn. 17.

105 *Zuck*, in: *Ziekow/Völlink*, Art. 5 VO 1370, Rn. 24.

Rechtspersönlichkeit (GmbH, AG, Anstalt des öffentlichen Rechts, etc.) haben, solange die Voraussetzungen des Art. 5 Abs. 2 VO 1370 (insbesondere Kontrolle) vorliegen.

12a Die Vergabe kann nur durch eine bzw. mehrere **„zuständige"** Behörden erfolgen. Das gilt auch für **„abgehende Linien"** oder **„sonstige Teildienste"**. Sollen solche Verkehre in einen öffentlichen Dienstleistungsauftrag oder eine allgemeine Vorschrift einbezogen werden, ist die **Zuständigkeit** im Vorfeld[106] herzustellen. In Deutschland kann das regelmäßig im Rahmen einer **„Aufgaben- bzw. Zuständigkeitsübertragung"** z. B. in Form einer öffentlich-rechtlichen Vereinbarung nach den **Landesgesetzen über die kommunale Zusammenarbeit**[107] erfolgen. Das führt dann dazu, dass das „fremde Gebiet" zum Zuständigkeitsgebiet bzw. die übernehmende Behörde zur „zuständigen Behörde" wird. Für **Inhouse-Vergaben** hat der *EuGH* das bestätigt;[108] für Art. 5 Abs. 2 VO 1370 kann nichts anderes gelten.

13 Der mit der VO 2016/2338 eingeführte UAbs. 2 des Art. 5 Abs. 2 VO 1370 betrifft nur den Eisenbahnverkehr (öffentliche Schienenpersonenverkehr i. S. d. Art. 2 lit. aa) VO 1370). Für den ÖPNV gilt er nicht. Bei Lichte besehen bringt der neue Unterabsatz aber auch keine Neuerungen bei der Vergabe durch eine **Gruppe von Behörden** im Eisenbahnbereich. Schon bisher konnte nach Art. 5 Abs. 2 Satz 1 VO 1370, der weitgehend unverändert geblieben ist, die Gruppenbildung nur durch zuständige örtliche Behörden i. S. d. Art. 2 lit. c) VO 1370 erfolgen. Eine Eingrenzung oder Änderung ergibt sich auch nicht aus der zusätzlichen Anforderung des Satz 2 des UAbs. 2, wonach der zu vergebende öffentliche Dienstleistungsauftrag bzw. die öffentlichen Personenverkehrsdienste nur den Verkehrsbedarf städtischer Ballungsräume und ländlicher Gebiete bzw. beides decken darf. Denn die Formulierung lässt gerade nicht nur das eine (Ballungsräume) oder das andere (ländliche Gebiete) zu, sondern erlaubt eine territoriale Erstreckung auf beides. Dies verdeutlicht auch der im Normsetzungsverfahren eingeführte Plural („Ballungsräume" und „ländliche Gebiete"). Dies ist auch folgerichtig, weil die Gruppe von Behörden eine Besonderheit des Vergaberechts der VO 1370 darstellt, um **gewachsene Strukturen** zu erhalten.[109]

III. Kontrollkriterium (Art. 5 Abs. 2 lit. a) VO 1370)

14 Nach Art. 5 Abs. 2 Satz 1 VO 1370 setzt die Vergabe an einen internen Betreiber voraus, dass die örtlich zuständige Behörde über den internen Betreiber eine

106 Bei öffentlichen Dienstleistungsaufträgen muss die Zuständigkeit vor der Veröffentlichung nach Art. 7 Abs. 2 VO 1370 erfolgen (vgl. Wortlaut „zuständige Behörde"). Vgl. die Kommentierung zu Art. 7 VO 1370 und zu Art. 5 Abs. 2 VO 1370.

107 Vgl. z. B. für den Freistaat Bayern das Gesetz über die kommunale Zusammenarbeit (KommZG, GVBl. S. 555; 1995 S. 98) oder für Baden-Württemberg das Gesetz über kommunale Zusammenarbeit (GKZ, GBl. S. 137, 142).

108 *EuGH*, 18.6.2020, Rs. C-328/19, Rn. 75 – *Porin kaupunki/Porin Linjat Oy*. Vgl. dazu *Lenz/Jürschik*, EuZW 2020, 1030 f.

109 Vgl. *OLG Düsseldorf* (Kartellsenat), 12.10.2016, VI-U (Kart) 2/16; *VK Rheinland*, 3.5.2016, VK VOL 27/2015; *VK Bremen*, 30.9.2016, 16 VK 5/16 und 16 VK 4/16.

Kontrolle ausübt, **„die der Kontrolle über ihre eigenen Dienststellen entspricht"**. Um festzustellen, ob diese Kontrolle gegeben ist, nennt Art. 5 Abs. 2 lit. a) VO 1370 weder zwingende noch abschließende[110] Faktoren. Solche sind der Umfang der Vertretung in Verwaltungs-, Leitungs- oder Aufsichtsgremien, diesbezügliche Bestimmungen in der Satzung sowie Eigentumsrechte. Aufgrund des Regelungsgehalts ist die Rechtsprechung des *EuGH* zur Kontrolle bei Inhouse-Geschäften übertragbar.[111] Der Grad der möglichen Kontrolle hängt maßgeblich von der Rechtsform des internen Betreibers ab. Eine Kontrolle „wie über eine Dienststelle" ist regelmäßig möglich, wenn der interne Betreiber als **GmbH** organisiert ist, deren überwiegendes Kapital von der örtlich zuständigen Behörde gehalten wird. Sie kann aber auch bei einer **AG** gegeben sein,[112] wenn entsprechende Beherrschungsverträge bestehen. Auch bei einer rechtsfähigen **Anstalt des öffentlichen Rechts** kann eine Kontrolle durch entsprechende Satzungsregelungen oder Weisungsrechte gegeben sein.[113] Auch die Zwischenschaltung einer Holding bzw. weiteren Unternehmen hindert die Kontrolle nicht; sie schwächt sie allenfalls.[114] Außerdem steht in Abkehr der Rechtsprechung des *EuGH* zum Inhouse-Geschäft[115] eine **Beteiligung Privater am internen Betreiber** der Kontrolle nicht grundsätzlich entgegen – die zuständige Behörde muss nicht zu 100 % Eigentümerin des internen Betreibers sein, solange (trotzdem) ein beherrschender öffentliche Einfluss besteht (vgl. Art. 5 Abs. 2 lit. a) VO 1370). Der Kontrolle i. S. d. Art. 5 Abs. 2 lit. a) VO 1370 steht es auch nicht entgegen, wenn die zuständige Behörde **einzelne Interventionsbefugnisse wie die Befugnis zur Tarifsetzung** z. B. an einen Zweckverband abgibt; ausreichend ist für die Kontrolle, dass der interne Betreiber z.B. angewiesen werden kann, bestimmte Tarife einzuhalten bzw. die Kontrolle i. S. d. EuGH-Rechtsprechung zur Inhouse-Vergabe vorliegt.[116]

Anders als bei der Inhouse-Vergabe des allgemeinen Vergaberechts (vgl. § 108 Abs. 5 GWB) reicht die **Kontrolle nur einer Behörde bei einer Gruppe örtlich zuständiger Behörden** aus; eine gemeinsame Kontrolle wie im Allgemeinen Vergaberecht ist gerade nicht erforderlich (sog. **Gruppenprivileg**).[117] Erforder- **15**

110 *Hübner*, in: *Willenbruch/Wieddekind/Hübner*, Art. 5 VO 1370, Rn. 66.

111 Vgl. *OLG Düsseldorf*, 3.5.2017, VII-Verg 17/16, VII-Verg 18/16, Rn. 20.

112 *EuGH*, 10.9.2009, Rs. C573/07, Rn. 41 – *Sea*; 6.4.2006, Rs. C-410/04, Rn. 33 – *ANAV*; 13.10.2005, Rs. C-458/08, Rn. 67 – *Parking Brixen; VK Rheinland*, 29.7.2019, VK 16/19; *Otting/Olgemöller/Tresselt*, in: *Gabriel/Krohn/Neun*, Kap. 13, § 72, Rn. 15; *Deuster/Ristelhuber*, VergabeR 2/2018, 99 (100). A.A: *OLG Düsseldorf*, 4.5.2009, VII-Verg 68/08, Rn. 121.

113 *Linke/Pünder*, in: *Linke*, Art. 5 VO 1370, Rn. 92.

114 *BGH*, 12.11.2019, XIII ZB 120/19, Rn. 55 – *Heinsberg*; *OLG München*, 31.3.2016, Verg 14/15, Rn. 216, 220.

115 *EuGH*, 6.4.2006, Rs. C-410/04, Rn. 29 ff. – *ANAV*; 19.6.2014, Rs. C-574/12, Rn. 36 ff. – *Centro Hospitalar.*

116 Vgl. *OLG Düsseldorf*, 3.5.2017, VII-Verg 17/16, VII-Verg 18/16, Rn. 20; Schlussanträge *GA Sánchez-Bordona* v. 13.9.2018, Rs. C-266/17 und Rs. C-267/17, Rn. 46 ff.; *Lenz/Jürschik*, Der Nahverkehr, 3/2018, 44 (46); *Mutschler-Siebert/Dorschfeldt*, VergabeR 2018, 50 (52).

117 *VK Rheinland*, 29.4.2016, VK VOL 30/2015; *Hübner*, in: *Willenbruch/Wieddekind/Hübner*, Art. 5 VO 1370, Rn. 71; *Oebbecke*, NVwZ 2019, 1724 (1724); *Binder/Jürschik*, Der Nahverkehr 4/2016, 37 (37, 38).

lich ist aber, dass die Vergabe durch die Gruppe gemeinsam erfolgt, wenn nur ein Gruppenmitglied Kontrolle hat.[118]

IV. Gebietskriterium (Art. 5 Abs. 2 lit. b) und c) VO 1370)

16 Vergaben nach Art. 5 Abs. 2 lit. b) VO 1370 setzen voraus, dass der interne Betreiber seine **öffentlichen Personenverkehrsdienste** – unabhängig davon, ob sie einem öffentlichen Dienstleistungsauftrag unterfallen oder eigenwirtschaftlich erbracht werden[119] – tatsächlich[120] **innerhalb des Zuständigkeitsgebiets** der zuständigen örtlichen Behörde ausführt. Der interne Betreiber soll seine Vorteile aus der Direktvergabe nicht dazu nutzen, außerhalb des Zuständigkeitsbereichs der direktvergebenden Behörde den Wettbewerb zu verzerren. Auch an **wettbewerblichen Vergabeverfahren** für die Erbringung öffentlicher Personenverkehrsdienste außerhalb des Zuständigkeitsgebiets der zuständigen Behörde darf der interne Betreiber nicht teilnehmen. Umgekehrt darf er aber an **wettbewerblichen Verfahren im Zuständigkeitsgebiet** der zuständigen Behörde oder „Gruppe von Behörden" („Gruppengebiet") teilnehmen. Denn wenn die Verordnung es zulässt, dass eine zuständige Behörde, an einen von ihr kontrollierten Betreiber ohne wettbewerbliches Verfahren öffentliche Dienstleistungsaufträge vergibt, dann ist erst recht zugelassen, dies mit einem wettbewerblichen Vergabeverfahren zu tun. Die Berechtigung des internen Betreibers, sich im Zuständigkeitsgebiet seiner zuständigen Behörde an wettbewerblichen Verfahren zu beteiligen, wird systematisch auch nicht durch die Regelung in lit. c) des Art. 5 Abs. 2 VO 1370 eingeschränkt. Das folgt daraus, dass die Regelung in lit. c) keine weitere Einschränkung der Betätigungsmöglichkeiten des internen Betreibers ist, sondern umgekehrt eine Erweiterung.[121] Diese erweiternde Tendenz kommt schon im Wortlaut der Regelung in lit. c) und der darin angelegten Verbindung zu lit. b) zum Ausdruck. Es heißt dort, dass der interne Betreiber „Ungeachtet des Buchstabe b)" etwas darf, nämlich an wettbewerblichen Vergabeverfahren teilnehmen. Die Beschränkungen aus Art. 5 Abs. 2 VO 1370 gelten auch für die **Beteiligung als Unterauftragnehmer,**[122] um Wettbewerbsverzerrungen zu vermeiden.[123] Die Beschränkung gilt aber ausdrücklich nicht für andere Direktvergabetatbestände der VO 1370 (z. B. nach Art. 5 Abs. 6).[124] Weiter stehen Art. 5 Abs. 2 lit. b) und c) auch nicht der Teilnahme **an wettbewerblichen Verfahren im Zuständigkeitsgebiet** und der **Erbringung anderer Dienste als öffentliche Personenverkehrsdienste** (z. B. Güterverkehr, Gelegenheitsverkehr, Versorgungs-

118 *VK Rheinland*, 29.4.2016, VK VOL 30/2015.

119 *Zuck*, in: *Ziekow/Völlink*, Art. 5 VO 1370, Rn. 46.

120 *OLG München*, 31.3.2016, Verg 14/15, Rn. 225 ff. (satzungsmäßige Möglichkeit nicht entscheidend).

121 Vgl. *Zuck*, in: *Ziekow/Völlink*, Art. 5 VO 1370, Rn. 54; *Linke/Pünder*, in: *Linke*, Art. 5 VO 1370, Rn. 123, 124; *Hübner*, in: *Willenbruch/Wieddekind/Hübner*, Art. 5 VO 1370, Rn. 78.

122 Ziff. 2.5.1. iii) der Mitteilung der Kommission v. 26.6.2023 (2023/C 222/01), S. 14 und schon bisher Ziff. 2.3.1. iv) der Mitteilung der Kommission v. 29.3.2014 (2014/C 92/01), S. 10; noch offen: *OLG Düsseldorf*, 2.3.2011, Verg 48/10 – *Münsterlandkreise*.

123 Ziff. 2.5.1. iii) der Mitteilung der Kommission v. 26.6.2023 (2023/C 222/01), S. 14 und zuvor Ziff. 2.3.1. iii) der Mitteilung der Kommission v. 29.3.2014 (2014/C 92/01), S. 10.

124 Vgl. Erwägungsgrund 18 der VO 1370 und *Zuck*, in: *Ziekow/Völlink*, Art. 5 VO 1370, Rn. 50.

aufgaben) außerhalb des Zuständigkeitsbereichs entgegen.[125] Nach Art. 5 Abs. 2 lit. c) VO 1370 kann der interne Betreiber **frühestens zwei Jahre vor Ablauf** des direktvergebenen Auftrags an wettbewerblichen Vergabeverfahren außerhalb des Zuständigkeitsbereichs der örtlich zuständigen Behörde teilnehmen. Dies setzt aber voraus, dass keine nachfolgende Direktvergabe über die Dienste oder eine anderweitige Direktvergabe i. S. d. Art. 5 Abs. 2 stattfindet oder stattgefunden hat und sich die Restlaufzeit des öffentlichen Dienstleistungsauftrags auf „höchstens zwei Jahre" beläuft. Das Zuständigkeitsgebiet wird bei der Vergabe durch eine **„Gruppe von Behörden"** grundsätzlich auf das Zuständigkeitsgebiet aller teilnehmenden Behörden ausgedehnt.[126] Dies soll nach einer Auffassung selbst dann gelten, wenn die Beauftragung nur durch ein Gruppenmitglied bzw. einzelne Gruppenmitglieder erfolgt, aber mehrere Gruppenmitglieder an dem Betreiber beteiligt sind.[127]

Eine **Ausnahme** vom Gebietskriterium gilt für **„abgehende Linien oder sonstige Teildienste"**. Diese stehen der Direktvergabe nicht entgegen. Bei der Definition der abgehenden Linien/Teildienste dürften die zuständigen Behörden Ermessen haben. Die Kommission ist diesbezüglich großzügig, hält es bei der Ausnahme aber für erforderlich, dass die „abgehenden Linien und sonstigen Teildienste" nur eine nachrangige Bedeutung im öffentlichen Dienstleistungsauftrag haben (Gegenüberstellung der Kilometerleistung der abgehenden Linien/Teildiensten mit dem Gesamtvolumen).[128] Die Definition der abgehenden Linien/Teildienste sollte auf dieses Verständnis Rücksicht nehmen. **17**

Das **Gebietskriterium** dürfte auch dann **nicht beeinträchtigt** sein, wenn ein interner Betreiber von mehreren zuständigen Behörden einer Gruppe von Behörden (z. B. Zweckverband), die am internen Betreiber beteiligt sind, **einzeln direkt beauftragt** und dadurch in den Zuständigkeitsgebieten verschiedener Behörden tätig wird.[129] Für die Auffassung spricht unter dem Aspekt der teleologischen Auslegung, dass der Verordnungsgeber verflochtene Verkehre zusammen halten wollte. Verankert ist der Gedanke bei den „integrierten Verkehren" (Art. 5 Abs. 2 VO 1370 i. V. m. Art. 2 lit. m) VO 1370).[130] Das Gebietskriterium soll nach Auffassung des *OLG Düsseldorf* darüber hinaus auch dann nicht beeinträchtigt sein, wenn ein interner Betreiber außerhalb des Zuständigkeitsbereichs der zuständigen Behörde öffentliche Personenverkehre erbringt, die unter die **Über-** **17a**

---

125 *Zuck*, in: *Ziekow/Völlink*, Art. 5 VO 1370, Rn. 46.

126 *VK Bremen*, 30.9.2016, 16 VK 5/16 und 16 VK 4/16; *VK Rheinland*, 3.5.2016, VK VOL 27/2015; *OLG Düsseldorf*, 12.10.2016, VI-U (Kart) 2/16, Rn. 68; *Dembach/Wittig*, Der Nahverkehr 12/2017, 11 (11).

127 *OLG Düsseldorf*, 3.5.2017, VII-Verg 17/16, VII-Verg 18/16, Rn. 22 mit Vorlage an den *EuGH*; *OLG Düsseldorf* (Kartellsenat), 12.10.2016, VI-U (Kart) 2/16, Rn. 68. A.A. *VK Rheinland*, 29.4.2016, VK VOL 30/2015.

128 Ziff. 2.5.1. v) der Mitteilung der Kommission v. 26.6.2023 (2023/C 222/01), S. 15 und zuvor Ziff. 2.3.1. v) der Mitteilung der Kommission v. 29.3.2014 (2014/C 92/01), S. 11.

129 Vgl. *OLG Düsseldorf*, 3.5.2017, VII-Verg 17/16, VII-Verg 18/16, Rn. 22; *OLG Düsseldorf* (Kartellsenat); 12.10.2016, VI-U (Kart) 2/16, Rn. 66 ff.; Schlussanträge *GA Sánchez-Bordona* v. 13.9.2018, Rs. C-266/17 und Rs. C-267/17, Rn. 57. Vgl. auch *Mutschler-Siebert/Dorschfeldt*, VergabeR 2018, 50 (52).

130 Vgl. *Lenz/Jürschik*, Der Nahverkehr 3/2018, 44 (46).

gangsregelung in Art. 8 Abs. 3 VO 1370 fallen.[131] Argumentativ begründen lässt sich das damit, dass die Verordnung mit der Übergangsregelung diese Verkehre gerade privilegieren wollte.[132]

18 Bislang wenig beachtet ist die Frage, ob die Ausnahme für abgehende Linien oder sonstige Teildienste auch eine **Aussage über die Regelungskompetenz** der zuständigen örtlichen Behörde(n) nach Art. 5 Abs. 2 VO 1370 trifft, also ob solche Teildienste/Linien in die Direktvergabe einbezogen werden dürfen. Dagegen spricht, dass diese Linien/Teildienste nicht im Zuständigkeitsgebiet der für die Direktvergabe zuständigen Behörde liegen. Die Herausnahme der abgehenden Linien/Teildienste aus dem öffentlichen Dienstleistungsauftrag würde aber zu einer kaum praktikablen Aufspaltung der Verkehrsleistung führen, was für eine Einbeziehung in den öffentlichen Dienstleistungsauftrag als Annex-Kompetenz aus Art. 5 Abs. 2 VO 1370 spricht. Auf der „sicheren Seite" dürfte man aber nur dann sein, wenn ein Vertrag mit der an sich zuständigen Behörde zur **Aufgabenübertragung** geschlossen wird (z. B. Zweckvereinbarung oder öffentlich-rechtliche Vereinbarung).

19 Die Beschränkungen gelten auch für **„jede andere Einheit, auf die dieser Betreiber einen auch nur geringfügigen Einfluss ausübt"**. Gemeint sind zunächst Unternehmen, an denen der interne Betreiber in irgendeiner Form beteiligt ist (z. B. am Kapital oder durch Stimmanteile). Das kann ein Tochter-, aber über die Konzernmutter auch ein Schwesterunternehmen sein.[133] Ausreichende **Einflussnahme** kann aber auch durch die **Überlassung von Personal** oder **Sachmittel** vermittelt werden.[134] Auch **personelle Verflechtungen,** wie sie etwa bei Personenidentität der Geschäftsführer verschiedener Gesellschaften bestehen können, oder gemeinsame Managementaufgaben, Buchhaltung etc. sollen in bestimmten Konstellationen für eine ausreichende Einflussnahme genügen.[135]

19a Was ein **Verstoß gegen das Gebietskriterium** anbelangt, so stellt jedenfalls die Kommission die **Wirksamkeit einer Direktvergabe** nachträglich infrage, wenn sich ein interner Betreiber außerhalb des Anwendungsbereichs der Ausnahmeregelung des Art. 5 Abs. 2 lit. c) VO 1370 an einem Wettbewerbsverfahren außerhalb des Zuständigkeitsgebiets beteiligt.[136] Eine explizite Rechtsfolge bei Verstößen enthält Art. 5 Abs. 2 lit. b) VO 1370 indes nicht. Die Kommission möchte diese Lücke offenbar schließen und die Gültigkeit des gesamten öffentlichen Dienstleistungsauftrags der Einhaltung der Vorgabe abhängig machen. Diese Sichtweise hat die Kommission schon in dem Entwurf der Auslegungsleitlinien

---

131 *OLG Düsseldorf*, 3.5.2017, VII-Verg 17/16, VII-Verg 18/16, Rn. 23. Auch Schlussanträge *GA Sánchez-Bordona* v. 13.9.2018, Rs. C-266/17 und Rs. C-267/17, Rn. 63. A.A. *Lenz/Jürschik*, Der Nahverkehr 3/2018, 44 (47).

132 Schlussanträge *GA Sánchez-Bordona* v. 13.9.2018, Rs. C-266/17 und Rs. C-267/17, Rn. 63; *Mutschler-Siebert/Dorschfeldt*, VergabeR 2018, 50 (52).

133 *OLG Düsseldorf*, 2.3.2011, VII-Verg 48/10, Rn. 105 ff.; *Linke/Pünder*, in: *Linke*, Art. 5 VO 1370, Rn. 128.

134 Vgl. *Zuck*, in: *Ziekow/Völlink*, Art. 5 VO 1370, Rn. 53.

135 *OLG Düsseldorf*, 2.3.2011, Verg 48/10 – *Münsterlandkreise*.

136 Ziff. 2.5.1. iv) der Mitteilung der Kommission v. 26.6.2023 (2023/C 222/01), S. 15 und zuvor Ziff. 2.3.1. iv) der Mitteilung der Kommission v. 29.3.2014 (2014/C 92/01), S. 10.

aus dem Jahr 2021[137] geäußert und in den Auslegungsleitlinien vom 26.6.2023 daran festgehalten. Wie die „Unwirksamkeit" rechtstechnisch konstruiert werden soll (z. B. Möglichkeit der Unwirksamkeitserklärung, schwebende Unwirksamkeit, Kündigung etc.), sagt die Kommission aber nicht.[138] Der nationale Gesetzgeber wird indes darauf reagieren müssen, weil ein bereits erfolgter Zuschlag im Vergabenachprüfungsverfahren nur ganz ausnahmsweise nachträglich zur Vertragsunwirksamkeit (de-facto-Vergaben und Verstoß gegen Informations- und Wartepflichten, § 135 GWB) führen kann. Insofern bleibt nur der Verstoß gegen ein **gesetzliches Verbot** (§ 134 BGB), was in **Vergabenachprüfungsverfahren** bisher kaum eine Rolle spielt.

V. Unterauftragsvergabe/Eigenerbringungsquote (Art. 5 Abs. 2 lit. e) VO 1370)

Sofern eine Unterauftragsvergabe nach Art. 4 Abs. 7 VO 1370 – also die Vergabe **20**
an eine rechtlich getrennte Einheit[139] – in Betracht kommt, ist der interne Betreiber nach Art. 5 Abs. 2 lit. e) VO 1370 verpflichtet, den **überwiegenden Teil des öffentlichen Personenverkehrsdienstes selbst zu erbringen**. Eine solche Verpflichtung („Eigenerbringungsquote") kennt das allgemeine Vergaberecht nicht.[140] Im Rahmen der VO 1370 soll die Eigenerbringungsquote aber die Qualität der Dienste sicherstellen.[141] Was der „überwiegende Teil" ist, ergibt sich aus der VO 1370 nicht. In der Literatur reicht die Spanne von **„jedenfalls mehr als 50 %"**[142] bis **66 %**[143]. Die Kommission geht in ihren Auslegungsleitlinien aus dem Jahr 2014 von **66 %** aus, indem sie klarstellt, dass „es für die Untervergabe von mehr als einem Drittel der öffentlichen Verkehrsdienste guter Gründe bedarf".[144] Die Kommission hält daran auch in ihren Auslegungsleitlinien aus dem Jahr 2023 fest.[145] Auch wenn die Auslegungsleitlinien nur die Kommission binden,[146] so sinkt das Risiko von Beanstandungen bei der Orientierung an dem Kommissionsverständnis von der einzuhaltenden Quote. Wird bei der Vergabe eine Gesamtleistung nach § 8a Abs. 2 Satz 4 PBefG gebildet, kommt es auf den

---

137 „Non-Paper" der Kommission vom 2.12.2021 unter Ziff. 2.4.1., S. 16.

138 Vgl. *Jürschik-Grau/Lenz*, EuzW 2023, 829 (831).

139 Vgl. Erwägungsgrund 19 der VO 1370 und *Bundschuh/Jürschik*, Der Nahverkehr 9/2014, 46; *Linke/Prieß*, in: *Linke*, Art. 4 VO 1370, Rn. 85; *Saxinger*, in: *Saxinger/Winnes*, Art. 4 Abs. 7 VO 1370, Rn. 26 (Stand: Jan. 2015). Zu rechtlich getrennten Einheiten gehören auch Konzernunternehmen, wenn kein Inhouse-Verhältnis besteht, vgl. *Bundschuh/Jürschik*, Der Nahverkehr 9/2014, 46 f.; *Saxinger*, in: *Saxinger/Winnes*, Art. 4 Abs. 7 VO 1370, Rn. 26–31 (Stand: Jan. 2015).

140 *EuGH*, 18.3.2004, Rs. C-314/01, Rn. 43; *VK Südbayern*, 5.6.2015, Z3-3-3194-1-20-03/15, Rn. 31; *VK Bund*, 30.8.2013, VK 2-70/13, Rn. 94.

141 *Linke/Prieß*, in: *Linke*, Art. 4 VO 1370, Rn. 95.

142 *VK Rheinland*, 19.9.2017, VK VOL 12/17 (mind. 51 %); *Eichhorn*, in: *Saxinger/Winnes*, Art. 5 Abs. 2 VO 1370, Rn. 87 (Stand: Juli 2017); *Linke*, NZBau 2012, 338 (338); *Linke/Pünder*, in: *Linke*, Art. 5 VO 1370, Rn. 131; *Zuck*, in: *Ziekow/Völlink*, Art. 5 VO 1370/2007, Rn. 56.

143 *Hübner*, in: *Willenbruch/Wieddekind/Hübner*, Art. 5 VO 1370, Rn. 81.

144 Ziff. 2.2.9. der Mitteilung der Kommission v. 29.3.2014 (2014/C 92/01), S. 9. *Bundschuh/Jürschik*, Der Nahverkehr 9/2014, 46 (48). Vgl. auch *Antweiler*, VergabeR 2018, 211 (213).

145 Ziff. 2.2.6. der Mitteilung der Kommission v. 26.6.2023 (2023/C 222/01), S. 12.

146 Vgl. *Linke*, EuZW 2014 766 (766) und generell: *EuGH*, 11.7.2013, Rs. C-439/11 P.

überwiegenden Teil der Gesamtleistung und nicht des einzelnen Verkehrs, Linie etc. an.

21 Nach Art. 5 Abs. 2 lit. e) VO 1370 ist der **überwiegende Teil „des öffentlichen Personenverkehrsdienstes“** zu erbringen. Die Auslegungsleitlinien der Kommission stellen zur Ausfüllung des Begriffs auf den **„Wert der Verkehrsleistungen“** ab.[147] Dabei handelt es sich nach Art. 2 lit. k) VO 1370 um die summierten Einnahmen eines Verkehrsdienstes (Gesamteinnahmen ohne Mehrwertsteuer)[148]. Die Kommission lässt darüber hinaus auch ausdrücklich eine Anknüpfung an den **„Fahrplankilometer“**[149] zu. Damit bezieht sich die Kommission auf die zwischenzeitlich ergangene *EuGH*-Entscheidung in der Sache *„Hörmann Reisen“*[150]. Als Bezugsgröße kommen aber auch die gefahrenen **Zug-/Buskilometer, die Platzkilometer**[151], weniger **die Personenkilometer**[152] in Betracht.[153]

21a Gegen die **Eigenerbringungsquote** laufen nur solche Unteraufträge, die sich auf die **„Erbringung“** der öffentlichen Personenverkehrsdienste beziehen. Aus der Auslegung anhand des Wortlauts, der Entstehungsgeschichte und dem Sinn und Zweck der Eigenerbringungsquote folgt, dass es sich um die **operativen Fahrleistungen mit Fahrzeugen und Personal des Betreibers sowie die dazu notwendige übergeordnete Organisationsstruktur** (z. B. Leitstelle) handelt.[154] Das Wort „erbringen“ deutet darauf hin, dass die öffentlichen Personenverkehrsdienste „zu bringen“ sind, also die Beförderung anzubieten ist. Für die Beförderung sind in erster Linie Fahrzeuge und Fahrpersonal erforderlich. Außerdem kann auch die für die Fahrbetriebsleistung notwendige Organisationsstruktur, wie Leitstelle und Sicherheitsverantwortliche, zu den Kernfunktionen eines funktionierenden öffentlichen Personennahverkehrs gezählt werden.[155] Dem Wortlaut nach fallen diese Dinge also in die originäre „Eigenerbringung“. Dafür spricht auch die Entstehungsgeschichte. Das Europäische Parlament sah den Einsatz von Fahrzeugen und Mitarbeitern durch den Betreiber als wichtigen Punkt an, um die Gefahren im Zusammenhang mit einer unbeschränkten Unterauftragsvergabe einzudämmen.[156] Der Befund deckt sich auch mit dem Sinn und

---

147 Ziff. 2.2.6. der Mitteilung der Kommission v. 26.6.2023 (2023/C 222/01), S. 12 und zuvor Ziff. 2.2.9. der Mitteilung der Kommission v. 29.3.2014 (2014/C 92/01), S. 9.

148 So die Kommission, vgl. Ziff. 2.2.6. der Mitteilung der Kommission v. 26.6.2023 (2023/C 222/01), S. 12.

149 *EuGH*, 27.10.2016, Rs. C-292/15, Rn. 48 – *Hörmann Reisen*; Ziff. 2.2.6. der Mitteilung der Kommission v. 26.6.2023 (2023/C 222/01), S. 12. Auch *Bundschuh/Jürschik*, Der Nahverkehr 9/2014, 46 (48). Auch *VK Südbayern*, 5.6.2015, Z3-3-3194-1-20-03/15, Rn. 115 (Vorlagebeschluss); *Linke/Prieß*, in: *Linke*, Art. 4 VO 1370, Rn. 92.

150 *EuGH*, 27.10.2016, Rs. C-292/15 – *Hörmann Reisen*.

151 *OLG Düsseldorf*, 2.3.2011, VII-Verg 48/10, Rn. 113; auch *Bundschuh/Jürschik*, Der Nahverkehr 9/2014, 46 (48).

152 *OLG Düsseldorf*, 19.2.2022, VII-Verg 26/17, Rn. 73 (Wert, Personenkilometer).

153 *Saxinger*, in: *Saxinger/Winnes*, Art. 4 Abs. 7 VO 1370/2007, Rn. 41 (Stand: Jan. 2015); *Jürschik/Felger*, Der Nahverkehr 7+8/2022, 38 (38).

154 *Jürschik/Felger*, Der Nahverkehr 7+8/2022, 38 (38).

155 Vgl. *Linke/Prieß*, in: *Linke*, Art. 4 VO 1370, Rn. 83.

156 Europäisches Parlament, Empfehlung für die zweite Lesung, A6-0131/2007, endgültig vom 4.4.2007, S. 20 f.

Zweck der Eigenerbringung. Mit der Eigenerbringungsquote sollte der Einfluss der zuständigen Behörde auf die Verkehre und damit auf die Sozial- und Qualitätsstandards sichergestellt werden.[157] Erforderlich sein soll aber nicht unbedingt, dass **Fahrbetriebsleistungen** selbst erbracht werden müssen, solange die Eigenleistung einen **spezifischen Bezug zu dem öffentlichen Verkehrsdienst** aufweist und nicht bloße Hilfsfunktion hat; gemeint sind Leitungen von wesentlicher Bedeutung für den Verkehrsdienst.[158]

Welche **Personal- und Sachmittel** erforderlich sind, um die Eigenerbringungsquote einzuhalten, gibt die VO 1370 nicht vor (sieht auch die Kommentierung zu Art. 4 Abs. 7 VO 1370). Maßgeblich für die Eigenerbringungsquote sind in erster Linie die Personal- und Sachmittel für die operative Fahrleistung. Das betrifft vorrangig das Fahrpersonal sowie das Personal der übergeordneten Organisationsstruktur (Leitstelle, Sicherheitsverantwortliche, Betriebsleiter etc.).[159] Ein Drittel dieses Personals muss ein Betreiber vorhalten, um die Eigenerbringungsquote sicher einzuhalten. Es soll sich dabei schon dann um „eigenes Personal“ handeln, wenn das Personal „entliehen“ ist[160] und der Betreiber das Weisungsrecht hält.[161] Was Betriebsmittel wie Busse, Betriebshöfe, Werkstätten, Tank- und Ladeinfrastruktur anbelangt, so sind diese Sachmittel eng mit der operativen Fahrleistung verknüpft und deshalb für die Eigenerbringungsquote relevant. Ein Betreiber muss insofern zur Einhaltung der Eigenerbringungsquote einen Teil dieser Sachmittel selbst vorhalten oder auf Ressourcen im Konzern (Rn. 21c) zurückgreifen. **21b**

Von vornherein außerhalb der „Fremdleistungsquote“ und damit unschädlich ist die Beauftragung von Dritten mit Leistungen, die **keine „Unteraufträge“ im Sinne des Art. 4 Abs. 7 Satz 2 VO 1370** sind. Leistungen, die nicht als Unterauftrag gelten, sind von vornherein für die Eigenerbringungsquote unerheblich. Keine Unteraufträge, die gegen die Eigenerbringungsquote laufen, sind **Lieferleistungen, die die Voraussetzung für die Verkehrsproduktion** bilden. Darunter fallen u. a. der **Kauf**, die **Miete** oder das **Leasing der Fahrzeuge** sowie der **Einkauf von Energie und Treibstoffen.**[162] Auch keine Unteraufträge liegen vor, wenn auf die **Ressourcen von Tochter-** (Rn. 22) bzw. **Konzernunternehmen** zurückgegriffen wird.[163] Für die Unschädlichkeit der Ressourcen von Konzernunternehmen gibt es zwei Argumente. Erstens soll es sich bei den Ressourcen um solche handeln, die in den Betrieb des Betreibers integriert und deshalb nicht „fremd“ sind.[164] Zweitens soll sich das aus den Wertungen ergeben, die **21c**

157 *Linke/Prieß*, in: *Linke*, Art. 4 VO 1370, Rn. 94; Europäisches Parlament, Empfehlung für die zweite Lesung, A6-0131/2007, endgültig vom 4.4.2007, S. 20.

158 Vgl. *OLG Düsseldorf*, 19.2.2020, Verg 26/17, Rn. 73; *OLG Düsseldorf*, 19.2.2020, VII-Verg 2/19; *Bayreuther/Kaufmann/Linke/Lübbig/Prieß*, in: *Linke*, Art. 4 VO 1370, Rn. 82; *Otting/Olgemöller/Tresselt*, in: *Gabriel/Krohn/Neun*, Kap. 13, § 70, Rn. 65.

159 *Jürschik/Felger*, Der Nahverkehr 7+8/2022, 38 (38).

160 Vgl. *OLG Koblenz*, 26.10.2005, 1 Verg 4/05, Rn. 110.

161 *Linke/Prieß*, in: *Linke*, Art. 4 VO 1370, Rn. 85.

162 *Saxinger*, in: *Saxinger/Winnes*, Art. 4 Abs. 7 VO 1370/2007, Rn. 24 (Stand: Dez. 2012); ebenso *Linke/Prieß*, in: *Linke*, Art. 4 VO 1370, Rn. 83; *Jürschik/Felger*, Der Nahverkehr 7+8/2022, 38 (38).

163 Vgl. *Linke/Prieß*, in: *Linke*, Art. 4 VO 1370, Rn. 86; *Barth/von Bar*, NZBau 2021, 504 (506).

164 *Linke/Prieß*, in: *Linke*, Art. 4 VO 1370, Rn. 86.

das *OLG Düsseldorf* zu Art. 4 Abs. 7 VO 1370 für Gesellschaften aufgestellt hat, an denen der Betreiber (geringfügig) beteiligt ist.[165] Das *OLG Düsseldorf* hat angenommen, dass im Wege einer teleologischen Reduktion die Leistungen wegen der gesellschaftsrechtlichen Beteiligung des Betreibers keine Fremdleistungen sind. Das soll sich aus dem Sinn und Zweck der Eigenerbringungsquote ergeben, wonach negative Auswirkungen auf bestehende Sozial- und Qualitätsstandards sowie Wettbewerbsverzerrungen verhindert werden sollten. Diese Argumentation lässt sich auch auf Schwester- bzw. Konzerngesellschaften übertragen. Denn dem Zweck der Eigenerbringungsquote ist genügt, wenn eine Einflussnahme auf die Verkehre über eine gemeinsame Muttergesellschaft stattfindet.[166] Ein „Grenzfall" sind **Reparatur- und Wartungsarbeiten**. Diese fallen nicht sicher aus der Kategorie der Unteraufträge heraus. Teilweise wird angenommen, dass es sich auch dabei um eine Voraussetzung der Verkehrserbringung handelt, die für die Eigenerbringungsquote keine Rolle spielt.[167] Andere hingegen qualifizieren die Wartung als Teil des Personenverkehrsdienstes, sodass der Einkauf dieser Leistungen gegen die Eigenerbringungsquote läuft.[168] Auch das *OLG Düsseldorf* stuft diese Tätigkeiten als maßgeblich ein.[169] Für Werkstätten bzw. Werkstattpersonal dürfte wiederum aber auch die Argumentation greifen, wonach auf Ressourcen von Konzernunternehmen oder einer Holding zurückgegriffen werden kann, ohne dass es sich um eine Untervergabe handelt. Denn wie bei den sonstigen Betriebsmitteln wird dem Sinn und Zweck der Eigenerbringung (Einfluss auf die Qualität) Rechnung getragen, wenn der Aufgabenträger nicht nur über den Betreiber die Qualität der Betriebsmittel sicherstellen kann, sondern das selbst in der Hand hat.[170]

22 Ob auch die **Tätigkeiten von Tochtergesellschaften des internen Betreibers** zur Eigenerbringung zählen, ist noch nicht durch den *EuGH* geklärt worden.[171] Soweit sich die (nationale) Rechtsprechung damit befasst hat, geht sie richtigerweise davon aus, dass Leistungen, die von einer 100 %-igen Tochtergesellschaft des internen Betreibers erbracht werden, auch als Eigenleistungen des internen Betreibers zu bewerten sind.[172] In diesem Fall wird regelmäßig auch ein Inhouse-Verhältnis vorliegen, dass die Betrachtung als „eine Einheit" rechtfertigt.[173]

---

165 *OLG Düsseldorf*, 19.2.2020, VII Verg 2/19, Rn. 80 f.

166 Vgl. *Barth/von Bar*, NZBau 2021, 504 (506).

167 Vgl. *Saxinger*, in: *Saxinger/Winnes*, Art. 4 Abs. 7 VO 1370/2007, Rn. 24 (Stand: Dez. 2012).

168 *Linke/Prieß*, in: *Linke*, Art. 4 VO 1370, Rn. 83.

169 *OLG Düsseldorf*, 19.2.2020, VII-Verg 2/19, Rn. 78.

170 *Jürschik/Felger*, Der Nahverkehr 7+8/2022, 38 (39).

171 *OLG Düsseldorf*, 3.5.2017, VII-Verg 51/16 mit Vorlage an den *EuGH*, ob im Falle eines Inhouse-Verhältnisses eine Unterauftragsvergabe oder „Eigenleistung" vorliegt.

172 *OLG Düsseldorf*, 3.7.2019, VII-Verg 51/16; *OLG Düsseldorf*, 3.5.2017, VII-Verg 51/16, Rn. 14; *OLG Düsseldorf*, 7.3.2018, VII-Verg 26/17, Rn. 24; Schlussanträge *GA Sánchez-Bordona* v. 13.9.2018, Rs. C-266/17 und Rs. C-267/17, Rn. 69. Vgl. auch *Bundschuh/Jürschik*, Der Nahverkehr 9/2014, 46; *Saxinger*, in: *Saxinger/Winnes*, Art. 4 Abs. 7 VO 1370, Rn. 26–31 (Stand: Jan. 2015); *Lenz/Jürschik*, Der Nahverkehr 3/2018, 44 (45); *Mutschler-Siebert/Dorschfeldt*, VergabeR 2018, 50 (51).

173 Schlussanträge *GA Sánchez-Bordona* v. 13.9.2018, Rs. C-266/17 und Rs. C-267/17, Rn. 69; *Mutschler-Siebert/Dorschfeldt*, VergabeR 2018, 50 (51) und schon *Bundschuh/Jürschik*, Der Nahverkehr 9/2014, 46.

23 Die **Entscheidung, ob die Unterauftragsvergabe zugelassen** wird, ist zunächst vom Aufgabenträger zu treffen (vgl. zur Grundsätzlichen Entscheidung: Art. 4 Abs. 7 VO 1370).[174] Die VO 1370 geht davon aus, dass die Unterauftragsvergabe sonst ganz ausgeschlossen ist.[175] Die zuständige Behörde kann sich insofern auch dafür entscheiden, die Unterauftragsvergabe nicht zuzulassen oder umgekehrt dem Betreiber einen Mindestanteil vorgeben, den der Betreiber an Unterauftragnehmer vergeben muss.[176] Wird die Unterauftragsvergabe zugelassen, so ist jedenfalls nach Auffassung des *OLG München* für die **Rechtmäßigkeit der Direktvergabe** erforderlich, dass der zulässige Umfang der Unterauftragsvergabe (durch Angabe des prozentualen Anteils) vertraglich geregelt ist.[177] Dabei sollte auch die Bezugsgröße (Fahrplankilometer, Platzkilometer, Wert der Verkehrsleistung etc.) festgelegt werden.[178]

24 Für die Unterauftragsvergabe bei der Direktvergabe stellt sich die Frage, ob die weitergehende Unterauftragsvergabe nach **Art. 4 Abs. 7 Satz 3** VO 1370 zugelassen werden darf. Zweifel an der Anwendbarkeit ergeben sich, weil Art. 5 Abs. 2 lit. e) VO 1370 strengere Anforderungen an die Unterauftragsvergabe stellt als Art. 4 Abs. 7 Satz 2 VO 1370. Die *VK Rheinland* hat deshalb Art. 5 Abs. 2 lit. e) VO 1370 als **lex speciales** für allein maßgeblich gehalten; die Direktvergabe an eine (**reine**) **Managementgesellschaft**, die die Leistung untervergibt, war damit nicht möglich.[179] Wenn man aber die Erbringung der Planung und des Aufbaus, die dem Wortlaut nach nicht der Unterauftragsvergabe nach Art. 4 Abs. 7 Satz 3 VO 1370 zugänglich sind,[180] schon als den überwiegenden Teil annimmt, kann der interne Betreiber im Falle des Art. 4 Abs. 7 Satz 3 VO 1370 auch zur weitergehenden Unterauftragsvergabe berechtigt sein.[181] Nach Auffassung der *VK Rheinland* ist dann eine Gewichtung von Planung, Aufbau und Betrieb erforderlich.[182] Voraussetzung ist außerdem, dass der öffentliche Dienstleistungsauftrag die weitergehende Unterauftragsvergabe ausdrücklich erlaubt. In eine ähnliche Richtung gehen auch die Überlegungen des *OLG Düsseldorf*. Nach Auffassung des *OLG Düsseldorf* müssen **nicht zwingend Fahrbetriebsleistungen** selbst erbracht werden, solange die Eigenleistung einen **spezifischen Bezug zu dem öffentlichen Verkehrsdienst** aufweist und nicht bloße Hilfsfunktion hat; gemeint sind Leitungen von wesentlicher Bedeutung für den Verkehrsdienst.[183] Einen spezifischen Bezug kann man bei Leistungen in der Betriebsorganisation, der Wartung oder technischen Unterstützung annehmen. Beispiele dafür sind der Betrieb der

---

174 *Linke/Prieß*, in: *Linke*, Art. 4 VO 1370, Rn. 88.

175 Die Unterschiede haben die *VK Südbayern* (5.6.2015, Z3-3-3194-1-20-03/15) zur Vorlage an den *EuGH* veranlasst.

176 Ziff. 2.2.6. der Mitteilung der Kommission v. 26.6.2023 (2023/C 222/01), S. 12.

177 *OLG München*, 22.6.2011, Verg 6/11, Rn. 67 – *Stadtbusverkehr Lindau*. Vgl. auch *Antweiler*, VergabeR 2018, 211 (216).

178 *Bundschuh/Jürschik*, Der Nahverkehr 9/2014, 46 (48).

179 *VK Rheinland*, 19.9.2017, VK VOL 12/17.

180 *Linke/Prieß*, in: *Linke*, Art. 4 VO 1370, Rn. 96; *Zuck*, in: *Ziekow/Völlink*, Art. 4 VO 1370, Rn. 47.

181 *VK Rheinland*, 19.9.2017, VK VOL 12/17.

182 *VK Rheinland*, 19.9.2017, VK VOL 12/17.

183 Vgl. *OLG Düsseldorf*, 19.2.2020, Verg 26/17, Rn. 73, zu Art. 4 Abs. 7 VO 1370, die Erwägungen sind übertragbar auf Art. 5 Abs. 2 VO 1370; *Bayreuther/Kaufmann/Linke/Lübbig/Prieß*, in: *Linke*, Art. 4 VO 1370, Rn. 82; *Otting/Olgemöller/Tresselt*, in: *Gabriel/Krohn/Neun*, Kap. 13, § 70, Rn. 65.

Leitstelle, die Vorhaltung des Betriebshofs, die Verwaltung zentraler Dienste, das Marketing und der Vertrieb der Verkehrsleistung sowie zentrale Steuerungsaufgaben wie die Leitung des Einsatzbetriebs der eingesetzten Verkehrsmittel.[184] Nicht gegen die **Eigenerbringungsquote** laufen umgekehrt also an Dritte vergebene Verwaltungstätigkeiten (Betrieb von Ticketcentern zum Fahrscheinkauf oder die Verwaltung des Personals).[185]

D. Wettbewerbliches Vergabeverfahren (Art. 5 Abs. 3 VO 1370)

25 Nach Art. 5 Abs. 3 Satz 1 VO 1370 ist ein wettbewerbliches Vergabeverfahren durchzuführen, wenn kein Direktvergabetatbestand des Art. 5 VO 1370 angewendet werden kann oder soll. Dies gilt für straßen- und schienengebundene Verkehre in gleichem Maße.[186] Die **Vergabe im Wettbewerb** ist der **Regelfall**, Direktvergaben sind wie im allgemeinen Vergaberecht die Ausnahme.[187]

I. Anforderungen an das wettbewerbliche Vergabeverfahren (Art. 5 Abs. 3 Satz 2 VO 1370)

26 Das wettbewerbliche Verfahren muss nach Art. 5 Abs. 3 Satz 2 VO 1370 **allen Betreibern offen stehen, fair sein und den Grundsätzen der Transparenz und Nichtdiskriminierung genügen**. Vorgegeben werden insofern nur Grundsätze, nicht aber ein Verfahren.[188] Dabei orientieren sich die Grundsätze an der Rechtsprechung des *EuGH* zu den Mindestanforderungen bei Vergabeverfahren außerhalb des (bisher) reglementierten Bereichs, nämlich zu Unterschwellen- und Konzessionsvergaben („Primärvergaberecht").[189] Das Vergabeverfahren muss **„allen Betreibern offen stehen"**. Gemeint ist, dass jedes interessierte Unternehmen die Möglichkeit der Beteiligung erhalten soll. Entsprechend ist das Verfahren im Amtsblatt der Europäischen Union bekannt zu geben bzw. zu veröffentlichen.[190] Nach Auffassung der Kommission müssen die Vergabeverfahren so gestaltet sein, dass **echter Wettbewerb geschaffen** werden kann.[191] Das Verfahren muss weiter **„fair"** sein. Dies dürfte gewährleistet sein, wenn die Bieter eine „faire und gleiche Chance"[192] auf den Auftrag haben und „wenn zwischen

---

184 Vgl. *OLG Düsseldorf*, 19.2.2020, Verg 26/17, Rn. 74.

185 *Saxinger*, in: *Saxinger/Winnes*, Art. 4 Abs. 7 VO 1370/2007, Rn. 35 (Stand: Jan. 2015).

186 Vgl. Erwägungsgrund 19 der VO 2016/2338.

187 Ziff. 2.5.2. der Mitteilung der Kommission v. 26.6.2023 (2023/C 222/01), S. 15.

188 Vgl. *Linke/Prieß*, in: *Linke*, Art. 5 VO 1370, Rn. 153.

189 Erwägungsgrund 20 der VO 1370; *Hübner*, VergabeR 2009 363 (370). Vgl. zu Mindestanforderungen: *EuGH*, 20.5.2010, T-258/06; *Knauff*, DVBl 2014, 692 (693); *Knauff*, NZBau 2011, 655 (655).

190 *Hübner*, in: *Willenbruch/Wieddekind/Hübner*, Art. 5 VO 1370, Rn. 89; *Schröder*, NVwZ 2008, 1288 (1293).

191 Ziff. 2.5.2. der Mitteilung der Kommission v. 26.6.2023 (2023/C 222/01), S. 15 und zuvor Ziff. 2.3.2. der Mitteilung der Kommission v. 29.3.2014 (2014/C 92/01), S. 11.

192 Ziff. 2.5.2. der Mitteilung der Kommission v. 26.6.2023 (2023/C 222/01), S. 16 und zuvor Ziff. 2.3.2. der Mitteilung der Kommission v. 29.3.2014 (2014/C 92/01), S. 11. Eine „reelle Chance" auf den Auftrag hält die Bundesregierung für maßgeblich, vgl. die amtliche Begründung zu § 8b Abs. 3 PBefG, BT-Drucks. 17/8233, S. 15 und auch *Hübner*, in: *Willenbruch/Wieddekind/Hübner*, Art. 5 VO 1370, Rn. 90, 91.

dem Ausschreibungsbeginn und der Frist zur Einreichung der Angebote sowie zwischen den Ausschreibungsbeginn und der vorgesehenen Aufnahme der Verkehrsdienste ein angemessener Zeitraum liegt".[193] Weiter muss das Vergabeverfahren **den Grundsätzen der Nichtdiskriminierung und der Transparenz genügen**. Diese zwei Grundsätze fordern einen angemessenen Grad an Öffentlichkeit und Nachprüfbarkeit.[194] Vergabeentscheidungen müssen vorhersehbar sein und den Bietern müssen alle Kriterien, die vom Auftraggeber bei der Bestimmung des wirtschaftlich günstigsten Angebots berücksichtigt werden, zum Zeitpunkt der Vorbereitung der Angebote bekannt sein.[195] Darüber hinaus erfordern die Grundsätze, dass „die Bewertungskriterien für die Auswahl der Angebote zusammen mit den Ausschreibungsunterlagen veröffentlicht werden".[196] Auch sind alle relevanten technischen und finanziellen Daten (auch Aufteilung der Kosten und Erträge) allen Bietern zur Verfügung zu stellen.[197] Soweit ein Verfahren **Verhandlungen** umfasst, gebieten die Verfahrensgrundsätze, dass die Verhandlungen unparteiisch, fair und transparent geführt werden, was ein reines Verhandlungsverfahren ohne vorherige Veröffentlichung ausschließt.[198] Außerdem darf die Vergabe nicht auf einzelne Bieter zugeschnitten sein (z. B. durch Fristen oder Anforderungen) und auch eine Bevorzugung durch selektive Informationsweitergabe ist unzulässig.[199]

Auch wenn keine Pflicht zur Anwendung besteht, so können die Mitgliedstaaten zur Sicherstellung der Grundsätze nach Art. 5 Abs. 3 VO 1370 die Verfahrensvorschriften im Bereich des EU-Vergaberechts (Richtlinien 2014/23 bis 25/EU) anwenden.[200] In Deutschland werden die (Mindest-)Anforderungen an ein wettbewerbliches Vergabeverfahren im ÖPNV nach Art. 5 Abs. 3 VO 1370 durch **§ 8b PBefG** konkretisiert. **27**

II. Zulässige Verhandlungen (Art. 5 Abs. 3 Satz 3 VO 1370)

Nach Art. 5 Abs. 3 Satz 3 VO 1370 können **nach Abgabe der Angebote** und einer eventuellen Vorauswahl in diesem Verfahren unter Einhaltung dieser Grundsätze Verhandlungen geführt werden, um festzulegen, wie der Besonderheit oder Komplexität der Anforderungen am besten Rechnung zu tragen ist. Art. 5 Abs. 3 Satz 3 VO 1370 gibt damit vor, unter welchen Voraussetzungen Verhandlungen stattfinden dürfen. Auch ergibt sich aus der Regelung, dass nur Verhandlungen mit einem sachlichen Bezug zu der Besonderheit und der Kom- **28**

---

193 Ziff. 2.5.2. der Mitteilung der Kommission v. 26.6.2023 (2023/C 222/01), S. 16 und zuvor Ziff. 2.3.2. der Mitteilung der Kommission v. 29.3.2014 (2014/C 92/01), S. 11.
194 *EuGH*, 20.5.2010, Rs. T-258/06.
195 *EuGH*, 24.1.2008, Rs. C-532/06, Rn. 44.
196 Ziff. 2.5.2. der Mitteilung der Kommission v. 26.6.2023 (2023/C 222/01), S. 15 und zuvor Ziff. 2.3.2. der Mitteilung der Kommission v. 29.3.2014 (2014/C 92/01), S. 11.
197 Ziff. 2.3.2. der Mitteilung der Kommission v. 29.3.2014 (2014/C 92/01), S. 11.
198 Ziff. 2.5.2. der Mitteilung der Kommission v. 26.6.2023 (2023/C 222/01), S. 16.
199 *Schröder*, NVwZ 2008, 1288 (1293).
200 Ziff. 2.5.2. der Mitteilung der Kommission v. 26.6.2023 (2023/C 222/01), S. 15 und zuvor Ziff. 2.3.2. der Mitteilung der Kommission v. 29.3.2014 (2014/C 92/01), S. 11; *VK Brandenburg*, 28.1.2013, VK 43/12; *Hübner*, in: *Willenbruch/Wieddekind/Hübner*, Art. 5 VO 1370, Rn. 87.

plexität des zu vergebenden Auftrags erlaubt sind.[201] Dies soll z. B. in Betracht kommen, wenn die Betreiber technologisch innovative Verkehrslösungen erarbeiten und anbieten müssen.[202] Schließlich setzten die einzuhaltenden Verfahrensgrundsätze (**Transparenz**, **Nichtdiskriminierung**) voraus, dass die Verhandlungen unparteiisch, fair und transparent geführt werden, was ein reines Verhandlungsverfahren ohne vorherige Veröffentlichung ausschließt (Rn. 26).[203]

E. (Übergangs-)Direktvergabe (Art. 5 Abs. 3a VO 1370)

29 Art. 5 Abs. 3a VO 1370 gibt unter dem Vorbehalt des nationalen Rechts den zuständigen Behörden für die Vergabe öffentlicher Schienenpersonenverkehrsdienste einen Direktvergabetatbestand an die Hand, um auf **„außergewöhnliche Umstände“** mit einer **„vorübergehenden“** Direktvergabe reagieren zu können. Damit soll eine möglichst **kostenwirksame Erbringung** der Dienstleistungen sichergestellt werden,[204] wenn außergewöhnliche Umstände ein wirtschaftliches Ergebnis bei der Durchführung eines wettbewerblichen Verfahrens nicht erwarten lassen. Eine nicht abschließende Aufzählung von außergewöhnlichen Umständen ist in Art. 5 Abs. 3a Satz 2 VO 1370 enthalten. Zu den „außergewöhnlichen Umständen“ zählen auch **Situationen, in denen eine zuständige Behörde die geografische Abdeckung bzw. den Umfang von Auftragslosen neu gestalten** möchte. Als Beispiel dafür nennt die Kommission die Absicht der zuständigen Behörde, Verkehre im Rahmen eines einzigen Auftrags zu vergeben, obwohl die Verkehre im Rahmen von zwei bestehenden Aufträgen mit unterschiedlichen Laufzeiten erbracht werden; in einem solchen Fall soll der Auftrag mit dem früheren Laufzeitende vorübergehend direkt vergeben werden können, um nach deren Auslaufen eine Neuordnung vornehmen zu können.[205] Um dem **Übergangscharakter** der Direktvergabe Rechnung zu tragen, muss die Laufzeit dieser Aufträge in einem angemessenen Verhältnis zu dem jeweiligen die Direktvergabe begründenden Umstand stehen und darf fünf Jahre nicht überschreiten. Die Entscheidung der zuständigen Behörde ist zu begründen. Außerdem ist die **Kommission** als „Hüterin der Verträge“ **zu unterrichten**, um eine missbräuchliche Ausnutzung des Direktvergabetatbestandes zu Lasten des Wettbewerbs im Eisenbahnbereich zu verhindern;[206] eine Zustimmung der Kommission ist aber nicht erforderlich.[207] Als **Ausnahme vom Grundsatz der Wettbewerbsvergabe** ist die Regelung restriktiv auszulegen.[208] In Deutschland ist ein Missbrauch indes nicht zu befürchten; dem Direktvergabetatbestand nach Art. 5 Abs. 3a VO 1370 **steht nationales Recht entgegen** (§ 131 Abs. 1 GWB); öffentliche

---

201 Vgl. Erwägungsgrund 22 VO 1370 und *Knauff*, DVBl 2014, 692 (693).
202 Ziff. 2.5.2. der Mitteilung der Kommission v. 26.6.2023 (2023/C 222/01), S. 16 und zuvor Ziff. 2.3.2. der Mitteilung der Kommission v. 29.3.2014 (2014/C 92/01), S. 11.
203 Ziff. 2.5.2. der Mitteilung der Kommission v. 26.6.2023 (2023/C 222/01), S. 16.
204 Vgl. Erwägungsgrund 21 der VO 2016/2338.
205 Ziff. 2.5.3.1. der Mitteilung der Kommission v. 26.6.2023 (2023/C 222/01), S. 16.
206 *Linke*, NZBau 2017, 331 (337).
207 Ziff. 2.5.3.1. der Mitteilung der Kommission v. 26.6.2023 (2023/C 222/01), S. 16.
208 Ziff. 2.5.3.1. der Mitteilung der Kommission v. 26.6.2023 (2023/C 222/01), S. 16.

Dienstleistungsaufträge im Bereich der Eisenbahnen sollen auch künftig in Deutschland im Wettbewerb vergeben werden.[209]

F. Interessensbekundung (Art. 5 Abs. 3b VO 1370)

Für **wettbewerbliche Verfahren** im Bereich des **Schienenpersonenverkehrs** **30**
sieht Art. 5 Abs. 3b VO 1370 eine erleichterte[210] Verfahrensgestaltung vor. Den Behörden steht es danach frei (Ermessen), einen Auftrag im Amtsblatt der EU zu veröffentlichen und interessierte Betreiber aufzufordern, innerhalb einer bestimmten Frist ihr **Interesse an dem Auftrag zu bekunden**. In der Veröffentlichung sind die Eckpunkte der Auftragsvergabe (ausführliche Beschreibung der zu vergebenden Dienstleistungen sowie Angaben zur Art und Laufzeit des Auftrags) als Mindestinhalte anzugeben. Wenn innerhalb dieser Frist nur ein Betreiber sein Interesse bekundet, kann nur mit diesem Betreiber verhandelt werden; eine Veröffentlichung eines offenen Verfahrens bedarf es dann nicht. Voraussetzung ist aber, dass der Betreiber zur Auftragserfüllung geeignet ist und der Wettbewerb nicht künstlich durch die Anforderungen an den Betreiber oder die Leistung („**Parameter der Auftragsvergabe**") eingeschränkt wurde.[211] Außerdem darf es keine „vernünftige Alternative" (z. B. Neuausschreibung unter ggf. angepassten Anforderungen) geben. Dieses Verfahren ist besonders dann von Vorteil, wenn es absehbar nur wenige Interessenten für das Schienennetz gibt. Es führt allerdings zu einer Verkomplizierung des Verfahrens, wenn es mehrere Interessenten gibt. In diesem Fall ist durch eine (weitere) Veröffentlichung das offene Verfahren einzuleiten und durchzuführen. Ein ähnliches Verfahren sieht die novellierte VgV mit der Möglichkeit der Interessensbekundung auf der Grundlage eine Vorinformation vor; auch in diesem Verfahren kann eine weitere Veröffentlichung einer Bekanntmachung unterbleiben (vgl. § 38 Abs. 4, 5 VgV).

G. Bagatell(direkt)vergabe (Art. 5 Abs. 4 VO 1370)

Art. 5 Abs. 4 VO 1370 befreit die zuständige Behörde unter dem Vorbehalt des **31**
nationalen Rechts bei kleineren Aufträgen („Bagatellvergaben") von der Durchführung eines wettbewerblichen Vergabeverfahrens. Ein ausdrückliches, kategorisches Verbot[212] gibt es in Deutschland nicht, sodass die Direktvergabeoption grundsätzlich genutzt werden kann.[213] Für den ÖPNV stellt dies § 8a Abs. 3 PBefG ausdrücklich klar. Der Direktvergabetatbestand soll insbesondere auch die Berücksichtigung der Interessen von kleinen und mittleren Unternehmen ermöglichen. Bei der Bagatelldirektvergabe nach Art. 5 Abs. 4 VO 1370 sind die

---

209 *Knauff*, N&R 1/2018, 26 (29).

210 Vgl. Erwägungsgrund 22 der VO 2016/2338.

211 Vgl. *Linke*, NZBau 2017, 331 (336).

212 *Eichhorn*, in: *Saxinger/Winnes*, Art. 5 Abs. 2 VO 1370, Rn. 15 (Stand: Juli 2017); *Pünder*, EuR 2010, 774 (785). Ob es eines ausdrücklichen Verbotes bedarf, erscheint aber mit Blick auf die Entscheidung des *BGH „S-Bahn-Verkehr Rhein/Ruhr"* (8.2.2011, X ZB 4/10) fraglich.

213 *Zuck*, in: *Ziekow/Völlink*, Art. 5 VO 1370, Rn. 86.

Vorschriften der VO 1370 für Direktvergaben (z. B. Art. 6 Abs. 1, Art. 7 VO 1370) zu beachten.[214]

32 Art. 5 Abs. 4 VO 1370 hat durch die VO 2016/2338 eine neue Fassung erhalten. Durch die Neufassung wurde einerseits deutlicher das schon bisher angenommene **Alternativverhältnis**[215] zwischen dem Jahresdurchschnitt (lit. a)) und der Personenverkehrsleistung (lit. b)) herausgestellt (vgl. schon bisher § 8a Abs. 4 Satz 1 PBefG).[216] Zum anderen wurden erhöhte Schwellenwerte für öffentliche Schienenpersonenverkehrsdienste eingefügt. Diese erhöhten Schwellen sollen nach dem Willen des Verordnungsgebers auch dann zum Tragen kommen, wenn der Schienenverkehrsanteil mehr als 50 % des Werts der betreffenden Dienste entspricht.[217]

32a Art. 5 Abs. 4 VO 1370 berechtigt die zuständige Behörde, eine Direktvergabe vorzunehmen, wenn bestimmte Voraussetzungen vorliegen. Dazu zählt im Bereich der Busse und Straßenbahnen u. a., dass eine Direktvergabe nur bei Dienstleistungskonzessionen in Betracht kommt.[218] Wie die zuständige Behörde zur Direktvergabeentscheidung kommt und wie sie das Unternehmen auswählt, **wenn mehrere Unternehmen in Betracht kommen**, gibt die VO 1370 nicht vor. Insofern steht die Verordnung einem Verfahren mit „Verhandlungselementen" nicht entgegen, wenn mehrere Betreiber in Betracht kommen.[219] Die Behörde ist aber nicht verpflichtet, ein Auswahlverfahren durchzuführen;[220] sie muss die Auswahl eines Unternehmens auch nicht begründen.[221]

32b Die Mitgliedstaaten können beschließen, für Bagatellvergaben i. S. d. Art. 5 Abs. 4 VO 1370 **ein Wettbewerbsverfahren vorzuschreiben** oder die **Wertgrenzen abzusenken.**[222] In Deutschland wurde davon keinen Gebrauch gemacht.

I. Jahresdurchschnittswert (Art. 5 Abs. 4 lit. a) VO 1370)

33 Nach Art. 5 Abs. 4 lit. a) VO 1370 können die zuständigen Behörden unter dem Vorbehalt des nationalen Rechts entscheiden, öffentliche Dienstleistungsaufträge, die einen geschätzten Jahresdurchschnittswert von weniger als 1.000.000 Euro bzw. weniger als 7.500.000 Euro für Schienenpersonenverkehrsdienste aufweisen, direkt zu vergeben. Der „Wert" bestimmt sich nach Art. 2 lit. k) VO 1370. Bei der Bestimmung des Wertes darf ein einheitlicher Beförderungsbedarf nicht aufgespalten werden, um von der Direktvergabeoption Ge-

214 Art. 4, 6 und 7 sowie der Anhang zur VO 1370/2007.
215 Vgl. *Hübner*, in: *Willenbruch/Wieddekind/Hübner*, Art. 5 VO 1370, Rn. 110.
216 Vgl. Erwägungsgrund 23 VO 1370.
217 Vgl. Erwägungsgrund 23 der VO 2016/2338.
218 *OLG Frankfurt*, 10.11.2015, 11 Verg 8/15, Rn. 29; *VK Ansbach*, 6.6.2020, RMF-SG21-3194-4-53, Rn. 97.
219 Vgl. *Saxinger*, in: *Saxinger/Winnes*, Art. 5 Abs. 4 VO 1370/2007, Rn. 32 (Stand: Jan. 2015); *Linke*, V+T 2012, 223 (226).
220 *Nettesheim*, NVwZ 2009, 1449 (1452 f.). A.A. *Linke*, V+T 2012, 223 (226).
221 Für eine ermessensfehlerfreie Auswahl aber: *Wachinger*, IR 2007, 267 (267 f.).
222 Ziff. 2.5.3.2. der Mitteilung der Kommission v. 26.6.2023 (2023/C 222/01), S. 17.

brauch machen zu können; es gilt das allgemeine vergaberechtliche **Umgehungsverbot.**[223] Indizien für eine Umgehung können etwa der enge zeitliche Zusammenhang zwischen mehreren Bagatell-Direktvergaben an ein bestimmtes Unternehmen oder die Tatsache sein, dass die Verkehrsleistung aus mehreren Direktvergaben zusammengefasst ein einheitliches Netz bilden und die Aufspaltung sachlich nicht gerechtfertigt werden kann.[224] Möglich soll es wegen dem in Deutschland normierten Vorrang eigenwirtschaftlicher Verkehre[225] aber sein, einen Auftrag in einen gemeinwirtschaftlichen und eigenwirtschaftlichen Teil aufzuteilen.[226]

II. Öffentliche Personenverkehrsleistung (Art. 5 Abs. 4 lit. b) VO 1370)

Die (Bagatell-)Direktvergabe ist nach Art. 5 Abs. 4 lit. b) Satz 1 VO 1370 auch möglich, wenn es um öffentliche Dienstleistungsaufträge geht, die eine jährliche öffentliche Personenverkehrsleistung von weniger als 300.000 km bzw. 500.000 km bei Schienenpersonenverkehrsdiensten aufweisen. Die „öffentliche Personenverkehrsleistung“ ist in der VO 1370 nicht näher bestimmt. In Betracht kommen die **Fahrplankilometer**[227], die **Zugkilometer** oder die **Platzkilometer** als **Jahresbeförderungsleistung**[228]. 34

III. Kleine und mittlere Unternehmen (Art. 5 Abs. 4 lit. b) VO 1370)

Nach Art. 5 Abs. 4 lit. b) Satz 2 VO 1370 können im Falle von öffentlichen Dienstleistungsaufträgen, die an kleinere oder mittlere Unternehmen, die nicht mehr als 23 Fahrzeuge betreiben, direkt vergeben werden, die Schwellen des Art. 5 Abs. 4 lit. a) VO 1370 entweder auf einen geschätzten Jahresdurchschnittswert von weniger als 2.000.000 Euro oder eine jährliche öffentliche Personenverkehrsleistung von weniger als 600.000 km erhöht werden. Dabei kommt der Behörde ein Wahlrecht zu.[229] Die Vorschrift soll es der zuständigen Behörde ermöglichen, kleine und mittlere Behörden angemessen zu berücksichtigen.[230] 35

Ob ein **kleines oder mittleres Unternehmen** schon vorliegt, wenn es „nicht mehr als 23 Fahrzeuge betreibt“ oder zusätzlich die Empfehlung der Kommission betreffend die Definition der Kleinstunternehmen sowie der kleinen und 36

223 Vgl. Erwägungsgrund 23 der VO 1370 und *Hübner*, VergabeR 2015, 568 (573).
224 *OLG München*, 14.10.2019, Verg 16/19, Rn. 47.
225 Vgl. §§ 8 Abs. 4 Satz 1, 8a Abs. 1 Satz 1 PBefG.
226 *Hübner*, VergabeR 2015, 568 (573); offen: *OLG Koblenz*, 25.3.2015, Verg 11/14.
227 Hübner, in: Willenbruch/Wieddekind/Hübner, Art. 5 VO 1370, Rn. 113.
228 Offen: *OLG Koblenz*, 25.3.2015, Verg 11/14.
229 *Linke/Prieß*, in: *Linke*, Art. 5 VO 1370, Rn. 182v.
230 Vgl. Erwägungsgrund 23 der VO 1370.

mittleren Unternehmen[231] („KMU") beachtet werden muss, ist umstritten.[232] Die Kommission hat sich jüngst zutreffend dafür ausgesprochen, die Definition der kleinen oder mittleren Unternehmen (nur) über die Anzahl der Fahrzeuge zu bestimmen.[233] Dabei bezeichnen die 23 Fahrzeuge die gesamten Fahrzeuge eines Verkehrsunternehmens und nicht nur die, die für den jeweiligen öffentlichen Dienstleistungsauftrag eingesetzt werden sollen.[234] Das *OLG Frankfurt* hat offen gelassen, ob bei einer Verflechtung mehrere Verkehrsunternehmen (personenidentische Geschäftsführer bzw. Gesellschafter) eine Gesamtbetrachtung vorzunehmen ist, also ob die verflochtenen Unternehmen zusammen nicht mehr als 23 Fahrzeuge betreiben dürfen.[235]

37 Die Kommission schließt aus dem in der Regelung verwendeten Begriff „(**Straßen-)Fahrzeuge**", dass **nur Verkehre mit Bussen** gemeint sein können, also Art. 5 Abs. 4 UAbs. 2 VO 1370 nicht für den Schienenverkehr (Straßenbahnen, U-Bahnen, Züge) gelte.[236] Dieses Verständnis ist aber nicht zwingend, noch in der VO 1370 angelegt.[237] Der Begriff „Fahrzeug" wurde schon bisher als „Fortbewegungsmöglichkeit" verstanden und zumindest Straßenbahnen nutzen auch den Straßenraum, sodass es sich jedenfalls auch um „**Straßenfahrzeuge**" handelt.[238] Insofern könnte man davon ausgehen, dass die Variante für den Schienenverkehr nicht vollständig ausgeschlossen ist.[239] Die Änderung des Wortlauts, den die Regelung durch die VO 2016/2338 erfahren hat, ändert an den Auslegungsmöglichkeiten nichts: Nach der Änderung bezieht sich der Wortlaut nicht mehr auf „Fahrzeuge", sondern ausdrücklich auf „Straßenfahrzeuge" (vgl. Art. 5 Abs. 4 lit. b) VO 1370 i. d. F.d. VO 2016/2338.

H. (Qualitäts-/Kosteneffizienz-)Direktvergabe (Art. 5 Abs. 4a VO 1370)

38 Der Absatz 4a des Art. 5 VO 1370 enthält einen weiteren Direktvergabetatbestand für öffentliche Schienenpersonenverkehrsdienste i. S. d. Art. 2 lit. aa)

---

231 Empfehlung der Kommission vom 6.5.2003 betreffend die Definition der Kleinstunternehmen sowie der kleinen und mittleren Unternehmen, Abl. EU L 124/36 v. 20.5.2003.

232 **Dafür**: *Hübner*, in: *Willenbruch/Wieddekind/Hübner*, Art. 5 VO 1370, Rn. 114. **Dagegen**: *Linke/Prieß*, in: *Linke*, Art. 5 VO 1370, Rn. 190; *Linke*, EuZW 2014, 766 (768); *Linke*, V+T 2012, 226. **Offen**: *OLG Frankfurt*, 6.8.2015, 11 Verg 7/15.

233 Ziff. 2.5.3.2. der Mitteilung der Kommission v. 26.6.2023 (2023/C 222/01), S. 17 und zuvor Ziff. 2.3.3. der Mitteilung der Kommission v. 29.3.2014 (2014/C 92/01), S. 11; vgl. auch *Linke*, EuZW 2014, 766 (768).

234 Ziff. 2.5.3.2. der Mitteilung der Kommission v. 26.6.2023 (2023/C 222/01), S. 17 und zuvor Ziff. 2.3.3. der Mitteilung der Kommission v. 29.3.2014 (2014/C 92/01), S. 11; *Hübner*, in: *Willenbruch/Wieddekind/Hübner*, Art. 5 VO 1370, Rn. 115; *Linke*, EuzW 2014, 766 (768); *Linke/Prieß*, in: *Linke*, Art. 5 VO 1370, Rn. 192.

235 *OLG Frankfurt*, 10.11.2015, 11 Verg 8/15, Rn. 59.

236 Ziff. 2.5.3.2. der Mitteilung der Kommission v. 26.6.2023 (2023/C 222/01), S. 17 und zuvor Ziff. 2.3.3. der Mitteilung der Kommission v. 29.3.2014, (2014/C 92/01), S. 11.

237 *Linke*, EuZW 2014, 766 (768).

238 A.A. *Linke/Prieß*, in: *Linke*, Art. 5 VO 1370, Rn. 189a.

239 Vgl. *Linke/Prieß*, in: *Linke*, Art. 5 VO 1370, Rn. 189a. Dagegen: *Hübner*, in: *Willenbruch/Wieddekind/Hübner*, Art. 5 VO 1370, Rn. 115.

VO 1370. Unter dem Vorbehalt des nationalen Rechts können die zuständigen Behörden die Direktvergabe vornehmen, wenn bestimmte Voraussetzungen in Bezug auf Art und Struktur des betreffenden Eisenbahnmarkts oder Schienennetzes erfüllt sind (lit. a)). Die Voraussetzungen (lit. a)) sind nicht abschließend; es sind insofern andere sachliche Gründe denkbar, um die Direktvergabe zu rechnen; die zuständige Behörde muss das Vorliegen der Voraussetzungen in ihrer „mit Gründen versehene Entscheidung über die Vergabe" i. S. d. Art. 5 Abs. 4a Satz 2 VO 1370 hinreichend nachweisen.[240] Gemeint ist eine Nachweisführung, wonach die geltend gemachten Merkmale im konkreten Fall die Durchführung einer Direktvergabe anstelle eines wettbewerblichen Vergabeverfahrens rechtfertigen.[241] Inhaltlich muss zu den vorgenannten Voraussetzungen hinzukommen, dass die Direktvergabe zu einer **Verbesserung der Qualität** oder der **Kosteneffizienz** oder beidem führt, wobei der Maßstab für die Verbesserung ein Vergleich mit dem bisherigen Auftrag ist (lit. b)). Als Ausnahme vom Wettbewerbsgrundsatz ist die Regelung restriktiv auszulegen.[242] Die Kommission gibt in ihren Auslegungsleitlinien vom 26.6.2023 konkrete Hinweise zur Auslegung des Direktvergabetatbestandes.[243] Die Bedeutung dieses Direktvergabetatbestandes ist in Deutschlang gering; der Anwendung des Art. 5 Abs. 3b VO 1370 steht mit § 131 Abs. 1 GWB nationales Recht entgegen; öffentliche Dienstleistungsaufträge im Bereich der Eisenbahnen sollen auch künftig in Deutschland im Wettbewerb vergeben werden.[244]

I. (Infrastruktur-)Direktvergabe (Art. 5 Abs. 4b VO 1370)

Nach Art. 5 Abs. 4b VO 1370 können unter dem Vorbehalt des nationalen Rechts die zuständigen Behörden einen Auftrag über öffentliche Schienenpersonenverkehrsdienste i. S. d. Art. 2 lit. aa) VO 1370 direkt an einen Betreiber vergeben, der ganz oder zum größten Teil auch die den konkreten Auftrag betreffende (**Eisenbahn-**)**Infrastruktur** verwaltet. Voraussetzung ist aber, dass es sich bei der Eisenbahninfrastruktur um **eigenständige örtliche und regionale Schienennetze** oder für die Durchführung von Schienenpersonenverkehrsdiensten im **Stadt- oder Vorortverkehr bestimmte Netze** handelt,[245] die von den regulatorischen Vorgaben der Art. 7 bis 8 und 13 sowie des Kapitels IV der Richtlinie 2012/34/EU i. d. F. d. Richtlinie 2016/2370/EU ausgenommen sind. Dem Direktvergabetatbestand wird in Deutschland keine Bedeutung zukommen; mit § 131 Abs. 1 GWB steht der Anwendung des Art. 5 Abs. 4b VO 1370 **nationales Recht entgegen**. Öffentliche Dienstleistungsaufträge im Bereich der Eisenbahnen sollen auch künftig in Deutschland im Wettbewerb vergeben werden.[246] 39

240 Ziff. 2.5.3.3. der Mitteilung der Kommission v. 26.6.2023 (2023/C 222/01), S. 17.
241 Ziff. 2.5.3.3. der Mitteilung der Kommission v. 26.6.2023 (2023/C 222/01), S. 17.
242 Ziff. 2.5.3.3. der Mitteilung der Kommission v. 26.6.2023 (2023/C 222/01), S. 17.
243 Ziff. 2.5.3.3. der Mitteilung der Kommission v. 26.6.2023 (2023/C 222/01), S. 17 ff.
244 *Knauff*, N&R 1/2018, 26 (29).
245 Vgl. Art. 2 Abs. 3 lit. a) und b) Richtlinie 2012/34/EU i. d. F. d. Richtlinie 2016/2370/EU.
246 *Knauff*, N&R 1/2018, 26 (29).

J. Notvergabe (Art. 5 Abs. 5 VO 1370)

40 Art. 5 Abs. 5 VO 1370 enthält abschließende Maßnahmen bei **besonderer Dringlichkeit** („Notvergabe"), die sich aus der Unterbrechung eines (bestehenden)[247] Verkehrsdienstes oder die unmittelbare Gefahr der Unterbrechung ergeben. Die Regelung erfasst damit **Ausnahmesituationen.**[248] Von einer **Unterbrechung des Verkehrsdienstes** ist auszugehen, wenn der Verkehrsdienst zum Erliegen gekommen ist. Die **unmittelbare Gefahr der Unterbrechung** ist gegeben, wenn mit hinreichender Wahrscheinlichkeit in einem unmittelbaren zeitlichen Zusammenhang ein Erliegen der Verkehrsdienste zu erwarten ist.[249] Das ist etwa auch der Fall, wenn bei Auslaufen eines Vertrages eine wettbewerbliche Vergabe nicht mehr erfolgen kann; es kommt nicht darauf an, ob die Unterbrechung nicht vorhersehbar oder planwidrig war.[250] Nicht erfasst von der Ausnahmeregelung in Art. 5 Abs. 5 VO 1370 sind damit eine **mangelhafte Leistungserfüllung** durch den jeweiligen Betreiber oder die **fehlende Einhaltung von Qualitätsvorgaben** („Unterbrechung").[251] Liegt eine Notsituation i. S. d. Art. 5 Abs. 5 Satz 1 VO 1370 vor, ist es unerheblich, wenn die zuständige Behörde die unmittelbare Gefahr selbst verschuldet hat.[252] Dies ergibt sich aus der Zuordnung des öffentlichen Personenverkehrs zur Daseinsvorsorge und der besonderen Bedeutung der Allgemeinwohlaufgabe.[253] Der Dringlichkeit wird verfahrensrechtlich dadurch Rechnung getragen, dass die **Bekanntmachungspflichten nach Art. 7 Abs. 2 VO 1370 nicht einzuhalten sind** (Art. 7 Abs. 2 Satz 4 VO 1370)[254]. Gleiches gilt im Falle von Dringlichkeitsvergaben nach allgemeinem Vergaberecht (in Deutschland z. B. § 14 Abs. 4 Nr. 3 VgV), die vor allen Dingen im Bereich der Busse und Straßenbahnen eine Rolle bei der Auflösung der **Notsituation** spielen.[255] Im Bereich der Busse und Straßenbahnen gilt das Vergaberegime der VO 1370 nur bei Dienstleistungskonzessionen (Art. 5 Abs. 1 Satz 2 VO 1370). Dienstleistungskonzessionen, die die Tragung des Betriebsrisikos voraussetzen,[256] sind im Bereich der Busse und Straßenbahnen regelmäßig aber nicht konstruierbar, um Notlagen sicher abzufangen oder in Querverbundkonstruktionen[257] nicht darstellbar. Notsituationen werden

---

247 *Linke*, VergabeR 2019, 739 (741).

248 *Linke*, VergabeR 2019, 739 (739).

249 *Zuck*, in: *Ziekow/Völlink*, Art. 5 VO 1370, Rn. 104.

250 *OLG Rostock*, 30.10.2019, 17 Verg 5/19, Rn. 51 ff. (bei 6,5 Wochen bis zur Unterbrechung angenommen), Rn. 58.

251 Vgl. *Linke*, VergabeR 2019, 739 (740).

252 *Zuck*, in: *Ziekow/Völlink*, Art. 5 VO 1370, Rn. 102; kritisch: *Linke*, VergabeR 2019, 739 (742, 743). Zur Interimsvergabe außerhalb der VO 1370/2007: *OLG Frankfurt*, 30.1.2014, 11 Verg 15/13, Rn. 50 – *Stadtbusverkehr*; *VK Baden-Württemberg*, 17.7.2014, 1 VK 30/14.

253 Vgl. außerhalb der VO 1370: *OLG Frankfurt*, 30.1.2014, 11 Verg 15/13, Rn. 50 – *Stadtbusverkehr*. Vgl. Erwägungsgrund 24 VO 1370.

254 Vgl. *OLG Rostock*, 30.10.2019, 17 Verg 5/19, Rn. 49.

255 Ziff. 2.5.3.4. der Mitteilung der Kommission v. 26.6.2023 (2023/C 222/01), S. 19; *Lenz/Jürschik-Grau*, EuZW 2023, 829 (830). Schon zuvor: *Linke/Jürschik*, Der Nahverkehr 3/2021, 29 (30). Vgl. die Kommentierung zur Art. 7 Abs. 2 VO 1370.

256 Art. 5 Nr. 1 Satz 1 lit. b) Richtlinie 2014/23/EU bzw. in Deutschland: § 105 Abs. 2 GWB; *VK Ansbach*, 6.6.2020, RMF-SG21-3194-4-53, Rn. 99.

257 Das betrifft insbesondere den kommunalen Bereich, vgl. *OLG Düsseldorf*, 7.3.2018, VII-Verg 26/17, Rn. 21. Zu den Möglichkeiten der Gestaltung: Vgl. die Kommentierung zu Art. 5 VO 1370, Rn. 6.

in diesem Bereich deshalb häufig durch Maßnahmen des allgemeinen Vergaberechts gelöst. Für diese gilt dem Wortlaut nach die Ausnahme von der Vorabbekanntmachungspflicht in Art. 7 Abs. 2 Satz 5 VO 1370 nicht; der Wortlaut erfasst nur Notmaßnahmen nach Art. 5 Abs. 5 VO 1370. Die Interessenlage ist aber vergleichbar, weshalb analog dasselbe gelten muss[258] und von der Kommission[259] bestätigt wurde.

Zulässige Notmaßnahmen sind nach Satz 2 als Rechtsfolge der Notsituation i. S. d. Art. 5 Abs. 5 Satz 1 VO 1370 die **Direktvergabe**[260], die **Ausweitung eines öffentlichen Dienstes** durch förmliche Vereinbarung – was bei einer wesentlichen Ausweitung auch einer Direktvergabe gleichstehen kann[261] – und die **Auflage**. Bei der Auswahl der Maßnahme hat die Behörde Ermessen.[262] Die Auswahl unter den möglichen Notmaßnahmen muss die zuständige Behörde aber unter Verhältnismäßigkeitserwägungen bzw. der geringsten Eingriffsintensität treffen.[263] Die Auflage, die als hoheitliche Zwangsmaßnahme zu verstehen ist,[264] kann nur dann angewendet werden, wenn die Direktvergabe oder die Ausweitung eines öffentlichen Dienstleistungsauftrags nicht in Betracht kommt. **41**

Nach Art. 5 Abs. 5 Satz 3 VO 1370 hat der Betreiber eines öffentlichen Dienstes das Recht, gegen den Beschluss zur Auferlegung der gemeinwirtschaftlichen Verpflichtungen **Widerspruch** einzulegen. Anhaltspunkte zur Ausgestaltung des Widerspruchsverfahrens oder zur Wirkung des Widerspruchs enthält die VO 1370 nach dem Grundsatz der Einzelermächtigung[265] nicht, sondern überlässt die Ausgestaltung dem nationalen Recht. In Deutschland wird es sich bei der Auferlegung regelmäßig um einen Verwaltungsakt i. S. d. § 35 (L)VwVfG handeln, gegen den der Verwaltungsrechtsweg eröffnet ist.[266] Bei dem Widerspruch nach Art. 5 Abs. 5 VO 1370 muss es sich aber nicht um einen „Widerspruch" nach § 68 VwGO handeln; maßgeblich ist ein unionsrechtliches Begriffsverständnis. **42**

Art. 5 Abs. 5 VO 1370 enthält selbst keine Hinweise auf eine einzuhaltende **Eigenerbringungsquote**. Damit unterscheidet sich die Regelung von der Direktvergabe an einen internen Betreiber (Art. 5 Abs. 2 VO 1370), die eine Eigenerbringungsquote ausdrücklich vorgibt (vgl. Art. 5 Abs. 2 Buchst. e) VO 1370). Für die Notdirektvergabe gilt aber die allgemeine Unterauftragsregelung in Art. 4 Abs. 7 Satz 1 und Satz 2 VO 1370. Die Regelung gibt unterschiedslos für öffentliche Dienstleistungsaufträge vor, dass darin transparent anzugeben ist, ob und in welchem Umfang eine Vergabe von Unteraufträgen in Frage kommt. Werden Unteraufträge vergeben, so ist der Betreiber verpflichtet, „einen **bedeutenden** **42a**

258 *Linke/Jürschik*, Der Nahverkehr 3/2021, 29 (30); *Jürschik-Grau/Lenz*, EuZW 2023, 829 (830).

259 Ziff. 2.5.3.4. der Mitteilung der Kommission v. 26.6.2023 (2023/C 222/01), S. 19.

260 Vgl. zur Definition Art. 2 lit. h) VO 1370.

261 Bei wesentlicher Vertragsänderung: *Hübner*, in: *Willenbruch/Wieddekind/Hübner*, Art. 5 VO 1370, Rn. 127.

262 *OLG Rostock*, 30.10.2019, 17 Verg 5/19, Rn. 63.

263 *Linke/Prieß*, in: *Linke*, Art. 5 VO 1370, Rn. 205; *Linke*, VergabeR 2019, 739 (743).

264 Vgl. Art. 5 Abs. 5 Satz 3 VO 1370/2007. Auch: *Zuck*, in: *Ziekow/Völlink*, Art. 5 VO 1370, Rn. 107.

265 Vgl. Art. 4 Abs. 1 EUV.

266 *Zuck*, in: *Ziekow/Völlink*, Art. 5 VO 1370, Rn. 107; *Linke/Prieß*, in: *Linke*, Art. 5 VO 1370, Rn. 218.

Teil der öffentlichen Personenverkehrsdienste selbst zu erbringen".[267] Maßgeblich ist damit nicht der „überwiegende Teil".[268]

43 Der Zeitraum, für den ein öffentlicher Dienstleistungsauftrag als Notmaßnahme vergeben, ausgeweitet oder dessen Übernahme auferlegt wird, darf nach Art. 5 Abs. 5 Satz 4 VO 1370 **zwei Jahre nicht überschreiten**. Der Wortlaut des Satz 4 des Art. 5 Abs. 5 VO 1370 ist durch die VO 2016/2338 vereinfacht worden, ohne dass es dadurch zu einer inhaltlichen Änderung der zeitlichen Höchstgrenze gekommen wäre. Mit der Regelung soll – wie bisher – erreicht werden, dass die jeweiligen Verkehrsdienste nur solange wie nötig dem Wettbewerb entzogen werden.[269] Deshalb soll nach einer Auffassung eine länger als zwei Jahre anhaltende Notmaßnahme oder eine Wiederholung („Ketten-Notmaßnahme") nicht zulässig sein.[270] Das Kontinuitätsinteresse des Art. 5 Abs. 5 VO 1370 spricht aber dafür, dass eine Notmaßnahme im Einzelfall über die zwei Jahre hinaus verlängert werden kann, wenn die Voraussetzungen der Notmaßnahmen weiterhin bestehen.[271] Die Auslegung des Art. 5 Abs. 5 Satz 4 VO 1370 lässt auch ohne weiteres zu, die Zeitgrenze nur auf die konkrete Maßnahme zu beziehen.[272] In diese Richtung äußert sich auch die Kommission in ihren Auslegungsleitlinien vom 26.6.2023: Nach Ablauf der zwei Jahre sollen weitere Notmaßnahmen jedenfalls dann zulässig sein, wenn zum Zeitpunkt des Auslaufens noch eine Notlage besteht und die Vergabe eines öffentlichen Dienstleistungsauftrags nach den anderen Bestimmungen der Verordnung „aufgrund der außergewöhnlichen Umstände faktisch nicht möglich war".[273]

43a **Genehmigungsrechtlich** kann für den Linienverkehr mit Kraftfahrzeugen eine **einstweilige Erlaubnis** nach § 20 Abs. 1 PBefG erlangt werden, um die Notsituation abzufangen. Für Straßen- bzw. Stadtbahnen ist das nach der Novelle des PBefG zum 1.8.2022 auch möglich, sodass auf „Hilfskonstruktionen" nicht mehr zurückgegriffen werden muss.[274]

---

267 Vgl. zur Bedeutung die Kommentierung zu Art. 4 Abs. 7 VO 1370 und Art. 5 Abs. 2 lit. e) VO 1370.

268 So aber *VK Rheinland*, 20.4.2018, VK K 1/18-L, wobei die Entscheidung auch darauf abstellt, dass zusätzlich zu Art. 5 Abs. 5 VO 1370 auch die Voraussetzungen des Art. 5 Abs. 2 VO 1370 vorliegen müssten.

269 Vgl. Erwägungsgrund 24 VO 1370 und *Hübner*, in: *Willenbruch/Wieddekind/Hübner*, Art. 5 VO 1370, Rn. 130 mit Verweis auf Erwägungsgrund 45 des Kommissionsentwurfs v. 21.2.2002, KOM (2002) 107 endgültig. Siehe auch *Linke*, VergabeR 2019, 739 (745).

270 *VK Mecklenburg-Vorpommern*, 15.8.2019, 1 VK 2/19; *Linke*, VergabeR 2019, 739 (745); *Polster*, NZBau 2011, 209 (212); *Saxinger*, in: *Saxinger/Winnes*, Art. 5 Abs. 5 VO 1370, Rn. 20 (Stand: Dez. 2012); *Hübner*, in: *Willenbruch/Wieddekind/Hübner*, Art. 5 VO 1370, Rn. 130; *Knauff*, NZBau 2012, 65 (71).

271 *Lenz/Jürschik*, Der Nahverkehr 1+2/2023, 40; *Jürschik-Grau/Lenz*, EuZW 2023, 829 (830); *Nettesheim*, NVwZ 2009, 1449 (1452); *Otting/Olgemöller/Tresselt*, in: *Gabriel/Krohn/Neun*, Kap. 13, § 72, Rn. 57; *Zuck*, in: *Ziekow/Völlink*, Art. 5 VO 1370, Rn. 110 f. Ohne Beanstandung: *OLG Rostock*, 20.11.2013, 17 Verg 7/13, Rn. 51.

272 *Lenz/Jürschik*, Der Nahverkehr 1+2/2023, 40 (40 f.).

273 Ziff. 2.5.3.4. Mitteilung der Kommission v. 26.6.2023 (2023/C 222/01), S. 19. Schon zuvor *Lenz/Jürschik*, Der Nahverkehr 1+2/2023, 40.

274 Vgl. *Fromm/Sellmann/Zuck*, § 20 PBefG, 5. Aufl. 2022, Rn. 1; *Schröder*, in: *Saxinger/Winnes*, § 20 PBefG, Rn. 7 (Stand: Dez. 2015).

K. Direktvergabe im Bereich der Eisenbahnen (Art. 5 Abs. 6 VO 1370)

44 Unter dem Vorbehalt entgegenstehenden nationalen Rechts können nach Art. 5 Abs. 6 VO 1370 die zuständigen Behörden entscheiden, öffentliche Dienstleistungsaufträge im Eisenbahnverkehr direkt – wenn auch zum Schutze des Wettbewerbs mit nur begrenzter (Regel-)Laufzeit[275] – zu vergeben. Diese Möglichkeit steht den zuständigen Behörden aber nur noch bis zum **Außerkrafttreten der Regelung zum 25.12.2023** zur Verfügung (vgl. Art. 8 Abs. 2 lit. iii) VO 1370 i. d. F. d. VO 2016/2338). Außerdem ist die Laufzeit von Aufträgen, die zwischen dem 3.12.2019 und dem 24.12.2023 vergeben werden, auf höchstens 10 Jahre begrenzt. Diese Einschränkung wird in Deutschland keine Auswirkungen haben. Denn seit der Entscheidung des *BGH* in der Sache *„S-Bahn-Verkehr Rhein/Ruhr“*[276] steht für Deutschland fest, dass das deutsche Recht im Anwendungsbereich der §§ 97 ff. GWB der Direktvergabe entgegensteht. Dies wird mit § 131 Abs. 1 GWB nun auch normiert;[277] die Vergabe soll im Eisenbahnbereich auch weiterhin im Wettbewerb erfolgen.[278] Art. 5 Abs. 6 VO 1370 ist deshalb schon bisher in Deutschland nicht zur Anwendung gekommen.

L. Loslimitierung (Art. 5 Abs. 6a VO 1370)

45 Art. 5 Abs. 6 VO 1370 gibt den zuständigen Behörden mögliche Maßnahmen an die Hand, um den Wettbewerb im Eisenbahnbereich zu steigern.[279] Den zuständigen Behörden steht es danach frei (Ermessen), einen Auftrag in verschiedene Streckenabschnitte aufzuspalten (**Losbildung**) und die Anzahl der Lose, die maximal an ein Unternehmen vergeben werden können, zu begrenzen (**Loslimitierung**). Die Loslimitierung ist in Deutschland schon bisher sowohl als Angebots- als auch als Zuschlagslimitierung zulässig.[280]

M. Überprüfbarkeit (Art. 5 Abs. 7 VO 1370)

46 Nach Art. 5 Abs. 7 VO 1370 treffen die Mitgliedstaaten die erforderlichen Maßnahmen, um sicherzustellen, dass die gem. den Abs. 2 bis 6 getroffenen Entscheidungen wirksam und rasch auf Antrag einer interessierten Partei überprüft werden können. Die Maßnahmen sollen für die spezifischen – in Deutschland weitgehend bedeutungslosen[281] – Direktvergabetatbestände im Eisenbahnbereich nach Art. 5 Abs. 4a und Abs. 4b VO 1370 die Möglichkeit umfassen, auf Verlangen die (begründete) Behördenentscheidung nachzuprüfen. Absatz 7 re-

275 *Linke/Prieß*, in: *Linke*, Art. 5 VO 1370, Rn. 239.

276 *BGH*, 8.2.2011, X ZBV 4/10, VergabeR 2011, 452, 462, Rn. 54 – *S-Bahnverkehr Rhein/Ruhr*.

277 Für das Erfordernis einer ausdrücklichen Normierung: *Pünder*, EuR 2010, 774 (785).

278 Vgl. die amtliche Begründung zu § 131 GWB, BT-Drucks. 18/6281, S. 114 f. und *Binder/Jürschik*, Der Nahverkehr 4/2016, 37 (39).

279 Vgl. Erwägungsgrund 26 der VO 2016/2338 und *Knauff*, N&R 1/2018, 26 (29).

280 Vgl. *OLG Düsseldorf*, 17.1.2013, Verg 35/12, Rn. 45; *VK Bund*, 21.9.2016, VK 2-87/16, Rn. 58. Vgl. nun auch § 30 Abs. 2 VgV. Vgl. *Knauff*, N&R 1/2018, 26 (28); *Linke*, NZBau 2017, 331 (338).

281 Vgl. Rn. 44.

gelt kein spezielles Verfahren. Die Vorschrift enthält aber drei Voraussetzungen für das Verfahren,[282] nämlich das Antragsprinzip, ein Interesse des Antragstellers an dem Auftrag und die Darlegung eines eingetretenen oder möglichen Schadens durch den Verstoß.

47 Der Bundesgesetzgeber ist dieser Verpflichtung für Verkehre mit Straßenbahnen, Obussen oder Kraftfahrzeugen (**ÖPNV**) mit § 8a Abs. 7 PBefG nachgekommen. Danach unterliegen Vergaben nach Art. 5 Abs. 2 bis 5[283] VO 1370 der Nachprüfung.[284] Nach der Rechtsprechung gilt die Rechtswegzuweisung auch dann (entsprechende Anwendung des § 8a Abs. 7 PBefG), wenn die zuständige Behörde bzw. Aufgabenträger zwar die Absicht einer Direktvergabe nach Art. 5 Abs. 2 VO 1370 bekannt gegeben hat, tatsächlich aber die Regeln über die Inhouse-Vergabe (§ 108 GWB) anwendbar sind.[285] Das folgt aus dem gesetzgeberischen Willen[286], eine Zuständigkeitskonzentration zu schaffen und eine Rechtswegspaltung zu vermeiden. § 8a Abs. 6 PBefG verleiht den „Bestimmungen über die Vergabe öffentlicher Dienstleistungsaufträge“ bieterschützenden Charakter.[287] Eine ausdrückliche Regelung für den Schienenpersonennahverkehr (**SPNV**) fehlt. Deshalb soll sich die Zuständigkeit der Vergabekammern aus einer Analogie zu § 102 ff. GWB ergeben,[288] wenn es sich bei dem Auftrag über SPNV-Leistungen nicht ohnehin (auch) um einen öffentlichen Dienstleistungsauftrag im Sinne der Vergaberichtlinien handelt.[289]

48 Bei **Direktvergaben** nach VO 1370 stellt sich die Frage, ob die Zulässigkeit eines etwaigen **Vergabenachprüfungsantrags** zu den Vergabekammern eine Rüge (**Rügeobliegenheit**) voraussetzt. Das könnte man mit dem Argument verneinen, dass bei **de-facto-Vergaben** (Vergaben ohne das an sich durchzuführende Vergabeverfahren) keine Rüge erforderlich ist[290] und die Sachlage bei Direktvergaben vergleichbar ist. Direktvergaben nach der VO 1370 sind aber

---

282 *Zuck*, in: *Ziekow/Völlink*, Art. 5 VO 1370, Rn. 118.

283 Art. 5 Abs. 6 VO 1370 wird in der Aufzählung abweichend von der VO 1370 nicht genannt. Dafür gibt es zwei Gründe: Zunächst spielt Absatz 6 seit der Entscheidung des *BGH* vom 8.2.2011 (X ZBV 4/10) wegen dem entgegenstehenden nationalen Recht in Deutschland keine Rolle. Das PBefG erfasst darüber hinaus nicht den Eisenbahnverkehr, auf den Art. 5 Abs. 6 VO 1370 beschränkt ist.

284 Daneben bleiben die Prüfungsmöglichkeiten der Aufsichtsbehörde der zuständigen Behörde unberührt, vgl. § 8a Abs. 7 Satz 2 PBefG.

285 *OLG Düsseldorf*, 4.3.2020, VII-Verg 10/18, S. 14 f. des Beschlussabdrucks; *OLG Düsseldorf*, 4.3.2020, VII-Verg 11/18, S. 10 f. des Beschlussabdrucks; *OLG Düsseldorf*, 19.2.2020, VII-Verg 27/17; *OLG Düsseldorf*, 19.2.2020, VII-Verg 1/19, S. 11 des Beschlussabdrucks; *OLG Düsseldorf*, 19.2.2020, VII-Verg 2/19, S. 11 f. des Beschlussabdrucks; *OLG Düsseldorf*, 19.2.2020, Verg 26/17, Rn. 50; *OLG Düsseldorf*, 18.12.2019, Verg 16/16; *OLG Düsseldorf*, 18.12.2019, VII-Verg 16/16.

286 Vgl. BT-Drucks. 17/8233, S. 23.

287 *Heinze/Fehling/Fiedler*, § 8a PBefG, Rn. 76.

288 *OLG München*, 22.6.2011, Verg 6/11, Rn. 55 – *Stadtbusverkehr Lindau*; *OLG Düsseldorf*, 2.3.2011, Verg 48/10, Rn. 36 – *Münsterlandkreise*; *VK Münster*, 25.2.2015, VK 23/14, Rn. 175; *VK Sachsen*, 8.8.2013, 1/SVK/025-13, Rn. 32.

289 *OLG Düsseldorf*, 2.3.2011, Verg 48/10, Rn. 35 – *Münsterlandkreise*; *VK Südbayern*, 27.4.2015, Z3-3-3194-1-09-02/15, Rn. 93.

290 Vgl. § 160 Abs. 3 Satz 2 GWB und *OLG München*, 31.3.2016, Verg 14/15; *OLG Celle*, 29.10.2009, 13 Verg 8/09; *OLG Hamburg*, 14.12.2010, 1 Verg 5/10.

wegen Art. 7 Abs. 2 VO 1370 keine de-facto-Vergabe im Sinne des allgemeinen Vergaberechts: Die Absicht, einen Auftrag im Wege der Direktvergabe zu vergeben, muss nach Art. 7 Abs. 2 VO 1370 mindestens ein Jahr vor der eigentlichen Vergabe europaweit bekannt gemacht werden; es findet keine „heimliche" Vergabe statt und die Rüge kann noch ihren Zweck (Selbstkontrolle) erfüllen. Der beabsichtigte Vertrag ist überdies noch nicht geschlossen, sondern nur angekündigt.[291] Deshalb gilt auch das Rügeerfordernis.[292] § 160 Abs. 3 Satz 2 GWB ist auf eine angekündigte Direktvergabe nach der VO 1370 nicht anwendbar.[293] Auch bei Inhouse-Vergaben ist der Rechtsweg zu den **Vergabenachprüfungsinstanzen** eröffnet.[294]

Ein Vergabenachprüfungsverfahren gegen eine (Direkt-)Vergabe nach der VO 1370 ist darüber hinaus nur dann zulässig, wenn die **Antragsbefugnis** (§ 160 Abs. 2 GWB) gegeben ist. Die Antragsbefugnis ist für jede erhobene vergaberechtliche Beanstandung gesondert zu prüfen.[295] Die Antragsbefugnis ist regelmäßig nicht gegeben, wenn die Direktvergabeart in der Vorabbekanntmachung nach Art. 7 Abs. 2 VO 1370 falsch bezeichnet ist.[296] Die Antragsbefugnis ist regelmäßig auch nicht gegen, wenn in der Vorabbekanntmachung der Wert des Anteils der Unterauftragsvergabe (Eigenerbringungsquote) oder die Bedingungen der Unterauftragsvergabe nicht angegeben werden.[297] In beiden Fällen droht kein Schaden; in beiden Fällen wäre selbst bei zutreffenden Angaben keine Angebotsabgabe möglich gewesen.[298] 49

Artikel 5a VO 1370 Eisenbahn-Rollmaterial

(1) [1]Im Hinblick auf die Einleitung eines wettbewerblichen Vergabeverfahrens prüfen die zuständigen Behörden, ob Maßnahmen getroffen werden müssen, um einen effektiven und diskriminierungsfreien Zugang zu geeignetem Rollmaterial zu gewährleisten. [2]Bei dieser Prüfung wird berücksichtigt, ob es auf dem betreffenden Markt Leasing-Unternehmen für Rollmaterial oder sonstige Marktteilnehmer, die das Leasing von Rollmaterial anbieten, gibt. [3]Der Prüfungsbericht wird öffentlich zugänglich gemacht.

---

291 *OLG Düsseldorf*, 19.2.2020, VII-Verg 27/17, S. 10 f. des Beschlussabdrucks.

292 Vgl. *OLG Düsseldorf*, 19.2.2020, Verg 27/17; *OLG Jena*, 12.7.2019, 2 Verg 1/18; *OLG Frankfurt*, 24.1.2017, 11 Verg 1/16.

293 *OLG Düsseldorf*, 19.2.2020, VII-Verg 27/17, S. 14 des Beschlussabdrucks; *OLG Jena*, 12.7.2019, 2 Verg 1/18, Rn. 70; *OLG Rostock*, 20.11.2013, 17 Verg 7/13, Rn. 42 f.

294 *OLG Düsseldorf*, 8.7.2020, VII-Verg 17/16, Rn. 26; *OLG Düsseldorf*, 27.4.2020, VII-Verg 27/19, Rn. 19.

295 *OLG Düsseldorf*, 4.3.2020, VII-Verg 11/18, S. 12 des Beschlussabdrucks; *OLG Düsseldorf*, 19.2.2020, VII-Verg 2/19, S. 13 des Beschlussabdrucks; *OLG Düsseldorf*, 16.10.2019, VII-Verg 43/18.

296 Vgl. die Kommentierung zu Art. 7 VO 1370, Rn. 16.

297 *OLG Düsseldorf*, 19.2.2020, VII-Verg 1/19, S. 13 des Beschlussabdrucks; *OLG Düsseldorf*, 19.2.2020, VII-Verg 2/19.

298 Vgl. *OLG Düsseldorf*, 4.3.2020, VII-Verg 10/18, S. 17 des Beschlussabdrucks; *OLG Düsseldorf*, 19.2.2020, VII-Verg 1/19, S. 13 des Beschlussabdrucks; *OLG Düsseldorf*, 4.3.2020, VII-Verg 11/18, S. 13 des Beschlussabdrucks.

(2) [1]Die zuständigen Behörden können im Einklang mit dem nationalen Recht und unter Einhaltung der Vorschriften über staatliche Beihilfen entscheiden, angemessene Maßnahmen zur Gewährleistung eines effektiven und diskriminierungsfreien Zugangs zu geeignetem Rollmaterial zu ergreifen. [2]Diese Maßnahmen können Folgendes umfassen:

a) den Erwerb des für die Ausführung des öffentlichen Dienstleistungsauftrags zu verwendenden Rollmaterials durch die zuständige Behörde im Hinblick auf die Bereitstellung für den ausgewählten Betreiber des öffentlichen Dienstes zu Marktpreisen oder als Teil des öffentlichen Dienstleistungsauftrags gemäß Artikel 4 Absatz 1 Buchstabe b, Artikel 6 und gegebenenfalls dem Anhang,

b) die Übernahme einer Bürgschaft durch die zuständige Behörde für die Finanzierung des für die Ausführung des öffentlichen Dienstleistungsauftrags zu verwendenden Rollmaterials zu Marktpreisen oder als Teil des öffentlichen Dienstleistungsauftrags gemäß Artikel 4 Absatz 1 Buchstabe b, Artikel 6 und, soweit er anzuwenden ist, dem Anhang, einschließlich einer Bürgschaft zur Abdeckung des Restwertrisikos,

c) das Eingehen einer Verpflichtung der zuständigen Behörde in dem öffentlichen Dienstleistungsauftrag, das Rollmaterial zu vorab definierten finanziellen Konditionen am Ende der Laufzeit des Auftrags zu Marktpreisen zu übernehmen, oder

d) die Zusammenarbeit mit anderen zuständigen Behörden, um einen größeren Rollmaterialpark zu schaffen.

(3) Wenn einem neuen Betreiber eines öffentlichen Verkehrsdienstes Rollmaterial zur Verfügung gestellt wird, nimmt die zuständige Behörde alle verfügbaren Informationen über die Kosten für die Instandhaltung des Rollmaterials und seinen physischen Zustand in die Vergabeunterlagen auf.

Schrifttum:

Knauff, Neuerungen im EU-Verkehrsmarkt – Änderungen der Personenverkehrsdienstleistungsverordnung (EG) Nr. 1370/2007 durch die Verordnung (EU) 2016/2338, NZR 1/2018, 26 ff.; *Linke*, Marktöffnung im öffentlichem Schienenpersonenverkehr, NZBau 2017, 331 ff.

Übersicht Rn.

A. Vorbemerkungen

1 Art. 5a VO 1370 ist im Rahmen des „4. Eisenbahnpaketes“ durch die VO 2016/2338 in die VO 1370 eingefügt worden. Die Vorschrift hat den Zweck, den Zugang zu **Eisenbahn-Rollmaterial** – also Schienenfahrzeugen – zu ermöglichen und damit **effektiven Wettbewerb** durch mehr Vergabeteilnehmer im Schienen-

verkehr zu schaffen[1] und auch „Newcomern" ohne große Fahrzeugflotte eine Beteiligung zu ermöglichen.[2] Art. 5a Abs. 1 VO 1370 verpflichtet dazu die zuständigen Behörden, im Vorfeld eines wettbewerblichen Vergabeverfahrens zu prüfen, ob Maßnahmen für einen effektiven und diskriminierungsfreien **Zugang zu geeignetem Rollmaterial** getroffen werden müssen. Ziel der Regelung ist den Marktzugang dadurch zu öffnen, dass das Wiedereinsatz-/Wiederverwendungsrisiko oder das Restwertrisiko der eingesetzten Fahrzeuge den Betreibern abgenommen wird.[3] Art. 5a Abs. 2 VO 1370 enthält insofern eine **nicht abschließende Aufzählung** von Maßnahmen, die die zuständigen Behörden zur Gewährleistung eines effektiven und diskriminierungsfreien Zugangs zu Rollmaterial ergreifen können. Der Absatz 3 des Art. 5a VO 1370 gibt schließlich vor, welche Informationen in die Vergabeunterlagen aufzunehmen sind, wenn einem neuen Betreiber Rollmaterial zur Verfügung gestellt wird. Die Vorschrift trat am 24.12.2017 in Kraft.

B. Zugang zu Rollmaterial (Art. 5a Abs. 1 VO 1370)

Bevor die zuständige Behörde (Aufgabenträger im **SPNV**) ein **wettbewerbliches Vergabeverfahren** (nicht Direktvergabe)[4] über Eisenbahnverkehrsleistungen beginnt, hat sie nach Art. 5a Abs. 1 VO 1370 zu prüfen, ob Maßnahmen getroffen werden müssen, um Zugang zu geeignetem Eisenbahn-Rollmaterial (z. B. Triebwagen, Treibfahrzeuge, Waggons etc.) zu gewährleisten. Die zuständigen Behörden trifft damit eine **Prüfungspflicht**, nicht aber eine Umsetzungsflicht der sich aus der Prüfung ergebenden Maßnahmen.[5] Um zu klären, ob die Betreiber **Zugang zu Rollmaterial** haben, sollten zuständige Behörden alle relevanten Hindernisse bewerten, die u. a. finanziell, technisch oder rechtlich sein können und dem Zugang entgegenstehen.[6] Dabei sind insbesondere tatsächliche Begebenheiten, wie Schienenfahrzeugpools zuständiger Behörden sowie das Angebot von Leasingunternehmen und Marktteilnehmern zu berücksichtigen.[7] Die zu ergreifenden Maßnahmen sind aus dieser Prüfung abzuleiten. 2

Geeignet sind das **Rollmaterial** bzw. die Schienenfahrzeuge dann, wenn es sich für die Erfüllung des jeweiligen öffentlichen Dienstleistungsauftrages eignet, also insbesondere die gemeinwirtschaftlichen Verpflichtungen eingehalten werden können (z. B. Umweltschutz, Sicherheit, Qualitätsanforderungen, Preis, techni- 2a

---

1 Vgl. Ziff. 2.4.1. der Mitteilung der Kommission v. 26.6.2023 (2023/C 222/01), S. 13 sowie die Begründung der Kommission v. 4.2.2013, COM(2013) 28 final, S. 7. Siehe auch *Knauff*, in: *Immenga/Mestmäcker*, Wettbewerbsrecht, Band 5, Art. 5a VO 1370/2007, Rn. 402; *Knauff*, NZR 1/2018, 26 (28).

2 Ziff. 2.4.1. der Mitteilung der Kommission v. 26.6.2023 (2023/C 222/01), S. 13.

3 *Linke*, in: *Linke*, Art. 5a VO 1370, Rn. 1.

4 Auch *Knauff*, in: *Immenga/Mestmäcker*, Wettbewerbsrecht, Band 5, Art. 5a VO 1370/2007, Rn. 404.

5 *Linke*, in: *Linke*, Art. 5a VO 1370, Rn. 10.

6 Ziff. 2.4.1. der Mitteilung der Kommission v. 26.6.2023 (2023/C 222/01), S. 13.

7 Ziff. 2.4.1. der Mitteilung der Kommission v. 26.6.2023 (2023/C 222/01), S. 13.

sche Anforderungen etc.).[8] Deshalb können sowohl Gebrauchtfahrzeuge als auch Neufahrzeuge im Einzelfall geeignet sein. Ein **effektiver Zugang** zu Rollmaterial ist gegeben, wenn die Beschaffung des Rollmaterials auch tatsächlich möglich ist, also auch erfolgen kann.[9] Miteinzubeziehen ist dabei auch der Zeitraum, den die Betreiber brauchen, um die Fahrzeuge einzusetzen (sog. Mobilisierungszeitraum bzw. Rüstzeit).[10] Umgekehrt ist ein effektiver Zugang insbesondere dann nicht gegeben, wenn es **keine gut funktionierenden Leasingmärkte** für Schienenfahrzeuge gibt.[11] Der Begriff „Leasing" ist dabei autonom auszulegen und erfasst **jede Form von Miet- und Leihverhältnisse.**[12] **Diskriminierungsfrei** ist der Zugang, wenn er allen Unternehmen in gleicher Weise (insb. zu den gleichen Bedingungen) offen steht.[13] **Nicht diskriminierungsfrei** ist der Zugang entsprechend, wenn (Leasing-)Angebote für Schienenfahrzeuge nur bestimmten Gruppen bzw. Unternehmen vorbehalten sind oder die Konditionen nicht für alle Unternehmen gleich sind.[14]

2b Das Ergebnis der Prüfung in Form eines Prüfungsberichts ist nach Art. 5a Abs. 1 Satz 3 VO 1370 **öffentlich zugänglich** zu machen. Das hat nach Auffassung der Kommission „rechtzeitig im Voraus" zu erfolgen, damit alle Interessengruppen darauf reagieren können.[15] Gemeint sein dürfte, dass der Bericht im Vorfeld der Ausschreibung veröffentlicht wird. Nachdem die europaweite Bekanntmachung nicht vorgesehen ist, dürfte es für die „öffentliche Zugänglichmachung" ausreichen, wenn – wie bei den Gesamtberichten i. S. d. Art. 7 VO 1370 – die Behörde den Prüfungsbericht auf einer zentralen Website zuständiger Behörden („gemeinsames Internetportal"), des Verkehrsministeriums oder auf der Website der jeweiligen Behörde veröffentlicht.[16] Die Richtigkeit des Berichts kann nach dem Verständnis der Kommission im Rahmen einer Überprüfung i. S. d. Art. 5 Abs. 7 VO 1370 „angefochten" werden.[17] In Deutschland ist damit das Vergabenachprüfungsverfahren gemeint; die Richtigkeit des Berichts müsste damit „bieterschützend" sein, was ausweislich der Zielrichtung (Herstellung effektiven Wettbewerbs) der Fall ist.

C. Maßnahmen zur Gewährleistung des Zugangs (Art. 5a Abs. 2 VO 1370)

3 Wenn die Prüfung der zuständigen Behörden nach Art. 5a Abs. 1 VO 1370 ergibt, dass kein effektiver und diskriminierungsfreier Zugang zu geeignetem Ei-

8 Vgl. die Kommentierung zu Art. 2 VO 1370, Rn. 8, 9 und Ziff. 2.4.1. der Mitteilung der Kommission v. 26.6.2023 (2023/C 222/01), S. 13. Siehe auch *Knauff*, in: *Immenga/Mestmäcker*, Wettbewerbsrecht, Band 5, Art. 5a VO 1370/2007, Rn. 406.

9 *Linke*, in: *Linke*, Art. 5a VO 1370, Rn. 11.

10 Ziff. 2.4.1. der Mitteilung der Kommission v. 26.6.2023 (2023/C 222/01), S. 13.

11 Vgl. die Begründung der Kommission v. 4.2.2013, COM(2013) 28 final, S. 7.

12 *Linke*, in: *Linke*, Art. 5a VO 1370, Rn. 12.

13 *Linke*, in: *Linke*, Art. 5a VO 1370, Rn. 11.

14 Vgl. Ziff. 2.4.1. der Mitteilung der Kommission v. 26.6.2023 (2023/C 222/01), S. 13. Siehe auch *Knauff*, in: *Immenga/Mestmäcker*, Wettbewerbsrecht, Band 5, Art. 5a VO 1370/2007, Rn. 406.

15 Ziff. 2.4.1. der Mitteilung der Kommission v. 26.6.2023 (2023/C 222/01), S. 13.

16 Vgl. *Linke*, in: *Linke*, Art. 5a VO 1370, Rn. 14; *Knauff*, in: *Immenga/Mestmäcker*, Wettbewerbsrecht, Band 5, Art. 5a VO 1370/2007, Rn. 406 und Kommentierung zu Art. 7 VO 1370, Rn. 5.

17 Ziff. 2.4.1. der Mitteilung der Kommission v. 26.6.2023 (2023/C 222/01), S. 13.

senbahn-Rollmaterial für potentielle Betreiber besteht, „können" die zuständigen Behörden angemessene Maßnahmen zur Gewährleistung des Zugangs ergreifen. Den Behörden steht insofern ein **(Entschließungs-)Ermessen** zu.[18] Das bedeutet, dass sich eine Behörde auch dazu entscheiden kann, keine geeigneten Maßnahmen zu treffen (**keine Verpflichtung zum Eingreifen**).[19] Entscheidet sich eine Behörde aber trotz Handlungsbedarf gemäß Prüfungsbericht gegen Maßnahmen, so läuft sie Gefahr, dass das sich anschließende Vergabeverfahren über Schienenverkehre im Verfahren nach Art. 5 Abs. 7 VO 1370 (in Deutschland: Vergabenachprüfungsverfahren) mit dem Argument beanstandet wird, das Vergabeverfahren sei nicht fair und genüge den Grundsätzen von Transparenz und Nichtdiskriminierung nicht.[20] Den Behörden steht außerdem Ermessen bei der Auswahl der Maßnahme zu, wobei die Maßnahme **angemessen** sein muss, also nicht außer Verhältnis zu den Vorteilen stehen darf. Der mit Art. 5a Abs. 2 lit. a) bis d) VO 1370 genannte Maßnahmenkatalog ist **nicht abschließend.**[21] Es handelt sich nach Auffassung der Kommission nur um die „am häufigsten eingesetzten Maßnahmen"; mit der Vorschrift soll den zuständigen Behörden möglichst viel Spielraum bei der Wahl der geeignetsten Maßnahmen verbleiben.[22] Denkbar ist etwa auch eine Verpflichtung in den öffentlichen Dienstleistungsaufträgen, wonach das **Rollmaterial** am Ende der Laufzeit an den nachfolgenden Betreiber zu übertragen ist.[23] Die Regelung des Absatzes 2 gilt – anders als Absatz 1 – auch für Direktvergaben und nicht nur für wettbewerbliche Vergaben; der Wortlaut enthält keine entsprechende Einschränkung.[24] Entschließt sich die Behörde zu entsprechenden Maßnahmen, kann das je nach Maßnahme zu einer erheblichen Reduktion der Ausgleichsleistung des Schienenverkehrsbetreibers führen.[25] Der ggf. entstehende beihilferechtlich relevante Vorteil (z. B. durch Überlassung von Fahrzeugen zu nicht marktüblichen Konditionen) kann durch den öffentlichen Dienstleistungsauftrag legitimiert werden (Art. 9 Abs. 1 VO 1370). Das ist bei der Gestaltung des öffentlichen Dienstleistungsauftrags bzw. der Überkompensationskontrolle zu berücksichtigen.

Art. 5a Abs. 2 Satz 1 VO 1370 stellt klar, dass die von den Behörden ergriffene Maßnahme **im Einklang mit dem nationalen Recht** und dem (EU-)**Beihilferecht** erfolgen muss; die beihilferechtliche Zulässigkeit der den Betreiber begünstigenden und damit beihilferechtlich relevanten Maßnahmen ergibt sich nicht schon aus Art. 5a Abs. 2 lit. a) bis d) VO 1370. Die Begünstigungen können deshalb eine Beihilfe i. S. d. Art. 107 Abs. 1 AEUV und deshalb unzulässig sein. Von den zuständigen Behörden ist daher das Beihilferecht und insbesondere die **4**

18 Vgl. *Knauff*, in: *Immenga/Mestmäcker*, Wettbewerbsrecht, Band 5, Art. 5a VO 1370/2007, Rn. 408; *Linke*, NZBau 2017, 331 (338).

19 Ziff. 2.4.1. der Mitteilung der Kommission v. 26.6.2023 (2023/C 222/01), S. 13. Auch *Knauff*, in: *Immenga/Mestmäcker*, Wettbewerbsrecht, Band 5, Art. 5a VO 1370/2007, Rn. 405.

20 Ziff. 2.4.1. der Mitteilung der Kommission v. 26.6.2023 (2023/C 222/01), S. 13.

21 Ziff. 2.4.1. der Mitteilung der Kommission v. 26.6.2023 (2023/C 222/01), S. 13. Vgl. *Knauff*, NZR 1/2018, 26 (28).

22 Vgl. die Begründung der Kommission v. 4.2.2013, COM(2013) 28 final, S. 7.

23 Ziff. 2.4.1. der Mitteilung der Kommission v. 26.6.2023 (2023/C 222/01), S. 13.

24 *Linke*, in: *Linke*, Art. 5a VO 1370, Rn. 16.

25 *Knauff*, in: *Immenga/Mestmäcker*, Wettbewerbsrecht, Band 5, Art. 5a VO 1370/2007, Rn. 409.

Hinweise der Kommission, wie z. B. die Bürgschaftsmitteilung der Kommission[26] oder die Eisenbahnleitlinien[27] zu beachten.[28] Die Maßnahmen nach Art. 5a Abs. 2 lit. a) und lit. b) VO 1370 sind bei einer Ausgestaltung als Teil des öffentlichen Dienstleistungsauftrags überdies bei der Festlegung der **Ausgleichsleistung** für die Erbringung der gemeinwirtschaftlichen Verpflichtungen zu berücksichtigen.

D. Vergabeunterlagen (Art. 5a Abs. 3 VO 1370)

5 Wenn die zuständige Behörde einem neuen Betreiber Schienenfahrzeuge bzw. Eisenbahn-Rollmaterial zur Verkehrserbringung zur Verfügung stellt, hat sie nach Art. 5a Abs. 3 VO 1370 **alle verfügbaren Informationen über die Kosten für die Instandhaltung** (z. B. Wartungskosten, Unterhaltskosten etc.) und den **Zustand des Rollmaterials** (z. B. Verschleiß, Fahrzeugtyp, Baujahr, anstehende Wartungsarbeiten, erforderliche Erneuerungen etc.)[29] in den Vergabeunterlagen anzugeben. Dies soll einerseits einem potentiellen Betreiber in die Lage versetzen, ein fundiertes **Angebot zu kalkulieren**[30] und andererseits die **Qualität der Verkehre** schützen, indem der Betreiber bei der Ausführung der Verkehrsleistung nicht von hohen Kosten überrascht wird. Sofern die zuständige Behörde die Informationen nicht selbst hat, kann sie diese über die in einem öffentlichen Dienstleistungsauftrag zu verankernde Informationspflicht nach Art. 4 Abs. 8 VO 1370 erlangen.[31]

Artikel 6 VO 1370 Ausgleichsleistung für gemeinwirtschaftliche Verpflichtungen

(1) [1]Jede Ausgleichsleistung im Zusammenhang mit einer allgemeinen Vorschrift oder einem öffentlichen Dienstleistungsauftrag entspricht unabhängig von den Vergabemodalitäten dem Artikel 4. [2]Jede wie auch immer beschaffene Ausgleichsleistung im Zusammenhang mit einem öffentlichen Dienstleistungsauftrag, der nicht gemäß Artikel 5 Absatz 1, Absatz 3 oder Absatz 3b vergeben wurde oder im Zusammenhang mit einer allgemeinen Vorschrift steht, unterliegt darüber hinaus den Bestimmungen des Anhangs.

(2) Die Mitgliedstaaten übermitteln der Kommission auf deren schriftliche Aufforderung binnen drei Monaten oder einer anderen in der Aufforderung gesetzten längeren Frist alle Informationen, die diese für erforderlich hält, um festzustellen, ob eine gewährte Ausgleichsleistung mit dieser Verordnung vereinbar ist.

---

26 Mitteilung der Kommission über die Anwendung der Artikel 87 und 88 des EG-Vertrags auf staatliche Beihilfen in Form von Haftungsverpflichtungen und Bürgschaften, (2008/C 155/02), vgl. dazu Ziff. 4.2.3.4 der Bekanntmachung der Kommission zum Begriff der staatlichen Beihilfe im Sinne des Artikels 107 Absatz 1 des Vertrags über die Arbeitsweise der Europäischen Union (2016/C 262/01), Rn. 108 ff.

27 Leitlinien der Europäischen Kommission für staatliche Beihilfen an Eisenbahnunternehmen vom 22.7.2008 (2008/C 184/07).

28 Vgl. auch *Zuck*, in: *Ziekow/Völlink*, Art. 5a VO 1370, Rn. 10.

29 Vgl. *Linke*, in: *Linke*, Art. 5a VO 1370, Rn. 33.

30 Ähnlich: *Berschin*, in: Münchener Kommentar Wettbewerbsrecht, Band 4, Art. 5a VO 1370, Rn. 2.

31 *Knauff*, in: *Immenga/Mestmäcker*, Wettbewerbsrecht, Band 5, Art. 5a VO 1370/2007, Rn. 410.

Schrifttum:
Jürschik-Grau/Lenz, Umbruch bei Wettbewerbsvergaben? Die neuen Auslegungsleitlinien zur VO (EG) Nr. 1370/2007, EuZW 2023, 829 ff.; *Lenz/Jürschik*, Erleichterung wettbewerbsfreier ÖPNV-Vergaben durch EuGH-Grundsatzentscheidungen, NZBau 2019, 629 ff.; *Linke*, Die staatliche Finanzierung öffentlicher Personenverkehrsdienste – Interpretationsansätze der Kommission im Rahmen neuer Auslegungsleitlinien, EuZW 2014, 766 ff.; *Schmitz/Winkelhüsener*, Der Öffentliche Personennahverkehr im Übergang zur VO 1370/2007: Vergaberechtliche Handlungsoptionen und deren beihilferechtliche Konsequenzen, EuZW 2011, 52 ff.

Übersicht Rn.

A. Vorbemerkungen

1 Art. 6 VO 1370 i. d. F. d. VO 2016/2338[1] stellt mit Absatz 1 Anforderungen an die Ausgleichsleistung (Art. 2 lit. g) VO 1370) auf. Dabei wird zwischen den Ausgleichsleistungen im Zusammenhang mit Direktvergabe sowie einer allgemeinen Vorschrift und Ausgleichsleistungen im Zusammenhang mit Dienstleistungsaufträgen, die in wettbewerblichen Verfahren und damit nicht direkt vergeben werden, unterschieden. Hintergrund der Unterscheidung ist, dass auch ohne wettbewerbliches Verfahren die Angemessenheit der Ausgleichsleistung sowie die Effizienz und Qualität der Dienste sichergestellt werden soll.[2] Anders als noch die ursprüngliche Fassung des Art. 6 Abs. 1 Satz 2 VO 1370 werden mit der Neufassung durch die VO 2016/2338 nicht mehr die Direktvergabetatbestände aufgezählt, sondern umgekehrt darauf abgestellt, dass kein wettbewerbliches Verfahren nach Art. 5 Abs. 1, 3 oder 3b VO 1370 erfolgte. Inhaltlich ist damit keine Änderung verbunden; die redaktionelle Anpassung dürfte der Erweiterung der Direktvergabetatbestände durch die VO 2016/2338 in Art. 5 VO 1370 geschuldet sein. Absatz 2 des Art. 6 VO 1370 betrifft die Überprüfung der Anforderungen an die Ausgleichsleistung und räumt der Kommission als „Hüterin der Verträge" (vgl. Art. 17 Abs. 1 Satz 2 EUV) ein Informationsrecht ein.

B. Anforderungen an die Ausgleichsleistung (Art. 6 Abs. 1 VO 1370)

2 Nach Art. 6 Abs. 1 Satz 1 VO 1370 muss jede Ausgleichsleistung i. S. d. Art. 2 lit. g) VO 1370 im Zusammenhang mit einer allgemeinen Vorschrift oder einem öffentlichen Dienstleistungsauftrag den Anforderungen des Art. 4 VO 1370 entsprechen. Über den pauschalen Verweis sind nicht nur die Modalitäten bei der

1 Art. 6 Abs. 1 VO 1370 wurde durch die VO 2016/2338 geändert und gilt in dieser Fassung ab 24.12.2017, vgl. Art. 2 VO 2016/2338.

2 Vgl. Erwägungsgrund 27 der VO 1370.

Berechnung der Höhe der Ausgleichsleistung (Art. 4 Abs. 1 lit. b) VO 1370), sondern alle Anforderungen des Art. 4 VO 1370 einzuhalten.

3 Art. 6 Abs. 1 Satz 2 VO 1370 ordnet darüber hinaus für Ausgleichsleistungen im **Zusammenhang mit Direktvergaben** oder mit einer **allgemeinen Vorschrift** (Art. 2 lit. l) VO 1370) an, dass die **Bestimmungen des Anhangs** einzuhalten sind. Die Ziffern 1 bis 7 des Anhangs definieren den Rahmen für die Ausgleichsleistung, die für die gemeinwirtschaftliche Verpflichtung gewährt werden kann. Die detaillierten Vorgehen (u.a. des Anhangs) schränken den Beurteilungsspielraum ein, den die zuständigen Behörden bei der Festlegung der Parameter zur Berechnung der Ausgleichsleistung haben.[3] Der Anhang gibt etwa vor, dass die Ausgleichsleistung den Betrag nicht überschreiten darf, der dem finanziellen Nettoeffekt der Summe aller Auswirkungen der Erfüllung gemeinwirtschaftlicher Verpflichtungen auf die Kosten und Einnahmen des Betreibers entspricht. Weiter wird vorgegeben, wie die Behörde bei der Berechnung des finanziellen Nettoeffekts vorzugehen hat (vgl. Ziff. 2 des Anhangs). Außerdem wird das Erfordernis einer Trennungsrechnung für Betreiber vorgegeben, die neben den Verkehrsdiensten, die Gegenstand einer Ausgleichsleistung und mit gemeinwirtschaftlichen Verpflichtungen belegt sind, noch andere Tätigkeiten ausüben (Ziff. 5 des Anhangs). Die Kommission positioniert sich beim **Trennungsrechnungserfordernis** dabei so, dass bei mehreren öffentlichen Dienstleistungsaufträgen auch in jedem einzelnen Auftrag Vorgaben für Trennungsrechnungen und Überkompensationsprüfungen vorzusehen sind.[4] Das dürfte so zu verstehen sein, dass die Kommission eine **Überkompensationskontrolle und eine Trennungsrechnung für jeden einzelnen öffentlichen Dienstleistungsauftrag** voraussetzt. Das ist überraschend und zweifelhaft,[5] weil der *EuGH* eine Trennung zwischen gemeinwirtschaftlichen Verpflichtungen und „Rest" ausreichen lässt.[6] Das Trennungsrechnungserfordernis soll die Transparenz erhöhen und zur Vermeidung von **Quersubventionen** beitragen.[7] Die Einhaltung des Anhangs soll **Überkompensationen** ausschließen, die bei Vergabeverfahren nach Art. 5 Abs. 3 VO 1370 regelmäßig durch die Bildung eines Marktpreises im Wettbewerb ausgeschlossen sind.[8] Insofern überrascht es, dass die Kommission neuerdings **Überkompensationsprüfungen auch bei Wettbewerbsvergaben** für erforderlich hält[9] und zwar unabhängig davon, ob sich nur ein oder mehrere Bieter am Verfahren beteiligt haben bzw. ein „Marktversagen" und damit fehlender Preiswettbewerb vorliegt. Überkompensationskontrollen sollen nach Auffassung der Kommission sowohl bei Direktvergaben als auch bei Wettbewerbsvergaben regelmäßig und nachträglich stattfinden,[10] wobei es den

3 *EuGH*: 25.1.2024, Rs. C-390/22, Rn. 39. Vgl. die Kommentierung zu Art. 4 VO 1370.

4 Ziff. 2.6.5. der Mitteilung der Kommission v. 26.6.2023 (2023/C 222/01), S. 24.

5 Vgl. *Jürschik-Grau/Lenz*, EuZW 2023, 829 (832).

6 *EuGH*, 28.6.2017, Rs. C-482/14, Rn. 127 ff.

7 *Schmitz/Winkelhüsener*, EuZW 2011, 52 (56).

8 Vgl. Erwägungsgrund 27 der VO 1370; *Hölzl*, in: Münchener Kommentar Wettbewerbsrecht, Art. 6 VO 1370/2007, Rn. 4.

9 Vgl. Ziff. 2.6.3. der Mitteilung der Kommission v. 26.6.2023 (2023/C 222/01), S. 23. Kritisch: *Jürschik-Grau/Lenz*, EuZW 2023, 829 (831 f.).

10 Ziff. 2.6.3. der Mitteilung der Kommission v. 26.6.2023 (2023/C 222/01), S. 23 und zuvor Ziff. 2.4.2. der Mitteilung der Kommission v. 29.3.2014, S. 14. Vgl. *Linke*, EuZW 2014, 766 (769).

zuständigen Behörden **freisteht**, die **Häufigkeit und den Umfang** von Überkompensationskontrollen ja nach Laufzeit und Komplexität des Auftrags **festzulegen.**[11]

Die **Bestimmungen des Anhangs** sind auch anzuwenden, wenn ein öffentlicher Dienstleistungsauftrag im Bereich der Busse und Straßenbahnen keine Dienstleistungskonzession ist, aber die **Inhouse-Voraussetzungen** (**§ 108 GWB**) vorliegen und der öffentliche Dienstleistungsauftrag als Inhouse-Vergabe i. S. d. Vergaberichtlinien vergeben wird.[12] Das folgt daraus, dass die Verordnung im Bereich der Busse und Straßenbahnen mit Ausnahme der Absätze 2 bis 6 des Art. 5 VO 1370 auch dann anwendbar ist, wenn ein öffentlicher Dienstleistungsauftrag nach dem Verfahren der Vergaberichtlinien vergeben wird (vgl. Art. 5 Abs. 3 VO 1370).[13] Art. 6 Abs. 1 Satz 2 VO 1370 greift das auf, indem jede Ausgleichsleistung „im Zusammenhang" mit öffentlichen Dienstleistungsaufträgen der Anwendbarkeit des Anhangs unterliegt, also auch solche Ausgleichsleistungen im Zusammenhang mit öffentlichen Dienstleistungsaufträgen, die zugleich unter die Definition des öffentlichen Dienstleistungsauftrages der Vergaberichtlinien fallen. Inhouse-Vergaben nach allgemeinem Vergaberecht werden auch nicht durch den Klammerzusatz „die nicht gemäß Artikel 5 Absatz 1, Absatz 3 oder Absatz 3b vergeben wurden" in Art. 6 Abs. 1 Satz 2 VO 1370 von der Anwendbarkeit des Anhangs ausgeschlossen. Inhouse-Vergaben nach allgemeinem Vergaberecht sind zwar „Art. 5 Absatz 1"-Vergaben. Die Aufzählung des Art. 5 Abs. 1 VO 1370 zusammen mit den Absätzen 3 und 3b des Art. 5 verdeutlicht aber, dass nur Wettbewerbsvergaben ausgeschlossen sein sollen. Die Herausnahme nur von wettbewerblichen Verfahren aus dem Anwendungsbereich des Anhangs zur VO 1370 entspricht auch dem Sinn und Zweck der Regelung, weil sich der Preis bei diesen Verfahren im Wettbewerb bildet („Wettbewerbspreis") und damit Überkompensationen nicht wahrscheinlich sind.[14] Aufgabe des Anhangs ist insofern nur, Überkompensationen vorzubeugen, die durch wettbewerbslose Direktvergaben zustande kommen könnten.[15] 3a

C. Informationsübermittlung (Art. 6 Abs. 2 VO 1370)

Art. 6 Abs. 2 VO 1370 räumt der Kommission ein Auskunfts- und Informationsrecht bezogen auf die Ausgleichsleistung ein. Das fristgebundene und auf die Ausgleichsleistung beschränkte Auskunftsrecht tritt als lex specialis[16] neben das ohnehin schon bestehende allgemeine Auskunftsrecht der Kommission (Art. 377 AEUV).[17] Aus dem Wortlaut ergibt sich, dass das Auskunftsrecht nur gegenüber 4

11 Ziff. 2.6.3. der Mitteilung der Kommission v. 26.6.2023 (2023/C 222/01), S. 23.
12 *BGH*, 12.11.2019, XIII ZB 120/19, Rn. 61 – *Heinsberg*. Vgl. *Lenz/Jürschik*, NZBau 2019, 629 (630).
13 *EuGH*, 27.10.2016, Rs. C-292/15, Rn. 48 – *Hörmann Reisen; EuGH*, 20.9.2018, Rs. C-518/17, Rn. 47 – *Salzburger Verkehrsverbund*; *BGH*, 12.11.2019, XIII ZB 120/19, Rn. 38, 61 – *Heinsberg*.
14 Im Einzelnen: *Lenz/Jürschik*, NZBau 2019, 629 (630). Vgl. aber die Kommentierung zu Art. 6 VO 1370, Rn. 3.
15 Vgl. Erwägungsgrund 27 der VO 1370.
16 *Niemann*, in: *Saxinger/Winnes*, Art. 6 VO 1370, Rn. 9 (Stand: Dez. 2012).
17 *Hübner*, in: *Willenbruch/Wieddekind/Hübner*, Art. 6 VO 1370, Rn. 7.

dem Mitgliedstaat besteht, nicht aber gegenüber dem Verkehrsunternehmen.[18] Der Mitgliedstaat wird aber regelmäßig im Wege der Amtshilfe auf den jeweiligen Aufgabenträger zugehen. Der Umfang des Auskunftsanspruchs richtet sich nach der Einschätzung der Kommission bzw. danach, was die Kommission für erforderlich hält, um festzustellen, ob die Ausgleichsleistung mit der VO 1370 (insbesondere Art. 3, 4, 6 VO 1370 und dem Anhang der VO 1370) vereinbar ist. Neben der ex-post-Prüfung besteht auch die Möglichkeit, die Ausgleichsleistung ex-ante von der Kommission „aus Gründen der Rechtssicherheit" beurteilen zu lassen.[19]

Artikel 7 VO 1370 Veröffentlichung

(1) [1]Jede zuständige Behörde macht einmal jährlich einen Gesamtbericht über die in ihren Zuständigkeitsbereich fallenden gemeinwirtschaftlichen Verpflichtungen öffentlich zugänglich. [2]Dieser Bericht beinhaltet den Beginn und die Laufzeit der öffentlichen Dienstleistungsaufträge, die ausgewählten Betreiber öffentlicher Dienste sowie die diesen Betreibern zur Abgeltung gewährten Ausgleichsleistungen und ausschließlichen Rechte. [3]Der Bericht unterscheidet nach Busverkehr und schienengebundenem Verkehr, er muss eine Kontrolle und Beurteilung der Leistungen, der Qualität und der Finanzierung des öffentlichen Verkehrsnetzes ermöglichen und gegebenenfalls Informationen über Art und Umfang der gewährten Ausschließlichkeit enthalten. [4]Der Bericht muss ferner die politischen Ziele, wie sie in den Strategiepapieren für den öffentlichen Verkehr in dem betreffenden Mitgliedstaat aufgeführt sind, berücksichtigen. Die Mitgliedstaaten erleichtern den Zugang zu diesen Berichten, zum Beispiel über ein gemeinsames Internet-Portal.

(2) [1]Jede zuständige Behörde ergreift die erforderlichen Maßnahmen, um sicherzustellen, dass spätestens ein Jahr vor Einleitung des wettbewerblichen Vergabeverfahrens oder ein Jahr vor der Direktvergabe mindestens die folgenden Informationen im Amtsblatt der Europäischen Union veröffentlicht werden:

a) der Name und die Anschrift der zuständigen Behörde;
b) die Art des geplanten Vergabeverfahrens;
c) die von der Vergabe möglicherweise betroffenen Dienste und Gebiete;
d) der geplante Beginn und die geplante Laufzeit des öffentlichen Dienstleistungsauftrags.

[2]Die zuständigen Behörden können beschließen, diese Informationen nicht zu veröffentlichen, wenn der öffentliche Dienstleistungsauftrag eine jährliche öffentliche Personenverkehrsleistung von weniger als 50 000 km aufweist.
[3]Sollten sich diese Informationen nach ihrer Veröffentlichung ändern, so hat die zuständige Behörde so rasch wie möglich eine Berichtigung zu veröffentlichen. [4]Diese Berichtigung erfolgt unbeschadet des Zeitpunkts der Einleitung der Direktvergabe oder des wettbewerblichen Vergabeverfahrens.
[5]Dieser Absatz findet keine Anwendung auf Artikel 5 Absatz 5.

(3) Bei der Direktvergabe von öffentlichen Dienstleistungsaufträgen im Eisenbahnverkehr nach Artikel 5 Absatz 6 macht die zuständige Behörde innerhalb eines Jahres nach der Auftragsvergabe folgende Informationen öffentlich zugänglich:

---

18 *Linke/Lübbig*, in: *Linke*, Art. 6 VO 1370, Rn. 4.
19 Ziff. 2.4.6. der Mitteilung der Kommission v. 29.3.2014, S. 17.

a) den Namen des Auftraggebers, seine Eigentümer sowie gegebenenfalls den/die Namen der Partei oder Parteien, die eine rechtliche Kontrolle ausübt/ausüben;
b) die Dauer des öffentlichen Dienstleistungsauftrags;
c) eine Beschreibung der zu erbringenden Personenverkehrsdienste;
d) eine Beschreibung der Parameter für die finanzielle Ausgleichsleistung;
e) Qualitätsziele wie beispielsweise in Bezug auf Pünktlichkeit und Zuverlässigkeit und anwendbare Prämien und Sanktionen;
f) Bedingungen in Bezug auf die wichtigsten Wirtschaftsgüter.

(4) Die zuständige Behörde übermittelt jeder interessierten Partei auf entsprechenden Antrag ihre Gründe für die Entscheidung über die Direktvergabe eines öffentlichen Dienstleistungsauftrags.

Schrifttum:
Antweiler, Allgemeines Vergaberecht und sektorspezifisches Sondervergaberecht im ÖPNV, NZBau 2019, 289 ff.; *Diemon-Wies*, Die Vergabe von Busdienstleistungen im ÖPNV nach der VO (EG) 1370/2007, dem GWB oder dem PBefG?, VergabeR 2014, 305 ff.; *Hübner*, Anmerkung zu einer Entscheidung des EuGH, Urteil vom 20.9.2018 (C-518/17), VergabeR 2019, 46 ff.; *Jürschik-Grau/Lenz*, Umbruch bei Verkehrsvergaben? Die neuen Auslegungsleitlinien zur VO 1370/2007, EuZW 2023, 829 ff.; *Knauff*, Möglichkeit der Direktvergabe im ÖPNV (Schiene und Straße), NZBau 2012, 66 ff.; *Linke/Jürschik*, Veröffentlichungspflichten auch bei Zeitnot?, Der Nahverkehr 3/2021, 29 ff.; *Linke*, OLG Rostock: Selbsterbringung von Nahverkehrsleistungen nach der Verordnung (EG) Nr. 1370/2007, IR 2012, 359 ff.; *Pünder*, Die Vergabe von Dienstleistungsaufträgen im Eisenbahnverkehr, EuR 2010, 774 ff.; *Schmitz/Winkelhüsener*, Der öffentliche Personennahverkehr im Übergang zur VO 1370/2007: Vergaberechtliche Handlungsoptionen und deren beihilferechtliche Konsequenzen, EuZW 2011, 52 ff.; *Schröder*, Inhalt, Gestaltung und Praxisfragen des wettbewerblichen Vergabeverfahrens nach der neuen europäischen ÖPNV-Verordnung, NVwZ 2008, 1288 ff.; *Winter/Woll/Gleichner*, EU-Kommission veröffentlicht Leitlinien zur Verordnung 1370, Der Nahverkehr 5/2014, 7 ff.

Übersicht

A. Vorbemerkungen

1 Mit Art. 7 VO 1370 soll „angemessene **Transparenz**"[1] gewährleistet werden. Mittel zur Schaffung der Transparenz sind der jährliche Gesamtbericht (Abs. 1), Veröffentlichungen im Amtsblatt der Europäischen Union (Abs. 2 und Abs. 3) sowie Informationsansprüche (Abs. 4). Die Vorschrift bezweckt besonders im Bereich der Direktvergaben durch **Bekanntmachungs- und Auskunftspflichten** Transparenz herzustellen.[2] Die Angemessenheit der Transparenz schlägt sich bei den Ausnahmen von den Bekanntmachungspflichten für Bagatellbeschaffungen und Notvergaben nieder.

2 Art. 7 Abs. 1 VO 1370 hat durch die VO 2016/2338 eine neue Fassung erhalten. Darüber hinaus wurde Art. 7 Abs. 2 VO 1370 um den Buchstaben „d)" ergänzt, wonach der geplante Beginn und die geplante Laufzeit des öffentlichen Dienstleistungsauftrags ebenfalls bekannt zu machen sind. Der Markt soll sich durch die Bekanntgabe zentraler Merkmale anstehender Vergabeverfahren besser darauf einstellen können.[3] Die Änderungen der VO 2016/2338 traten zum 24.12.2017 in Kraft (vgl. Art. 2 VO 2016/2338).

2a Art. 7 Abs. 2 VO 1370 gilt nicht nur für öffentliche Dienstleistungsaufträge, die gemäß Art. 5 Abs. 2 bis 6 VO 1370 vergeben werden, sondern auch für öffentliche Dienstleistungsaufträge **im Bereich der Busse und Straßenbahnen**, die nach dem Vergaberegime der **Vergaberichtlinien** vergeben werden (Vergaben nach Art. 5 Abs. 1 Satz 2 VO 1370/2007 i. V. m. den Vergaberichtlinien)[4] also auch bei **Inhouse-Vergaben** nach § 108 GWB.[5] In Deutschland stellt das für den ÖPNV-Bereich schon bisher § 8a Abs. 2 Satz 2 PBefG klar.

B. Gesamtbericht (Art. 7 Abs. 1 VO 1370)

3 Jede zuständige Behörde ist nach Art. 7 Abs. 1 VO 1370 verpflichtet, einmal jährlich einen **Gesamtbericht** über die in ihren Zuständigkeitsbereich fallenden **gemeinwirtschaftlichen Verpflichtungen**[6] „öffentlich zugänglich zu machen". Unter dem **Gesamtbericht** versteht die Kommission die Veröffentlichung aller

---

1 Vgl. *Fehling/Linke*, in: *Linke*, Art. 7 VO 1370, Rn. 1.

2 Vgl. Erwägungsgrund 29 und 30 der VO 1370 sowie Ziff. 2.5.3. der Mitteilung der Kommission v. 29.3.2014 (2014/C 92/01), S. 18 f.

3 Vgl. Erwägungsgrund 29 der VO 2016/2338.

4 *EuGH*, 20.9.2018, Rs. C-518/17, Rn. 47, 53; *Hübner*, VergabeR 2019, 46 (47); *Antweiler*, NZBau 2019, 289 (290). Zur Anwendbarkeit der VO 1370 im Übrigen auf Aufträge, die nach den Vergaberichtlinien vergeben werden: *EuGH*, 27.10.2016, Rs. C-292/15, Rn. 41 – *Hörmann Reisen; BGH*, 12.11.2019, XIII ZB 120/19, Rn. 38, 61 – *Heinsberg*.

5 Ziff. 2.7. der Mitteilung der Kommission v. 26.6.2023 (2023/C 222/01), S. 25.

6 Vgl. die Kommentierung zu Art. 2 lit. e) VO 1370, Rn. 12, 13.

von der jeweiligen zuständigen Behörde vergebenen öffentlichen Dienstleistungsaufträge.[7]

4 Zu den **obligatorischen Inhalten des Gesamtberichts** zählen Beginn und Laufzeit der öffentlichen Dienstleistungsaufträge, die ausgewählten Betreiber eines öffentlichen Dienstes i. S. d. Art. 2 lit. g) VO 1370 (Name und Sitz)[8] sowie die diesen Betreibern gewährten Ausgleichsleistungen und ausschließlichen Rechte i. S. d. Art. 3 Abs. 1 VO 1370. Dabei sind die öffentlichen Dienstleistungsaufträge einzeln auszuführen.[9] Die Angabe eines Gesamtwertes ist nicht ausreichend.[10] Diese Verpflichtung steht in einem Spannungsverhältnis zur gleichzeitigen Wahrung des Schutzes der berechtigten Wirtschaftsinteressen der Betreiber.[11] Der Detailgrad der anzugebenden Informationen muss die Erfüllung des Zwecks der Vorschrift, nämlich eine „aussagefähige Kontrolle und Beurteilung des öffentlichen Verkehrsnetzes" zu ermöglichen,[12] und eine Beurteilung der Leistungen, der Qualität und der Finanzierung des öffentlichen Verkehrsnetzes zulassen. Der Gesamtbericht muss eine **Unterscheidung nach Bus- und Schienenverkehr** enthalten (vgl. Art. 7 Abs. 1 Satz 3 VO 1370). Damit wird den strukturellen Unterschieden der Verkehrsträger, der unterschiedlichen Amortisierungsdauer und der nicht vergleichbaren Kosten Rechnung getragen.[13] Aus der Ergänzung des Art. 7 Abs. 1 VO 1370 durch die VO 2016/2338 folgt ferner, dass die in den Strategiepapieren (vgl. Art. 2a Abs. 1 VO 1370) niedergelegten „politischen Ziele" in dem Bericht anzugeben sind.

5 Für die **„öffentliche Zugänglichmachung"** der Gesamtberichte enthält Art. 7 Abs. 1 VO 1370 i. d. F. d. VO 2016/2338 gegenüber der alten Fassung eine Konkretisierung. Die Zugänglichmachung soll danach z. B. durch ein gemeinsames Internet-Portal erreicht werden. Dies entspricht der bisherigen Auffassung, wonach es ausreichen soll, die Informationen auf einer zentralen Website zuständiger Behörden, des Verkehrsministeriums[14] oder auf der Website der jeweiligen Behörde[15] zu veröffentlichen. Die Verpflichtung besteht **„jährlich"** und damit nicht zwingend zum Beginn des Kalenderjahres.[16]

C. Vorinformation (Art. 7 Abs. 2 VO 1370)

6 Nach Art. 7 Abs. 2 VO 1370 ergreift jede **zuständige Behörde** die erforderlichen Maßnahmen, um sicherzustellen, dass spätestens **ein Jahr** vor Einleitung des wettbewerblichen Vergabeverfahrens (Art. 5 Abs. 1, 3, 3a VO 1370) oder ein Jahr

7 Ziff. 2.5.1. der Mitteilung der Kommission v. 29.3.2014 (2014/C 92/01), S. 19.
8 *Fehling/Linke*, in: *Linke*, Art. 7 VO 1370, Rn. 24.
9 Ziff. 2.5.1. der Mitteilung der Kommission v. 29.3.2014 (2014/C 92/01), S. 19.
10 Ziff. 2.5.1. der Mitteilung der Kommission v. 29.3.2014 (2014/C 92/01), S. 19.
11 Vertreten wird deshalb, dass bei der Ausgleichsleistung die Angabe eines Gesamtwertes ausreichend ist: *Winter/Woll/Gleichner*, Der Nahverkehr 5/2014, 7 (12).
12 Ziff. 2.5.1. der Mitteilung der Kommission v. 29.3.2014 (2014/C 92/01), S. 19.
13 *Hübner*, in: *Willenbruch/Wieddekind/Hübner*, Art. 7 VO 1370, Rn. 6.
14 Ziff. 2.5.1. der Mitteilung der Kommission v. 29.3.2014 (2014/C 92/01), S. 19.
15 *Fehling/Linke*, in: *Linke*, Art. 7 VO 1370, Rn. 28.
16 *Fehling/Linke*, in: *Linke*, Art. 7 VO 1370, Rn. 29.

vor der Direktvergabe (Art. 5 Abs. 2, 3a, 4, 4a, 4b, 5, 6 VO 1370) im Amtsblatt der Europäischen Union die Angaben nach Art. 7 Abs. 2 Satz 1 lit. a) bis d) VO 1370 veröffentlicht werden (sog. **Vorinformation**). Ziel der Regelung ist nicht nur, auf die beabsichtigte Vergabe aufmerksam zu machen, sondern auch den Unternehmen die Möglichkeit zu geben, sich besser auf eine Ausschreibung vorzubereiten.[17] Das Vorabbekanntmachungserfordernis gilt auch für öffentliche Dienstleistungsaufträge im **Bereich der Busse und Straßenbahnen**, die mit dem Vergaberegime der Vergaberichtlinien vergeben werden.[18] Erfasst von der Veröffentlichungspflicht sind deshalb auch **Inhouse-Vergaben**, die in Übereinstimmung mit den Vergaberichtlinien vergeben werden (§ 108 GWB); für Aufträge, die nach dem Vergaberegime der Vergaberichtlinien vergeben werden, gilt nur Art. 5 Abs. 2 bis 6 VO 1370 nicht – im Übrigen bleibt die Verordnung anwendbar (vgl. Art. 5 Abs. 1 Satz 3 VO 1370). Art. 7 Abs. 2 VO 1370 enthält diesbezüglich auch keine Einschränkungen.

6a Die **Zuständigkeit der Behörde** muss schon zum Zeitpunkt der Vorinformation bestehen;[19] der Wegfall der Zuständigkeit (durch Aufgabenübertragung o. ä.) berechtigt zur Aufhebung des Verfahrens.[20] Die Veröffentlichung nach Art. 7 Abs. 2 VO 1370 leitet das Vergabeverfahren ein[21] und ist **konstitutive Voraussetzung der Direktvergabe.**[22] Die Berechnung der **Jahresfrist** kann anhand der Verordnung (EG/Euratom) Nr. 1182/71 des Rates vom 3.6.1971 zur Festlegung über die Fristen, Daten und Termine vorgenommen werden.[23] Für die Bekanntmachung bzw. die Vorinformation sind Standard-Formulare vorgesehen;[24] über die Plattform „Tenders Electronic Daily“ (TED) sollten die Behörden das Tool „eNotices“ verwenden.[25]

6b Regelmäßig stellt sich die Frage, ob bei **direkt** vergebenen Aufträgen die **Warte- und Jahresfrist** des Art. 7 Abs. 2 VO 1370 **erneut einzuhalten** ist, wenn es zu **„wesentlichen Vertragsänderungen“** während der Laufzeit öffentlicher Dienstleistungsaufträge kommt, die gemäß der Rechtsprechung des *EuGH*[26] eine Neuausschreibungspflicht begründen. Zwar gibt es keine spezifische Regelung für Vertragsänderung während der Laufzeit in der VO 1370, die Rechtsprechung des

17 Ziff. 2.7. der Mitteilung der Kommission v. 26.6.2023 (2023/C 222/01), S. 25.

18 *EuGH*, 20.9.2018, Rs. C-518/17, Rn. 47, 53; Ziff. 2.7. der Mitteilung der Kommission v. 26.6.2023 (2023/C 222/01), S. 25. Siehe auch *Hübner*, VergabeR 2019, 46 (47); *Antweiler*, NZBau 2019, 289 (290).

19 *VK Südbayern*, 15.10.2015, Z3-3-3194-1-37-06/15.

20 *VK Südbayern*, 23.11.2016, Z3-3-3194-1-20-03/15.

21 *OLG Frankfurt*, 24.1.2017, 11 Verg 1/16, Rn. 38; *OLG Frankfurt*, 10.1.2015, 11 Verg/8/15; *OLG Düsseldorf*, 2.3.2011, Verg 48/10, Rn. 54 – *Münsterlandkreise; VK Münster*, 25.1.2017, VK-47/16, Rn. 112; *VK Südbayern*, 15.10.2015, Z3-3-3194-1-37-06/15. A.A.: *Schröder*, NVwZ 2008, 1288 (1292); *Knauff*, NZBau 2012, 65 (73).

22 *VK Südbayern*, 15.10.2015, Z3-3-3194-1-37-06/15.

23 *Schröder*, NVwZ 2008, 1288 (1292).

24 http://simap.europa.eu/enotices/changeLanguage.do?language=de.

25 Ziff. 2.7. der Mitteilung der Kommission v. 26.6.2023 (2023/C 222/01), S. 26 und zuvor Ziff. 2.5.3. der Mitteilung der Kommission v. 29.3.2014 (2014/C 92/01), S. 19.

26 *EuGH*, 18.9.2019, Rs. C-526/17, Rn. 58 ff.; 7.9.2016, Rs. C549/14, Rn. 28 ff. – *Finn Frogne*; 13.4.2010, Rs. C-91/08, Rn. 37 – *Wall*; *EuGH*, 19.6.2008, Rs. C454/06, Rn. 34 ff. – *pressetext*.

EuGH zur wesentlichen Vertragsänderung ist aber anwendbar,[27] soweit nicht ohnehin die Regelung zur wesentlichen Vertragsänderung der Vergaberichtlinien gilt (in Deutschland § 132 GWB). Die Kommission lässt sich in ihren Auslegungsleitlinien vom 26.6.2023 zwar so verstehen, als seien die vorgenannten Grundsätze nur für „Aufträge, die im Wege eines wettbewerblichen Vergabeverfahrens vergeben werden", anwendbar.[28] Damit ist aber nicht gesagt, dass bei Direktvergaben wesentliche Vertragsänderungen ohne Neuausschreibungspflicht zulässig sind.[29] Dagegen spricht erstens, dass es mit dem Transparenzgrundsatz nicht vereinbar wäre, wenn ein einmal direkt vergebener Auftrag für Wettbewerber unvorhersehbar geändert werden könnte; darauf verweist auch die Kommission.[30] Zweitens spricht dagegen, dass die Kommission in ihren Auslegungsleitlinien vom 26.6.2023 unmittelbar nach der Aussage zur Anwendbarkeit auf „Wettbewerbsverfahren" auf die Geltung der Regelungen zur wesentlichen Vertragsänderung in den neuen Vergaberichtlinien verweist.[31] Insbesondere die nationalen Vergabekammern hatten in der Vergangenheit wesentliche Änderungen bei direktvergebenen öffentlichen Dienstleistungsaufträgen für unzulässig gehalten, weil die wesentliche Änderung die Neuausschreibungspflicht und damit erneut die Vorabbekanntmachungs- und Jahresfrist nach Art. 7 Abs. 2 VO 1370 auslösen soll.[32] Verstöße gegen formelle Anforderungen führen dann dazu, dass die beihilferechtliche Legalisierungswirkung der Verordnung entfällt und Zuschüsse (unzulässige) Beihilfen sein können.[33] In den öffentlichen Dienstleistungsaufträgen sollten deshalb „sicherheitshalber" Optionen aufgenommen werden, die der Rechtsprechung des *EuGH* bzw. der Regelung in den Vergaberichtlinien[34] (in Deutschland § 132 Abs. 2 Nr. 1 GWB) genügen.

Mit der Vorinformation treffen den Auftraggeber **Dokumentationspflichten**, die sich auf die Gründe für die Entscheidung, die Leistung direkt zu vergeben, erstrecken.[35] Die Begründung muss bei Direktvergaben über die bloße Behauptung, es soll im Wege der Direktvergabe vergeben werden, hinausgehen. Erforderlich ist die Angabe der Gründe, die nach Auffassung der Behörde für die Zulässigkeit der konkreten Vergabe sprechen.[36] Dabei ist insbesondere das Vorliegen einer **Dienstleistungskonzession** sorgfältig zu dokumentieren, was Angaben zur Übernahme des Betriebsrisikos voraussetzt.[37] Nur so werden Wettbewerber in die Lage versetzt, die Rechtmäßigkeit der angekündigten Vergabe zu beurteilen. Die Begründung muss demnach eine argumentative Tiefe aufweisen, die **objektiv nachvollziehbare Angaben** enthält, aus denen auf das Vorliegen 7

27 Ziff. 2.5.5. der Mitteilung der Kommission v. 26.6.2023 (2023/C 222/01), S. 20 f. und zuvor Ziff. 2.3.6. der Mitteilung der Kommission v. 29.3.2014 (2014/C 92/01), S. 12 f.

28 Ziff. 2.5.5. der Mitteilung der Kommission v. 26.6.2023 (2023/C 222/01), S. 21, vorletzter Absatz.

29 *Jürschik-Grau/Lenz*, EuZW 2023, 829 (831).

30 Ziff. 2.5.5. der Mitteilung der Kommission v. 26.6.2023 (2023/C 222/01), S. 20.

31 Ziff. 2.5.5. der Mitteilung der Kommission v. 26.6.2023 (2023/C 222/01), S. 21, letzter Absatz.

32 *VK Saarland*, 18.7.2017, 3 VK 03/2017, Rn. 97.

33 Vgl. Art. 9 Abs. 1 VO 1370/2007; Kommissionsbeschluss v. 2.2.2017, SA.26763, Rn. 242 – *Région Île de France*, dort Verstoß gegen Art. 7 Abs. 2 VO 1370.

34 Art. 43 Richtlinie 2014/23/EU, Art. 72 Richtlinie 2014/24/EU.

35 *OLG Frankfurt*, 10.11.2015, 11 Verg 8/15.

36 *OLG Düsseldorf*, 19.2.2020, Verg 26/17, Rn. 63.

37 *OLG München*, 14.10.2019, Verg 16/19, Rn. 34 f.; *VK Hessen*, 23.2.2017, 9d-VK-33/2016.

der tatbestandlichen Voraussetzung der jeweiligen Direktvergabeart geschlossen werden kann.[38] Auch bei Inhouse-Vergaben nach Art. 5 Abs. 1 Satz 2 VO 1370 i. V. m. § 108 GWB muss die Dokumentation insbesondere **nachvollziehbare Angaben** enthalten, **aus denen auf das Vorliegen der tatbestandlichen Voraussetzungen** von § 108 GWB **geschlossen werden kann.**[39] Aus der Dokumentation muss sich auch ergeben, dass sich die Behörde z. B. bei Direktvergaben über ihre **Entscheidungsfreiheit** („kann") bewusst war; die Dokumentation muss erkennen lassen, dass die Behörde auch die Möglichkeit eines wettbewerblichen Verfahrens gekannt und ihr Ermessen ausgeübt hat.[40] Ein **Dokumentationsmangel** liegt indes nicht vor, wenn ein Auftrag zunächst nach Art. 5 Abs. 2 VO 1370 vergeben werden sollte, tatsächlich aber die Voraussetzungen einer Inhouse-Vergabe vorliegen und der Auftrag „inhouse" vergeben wird. Zwar hat der Aufgabenträger dann zwar ggf. seiner Dokumentation und den zur Direktvergabe erforderlichen Gremienbeschlüssen das „falsche" Vergaberegime zugrunde gelegt. Ein daraus ggf. entstehender Dokumentationsmangel kann aber durch den Vortrag in einem Nachprüfungsverfahren geheilt werden (**„Nachschieben von Gründen"**).[41] Es gelten die allgemeinen vergaberechtlichen Überlegungen,[42] wonach ein Nachschieben von Gründen zulässig ist, wenn Manipulationen ausgeschlossen sind.[43] Die Dokumentationspflichten sind mit Blick auf den Auskunftsanspruch nach Art. 7 Abs. 4 VO 1370 zu sehen (vgl. Rn. 20, 21). Denn die tatsächlich angestellten Erwägungen können jedenfalls dann nachvollziehbar und korrekt wiedergegeben werden, wenn sie zeitnah dokumentiert wurden.[44]

I. Anzugebende Informationen (Art. 7 Abs. 2 Satz 1 VO 1370)

8 Art. 7 Abs. 2 Satz 1 VO 1370 enthält den europarechtlichen **Mindestinhalt** der Bekanntmachung. Mindestinhalt bedeutet, dass dem Europarecht schon dann genügt ist, wenn die aufgelisteten Angaben in der Bekanntmachung enthalten sind; mehr verlangt das Europarecht nicht. Das Europarecht verbietet gleichzeitig aber auch nicht, weitergehende Angaben zu machen; diese stehen im Ermessen der Behörde.

9 Zu den zu bekannt zu machenden (Mindest-)Angaben zählt zunächst der **Name und die Anschrift der zuständigen Behörde** (Abs. 7 Abs. 2 Satz 1 lit. a) VO 1370), also die Postanschrift.

---

38 *OLG Düsseldorf*, 19.2.2020, Verg 26/17, Rn. 63; *OLG München*, 14.10.2019, Verg 16/19, Rn. 34; *OLG Frankfurt*, 10.11.2015, 11 Verg 8/15, Rn. 48; *Zuck*, in: *Ziekow/Völlink*, Art. 7 VO 1370, Rn. 12; *Fehling*, in: *Linke*, Art. 7 VO 1370, Rn. 51d; *Berschin*, in: Münchener Kommentar Wettbewerbsrecht, Art. 7 VO 1370, Rn. 11.

39 *OLG Düsseldorf*, 19.2.2020, Verg 26/17, Rn. 63.

40 *OLG München*, 14.10.2019, Verg 16/19, Rn. 35, 49 ff.

41 *OLG Düsseldorf*, 4.3.2020, VII-Verg 10/18, S. 21 des Beschlussabdrucks; *OLG Düsseldorf*, 4.3.2020, VII-Verg 11/18; S. 17 des Beschlussabdrucks; *OLG Düsseldorf*, 19.2.2020, Verg 26/17, Rn. 63; *OLG Düsseldorf*, 19.2.2020, VII-Verg 2/19.

42 Vgl. etwa *BGH*, 8.2.2011, X ZB 4/10, Rn. 37.

43 *OLG Düsseldorf*, 4.3.2020, VII-Verg 10/18; *OLG Düsseldorf*, 4.3.2020, VII-Verg 11/18; *OLG Düsseldorf*, 19.2.2020, Verg 26/17, Rn. 63.

44 *OLG Frankfurt*, 10.11.2015, 11 Verg 8/15, Rn. 47.

Es ist ferner die **Art des geplanten Vergabeverfahrens** anzugeben (Abs. 7 Abs. 2 Satz 1 lit. b) VO 1370), also ob es sich um ein wettbewerbliches Verfahren nach VO 1370 (nach Art. 5 Abs. 3, 3a VO 1370) bzw. nach den Vergaberichtlinien oder eine Direktvergabe nach VO 1370 (nach Art. 5 Abs. 2, 3a, 4, 4a, 4b, 5, 6 VO 1370) bzw. nach den Vergaberichtlinien (in Deutschland: § 108 GWB) handelt.[45] Wettbewerber sollen sich rechtzeitig auf die Auftragsvergabe einrichten und ggf. reagieren können.[46] Dafür ist es ausreichend, dass angegeben wird, dass ein Direktvergabeverfahren oder Wettbewerbsverfahren durchgeführt wird. Für die „Anstoß-" und „Informationswirkung" der Vorinformation kommt es nicht darauf an, ob eine Direktvergabe nach z. B. Art. 5 Abs. 2 VO 1370 oder nach § 108 GWB durchgeführt wird; die Wirkung für Wettbewerber bleibt nämlich gleich.[47] **10**

Auch die von der **Vergabe möglicherweise betroffenen Dienste und Gebiete** sind als Mindestangabe bekanntzugeben (Abs. 7 Abs. 2 Satz 1 lit. c) VO 1370). Die Dienste beziehen sich auf die Art der Verkehrsbedienung bzw. das Verkehrsmittel. Die Gebiete betreffen die Linien bzw. Linienbündel und Strecken oder Netze (Teil- oder Gesamtnetze), die von der Auftragsvergabe erfasst sein sollen.[48] **11**

Nach der Einführung des neuen Buchstaben „d)" in Art. 7 Abs. 2 VO 1370 durch die VO 2016/2338 ist nun auch der **geplante Beginn und die geplante Laufzeit des öffentlichen Dienstleistungsauftrags** anzugeben. Der Markt soll sich durch die Bekanntgabe zentraler Merkmale anstehender Vergabeverfahren – wozu auch die Laufzeit zählt – besser darauf einstellen können.[49] **12**

Mehr erfordert die Verordnung nicht. Insbesondere ist nicht der **zukünftige (interne) Betreiber** (bei Direktvergaben nach Art. 5 Abs. 2 VO 1370) zu benennen.[50] Eine zuständige Behörde ist im Übrigen auch **nicht verpflichtet**, alle erforderlichen **Informationen zu veröffentlichen**, damit interessierte Unternehmen ein „vergleichbares" Angebot erstellen können, noch sind die Behörden verpflichtet, alle nach der Veröffentlichung der Pflichtinformationen **möglicherweise eingehenden Angebote zu bewerten bzw. zu berücksichtigen**.[51] Soweit aber Angaben gemacht werden, gebietet das Transparenzerfordernis genaue Angaben zu machen; die Leistungsbeschreibung in der Vorabbekanntmachung muss insofern verbindliche Minimal- und Maximalwerte festschreiben und darf keine „circa" Angaben enthalten. Angebote, die auf Grundlage einer solch intransparenten Leistungsbeschreibung abgegeben werden, können nicht ausgeschlossen werden.[52] **13**

Praxisüblich (freiwillig) werden regelmäßig zwar Hinweise zum ausschließlichen Recht, zu bestimmten Qualitäts- und Sozialstandards, zur Unterauftrags- **13a**

---

45 *Fehling/Linke*, in: *Linke*, Art. 7 VO 1370, Rn. 46a.

46 Vgl. Erwägungsgrund 29 der VO 1370.

47 Vgl. Erwägungsgrund 29 der VO 1370.

48 Vgl. *Hübner*, in: *Willenbruch/Wieddekind/Hübner*, Art. 7 VO 1370, Rn. 12.

49 Vgl. Erwägungsgrund 29 der VO 2016/2338.

50 *OLG Düsseldorf*, 16.10.2019, VII Verg 43/18 – *Ruhrbahn*.

51 *EuGH*, 24.10.2019, Rs. C-515/18; Ziff. 2.7. der Mitteilung der Kommission v. 26.6.2023 (2023/C 222/01), S. 26.

52 *VG Saarlouis*, 6.4.2022, 5 K 1008/19, Rn. 69 ff.

vergabe (Art. 4 Abs. 7 VO 1370), zu einem ggf. in öffentlichen Dienstleistungsauftrag zu regelnden Änderungsmanagement (Regelung, wonach das Verkehrsangebot in Abhängigkeit von sich ändernden Verkehrsbedürfnissen anzupassen ist), zu ggf. vorzunehmenden Investitionen in das Rollmaterial und zum Umgang mit der bestehenden Infrastruktur (z. B. Überlassung an den Neubetreiber gegen ein Nutzungsentgelt) in die Vorinformation aufgenommen. Fehlen diese Informationen, hat das aber keine (Rechts-)Folgen, weil weder die VO 1370 noch das PBefG (Rn. 14) diese Informationen vorschreiben und einem etwaigen Interessenten durch das Unterlassen der Informationen kein Schaden[53] droht (vgl. Rn. 24).

14 In Deutschland verweist das **PBefG** mit § 8a Abs. 2 Satz 2 auf die Vorabbekanntmachungspflichten des Art. 7 Abs. 2 VO 1370. Die Verweisung dürfte eine „dynamische" sein und auch die Neufassung des Art. 7 Abs. 2 VO 1370 erfassen. Weitergehende Bekanntmachungspflichten ergeben sich aus dem PBefG aber nicht. Es ist aber zusätzlich der Hinweis auf die Antragsfrist in § 12 Abs. 6 PBefG (**Ausschlussfrist für eigenwirtschaftliche Anträge**) in die Vorabbekanntmachung aufzunehmen. Der Ablauf der Frist zur Stellung eigenwirtschaftlicher Anträge (Präklusion) wird z. T. als Voraussetzung der Vergabereife der Direktvergabe gesehen.[54] Die Bekanntmachungspflicht nach dem PBefG erfasst ausdrücklich auch Aufträge, die in den 4. Teil des GWB fallen, also „echte" **öffentliche Dienstleistungsaufträge i. S. d. Vergaberichtlinien** sind (vgl. § 8a Abs. 2 Satz 2 PBefG).

II. Bagatellbeschaffung (Art. 7 Abs. 2 UAbs. 2 VO 1370)

15 Im Falle von Bagatellbeschaffungen steht der Behörde ein Ermessen („kann") zu, ob sie den Informationspflichten nach Art. 7 Abs. 2 VO 1370 nachkommt. Voraussetzung ist, dass der öffentliche Dienstleistungsauftrag eine jährliche Personenverkehrsleistung von weniger als 50.000 km aufweist. Die Regelung soll gemessen an der geringen wirtschaftlichen Bedeutung einen überproportionalen Bürokratieaufwand vermeiden.[55]

III. Berichtigung (Art. 7 Abs. 2 UAbs. 3 VO 1370)

16 Art. 7 Abs. 2 UAbs. 3 VO 1370 verpflichtet die Behörde zu einer Änderungsbekanntmachung (Berichtigung) im Amtsblatt der Europäischen Union, wenn sich nach der Veröffentlichung Informationen i. S. d. Art. 7 Abs. 2 lit. a bis d) VO 1370 ändern. Kommt es zu Änderungen in diesem Sinn, muss in zeitlicher Hinsicht die Änderungsbekanntmachung „so rasch wie möglich" geschehen. Was darunter zu verstehen ist, definiert die VO 1370 nicht. Vorgeschlagen wird

---

53 *OLG Düsseldorf*, 3.7.2019, VII-Verg 51/16 (u. a. zur Unterauftragsvergabe).

54 *Diemon-Wies*, VergabeR 2014, 305 (307); *Schmitz/Winkelhüsener*, EuZW 2011, 52 (55). Wohl auch *OLG Frankfurt*, 24.1.2017, 11 Verg 1/16, Rn. 41. Vgl. die Kommentierung zu Art. 5 Abs. 1 VO 1370, Rn. 4.

55 Vgl. *Hübner*, in: *Willenbruch/Wieddekind/Hübner*, Art. 7 VO 1370, Rn. 14.

ein Maßstab, der der Formulierung des § 121 BGB („ohne schuldhaftes Zögern“) entspricht.[56] Keine Bekanntmachung einer Änderung bedarf es bei einer bloßen Änderung von Linienbezeichnungen bzw. formellen Umbenennungen.[57] Eine bekanntmachungspflichtige **Änderung** der „Art des geplanten Vergabeverfahrens“ **liegt auch nicht vor, wenn von einer Direktvergabe nach Art. 5 Abs. 2 VO 1370 zu einer Direktvergabe nach § 108 Abs. 1 GWB (Inhouse) gewechselt wird,**[58] weil sich das angegebene Verfahren i. S. d. Art. 7 Abs. 2 lit. b) VO 1370 nicht ändert. Es bleibt bei einer Direktvergabe. Die Wirkungen beider Verfahren sind für den Wettbewerb gleich, sie wirken sich insbesondere nicht auf die Zuschlagschancen aus; dem Antragsteller **droht kein Schaden.**[59] Eine **„Falschbezeichnung“** der Direktvergabeart (Art. 5 Abs. 2 VO 1370 oder § 108 GWB) in der Vorinformation ist insofern unschädlich, weil die Falschbezeichnung nicht zu einer Rechtsverletzung eines Wettbewerbers führt.[60] Der Zweck der Regelung, dem Markt zu ermöglichen, sich durch die Bekanntmachung zentraler Merkmale des anstehenden Vergabeverfahrens besser darauf einstellen zu können,[61] stützt diese Sichtweise.

Art. 7 Abs. 2 UAbs. 3 Satz 2 VO 1370 stellt klar, dass die Berichtigung nicht dazu führt, dass die „Warte- bzw. Jahresfrist“ des Art. 7 Abs. 2 VO 1370 erneut ausgelöst würde („Berichtigung erfolgt unbeschadet“). Das beabsichtigte Vergabeverfahren verschiebt sich insofern nicht „nach hinten“.[62] Anders soll dies aber dann sein, wenn sich die bekannt gemachten Informationen so **wesentlich ändern,** dass wertend von einer völlig „anderen“ Vergabe auszugehen ist.[63] Die in der Literatur vertretene Auffassung findet zwar keine Stütze im Wortlaut der VO 1370, scheint zur Vermeidung von Missbräuchen aber vertretbar zu sein. Für den Maßstab der Wesentlichkeit kann auf die Rechtsprechung zur wesentlichen Vertragsänderung bzw. auf Art. 72 Abs. 1 RL 2014/24/EU bzw. § 132 GWB zurückgegriffen werden.[64] **17**

IV. Notbeschaffung (Art. 7 Abs. 2 UAbs. 4 VO 1370)

Nach Art. 7 Abs. 2 UAbs. 4 VO 1370 sind die Bekanntmachungspflichten des Abs. 2 nicht auf Notbeschaffungen nach Art. 5 Abs. 5 VO 1370 anzuwenden. Die Vorschrift berücksichtigt die Dringlichkeit, die Voraussetzung der Notbeschaffung ist: Wenn die Unterbrechung des Verkehres bevorsteht oder schon eingetreten ist, kann nicht noch die Jahresfrist der Vorinformation eingehalten werden. **18**

56 *Fehling/Linke*, in: *Linke*, Art. 7 VO 1370, Rn. 54.

57 *OLG München*, 31.3.2016, Verg 14/15, Rn. 174 ff.

58 *OLG Düsseldorf*, 3.7.2019, VII-Verg 51/16.

59 *BGH*, 12.11.2019, XIII ZB 120/19, Rn. 46 – *Heinsberg; OLG Düsseldorf*, 3.7.2019, VII-Verg 51/16.

60 *BGH*, 12.11.2019, XIII ZB 120/19, Rn. 46 – *Heinsberg.*

61 Vgl. Erwägungsgrund 29 der VO 2016/2338.

62 *Fehling/Linke*, in: *Linke*, Art. 7 VO 1370, Rn. 55a.

63 Vgl. *Fandrey*, in: *Saxinger/Winnes*, Art. 7 Abs. 2 VO 1370, Rn. 19 (Stand: Sep. 2015); *Fehling/Linke*, in: *Linke*, Art. 7 VO 1370, Rn. 55b.

64 Für eine Einzelfallentscheidung, ohne dass der Maßstab des § 132 GWB „eins-zu-eins“ anzusetzen wäre: *Fehling/Linke*, in: *Linke*, Art. 7 VO 1370, Rn. 55c.

18a Zum **Erfordernis der Vorabbekanntmachung** nimmt die Kommission in ihren Auslegungsleitlinien vom 26.6.2023 eine Klarstellung vor.[65] Für **Notvergaben**, die nach den **Regelungen der allgemeinen Vergaberichtlinien** erfolgen (in Deutschland z. B. § 14 Abs. 4 Nr. 3 VgV), gilt das Vorabbekanntmachungserfordernis mit der einjährigen Wartefrist nach Art. 7 Abs. 2 VO 1370/2007 nicht.[66] Das betrifft vor allen Dingen den praxisrelevanten Bereich der Busse und Straßenbahnen, für die das Vergaberegime der VO 1370/2007 nur bei **Dienstleistungskonzessionen** gilt.[67] Dienstleistungskonzessionen, die die Tragung des Betriebsrisikos voraussetzen,[68] sind regelmäßig aber nicht konstruierbar, um Notlagen sicher abzufangen oder in Querverbundkonstruktionen[69] nicht darstellbar. Notsituationen werden in diesem Bereich deshalb häufig durch Maßnahmen des allgemeinen Vergaberechts gelöst (Direktvergaben nach § 14 Abs. 4 VgV). Für diese gilt die Ausnahme von der Vorabbekanntmachungspflicht in Art. 7 Abs. 2 Satz 5 VO 1370/2007 nicht; der Wortlaut erfasst nur Notmaßnahmen nach Art. 5 Abs. 5 VO 1370/2007. Die Interessenlage ist aber vergleichbar, weshalb analog dasselbe gelten muss.[70]

D. Direktvergabe im Eisenbahnbereich (Art. 7 Abs. 3 VO 1370)

19 Art. 7 Abs. 3 VO 1370 regelt nachträgliche Bekanntmachungspflichten (**ex-post Transparenz**)[71] der zuständigen Behörden im Bereich der Eisenbahnen. Die Behörde hat innerhalb eines Jahres nach Auftrags(direkt)erteilung (Art. 5 Abs. 6) mindestens die Informationen nach Art. 7 Abs. 3 lit. a) bis f) VO 1370 im Amtsblatt der Europäischen Union bekannt zu geben. Die Kommission hat hierfür Formulare bereitgestellt.[72] Bei den Informationen handelt es sich um den Mindestinhalt; es steht im Ermessen der Behörde, weitere Informationen bekannt zu geben.[73] Nachdem die Direktvergabe nach Art. 5 Abs. 6 VO 1370 in Deutschland im Anwendungsbereich der §§ 97 ff. GWB nicht zulässig ist (§ 131 Abs. 1 GWB), kommt Art. 7 Abs. 3 VO 1370 keine praktische Bedeutung zu. Für Direktvergaben nach Art. 5 Abs. 2 VO 1370 gelten im Eisenbahnbereich in Deutschland damit nur die Transparenzpflichten nach Art. 7 Abs. 2 VO 1370 (vgl. § 131 Abs. 2 GWB).

E. Übermittlung der Gründe (Art. 7 Abs. 4 VO 1370)

20 Nach Art. 7 Abs. 4 VO 1370 ist die zuständige Behörde verpflichtet, auf Antrag „jeder interessierten Partei" die Gründe für die Entscheidung über die Direktver-

---

65 Vgl. schon *Linke/Jürschik*, Der Nahverkehr 3/2021, 29 ff.

66 Ziff. 2.5.3.4. der Mitteilung der Kommission v. 26.6.2023 (2023/C 222/01), S. 19.

67 Vgl. Art. 5 Abs. 1 Satz 2 VO 1370. Vgl. die Kommentierung Art. 5 VO 1370, Rn. 5.

68 Art. 5 Nr. 1 Satz 1 lit. b) RL 2014/23/EU bzw. in Deutschland: § 105 Abs. 2 GWB.

69 Das betrifft insbesondere den kommunalen Bereich, vgl. *OLG Düsseldorf*, 7.3.2018, VII-Verg 26/17, Rn. 21. Zu den Möglichkeiten der Gestaltung vgl. die Kommentierung zu Art. 5 VO 1370, Rn. 6.

70 *Lenz/Jürschik-Grau*, EuZW 2023, 829 (830); *Linke/Jürschik*, Der Nahverkehr 3/2021, 29 (30).

71 *Hübner*, in: *Willenbruch/Wieddekind/Hübner*, Art. 7 VO 1370, Rn. 21.

72 Ziff. 2.7. der Mitteilung der Kommission v. 26.6.2023 (2023/C 222/01), S. 26 und zuvor Ziff. 2.5.3. der Mitteilung der Kommission v. 29.3.2014 (2014/C 92/01), S. 19.

73 *Schröder*, in: *Saxinger/Winnes*, Art. 7 Abs. 3 VO 1370/2007, Rn. 14 (Stand: Dez. 2012).

gabe zu übermitteln. Voraussetzung der Auskunft ist ein **ausdrücklicher Antrag**, aus dem sich das Begründungsverlangen eindeutig ergibt,[74] und ein Interesse am Auftrag. Ein **Interesse an dem Auftrag** kann nur dann bestehen, wenn die jeweilige Partei in der Lage wäre, den Auftrag selbst zu erbringen, es sich also um einen Betreiber von Verkehrsdienstleistungen handelt.[75] Der Auskunftsanspruch soll es nämlich „potenziellen Betreibern" ermöglichen, auf die Direktvergabe zu reagieren.[76] Das bedeutet auch, dass bei einer Gesamt(direkt)vergabe von Bus- und Straßenbahnverkehrsdienstleistungen i. S. d. § 8a Abs. 2 Satz 4 PBefG ein Interesse nur bestehen kann, wenn der jeweilige Betreiber beide Dienste erbringt. Die Auskunftspflicht der Behörde ist auf die tragenden **„Gründe für die Entscheidung über die Direktvergabe"** beschränkt.[77] Dies umfasst das Vorliegen der Voraussetzungen des jeweiligen Direktvergabetatbestandes nach VO 1370, nicht aber Gründe für das Absehen von einem wettbewerblichen Vergabeverfahren.[78] Die Gründe für die Auswahl eines bestimmten Unternehmens sind ebenfalls nicht erfasst.[79] Es reicht aus, wenn die wesentlichen rechtlichen und tatsächlichen Erwägungen aufgeführt werden, die eine Überprüfung der Rechtmäßigkeit ermöglichen.[80] Der *EuGH* hat diesbezüglich klargestellt, dass die übermittelten Informationen nicht die Erstellung eines Angebots ermöglichen müssen und die Regelung so auch nicht zu verstehen ist.[81] Eine Form schreibt die Art. 7 Abs. 4 VO 1370 für die Informationsgewährung nicht vor. Insofern dürfte eine formlose, zeitnahe[82] Auskunft genügen.

Der Auskunftsanspruch soll nach dem **Verständnis der Kommission** schon „lange Zeit vor der Auftragsvergabe" bestehen bzw. ab der Vorinformation.[83] In Deutschland ist nach § 8a Abs. 5 PBefG der Antrag aber „innerhalb einer Frist von sechs Monaten nach der Vorabbekanntmachung zu stellen"; § 8a Abs. 5 PBefG verengt damit die Auskunftspflicht nach Art. 7 Abs. 4 VO 1370.[84] **21**

F. Rechtsfolgen bei Missachtung

Die VO 1370 enthält selbst keine (Rechts-)Folgen bei Missachtung der Informations- und Veröffentlichungspflichten i. S. d. Art. 7 VO 1370. Für die in Betracht **22**

---

74 *OLG München*, 31.3.2016, Verg 14/15, Rn. 199.

75 *Fehling/Linke*, in: *Linke*, VO 1370/2007, 2010, Art. 7 VO 1370, Rn. 105.

76 Nicht mehr ausdrücklich, vgl. Ziff. 2.7. der Mitteilung der Kommission v. 26.6.2023 (2023/C 222/01), S. 26, zuvor Ziff. 2.5.3. der Mitteilung der Kommission v. 29.3.2014 (2014/C 92/01), S. 20.

77 *OLG München*, 31.3.3016, Verg 14/15, Rn. 203.

78 *OLG München*, 31.3.2016, Verg 14/15, Rn. 203 ff.; *OLG Frankfurt*, 10.11.2015, 11 Verg 8/15; *Hübner*, in: *Willenbruch/Wieddekind/Hübner*, Art. 7 VO 1370, Rn. 32; *Pünder*, EuR 2010, 774 (779).

79 *Pünder*, EuR 2010, 774 (779).

80 *OLG Frankfurt*, 10.11.2015, 11 Verg 8/15.

81 *EuGH*, 24.10.2019, C-515/18, Rn. 37.

82 Ziff. 2.7. der Mitteilung der Kommission v. 26.6.2023 (2023/C 222/01), S. 26 und zuvor Ziff. 2.5.3. der Mitteilung der Kommission v. 29.3.2014 (2014/C 92/01), S. 20: „ohne ungebührliche Verzögerung".

83 Ziff. 2.7. der Mitteilung der Kommission v. 26.6.2023 (2023/C 222/01), S. 26 und zuvor Ziff. 2.5.3. der Mitteilung der Kommission v. 29.3.2014 (2014/C 92/01), S. 20.

84 Europarechtskonformität offen gelassen: *OLG München*, 31.3.2016, Verg 14/15, Rn. 199.

kommenden Fehlerfolgen sind zum einen die Art der Verpflichtung und das betroffene Rechtsverhältnis maßgeblich.

I. Verstoß gegen die Verpflichtung zur Veröffentlichung eines Gesamtberichts (Art. 7 Abs. 1 VO 1370)

23 Ein Verstoß gegen die Verpflichtung zur Zugänglichmachung eines Gesamtberichts kann ein Vertragsverletzungsverfahren (Art. 258 AEUV) auslösen, weil es sich um einen Verstoß gegen Europarecht handelt.[85] Eine Geltendmachung im Vergabenachprüfungsverfahren kommt allerdings mangels Antragsbefugnis nicht in Betracht.[86] Auch wirkt sich eine Verletzung der Pflichten nach Art. 7 Abs. 1 VO 1370 nicht auf die Rechtmäßigkeit erfolgter Vergaben aus.[87]

II. Verstoß gegen die Verpflichtung zur Vorinformation (Art. 7 Abs. 2 VO 1370)

24 Ein Verstoß gegen die Veröffentlichungspflicht nach Art. 7 Abs. 2 VO 1370 kann zu einem **Vertragsverletzungsverfahren** (Art. 258 AEUV) führen.[88] Zudem kann die Verletzung der Verpflichtung nach Art. 7 Abs. 2 UAbs. 1 VO 1370 in einem **Vergabenachprüfungsverfahren** geltend gemacht werden,[89] weil es sich zum einen um eine formelle Verfahrensvoraussetzung der Direktvergabe handelt und andererseits § 8a Abs. 6 PBefG auch der Veröffentlichungspflicht Drittschutz verleiht (vgl. § 8a Abs. 1 Satz 1, Abs. 2 Satz 2 PBefG).[90] Die Bekanntmachung der Absicht einer Direktvergabe ist insofern auch eine durch die Vergabenachprüfungsinstanzen nachprüfbare Entscheidung.[91] Der Verstoß kann zur **Nichtigkeit der Direktvergabe** nach § 134 BGB und zur Einstufung als **„De-facto-Vergabe“** führen.[92] Das entspricht auch der Sichtweise des *EuGH* und der Kommission. Der *EuGH* geht in seiner *„Salzburger Verkehrsverbund“*-Entscheidung zwar grundsätzlich davon aus, dass die Verordnung anders als die Vergaberichtlinien **keine Nichtigkeitsfolge für Verstöße gegen Art. 7 Abs. 2 VO 1370** anordnet; das sei vielmehr in das Ermessen der Mitgliedstaaten gestellt.[93] Die Unwirksamkeit könne sich aber im Einzelfall aus einem **Verstoß gegen den**

---

85 *Eichhorn/Sarikaya*, in: *Saxinger/Winnes*, Art. 7 Abs. 1 VO 1370, Rn. 61 (Stand: Dez. 2012).

86 Im Ergebnis: *Eichhorn/Sarikaya*, in: *Saxinger/Winnes*, Art. 7 Abs. 1 VO 1370, Rn. 62 (Stand: Dez. 2012).

87 *Fehling/Linke*, in: *Linke*, Art. 7 VO 1370, Rn. 32.

88 *Hübner*, in: *Willenbruch/Wieddekind/Hübner*, Art. 7 VO 1370, Rn. 18; *Fehling/Linke*, in: *Linke*, Art. 7 VO 1370, Rn. 32.

89 *OLG Frankfurt*, 6.8.2015, 11 Verg 7/15, 11 Verg 8/15, Rn. 26; *OLG Rostock*, 4.7.2012, 17 Verg 3/12, Rn. 65; *VK Südbayern*, 15.10.2015, Z3-3-3194-1-37-06/15; *VK Rheinland*, 19.9.2017, VK VOL 13/17.

90 Vgl. auch *VK Südbayern*, 15.10.2015, Z3-3-3194-1-37-06/15. Vgl. *Antweiler*, NZBau 2019, 289 (290, 292).

91 *OLG München*, 14.10.2019, Verg 16/19, Rn. 28; *OLG Frankfurt*, 10.11.2015, 11 Verg 8/15, Rn. 30 ff.

92 *OLG Frankfurt*, 6.8.2015, 11 Verg 7/15, 11 Verg 8/15, Rn. 26; ein bloßer Fehler in der Vorabinformation führt jedoch nicht zur Nichtigkeit der Direktvergabe: *OLG Düsseldorf*, 27.4.2020, VII-Verg 27/19, Rn. 41.

93 Vgl. *EuGH*, 20.9.2019, Rs. C-518/17, Rn. 58 ff.

Äquivalenz- oder Effektivitätsgrundsatz (effet utile) ergeben,[94] also wenn der Rechtsschutz für Verfahren nach der Verordnung hinter nationalen Rechtsbehelfen zurück bleibt oder die Rechtsdurchsetzung erschwert wird. Einen naheliegenden Verstoß gegen den Effektivitätsgrundsatz sieht der *EuGH* bei **Verstößen gegen die Vorinformationspflicht bei Direktvergaben**, weil die Wettbewerber ggf. durch den Zuschlag vor vollendete Tatsachen gestellt werden.[95] Umgekehrt soll diese Gefahr nicht gegeben sein, wenn in wettbewerblichen Verfahren noch ein Aufruf zum Wettbewerb erfolgt; die Benachteiligung muss dann von dem jeweiligen Interessenten bewiesen werden.[96] Auch die Kommission stellt in ihren Auslegungsleitlinien vom 26.6.2023 klar, dass die Nichtveröffentlichung der erforderlichen Informationen zur **Angreifbarkeit der Vergabe** (mit den Worten der Kommission: „**Annullierung der Ausschreibung**")[97] führt. Das ist nach Auffassung der Kommission vor allem dann der Fall, wenn ein interessiertes Unternehmen durch das Fehlen von Informationen gegenüber dem Betreiber benachteiligt wird, der den Auftrag schon bisher ausführt und deshalb genau informiert ist.[98] In Deutschland kommt eine Geltendmachung von Verstößen gegen die Veröffentlichungspflicht nach Art. 7 Abs. 2 VO 1370 im Vergabenachprüfungsverfahren aber ohnehin nur in Betracht, wenn die Antragsbefugnis bzw. ein drohender oder entstandener Schaden gegeben ist.[99] Dies ist nicht der Fall, wenn sich ein Betreiber nachweislich auf die Vergabe einstellen konnte (Stichwort: Aufruf zum Wettbewerb) bzw. einen eigenwirtschaftlichen Antrag bzw. einen Antrag auf Teilnahme[100] gestellt hat.[101]

Fehler beim Vorabbekanntmachungserfordernis führen im Übrigen dazu, dass die **beihilferechtliche Legalisierungswirkung** der Verordnung (Art. 9 Abs. 1 VO 1370) **entfällt**[102] und die Ausgleichsleistung als Beihilfe (soweit keine andere Legitimation greift) bei der Kommission nach Art. 108 Abs. 3 AEUV anzumelden ist.[103] **24a**

94 *EuGH*, 20.9.2019, Rs. C-518/17, Rn. 61–72.

95 *EuGH*, 20.9.2019, Rs. C-518/17, Rn. 66; *Hübner*, VergabeR 2019, 46 (48); *Antweiler*, NZBau 2019, 289 (292).

96 Vgl. *EuGH*, 20.9.2019, Rs. C-518/17, Rn. 67; *Hübner*, VergabeR 2019, 46 (48).

97 Ziff. 2.7. der Mitteilung der Kommission v. 26.6.2023 (2023/C 222/01), S. 25.

98 Ziff. 2.7. der Mitteilung der Kommission v. 26.6.2023 (2023/C 222/01), S. 25.

99 *OLG Düsseldorf*, 16.10.2019, VII Verg 43/18 – *Ruhrbahn*; *OLG Düsseldorf*, 3.7.2019, VII-Verg 51/16; *OLG München*, 31.3.2016, Verg 14/15, Rn. 185.

100 *OLG Rostock*, 4.7.2012, 17 Verg 3/12, Rn. 65. Bestätigt: *OLG Düsseldorf*, 16.10.2019, VII Verg 43/18 – *Ruhrbahn*.

101 Vgl. *Hübner*, in: *Willenbruch/Wieddekind/Hübner*, Art. 7 VO 1370, Rn. 19. Kritisch: *Linke*, IR 2012, 359 (360). Weitreichend: *VK Rheinland*, 19.9.2017, VK VOL 13/17.

102 Ziff. 2.7. der Mitteilung der Kommission v. 26.6.2023 (2023/C 222/01), S. 25; Kommissionsbeschluss v. 2.2.2017, SA.26763, Rn. 242 – *Région Île de France*.

103 Vgl. *EuGH*, 12.10.1978, Rs. C.146/77, Rn. 10; 21.7.2016, Rs. C-493/14, Rn. 38 – *Dilly's Wellnesshotel*.

III. Verstoß gegen die Verpflichtung zur Herstellung von ex-post Transparenz (Art. 7 Abs. 3 VO 1370)

25 Ein Verstoß gegen Art. 7 Abs. 3 VO 1370 durch eine fehlerhafte oder ausbleibende Veröffentlichung kann ein Vertragsverletzungsverfahren (Art. 258 AEUV) nach sich ziehen. Im Verhältnis zwischen der zuständigen Behörde und einem interessierten Unternehmen wird der Verstoß aber nicht ein Vergabenachprüfungsverfahren begründen. Denn ein Unternehmen wird regelmäßig nicht darlegen können, dass ihm durch die fehlerhafte ex-post Transparenz ein Schaden droht oder eingetreten ist. Ein **Verstoß** gegen Art. 7 Abs. 3 VO 1370 **beeinträchtigt** ferner **nicht die Direktvergabe** nach Art. 5 Abs. 6 VO 1370 als solche, weil sie zum Zeitpunkt der Veröffentlichung schon erfolgt ist.[104]

IV. Verstoß gegen Informationspflichten (Art. 7 Abs. 4 VO 1370)

26 Wie bei den übrigen Verpflichtungen nach Art. 7 VO 1370 kann auch ein Verstoß gegen die Verpflichtung aus Art. 7 Abs. 4 VO 1370 ein **Vertragsverletzungsverfahren** (Art. 258 AEUV) hervorrufen.[105]

27 Weniger eindeutig ist, welche Fehlerfolgen im **Verhältnis zwischen einem interessierten Unternehmen und der zuständigen Behörde** bestehen. Denn bei der Informationspflicht nach Art. 7 Abs. 4 VO 1370 handelt es sich nicht um eine Vergabeentscheidung i. S. d. Art. 5 Abs. 7 VO 1370, so dass der Schluss naheliegt, dass eine isolierte Geltendmachung im Vergabenachprüfungsverfahren nicht in Betracht kommt.[106] Für Deutschland normiert § **8a Abs. 6 PBefG** aber, dass die „Unternehmen verlangen können, dass die zuständige Behörde die Bestimmungen über die Vergabe öffentlicher Dienstleistungsaufträge einhält." Dieser gewährte **Drittschutz** der Vorschriften erfasst auch die Auskunftspflicht, die in § 8a Abs. 5 Satz 1 PBefG wiederholt wird. Die Geltendmachung in einem Vergabenachprüfungsverfahren kommt aber nur in Betracht, wenn die Antragsbefugnis gegeben ist, also ein Schaden droht.

28 Ein Verstoß gegen die Informationspflicht nach Art. 7 Abs. 4 VO 1370 **führt** indes **nicht** dazu, dass die **Direktvergabe angreifbar** wird.[107] Denn der nach Art. 7 Abs. 4 VO 1370 mögliche Auskunftsanspruch ist nicht Bestandteil der jeweiligen Direktvergabetatbestände des Art. 5 VO 1370,[108] sondern ist ein davon unabhängiger Anspruch, der nicht in jedem Fall gegeben ist.

Artikel 8 VO 1370 Übergangsregelung

(1) [1]Öffentliche Dienstleistungsaufträge werden nach Maßgabe dieser Verordnung vergeben. [2]Dienstleistungsaufträge oder öffentliche Dienstleistungsauf-

---

104 *Fehling/Linke*, in: *Linke*, Art. 7 VO 1370, Rn. 83.

105 *Fehling/Linke*, in: *Linke*, Art. 7 VO 1370, Rn. 57.

106 *Schröder*, in: *Saxinger/Winnes*, Art. 7 Abs. 4 VO 1370/2007, Rn. 18 (Stand: Jul. 2013).

107 A.A. *Fehling/Linke*, in: *Linke*, Art. 7 VO 1370, Rn. 112, wonach ein Vergabenachprüfungsantrag aber zumeist am (fehlenden) drohenden Schaden scheitern wird.

108 *Schröder*, in: *Saxinger/Winnes*, Art. 7 Abs. 4 VO 1370/2007, Rn. 19 (Stand: Jul. 2013).

träge gemäß der Definition in den Richtlinien 2004/17/EG oder 2004/18/EG für öffentliche Personenverkehrsdienste mit Bussen und Straßenbahnen werden jedoch gemäß den in jenen Richtlinien vorgesehenen Verfahren vergeben, sofern die Aufträge nicht die Form von Dienstleistungskonzessionen im Sinne jener Richtlinien annehmen. [3]Werden Aufträge nach den Richtlinien 2004/17/EG oder 2004/18/EG vergeben, so sind die Absätze 2 bis 4 des vorliegenden Artikels nicht anwendbar.

(2) [1]Unbeschadet des Absatzes 3

i) gilt Artikel 5 ab dem 3. Dezember 2019 für die Vergabe öffentlicher Dienstleistungsaufträge für Personenverkehrsdienste auf der Straße und auf anderen schienengestützten Verkehrsträgern als der Eisenbahn, wie Untergrund- oder Straßenbahnen;
ii) gilt Artikel 5 ab dem 3. Dezember 2019 für öffentliche Schienenpersonenverkehrsdienste;
iii) finden Artikel 5 Absatz 6 und Artikel 7 Absatz 3 ab dem 25. Dezember 2023 keine Anwendung mehr.

[2]Die Laufzeit von Aufträgen, die gemäß Artikel 5 Absatz 6 zwischen dem 3. Dezember 2019 und dem 24. Dezember 2023 vergeben werden, beträgt höchstens zehn Jahre.

[3]Bis zum 2. Dezember 2019 treffen die Mitgliedstaaten Maßnahmen, um Artikel 5 schrittweise anzuwenden und ernste strukturelle Probleme insbesondere hinsichtlich der Transportkapazität zu vermeiden.

[4]Binnen sechs Monaten nach dem 25. Dezember 2020 legen die Mitgliedstaaten der Kommission einen Fortschrittsbericht vor, in dem die Umsetzung der Vergabe von öffentlichen Dienstleistungsaufträgen, die mit Artikel 5 im Einklang stehen, dargelegt wird. [5]Die Kommission führt auf der Grundlage der Fortschrittsberichte der Mitgliedstaaten eine Überprüfung durch und unterbreitet gegebenenfalls Gesetzgebungsvorschläge.

(2a) [1]Öffentliche Dienstleistungsaufträge für öffentliche Schienenpersonenverkehrsdienste, die auf der Grundlage eines anderen als eines fairen wettbewerblichen Vergabeverfahrens ab dem 24. Dezember 2017 bis zum 2. Dezember 2019 direkt vergeben werden, können für ihre vorgesehene Laufzeit gültig bleiben. [2]Abweichend von Artikel 4 Absatz 3 darf die Laufzeit dieser Aufträge zehn Jahre nicht überschreiten, es sei denn, Artikel 4 Absatz 4 findet Anwendung.

(3) [1]Von Absatz 2 ausgenommen sind öffentliche Dienstleistungsaufträge, die gemäß dem Gemeinschaftsrecht und nationalem Recht wie folgt vergeben wurden:

a) vor dem 26. Juli 2000 nach einem fairen wettbewerblichen Vergabeverfahren;
b) vor dem 26. Juli 2000 nach einem anderen Verfahren als einem fairen wettbewerblichen Vergabeverfahren;
c) ab dem 26. Juli 2000 und vor dem 3. Dezember 2009 nach einem fairen wettbewerblichen Vergabeverfahren;
d) ab dem 26. Juli 2000 und vor dem 24. Dezember 2017 nach einem anderen Verfahren als einem fairen wettbewerblichen Vergabeverfahren.

[2]Die unter Buchstabe a genannten Aufträge können für ihre vorgesehene Laufzeit gültig bleiben. [3]Die unter den Buchstaben b und c genannten Aufträge können für ihre vorgesehene Laufzeit gültig bleiben, jedoch nicht länger als 30 Jahre. [4]Die unter Buchstabe d genannten Aufträge können für ihre vorgese-

hene Laufzeit gültig bleiben, sofern ihre Laufzeit begrenzt und mit den Laufzeiten gemäß Artikel 4 vergleichbar ist.
[5]Öffentliche Dienstleistungsaufträge können für ihre vorgesehene Laufzeit gültig bleiben, wenn ihre Beendigung unangemessene rechtliche oder wirtschaftliche Auswirkungen hätte, vorausgesetzt dass die Kommission der Weiterführung zugestimmt hat.

(4) [1]Unbeschadet des Absatzes 3 können die zuständigen Behörden während der zweiten Hälfte des in Absatz 2 genannten Übergangszeitraums diejenigen Betreiber eines öffentlichen Dienstes von der Teilnahme an wettbewerblichen Vergabeverfahren ausschließen, die nicht nachweisen können, dass der Wert der öffentlichen Verkehrsdienste, für die sie gemäß dieser Verordnung eine Ausgleichsleistung erhalten oder ausschließliche Rechte genießen, mindestens 50 % des Werts aller von ihnen erbrachten öffentlichen Verkehrsdienste, für die sie eine Ausgleichsleistung erhalten oder ausschließliche Rechte genießen, ausmacht. [2]Betreiber eines öffentlichen Dienstes, die die auszuschreibenden Dienste erbringen, können nicht ausgeschlossen werden. [3]Dieses Kriterium gilt nicht für öffentliche Dienstleistungsaufträge, die als Notmaßnahme gemäß Artikel 5 Absatz 5 vergeben wurden.
[4]Machen die zuständigen Behörden von der in Unterabsatz 1 genannten Möglichkeit Gebrauch, so hat dies ohne Diskriminierung zu erfolgen; in diesem Fall schließen sie alle potenziellen Betreiber eines öffentlichen Dienstes aus, die dieses Kriterium erfüllen, und unterrichten potenzielle Betreiber zu Beginn des Vergabeverfahrens für öffentliche Dienstleistungsaufträge von ihrer Entscheidung.
[5]Die betroffenen zuständigen Behörden teilen der Kommission ihre Absicht, diese Vorschrift anzuwenden, mindestens zwei Monate vor der Veröffentlichung des wettbewerblichen Vergabeverfahrens mit.

Schrifttum:
Lenz, (Keine) Angst vor der „Null-Lösung"?, Der Nahverkehr 12/2009, 13 ff.; *Lenz/Jürschik*, Erleichterung wettbewerbsfreier ÖPNV-Vergaben durch EuGH-Grundsatzentscheidungen, NZBau 2019, 629 ff.; *Linke*, Marktöffnung auf Raten – Bestandsschutz von Altaufträgen im ÖPNV, NZBau 2020, 555 ff.; *Linke*, Anmerkung zu einer Entscheidung des EuGH, Urt. v. 6.10.2015 (C-303/13 P) – Zur Frage der Behandlung sog. Altfälle bei Gewährung von Ausgleichsleistungen im öffentlichen Personenverkehr, IR 2016, 18 ff.; *Schmitz/Winkelhüsener*, Der Öffentliche Personennahverkehr im Übergang zur VO 1370/2007: Vergaberechtliche Handlungsoptionen und deren beihilferechtliche Konsequenzen, EuZW 2011, 52 ff.; *Winnes/Schwarz/Mietzsch*, Zu den Auswirkungen der VO 1370/2007 für den öffentlichen Nahverkehr in Deutschland, EuR 2009, 290 ff.

Übersicht

A. Vorbemerkungen

1 Art. 8 VO 1370 enthält Übergangsvorschriften, die den Mitgliedstaaten die Möglichkeit geben, sich „schrittweise" auf das Vergaberegime der VO 1370 einzustellen. Die Übergangsregelungen des Art. 8 VO 1370 erfassen aber nur den vergaberechtlichen Teil der VO 1370, nicht aber die beihilferechtlichen Regelungen. Diese waren ab Inkrafttreten der VO 1370 bei der Vergabe neuer Dienstleistungsaufträge verbindlich.[1]

2 Die Änderung der VO 1370 durch die VO 2016/2338 hat zu einer Anpassung der Übergangsregelungen geführt.[2] Mit der VO 2016/2338 hat Art. 8 Abs. 2 VO 1370 eine neue Fassung erhalten, ein neuer Absatz 2a wurde eingefügt und Art. 8 Abs. 3 VO 1370 wurde um einen Buchstaben „d)" ergänzt. Eine Übergangsregelung für zum Zeitpunkt des Inkrafttretens der Neuerungen bereits begonnene (Direkt-)Vergabeverfahren gibt es nicht. Die Änderungen traten am 24.12.2017 in Kraft (vgl. Art. 2 VO 2016/2338).

B. Vergabe von öffentlichen Dienstleistungsaufträgen (Art. 8 Abs. 1 VO 1370)

3 Art. 8 Abs. 1 VO 1370 bestimmt, dass öffentliche Dienstleistungsaufträge im Einklang mit der VO 1370 zu vergeben sind, soweit es sich nicht um öffentliche Aufträge im Bereich der Busse und Straßenbahnen handelt, die in den Anwendungsbereich der Vergaberichtlinien fallen. Die Formulierung entspricht Art. 5 Abs. 1 VO 1370. Mit der Regelung wird klargestellt, dass öffentliche Dienstleistungsaufträge im Bereich der Busse und Straßenbahnen, die öffentliche Aufträge gemäß den Vergaberichtlinien sind, schon ab Inkrafttreten der VO 1370 nach

1 *Deuster/Michaels*, NZBau 2011, 340 (340); *Schmitz/Winkelhüsener*, EuzW 2011, 52 (57).

2 *Knauff*, in: *Immenga/Mestmäcker*, Wettbewerbsrecht, Band 5, Art. 8 VO 1370/2007, Rn. 449.

dem Vergaberegime der Vergaberichtlinien zu vergeben sind.[3] Eine Übergangsregelung gab es für diese „echten" Aufträge nicht.[4]

C. Übergangszeitraum (Art. 8 Abs. 2 VO 1370)

4 Nach Art. 8 Abs. 1 lit. i) VO 1370 musste die Vergabe von Aufträgen für Personenverkehrsdienste auf der Straße und auf anderen schienengestützten Verkehrsträgern als der Eisenbahn, die in den Anwendungsbereich der VO 1370 fallen, ab dem 3.12.2019 im Einklang mit Art. 5 VO 1370 erfolgen. Dies gilt gem. Art. 8 Abs. 1 lit. ii) VO 1370 auch für öffentliche Schienenpersonenverkehrsdienste i. S. d. Art. 2 lit. aa) VO 1370. Folglich ist die gesamte VO 1370 mit Ausnahme des Art. 5 VO 1370 unmittelbar mit Inkrafttreten der VO 1370[5] bzw. der ÄnderungsVO 2016/2338 anzuwenden. Ab dem 25.12.2023 finden Art. 5 Abs. 6 und Art. 7 Abs. 3 keine Anwendung mehr (vgl. Art. 8 Abs. 1 lit. iii) VO 1370), um den Wettbewerb im Eisenbahnbereich zu fördern. In diesem Zusammenhang ist auch die Bestimmung des Art. 8 Abs. 2 UAbs. 2 VO 1370 zu sehen, wonach die Laufzeit von Aufträgen, die nach Art. 5 Abs. 6 VO 1370 vergeben werden, längstens zehn Jahre betragen darf.[6] Letzteres dürfte jedenfalls in Deutschland aber ohnehin keine praktische Bedeutung haben, weil der Direktvergabe nach Art. 5 Abs. 6 VO 1370 nationales Recht entgegensteht (vgl. § 131 Abs. 1 GWB).

5 Hinsichtlich des **Art. 5 VO 1370** hatten die Mitgliedstaaten Maßnahmen bis zum 2.12.2019 zu treffen, um Art. 5 VO 1370 „schrittweise anzuwenden" (Art. 8 Abs. 2 UAbs. 1 Satz 3 VO 1370). Die Bedeutung der „**schrittweisen Anwendung**" war schon in der alten Fassung der VO 1370 (vor Inkrafttreten der VO 2016/2338) umstritten. Nach einer am Wortlaut des Art. 8 Abs. 2 UAbs. 1 VO 1370 a. F. orientierten Auffassung galt die Übergangsphase kraft Verordnung und hätte nur durch ein nationales Gesetz beseitigt werden können.[7] Dieser Auffassung folgt auch der *EuGH* in seiner „Toskana"-Entscheidung vom 21.3.2019, die er insbesondere mit dem Erwägungsgrund 31 der VO 1370 begründet, wonach der Unionsgesetzgeber der Ansicht war, dass Übergangsregelungen vorgesehen werden sollten, weil die zuständigen Behörden und die Betreiber Zeit brauchen, um den Bestimmungen der Verordnung nach ihrem Inkrafttreten nachzukommen.[8] Nach anderer Auffassung, der sich Teile der nationalen Rechtsprechung zur alten Rechtslage angeschlossen haben, soll Art. 5 VO 1370 in den Mitgliedstaaten unmittelbar mit Inkrafttreten der VO 1370 gelten, wenn für den Übergangszeitraum keine Maßnahmen zur schrittweisen Ein-

---

3 *OLG Karlsruhe*, 9.10.2012, 15 Verg 12/11, Rn. 92 – *Linienbündel Lampertheim; Hübner*, in: *Willenbruch/Wieddekind/Hübner*, Art. 8 VO 1370, Rn. 3.

4 Vgl. *OLG Karlsruhe*, 9.10.2012, 15 Verg 12/11, Rn. 92 – *Linienbündel Lampertheim; Lenz*, Der Nahverkehr 1-2/2009, 13 (13).

5 *Lenz*, Der Nahverkehr 1-2/2009, 13 (13).

6 Ziff. 2.2.5. der Mitteilung der Kommission v. 26.6.2023 (2023/C 222/01), S. 11.

7 Vgl. Schlussanträge *GA Saugmandsgaard* v. 25.10.2018, Rs. C-350/17 und Rs. C-351/17, Rn. 39; *VG Halle*, 25.10.2010, 7 A 1/10, Rn. 290; *Lenz*, Der Nahverkehr 1-2/2009, 13 (13).

8 *EuGH*, 21.3.2019, Rs. C-350/17 und Rs. 351/17, Rn. 39 ff.

führung des Art. 5 VO 1370 getroffen wurden („Außerkraftsetzungsansicht").[9] Der Streit, der sich ursprünglich durch die Novellierung des PBefG im Jahr 2013 für den ÖPNV-Bereich durch die Festlegung der Anwendbarkeit der VO 1370 ab dem Jahr 2014 erledigt hatte,[10] hatte aufgrund der Änderungen der VO 1370 durch die VO 2016/2338 neue Aktualität erlangt. Die Kommission geht allerdings schon bisher davon aus, dass eine „schrittweise Anwendung" überhaupt nur für das wettbewerbliche Verfahren nach Art. 5 Abs. 3 VO 1370 in Betracht kommt, nicht aber für die Direktvergabetatbestände des Art. 5.[11] Der *EuGH* trifft diese Unterscheidung insbesondere mit Blick auf die VO 2016/2338 nicht,[12] sodass davon auszugehen ist, dass auch der novellierte Art. 5 VO 1370 und seine neuen Direktvergabetatbestände nicht schon ab dem 24.12.2017 unmittelbar gelten, sondern erst seit Ablauf der Übergangsfrist am 2.12.2019.[13]

Nachdem sich die Übergangsregelung nur auf Art. 5 VO 1370 bezieht, sind die **beihilferechtlichen Regelungen** und die sonstigen Regelungen der Verordnung (z. B. zu den Laufzeiten öffentlicher Dienstleistungsaufträge in Art. 4 Abs. 3)[14] der VO 1370 **unmittelbar seit Inkrafttreten** der VO 1370 **anzuwenden.**[15] Für die Anwendung der beihilferechtlichen Regelungen der VO 1370 auf „Altfälle" ist aber jeweils zu untersuchen, ob es sich um einen abgeschlossenen Sachverhalt handelt, der nach der bisherigen Rechtslage zu beurteilen ist.[16] Für die Frage danach, ob es sich um einen abgeschlossenen Sachverhalt handelt, sind die Übergangsregelungen des Art. 8 VO 1370 zu berücksichtigen.[17] 6

Art. 8 Abs. 2 UAbs. 4 VO 1370 verpflichtete die Mitgliedstaaten zur **Vorlage eines Fortschrittsberichts** binnen sechs Monaten nach dem 25.12.2020 (bis zum 25.6.2021). Der Fortschrittsbericht war der Kommission vorzulegen und hat die schrittweise Umsetzung der Vergabe im Einklang mit dem Vergaberegime des Art. 5 VO 1370 dokumentiert. Die Vorschrift zeigt nach Auffassung der Kommission zur ursprünglichen Fassung der VO 1370, dass die Mitgliedstaaten nicht bis zum 2.12.2019 mit der „schrittweisen Umsetzung" des Art. 5 VO 1370 warten durften.[18] Nichts anderes dürfte nach der Neufassung des Art. 8 Abs. 2 VO 1370 7

---

9 *OLG München*, 22.6.2011, 6 Verg 11/23, Rn. 52 – *Stadtbusverkehr Lindau*; *OLG Düsseldorf*, 2.3.2011, Verg 48/10, Rn. 90 – *Münsterlandkreise*; 7.11.2012, Verg 11/12. A.A. *VG Halle*, 25.10.2010, 7 A 1/10, Rn. 290. Offen: *OLG Karlsruhe*, 9.10.2012, 15 Verg 12/11, Rn. 92 – *Linienbündel Lampertheim*. Vgl. zum Meinungsstreit: *Kaufmann/Linke*, in: *Linke*, Art. 8 VO 1370, Rn. 11 ff.

10 § 62 Abs. 1 PBefG. Vgl. auch *Linke*, NZBau 2020, 555 (556).

11 Ziff. 2.6.1. der Mitteilung der Kommission v. 29.3.2014 (2014/C 92/01), S. 20. Vgl. auch *Kaufmann/Linke*, in: *Linke*, Art. 8 VO 1370, Rn. 10a.

12 Vgl. *EuGH*, 21.3.2019, Rs. C-350/17 und Rs. 351/17, Rn. 39 ff., Rn. 44; Schlussanträge *GA Saugmandsgaard* v. 25.10.2018, Rs. C-350/17 und Rs. C-351/17, Rn. 37. Vgl. auch *Lenz/Jürschik*, NZBau 2019; 629 (631).

13 *Beschin*, in: Münchener Kommentar Wettbewerbsrecht, Band 4, Art. 8 VO 1370/2007, Rn. 2: Uneingeschränkte Geltung ab 3.12.2019.

14 Vgl. *Lenz/Jürschik*, NZBau 2019, 629 (631).

15 *Kaufmann/Linke*, in: *Linke*, Art. 8 VO 1370, Rn. 12; *Deuster/Michaels*, NZBau 2011, 340 (340); *Schmitz/Winkelhüsener*, EuzW 2011, 52 (57). Vgl. zu Übergangszeiträumen: *EuGH*, 6.10.2015, Rs. C-303/13 P, Rn. 55.

16 *EuGH*, 6.10.2015, Rs. C-303/13 P, Rn. 51 ff.

17 *EuGH*, 6.10.2015, Rs. C-303/13 P, Rn. 55. Kritisch: *Linke*, IR 2016, 18 (18).

18 Ziff. 2.6.2. der Mitteilung der Kommission v. 29.3.2014 (2014/C 92/01), S. 20.

durch die VO 2016/2338 gelten; die Mitgliedstaaten durften danach nicht bis zum 25.12.2020 abwarten, um erste Maßnahmen zur „schrittweisen Umsetzung" des (novellierten) Art. 5 VO 1370 zu unternehmen.

D. Direktvergabe öffentlicher Schienenpersonenverkehrsdienste ab dem 24. Dezember 2017 bis zum 2. Dezember 2019 (Art. 8 Abs. 2a VO 1370)

8 Art. 8 Abs. 2a VO 1370 wurde durch die VO 2016/2338 in Art. 8 VO 1370 eingefügt und bestimmt, dass Direktvergabeentscheidungen in der Zeit vom 24.12.2017 bis zum 2.12.2019 für **öffentliche Schienenpersonenverkehrsdienste** i. S. d. Art. 2 lit. aa) VO 1370 für ihre vorgesehene Laufzeit gültig bleiben konnten. Damit wird dem Umstand Rechnung getragen, dass die VO 1370 besonders im Bereich des Schienenpersonenverkehrs durch die VO 2016/2338 umfassende Ergänzungen erfahren hat. Die Laufzeit jener Aufträge darf abweichend von Art. 4 Abs. 3 VO 1370 aber zehn Jahre nicht überschreiten. Etwas anderes gilt nur dann, wenn aufgrund **außergewöhnlicher Investitionen** in Wirtschaftsgüter eine verlängerte Laufzeit i. S. d. Art. 4 Abs. 4 VO 1370 zulässig ist.

E. Wirksamkeit von Altverträgen (Art. 8 Abs. 3 VO 1370)

9 Art. 8 Abs. 3 VO 1370 enthält ein differenziertes System für den Umgang mit Altverträgen, also Verträgen, die vor Inkrafttreten der VO 1370 geschlossen wurden. Für die Fortgeltung dieser Verträge ist nach Art. 8 Abs. 3 lit. a) bis d) VO 1370 das gewählte Verfahren und der Zeitpunkt des Vertragsschlusses maßgeblich. Dabei gilt, dass auch die „anderen Verfahren" als die wettbewerblichen Verfahren den Grundsätzen des Unionsrechts entsprechen müssen.[19]

I. Vergabe vor dem 26. Juli 2000 nach einem fairen wettbewerblichen Vergabeverfahren (Art. 8 Abs. 3 lit. a) VO 1370)

10 Eine vorzeitige Vertragsbeendigung ist nach Art. 8 Abs. 3 lit. a) VO 1370 für solche Verträge nicht erforderlich, die vor dem 26.7.2000 nach einem fairen wettbewerblichen Verfahren geschlossen wurden; eine Neuausschreibung unter Beachtung der VO 1370 ist erst nach dem regulären Vertragsende erforderlich (vgl. Art. 8 Abs. 3 UAbs. 2 Satz 1 VO 1370). Zeitlich sind Aufträge erfasst, die **vor dem 26.7.2000** durch Zuschlag erteilt („vergeben") wurden.[20] Ein **faires, wettbewerbliches Verfahren** ist anzunehmen, wenn die Verfahrensanforderungen, die der *EuGH* in seiner Rechtsprechung zur Konzessions- und Unterschwellenvergabe aus den Grundfreiheiten gefolgert hat,[21] eingehalten wurden.[22] Solche Ver-

19 Vgl. *Hübner*, in: *Willenbruch/Wieddekind/Hübner*, Art. 8 VO 1370, Rn. 21.

20 *Hübner*, in: *Willenbruch/Wieddekind/Hübner*, Art. 8 VO 1370, Rn. 26.

21 Vgl. *EuGH*, 29.3.2012, Rs. C-599/10; 7.12.2000, Rs. C324/98, Slg. 2000, I10745, Rn. 60 ff. – *Telaustria und Telefonadress*; 14.11.2013, Rs. C-221/12, Rn. 34 ff. – *Belgacom*.

22 *Eichhorn*, in: *Saxinger/Winnes*, Art. 8 VO 1370, Rn. 39 (Stand: Dez. 2012).

fahrensanforderungen sind Transparenz, Wettbewerb und Nichtdiskriminierung. Eine Orientierung bietet auch Art. 5 Abs. 3 VO 1370.[23]

II. Vergabe vor dem 26. Juli 2000 nach einem anderen Verfahren als einem fairen wettbewerblichen Vergabeverfahren (Art. 8 Abs. 3 lit. b) VO 1370)

Nach Art. 8 Abs. 3 lit. b) VO 1370 könnten Aufträge, die vor dem 26.7.2000 nach einem „anderen Verfahren" vergeben wurden für ihre vorgesehene Laufzeit – jedoch nicht länger als 30 Jahre – gültig bleiben (Art. 8 Abs. 3 UAbs. 2 Satz 2 VO 1370). Gemeint sind mit „**anderen Verfahren**" Verfahren, die nicht fair und wettbewerblich bzw. mit Art. 5 Abs. 3 VO 1370 vergleichbar sind.[24] Das dürften regelmäßig Direktvergaben, also Verfahren ohne Wettbewerb, sein. Anknüpfungspunkt für die **30-jährige Laufzeit** ist, was nach dem Wortlaut und dem Marktöffnungsgedanken nahegelegen hätte,[25] **nicht** der Zeitpunkt der ursprünglichen Beauftragung und nicht die Restlaufzeit ab Inkrafttreten der VO 1370 (vgl. den Wortlaut des Art. 8 Abs. 3 Satz 2 VO 1370 „vorgesehene Laufzeit"),[26] sondern nach der Entscheidung des *EuGH*[27] der **Zeitpunkt des Inkrafttretens** der VO 1370.[28] Konkret bedeutet das, dass öffentliche Dienstleistungsaufträge nach dieser Übergangsregelung bis zum 3.12.2039 gültig bleiben könnten. 11

III. Vergabe ab dem 26. Juli 2000 und vor dem 3. Dezember 2009 nach einem fairen wettbewerblichen Vergabeverfahren (Art. 8 Abs. 3 lit. c) VO 1370)

Nach Art. 8 Abs. 3 lit. c) VO 1370 können Verträge, die ab dem 26.7.2000 und vor dem 3.12.2009 vergeben wurden gültig bleiben, wenn sie nach einem fairen wettbewerblichen Verfahren (vgl. Rn. 10) vergeben wurden und die Laufzeit 30 Jahren nicht überschreitet (Art. 8 Abs. 3 UAbs. 2 Satz 2 VO 1370). 12

IV. Vergabe ab dem 26. Juli 2000 und vor dem 24. Dezember 2017 nach einem anderen Verfahren als einem fairen wettbewerblichen Vergabeverfahren (Art. 8 Abs. 3 lit. d) VO 1370)

Art. 8 Abs. 3 lit. d) VO 1370 regelt die Gültigkeit von Verträgen, die ab dem 26.7.2000 und vor dem 24.12.2017 in „einem anderen" (vgl. Rn. 11) als einem fairen wettbewerblichen Verfahren vergeben wurden. Diese Aufträge können für die vorgesehene Laufzeit gültig bleiben, wenn die Laufzeit begrenzt und mit 13

23 *Eichhorn*, in: *Saxinger/Winnes*, Art. 8 VO 1370, Rn. 39 (Stand: Dez. 2012); *Kaufmann/Linke*, in: *Linke*, Art. 8 VO 1370, Rn. 20.

24 *Hübner*, in: *Willenbruch/Wieddekind/Hübner*, Art. 8 VO 1370, Rn. 30.

25 Vgl. im Einzelnen *Linke*, NZBau 2020, 555 ff.

26 So noch *Kaufmann/Linke*, in: *Linke*, Art. 8 VO 1370, Rn. 23a.

27 *EuGH*, 19.3.2020, Rs. C-45/19, Rn. 26 – *Compañía de Tranvías de La Coruña*. Vgl. *Linke*, NZBau 2020, 555 ff.

28 Ziff. 2.8.1. der Mitteilung der Kommission v. 26.6.2023 (2023/C 222/01), S. 26.

den **Laufzeiten gem. Art. 4 vergleichbar** ist (Art. 8 Abs. 3 UAbs. 2 Satz 3 VO 1370). Die **Kommission** spricht sich für eine **restriktive Auslegung** der „vergleichbaren Laufzeit“ aus, wonach die Laufzeit möglichst der des Art. 4 VO 1370 entsprechen soll.[29] Damit soll sichergestellt werden, dass die Mitgliedstaaten sich schon frühzeitig bemühen, die Ziele der VO 1370 zu erreichen. Auch der *EuGH* scheint eine restriktive Sichtweise zu verfolgen („höchstens zehn Jahre“).[30] Im Einzelfall erscheint eine Abweichung aufgrund des Wortlauts („vergleichbar“) aber zulässig zu sein.

V. Härtefallregelung (Art. 8 Abs. 3 UAbs. 3 VO 1370)

14 Eine **Härtefallregelung für Altverträge** sieht schließlich Art. 8 Abs. 3 UAbs. 3 VO 1370 vor. Danach können Altverträge für die vorgesehene Laufzeit gültig bleiben, wenn die Beendigung des Auftrags vor der geplanten Beendigung unangemessene rechtliche oder wirtschaftliche Auswirkungen hätte und die Kommission – um einer Ausdehnung der Ausnahmeregelung vorzubeugen[31] – der Weiterführung zugestimmt hat.

15 Von **unangemessenen rechtlichen Auswirkungen** dürfte man gemessen an Art. 4 Abs. 4 VO 1370 ausgehen können, wenn die Beendigung des Auftrags vor dem regulären Ende zu erheblichen Regress- und Schadensersatzrisiken durch den bisherigen Betreiber oder gegen den Betreiber (z. B. durch seine Arbeitnehmer) führt.[32] **Unangemessene wirtschaftliche Auswirkungen** dürften vorliegen, wenn die vorzeitige Auftragsbeendigung auf Seiten des Auftraggebers oder des Betreibers zu gesteigerten wirtschaftlichen Nachteilen, z. B. aus der erwarteten Amortisation, führen.[33] Die Ausnahmeregelung ist **restriktiv auszulegen.**[34] Vor dem Hintergrund wird man besondere Einbußen für das Verkehrsunternehmen verlangen müssen.[35]

16 Für **Deutschland** regelt **§ 62 Abs. 1 Satz 2 PBefG**, dass Genehmigungen, die vor dem 1.1.2013 erteilt wurden, bis zum Ablauf der in der Genehmigungsurkunde enthaltenen Geltungsdauer gültig bleiben.

F. Ausschluss im Übergangszeitraum (Art. 8 Abs. 4 VO 1370)

17 Nach Art. 8 Abs. 4 UAbs. 1 VO 1370 können die zuständigen Behörden während der zweiten Hälfte des Übergangszeitraums diejenigen Betreiber von der Teil-

29 Ziff. 2.8.2. der Mitteilung der Kommission v. 26.6.2023 (2023/C 222/01), S. 26 und zuvor Ziff. 2.6.3. der Mitteilung der Kommission v. 29.3.2014 (2014/C 92/01), S. 21. Auch: *Hübner*, in: *Willenbruch/Wieddekind/Hübner*, Art. 8 VO 1370, Rn. 32.

30 *EuGH*, 21.3.2019, Rs. C-350/17 und Rs. 351/17, Rn. 51.

31 *Hübner*, in: *Willenbruch/Wieddekind/Hübner*, Art. 8 VO 1370, Rn. 36; *Kaufmann/Linke*, in: *Linke*, Art. 8 VO 1370, Rn. 27.

32 Vgl. *Kaufmann/Linke*, in: *Linke*, Art. 8 VO 1370, Rn. 28.

33 *Hübner*, in: *Willenbruch/Wieddekind/Hübner*, Art. 8 VO 1370, Rn. 35.

34 Vgl. auch *Hübner*, in: *Willenbruch/Wieddekind/Hübner*, Art. 8 VO 1370, Rn. 35; *Kaufmann/Linke*, in: *Linke*, Art. 8 VO 1370, Rn. 28.

35 Vgl. *Eichhorn*, in: *Saxinger/Winnes*, Art. 8 VO 1370, Rn. 47 (Stand: Dez. 2014).

nahme an wettbewerblichen Verfahren ausschließen, die nicht nachweisen können, dass der Wert der öffentlichen Verkehrsdienste, für die sie gemäß dieser Verordnung eine Ausgleichsleistung erhalten oder ausschließliche Rechte genießen, mindestens 50 % des Werts aller von ihnen erbrachten öffentlichen Verkehrsdienste, für die sie eine Ausgleichsleistung erhalten oder ausschließliche Rechte genießen, ausmacht. Diese vorübergehende Gegenseitigkeitsklausel soll den unterschiedlichen Marktbedingungen Rechnung tragen, die sich daraus ergeben, dass die schrittweise Umsetzung der VO 1370 im Übergangszeitraum von Mitgliedstaat zu Mitgliedstaat variieren kann.[36] Es soll verhindert werden, dass sich Betreiber aus verschiedenen Mitgliedstaaten um denselben Auftrag bewerben und diese unterschiedlichen Restriktionen unterliegen.

Der Ausschluss hat nach Art. 8 Abs. 4 UAbs. 2 VO 1370 **„ohne Diskriminierung“** zu erfolgen. Dies bedeutet, dass die zuständige Behörde bei dem Ausschluss nicht „mit zweierlei Maß“ messen darf, sondern alle potenziellen Betreiber ausschließen muss, die das Ausschlusskriterium erfüllen. Außerdem ist das Vorgehen transparent zu machen, indem alle potenziellen Betreiber zu Beginn des Vergabeverfahrens über den möglichen Ausschluss zu unterrichten sind.[37] **18**

Eine Ausnahme von der Ausschlussmöglichkeit besteht aber für Betreiber, die die auszuschreibenden Dienste erbringen. Diese können nicht ausgeschlossen werden (vgl. Art. 8 Abs. 4 UAbs. 1 Satz 2 VO 1370). Es sollen nicht solche Betreiber von wettbewerblichen Verfahren ausgeschlossen werden, die sich bei dem konkreten Auftrag schon bewährt haben.[38] Die Ausnahmeregelung gilt nach Art. 8 Abs. 4 UAbs. 1 Satz 3 VO 1370 aber nicht für Betreiber von Notmaßnahmen i. S. d. Art. 5 Abs. 5 VO 1370. Hintergrund ist, dass ein Betreiber aufgrund einer Notvergabe nicht bevorzugt werden soll. Denn Notmaßnahmen-Aufträge können unter erleichterten Bedingungen vergeben werden; eine Gleichstellung mit „regulären Betreibern“ wäre deshalb nicht gerechtfertigt.[39] **19**

Art. 8 Abs. 4 UAbs. 3 VO 1370 verpflichtet diejenigen zuständigen Behörden, die von der Ausschlussmöglichkeit Gebrauch machen wollen, diese Absicht mindestens zwei Monate vor der Veröffentlichung des wettbewerblichen Verfahrens der Kommission mitzuteilen. **20**

Artikel 9 VO 1370 Vereinbarkeit mit dem Vertrag

(1) [1]Eine gemäß dieser Verordnung gewährte Ausgleichsleistung für gemeinwirtschaftliche Verpflichtungen beim Betrieb öffentlicher Personenverkehrsdienste oder für die Einhaltung von in allgemeinen Vorschriften festgelegten tariflichen Verpflichtungen muss mit dem Gemeinsamen Markt vereinbar sein. [2]Diese Ausgleichsleistungen sind von der Pflicht zur vorherigen Unterrichtung nach Artikel 88 Absatz 3 des Vertrags befreit.

36 Vgl. *Kaufmann/Linke*, in: *Linke*, Art. 8 VO 1370, Rn. 30.

37 *Hübner*, in: *Willenbruch/Wieddekind/Hübner*, Art. 8 VO 1370, Rn. 40.

38 *Hübner*, in: *Willenbruch/Wieddekind/Hübner*, Art. 8 VO 1370, Rn. 39; *Kaufmann/Linke*, in: *Linke*, Art. 8 VO 1370, Rn. 33.

39 Vgl. *Kaufmann/Linke*, in: *Linke*, Art. 8 VO 1370, Rn. 34.

(2) [1]Unbeschadet der Artikel 73, 86, 87 und 88 des Vertrags können die Mitgliedstaaten weiterhin andere als die von dieser Verordnung erfassten Beihilfen für den Verkehrssektor nach Artikel 73 des Vertrags gewähren, die den Erfordernissen der Koordinierung des Verkehrs oder der Abgeltung bestimmter, mit dem Begriff des öffentlichen Dienstes zusammenhängender Leistungen entsprechen, und zwar insbesondere

a) bis zum Inkrafttreten gemeinsamer Vorschriften über die Zuordnung der Infrastrukturkosten, wenn die Beihilfe Unternehmen gewährt wird, die Kosten für die von ihnen benutzte Infrastruktur zu tragen haben, während andere Unternehmen derartigen Belastungen nicht unterworfen sind. [2]Bei der Festlegung des entsprechenden Beihilfebetrags werden die Infrastrukturkosten berücksichtigt, die konkurrierende Verkehrsträger nicht zu tragen haben;

b) wenn mit der Beihilfe die Erforschung oder die Entwicklung von für die Gemeinschaft insgesamt wirtschaftlicheren Verkehrssystemen und -technologien gefördert werden soll.

[3]Solche Beihilfen sind auf das Forschungs- und Entwicklungsstadium zu beschränken und dürfen nicht für die kommerzielle Nutzung dieser Verkehrssysteme und -technologien gewährt werden.

Übersicht Rn.

A. Vorbemerkungen

1 Art. 9 VO 1370 regelt das **Verhältnis zwischen der VO 1370 und dem europäischen Beihilferecht.**[1] Ausgleichsleistungen, die „gemäß dieser Verordnung" vergeben werden, gelten als mit dem Binnenmarkt vereinbar und sind deshalb nicht bei der Kommission anzumelden (Art. 9 Abs. 1 VO 1370). Art. 9 Abs. 2 VO 1370 regelt ferner die Fortgeltung bestimmter Regelungen für andere verkehrsspezifische Beihilfen.

B. Mit dem Binnenmarkt vereinbare Beihilfe (Art. 9 Abs. 1 VO 1370)

2 Nach Art. 9 Abs. 1 Satz 1 VO 1370/2007 „muss" eine gemäß dieser Verordnung gewährte Ausgleichsleistung (Art. 2 lit. g) VO 1370) mit dem gemeinsamen Markt vereinbar sein. Gemeint ist mit dieser redaktionell unglücklichen Formulierung, dass die Ausgleichsleistung, die gemäß der Verordnung gewährt wird,

1 *Hölzl*, in: Münchener Kommentar Wettbewerbsrecht, Art. 9 VO 1370/2007, Rn. 1.

mit dem Binnenmarkt als „vereinbar gilt".[2] Das zeigt unter anderem der Vergleich verschiedener Sprachfassungen der Verordnung (vgl. die englische Fassung *„shall be compatible with the Common Market"* oder die französische Fassung *„est compatible avec le Marché Commun"*). Konsequent wird mit Art. 9 Abs. 1 Satz 2 VO 1370 klargestellt, dass diese Ausgleichsleistung von der Notifizierung nach Art. 108 Abs. 3 AEUV (ex Art. 88 Abs. 3 EG) freigestellt ist. Die **Legalisierungswirkung** ergibt sich also aus der VO 1370 selbst.[3] Dieses Regelungskonzept weist daraufhin, dass der Verordnungsgeber jedenfalls davon ausging, dass es sich bei der Ausgleichsleistung um eine Beihilfe handeln kann.[4]

3 Die Vereinbarkeit mit dem Binnenmarkt bzw. die Legalisierungswirkung nach Art. 9 Abs 1 VO 1370 setzt voraus, dass die Ausgleichsleistung **„gemäß dieser Verordnung"** gewährt wird. Ob dies bedeutet, dass jeder Verstoß gegen die Verordnung (z. B. Vergabefehler) die beihilferechtliche Legalisierungswirkung beeinträchtigt, ist unklar. Die Kommission vertritt jedenfalls unter Verweis auf den *EuGH*[5] die Auffassung, dass alle (insbesondere auch die formalen) Voraussetzungen einer Freistellungsverordnung erfüllt sein müssen, damit die Befreiung von der Anmeldepflicht bei der Kommission (Art. 108 Abs. 3 AEUV, Notifizierung) greift.[6] Das würde dafür sprechen, dass sich auch **Vergabefehler** auf die Legalisierungswirkung der Beihilfe auswirken.[7] Dieses Verständnis ist zwar nicht zwingend, weil die Vereinbarkeit von Ausgleichsleistungen bei einer Direktvergabe allgemein anhand der Einhaltung der Vorgaben des Art. 4, Art. 6 VO 1370 und dem Anhang der VO 1370 bemessen wird.[8] Für formelle (Vergabe-)Fehler wie die Veröffentlichungspflicht nach Art. 7 Abs. 2 VO 1370 hat sich die Sichtweise aber bestätigt.[9] Das hat zur Folge, dass die Ausgleichsleistung als Beihilfe (soweit keine andere Legitimation greift) bei der Kommission nach Art. 108 Abs. 3 AEUV anzumelden ist.

3a Die beihilferechtliche Legalisierungswirkung greift nicht nur für (Direkt-)Vergaben nach der VO 1370, sondern auch bei **Inhouse-Vergaben** i. S. d. Art. 5 Abs. 1 Satz 2 VO 1370 i. V. m. § 108 GWB. Das gilt jedenfalls dann, wenn die Vorgaben der VO 1370 (insb. Anhang) eingehalten werden.[10]

---

2 *OLG Düsseldorf* (Kartellsenat), 12.10.2016, VI-U (Kart) 2/16, Rn. 108; *Linke/Lübbig*, in: *Linke*, Art. 9 VO 1370/2007, Rn. 4; *Faber*, in: *Saxinger/Winnes*, Art. 9 VO 1370, Rn. 7 (Stand: Dez. 2012); *Hübner*, in: *Willenbruch/Wieddekind/Hübner*, Art. 9 VO 1370, Rn. 2.

3 *OLG Düsseldorf* (Kartellsenat), 12.10.2016, VI-U (Kart) 2/16, Rn. 108; *Linke/Lübbig*, in: *Linke*, Art. 9 VO 1370, Rn. 4; *Berschin*, in: Münchener Kommentar Wettbewerbsrecht, Band 4, Art. 9 VO 1370/2007, Rn. 1.

4 *Linke/Lübbig*, in: *Linke*, Art. 9 VO 1370, Rn. 5. So auch die Kommissionspraxis, vgl. Kommissionsentscheidung 604/2005 v. 16.5.2006, Rn. 60 (Staatliche Unterstützung für die Busbetreiber im Landkreis Wittenberg). A.A.: *Faber*, in: *Saxinger/Winnes*, Art. 9 VO 1370, Rn. 8 (Stand: Dez. 2012); vgl. Ziff. 2.6. der Mitteilung der Kommission v. 26.6.2023 (2023/C 222/01), S. 22.

5 *EuGH*, 21.7.2016, Rs. C-493/14, Rn. 51, 38 – *Dilly's Wellnesshotel*.

6 Vgl. Kommissionsbeschluss vom 2.2.2017, SA.26763, Rn. 242 – *Région Île de France*, dort Verstoß gegen Art. 7 Abs. 2 VO 1370, bestätigt: *EuG*, 12.7.2019, T-738/17.

7 *Zuck*, in: *Ziekow/Völlink*, Art. 5 VO 1370/2007, Rn. 124.

8 Vgl. *Linke/Lübbig*, in: *Linke*, Art. 9 VO 1370/2007, Rn. 5.

9 Ziff. 2.7. der Mitteilung der Kommission v. 26.6.2023 (2023/C 222/01), S. 25.

10 Vgl. *BGH*, 12.11.2019, XIII ZB 120/19; *OLG Düsseldorf*, 4.3.2020, VII-Verg 11/18, S. 13 des Beschlussabdrucks. Vgl. die Kommentierung zu Art. 6 VO 1370, Rn. 3a.

C. Beihilfen nach Art. 93 AEUV (Art. 9 Abs. 2 VO 1370)

4 Art. 9 Abs. 2 VO 1370 stellt klar, dass auch nach Inkrafttreten der VO 1370 andere als die von der VO 1370 erfassten Beihilfen im Verkehrssektor gewährt werden dürfen. Die Aufzählung in Art. 9 Abs. 2 lit. a) und b) VO 1370 ist nicht abschließend; die Aufzählung hat Beispielcharakter („insbesondere"). Insofern ist auch nicht von vornherein ausgeschlossen, dass eine Ausgleichsleistung zwar nicht unter die VO 1370 fällt, aber dennoch mit dem Binnenmarkt vereinbar ist[11] oder es sich schon nach den sog. Altmark-Trans-Kriterien der Rechtsprechung des *EuGH*[12] tatbestandlich nicht um eine Beihilfe handelt.

4a Art. 93 AEUV ist für den Bereich des Straßen-, Schienen- und Binnenschifffahrtsverkehrs gegenüber der (allgemeinen) Regelung für Dienstleistungen von allgemeinem wirtschaftlichem Interesse in Art. 106 AEUV spezieller (lex specialis).[13] Im Ausgangspunkt sind deshalb die allgemeinen „**DAWI**"-Regelungen, die auf Art. 106 AEUV beruhen, im Verkehrsbereich nicht auf den Landverkehr anwendbar;[14] der Landverkehr wird auch ausdrücklich aus dem Anwendungsbereich ausgeschlossen.[15] Das gilt auch für Verkehrsinfrastrukturen. Die Kommission lässt die Heranziehung der **DAWI-Deminimis-Verordnung**[16] mit ihren erhöhten Freibeträgen in drei Steuerjahren dennoch im Verkehrsbereich ausdrücklich zu,[17] wenngleich die Kommission in anderem Zusammenhang zunächst anders zu verstehen war.[18]

I. Beihilfen für Infrastruktur (Art. 9 Abs. 2 lit. a) VO 1370)

5 Neben der VO 1370 sollen auch weiterhin Beihilfen möglich sein, die zur Abgeltung von Infrastrukturkosten gewährt werden. Dies steht aber unter dem Vorbehalt, dass das begünstigte Unternehmen Kosten für die benutzte Infrastruktur zu tragen hat, die andere Unternehmen nicht zu tragen haben, also ein wettbewerbliches Ungleichgewicht ausgeglichen werden soll (vgl. Art. 9 Abs. 2 lit. a) VO 1370).

6 Materiell führt Art. 9 Abs. 2 lit. a) VO 1370 dazu, dass der Regelungsgehalt einiger „spezifischer" Vorschriften der aufgehobenen VO 1107/70 (vgl. Art. 10 Abs. 2 VO 1370) fort gilt.[19]

---

11 Vgl. Erwägungsgrund 36 Satz 3 der VO 1370.

12 *EuGH*, 24.7.2003, Rs. C-280/00, Rn. 87 ff. – *Altmark Trans*, Slg. 2003, I-7747.

13 *Bartosch*, EU-Beihilfenrecht, Art. 93 AEUV, Rn. 1.

14 *Maxian Rusche/Melcher*, in: *Grabitz/Hilf/Nettesheim*, 79. EL Mai 2023, Art. 93 AEUV, Rn. 55.

15 Vgl. Art. 2 Abs. 5 des DAWI-Beschlusses 2012/21/EU; Ziff. 8 des DAWI-Gemeinschaftsrahmens.

16 Verordnung (EU) Nr. 360/2012 der Kommission vom 25. April 2012 über die Anwendung der Artikel 107 und 108 des Vertrags über die Arbeitsweise der Europäischen Union auf De-minimis-Beihilfen an Unternehmen, die Dienstleistungen von allgemeinem wirtschaftlichem Interesse erbringen.

17 Fn. 42 der Mitteilung der Kommission v. 26.6.2023 (2023/C 222/01), S. 21.

18 Fn. 22 der „Guiding template: Premiums for the acquisition of zero- and low-emission road vehicles". Auf Nachfrage hat die Kommission im Sept. 2023 bestätigt, dass es sich nur um ein „Arbeitspapier" handelt und die Aussage der Mitteilung der Kommission v. 26.6.2023 (2023/C 222/01) zutreffend ist.

19 *Hübner*, in: *Willenbruch/Wieddekind/Hübner*, Art. 9 VO 1370, Rn. 4; *Linke/Lübbig*, in: *Linke*, Art. 9 VO 1370, Rn. 6.

II. Beihilfen für Erforschung und Entwicklung (Art. 9 Abs. 2 lit. b) VO 1370)

Nach Art. 9 Abs. 2 lit. b) VO 1370 sollen „insbesondere“ Beihilfen, die die Erforschung oder die Entwicklung von für die Gemeinschaft insgesamt wirtschaftlicheren Verkehrssystemen und -technologien fördern, neben der VO 1370 zulässig sein. Hinweise für in diesem Bereich zulässige Beihilfen beinhaltet z. B. die Mitteilung der Kommission „Gemeinwirtschaftliche Leitlinien für staatliche Beihilfen an Eisenbahnunternehmen“ (sog. Eisenbahnleitlinien).[20] 7

Artikel 10 VO 1370 Aufhebung

(1) [1]Die Verordnung (EWG) Nr. 1191/69 wird aufgehoben. [2]Sie gilt jedoch während eines Zeitraums von drei Jahren nach Inkrafttreten der vorliegenden Verordnung weiterhin für Güterbeförderungsdienste.

(2) Die Verordnung (EWG) Nr. 1107/70 wird aufgehoben.

Schrifttum:
Deuster/Michaels, Direktvergaben nach der Verordnung (EG) Nr. 1370/2007 an eigenes kommunales Verkehrsunternehmen im Vergabenachprüfungsverfahren, NZBau 2011, 340 ff.; *Hagenbruch*, Anwendbarkeit der VO Nr. 1370/2007 auf die Direktvergabe in Form von Verwaltungsakten und gesellschaftsrechtlichen Weisungen, NZBau 2020, 1019 ff.; *Otting/Olgemöller*, Ausgleich gemeinwirtschaftlicher Verpflichtungen durch allgemeine Vorschriften, GewArch 2012, 436 ff.; *Otting/Scheps*, Direktvergabe von Eisenbahnverkehrsdienstleistungen nach der neuen Verordnung (EG) Nr. 1370/2007, NVwZ 2008, 499 ff.

Die VO 1370 bildet einen einheitlichen **vergaberechtlichen sowie beihilferechtlichen Rahmen** für den öffentlichen Personenverkehr.[1] Die beihilferechtlichen Bestimmungen der VO 1370 konkretisieren bzw. modifizieren die Rechtsprechung des *EuGH* in der Sache *Altmark-Trans*[2] und der damit verbundenen **Kommissionspraxis**[3]. Insofern waren die (bisherigen) beihilferechtlichen (zeitlich überholten) Vorgaben der VO 1191/69[4] und der VO 1107/70[5] aufzuheben. Es handelte sich um Ausführungsvorschriften des Art. 93 AEUV (Art. 73 EG a. F.).[6] 1

---

20 Mitteilung der Kommission Gemeinschaftliche Leitlinien für staatliche Beihilfen an Eisenbahnunternehmen (2008/C 184/07) v. 22.7.2008.

1 *Deuster/Michaels*, NZBau 2011, 340 (340); *Otting/Olgemöller*, GewArch 2012, 436 (436); *Hagenbruch*, EuZW 2020, 1019 (1019).

2 *EuGH*, 24.7.2003, Rs. C-280/00 – *Altmark Trans.*

3 Vgl. K (2008) 7032 vom 26.11.2008; vgl. *Otting/Olgemöller*, GewArch 2012, 436 (436); *Otting/Scheps*, NVwZ 2008, 499 (499).

4 Verordnung (EWG) Nr. 1191/69 des Rates vom 26. Juni 1969 über das Vorgehen der Mitgliedstaaten bei mit dem Begriff des öffentlichen Dienstes verbundenen Verpflichtungen auf dem Gebiet des Eisenbahn-, Straßen- und Binnenschiffsverkehrs, ABl. EU L 156 vom 28/06/1969 S. 0001–0007.

5 Verordnung (EWG) Nr. 1107/70 des Rates vom 4. Juni 1970 über Beihilfen im Eisenbahn-, Strassen- und Binnenschiffsverkehr, Abl. EU L 130 vom 15/06/1970 S. 0001–0003.

6 *Niemöller*, in: *Saxinger/Winnes*, Art. 10 VO 1370, Rn. 1 (Stand: Dez. 2012).

2 Die VO 1191/69 erfasste **Beihilfen** zu dem Betrieb von Personenverkehrsdienstleistungen. Sie galt für **Güterbeförderungsdienste** wegen Art. 10 Abs. 1 Satz 2 VO 1370 noch drei Jahre nach Inkrafttreten der VO 1370 am 3.12.2009, also bis zum 3.12.2012 fort. Für die Praxis in Deutschland hatte die Fortgeltung marginale Bedeutung.[7]

3 Die VO 1107/70 erfasste Beihilfen, die nicht schon in den Anwendungsbereich der VO 1191/69 fielen, wie z. B. Infrastrukturbeihilfen (vgl. Art. 1 „Beihilfen, die speziell für die Verkehrstätigkeit gewährt werden"). Sie wird unmittelbar mit Inkrafttreten der VO 1370 aufgehoben.

Artikel 11 VO 1370 Berichte

Die Kommission legt nach Ende des in Artikel 8 Absatz 2 vorgesehenen Übergangszeitraums einen Bericht über die Durchführung dieser Verordnung und über die Entwicklung der Erbringung öffentlicher Personenverkehrsdienste in der Gemeinschaft vor, in dem insbesondere die Entwicklung der Qualität der öffentlichen Personenverkehrsdienste und die Auswirkungen der Direktvergabe bewertet werden und dem erforderlichenfalls geeignete Vorschläge zur Änderung dieser Verordnung beigefügt sind.

1 Art. 11 VO 1370 verpflichtet die Kommission, nach Ende des **Übergangszeitraums** des Art. 8 Abs. 2 VO 1370 einen **Evaluierungsbericht** zu erarbeiten und vorzulegen.[1] In dem Bericht hat die **Kommission** zunächst die Erfahrungen mit der Durchführung der VO 1370 und die Entwicklung der Erbringung öffentlicher Personenverkehrsdienste in der Gemeinschaft darzulegen. Dies ist Ausdruck der Rolle der Kommission als **„Hüterin der Verträge"** (vgl. Art. 17 Abs. 1 Satz 2 EUV).[2] Weiter sind in dem Bericht „insbesondere" die Entwicklung der **Qualität der öffentlichen Personenverkehrsdienste** sowie die Auswirkungen der Direktvergabe durch Vergleich der Zeiträume[3] vor und nach Inkrafttreten der VO 1370 zu bewerten. Die Sicherstellung der Qualität der Verkehrsdienste ist ein besonderes Anliegen der VO 1370;[4] dies zeigt sich auch an der vorgegebenen Berücksichtigung im Evaluierungsbericht.

2 Die Kommission hat dem Bericht „erforderlichenfalls" geeignete **Vorschläge zur Änderung der Verordnung** beizufügen. Die Formulierung trägt der Rolle der Kommission als Initiator von Gesetzgebungsverfahren der EU (Art. 17 Abs. 2 EUV, Art. 241 AEUV) Rechnung.[5] Auf der Grundlage ihres Initiativrechts hat die Kommission mit dem Weißbuch „Fahrplan zu einem einheitlichen europäischen Verkehrsraum"[6] den Anstoß für neue Rechtsakte im Verkehrsbereich gegeben, die

7 Vgl. *Zuck*, in: *Ziekow/Völlink*, Art. 10 VO 1370, Rn. 1.
1 Vgl. auch Erwägungsgrund 38 der VO 1370.
2 *Prieß*, in: *Linke*, Art. 11 VO 1370, Rn. 5.
3 *Niemöller*, in: *Saxinger/Winnes*, Art. 11 VO 1370, Rn. 2 (Stand: Dez. 2012).
4 Vgl. Erwägungsgründe 15, 17, 27 der VO 1370 und *Hübner*, in: *Willenbruch/Wieddekind/Hübner*, Art. 11 VO 1370, Rn. 3.
5 *Hübner*, in: *Willenbruch/Wieddekind/Hübner*, Art. 11 VO 1370, Rn. 2.
6 KOM(2011) 144 vom 28.3.2011.

schließlich in dem Vorschlag für ein „viertes Eisenbahnpaket"[7] vom 31.1.2013 mündeten und u. a. mit der VO 2016/2338 umgesetzt wurden. Abseits von Änderungsvorschlägen hat die Kommission die Möglichkeit, Anwendungshinweise oder Auslegungshilfen durch Mitteilungen zu geben, wie sie es im Fall der **Auslegungsleitlinien zur VO 1370** vom 29.3.2014 (2014/C 92/01) bzw. durch die nachfolgenden Auslegungsleitlinien vom 26.6.2023 (2023/C 222/01) getan hat. Die Auslegungsleitlinien binden zwar nicht die europäischen Gerichte, aber immerhin die zur Überwachung des Europarechts zuständige Kommission.[8]

Artikel 12 VO 1370 Inkrafttreten

Diese Verordnung tritt am 3. Dezember 2009 in Kraft.

Schrifttum:
Deuster/Michaels, Direktvergaben nach der Verordnung (EG) Nr. 1370/2007 an eigenes kommunales Verkehrsunternehmen im Vergabenachprüfungsverfahren, NZBau 2011, 340 ff.; *Linke*, Marktöffnung auf Raten – Bestandsschutz von Altverträgen im ÖPNV, NZBau 2020, 555 ff.

Die Verordnung ist am 3.12.2009 in Kraft getreten. Veröffentlicht wurde die VO 1370 schon zwei Jahre zuvor, nämlich am 3.12.2007.[1] Den Mittgliedstaaten sollte durch die Zeitspanne die Möglichkeit gegeben werden, sich auf den neuen Rechtsrahmen für den öffentlichen Personenverkehr einzurichten.[2] Ähnlich verhält es sich mit der VO 2016/2338, die die VO 1370 ergänzt bzw. ändert. Sie wurde am 23.12.2016 veröffentlicht und trat am 24.12.2017 in Kraft (vgl. Art. 2 VO 2016/2338). 1

Die Verordnung gilt nach Art. 288 Abs. 2 AEUV grundsätzlich unmittelbar in den Mitgliedstaaten und ohne nationales Umsetzungsgesetz. Für die vergaberechtlichen Bestimmungen enthält die VO 1370 mit Art. 8 VO 1370 aber Übergangsvorschriften bzw. einen **Übergangszeitraum**, um die Vorschriften schrittweise umzusetzen. Diese Systematik ist mit der VO 2016/2338 beibehalten worden; die Übergangsvorschriften des Art. 8 VO 1370 wurden angepasst. Für die beihilferechtlichen Bestimmungen beansprucht die VO 1370 seit dem 3.12.2009 unmittelbar Geltung.[3] 2

7 Das vierte Eisenbahnpaket besteht aus drei Verordnungen (COM(2013) 26 final – 2013/0013 (COD); COM(2013) 27 final – 2013/0014 (COD); COM(2013) 28 final – 2013/0028 (COD)) und drei Richtlinien (COM(2013) 29 final – 2013/0029 (COD); COM(2013) 30 final – 2013/0015 (COD); COM(2013) 31 final – 2013/0016 (COD)).

8 *EuGH*, 11.7.2012, Rs. C-439/11 P, Rn. 59.

1 ABl. EU 2007 L 315/1.

2 *Prieß*, in: *Linke*, Art. 12 VO 1370, Rn. 2; *Linke*, NZBau 2020, 555 (556).

3 Vgl. *Deuster/Michaels*, NZBau 2011, 340 (340).

3 Die VO 1370 bedarf teilweise[4] konkretisierender bzw. vervollständigender Rechtsakte des nationalen Gesetzgebers.[5] Dies ist im Anwendungsbereich des PBefG erst mit der PBefG-Novelle 2013[6] erfolgt. Im Bereich der Eisenbahnen ist mit § 131 Abs. 1 GWB eine Regelung getroffen worden.[7] Weiteren Anpassungsbedarf ergab sich nun aus der VO 2016/2338, die die VO 1370 ergänzt bzw. ändert.

4 Als Beispiel ist die Gewährung von Rechtsschutz nach Art. 5 Abs. 7 VO 1370 zu nennen. Nicht erfasst ist aber der „Vorbehalt nationalen Rechts" etwa in Art. 5 Abs. 2, 4, 5 und 6 VO 1370, vgl. auch *Niemöller*, in: *Saxinger/Winnes*, Art. 12 VO 1370, Rn. 2 (Stand: Dez. 2012).

5 *Prieß*, in: *Linke*, Art. 12 VO 1370, Rn. 4.

6 Gesetz zur Änderung personenbeförderungsrechtlicher Vorschriften v. 14.12.2012 (BGBl. I S. 2598); Inkrafttreten 1.1.2013.

7 Vgl. im Einzelnen auch *Linke*, NZBau 2020, 555 (556).

Stichwortverzeichnis

Die Zahlenangaben verweisen auf die jeweiligen Seitenzahlen.

Stichwortverzeichnis